석학人文강좌 65

신앙과 이성 사이에서

석학人文강좌 65

신앙과 이성 사이에서

초판 1쇄 발행 2015년 10월 20일
초판 2쇄 발행 2016년 12월 15일
지은이 길희성
펴낸이 이방원
편 집 강윤경 · 김명희 · 이윤석 · 안효희 · 윤원진 · 홍순용
디자인 박선옥 · 손경화
마케팅 최성수
펴낸곳 세창출판사
출판신고 1990년 10월 8일 제300−1990−63호
주소 03735 서울시 서대문구 경기대로 88 냉천빌딩 4층
전화 723−8660
팩스 720−4579
이메일 sc1992@empal.com
홈페이지 http://www.sechangpub.co.kr

ISBN 978−89−8411−572−9 04210
      978−89−8411−350−3(세트)

ⓒ 길희성, 2015

이 도서의 국립중앙도서관 출판시도서목록(CIP)은 서지정보유통지원시스템 홈페이지(http://seoji.nl.go.kr)와
국가자료공동목록시스템(http://www.nl.go.kr/kolisnet)에서 이용하실 수 있습니다. (CIP제어번호: CIP2015027008)

석학
人文
강좌
65

신앙과 이성 사이에서

길희성 지음

세창출판사

_ 머리말

   고등학교를 졸업할 무렵에 그리스도교 신앙에 대한 고민을 안고 철학과의 문을 두드린 지 벌써 50여 년의 세월이 흘렀다. 당시, 철학을 공부하기로 한 것도 앞으로 신학 공부를 하겠다는 마음에서였다. 대학을 졸업하고 군복무를 마친 후 신학공부를 위해 미국 유학길에 올랐다. 신학대학원에서 공부하던 중 마음의 변화가 일어나, 박사학위는 비교종교학을 하기로 결정하고 진로를 바꾸게 되었다. 이때가 나의 학문 인생과 삶에 중대한 전환점이었다.

   그 후로 나에게 철학, 신학, 종교학의 구별은 실제로 별 의미가 없게 되었다. 단지 공부하는 자세와 학문의 방법상 차이 정도만 의식했을 뿐, 이것저것 가리지 않고 공부한 셈이다. 돌이켜보건대, 그러는 가운데서도 "나의 도는 하나로 일관한다."는 공자님의 말씀은 나에게도 해당되는 것이었다고 말할 수 있을 것 같다. 이것은 내가 무슨 큰 도라도 깨우쳤기 때문에 하는 말이 아니라, 나의 삶과 학문을 관통하는 하나의 일관된 관심이 있었다는 뜻에서 하는 말이다. 그것은 곧 고등학교 시절부터 나의 관심을 사로잡아 왔던 신(God)에 대한 관심이었다.

   신학자 틸리히(P. Tillich)가 즐겨 사용하는 개념으로 말하면, 신이 나의 '궁극적 관심'이었다. 그리고 이런 관심에 사로잡힌 상태를 신앙(faith)이라고 한다면, 나의 삶은 신앙으로 일관된 삶이었다고도 말할 수 있다. 하지만 누구나 경험하듯이, 나의 신앙적 삶은 결코 순탄하지 않았다. 그것은 내가 남들과 달리 무슨 특별한 삶의 위기를 맞았다거나 유난히 굴곡진 인생을 살아서가 아니다. 60의 나이에 몇 년 앞당겨 은퇴하기 전까지 대학 주변을 떠나본 적이 없는 나의 삶은 비교적 평탄하고 평온한 삶이었다. 하지만 나의 내면의 삶, 특히 신앙의 문제를 둘러싼 나의 삶은 그렇지 않았다. 그것은 내가 유난히 의심이 많았기 때문도 아니고, 내가 경험한 교회생활에 특별히 문제가 많았기 때문도 아니다. 젊은 시절부터 음악을 좋아했던 탓에 나의 감수성은 평균 이상이었다고 생각한다. 지금도 조그마한 일에 감동해서 눈물이 나와 민망하고 당혹스러울 정도다. 그러나 누군가가 지성과 감성이 반비례하는 것이라고 말한다면, 나는 언제든 이의를 제기할 준비가 되어 있다. 이 역시 나의 지성이 유난히 날카롭다거나 머리가 좋아서 하는 말이 아니다.

간단히 말해, 칠십 평생 나의 신앙생활을 괴롭혀 온 것은 그리스도교라는 종교가 인간의 상식과 이성에 반하는 면이 너무 많다는 누구나 다 아는 사실이다. 그리스도교는 인간의 지성에 부담을 주는 종교, 아니 지성에 '폭력'을 가하는 종교다. 나는 늘 이 점을 의식하면서 '신앙생활'이라는 것을 해 왔으며, 이것이 나의 인생의 화두라면 화두다. 철학자든 신학자든, 무신론자든 유신론자든, 내가 공부한 서구 사상사를 장식한 위대한 사상가치고 이 문제를 가지고 씨름하지 않은 사람은 없는 것 같다. 결국 나는 살 날이 그리 많이 남았다고 생각되지 않는 나이에 이 문제를 한번 본격적으로 정리해 보아야겠다는 '무모한' 결심을 하게 되었다.

비합리성 내지 초합리성은 그리스도교 신앙의 매력이고 힘이지만 동시에 독이다. 바로 이 점이 문제를 복잡하게 만든다. 인간의 이성을 넘어서는 것을 말하지 않는 신앙은 사실 신앙도 아닐 것이다. 만약 그리스도교 신앙에서 합리적인 것만 취한다면, 그것은 더 이상 신앙이 아니라 있으나 마나 한 물탄 종교가 되고 말 것이다. 쏘는 맛이 사라진 김빠진 신앙, 실존적 결단의 비약이 없는 '신앙 아닌 신앙'만 남을 것이다. 여기에 쉽게 해소되기 어려운,

아니 쉽게 해소하려 해서도 안 되는, 신앙과 이성의 딜레마가 있다. 하지만 나는 둘을 화해시키는 쪽을 선택했고, 이를 위해서는 한편으로는 전통적 신관의 대폭적 수정이 불가피하다는 결론에 이르렀다. 다른 한편으로는 세계와 인간의 초월적 차원에 문을 닫고 납작하게 되어 버린 근대적 이성이 다시 그 폭과 깊이를 회복하는 길을 모색해야만 한다는 결론에 이르렀다. 초자연주의적 신관과 무신론적 자연주의의 대립을 넘어서는 제3의 길이다. 나는 그것을 '자연적 초자연주의'라고 부른다.

이 책은 그리스도교 신앙, 특히 성서적 신앙의 문제를 주로 다루고 있지만, 그렇다고 그리스도교 신앙의 문제에만 국한된 책은 결코 아니다. 신앙과 이성의 문제는 서구에서는 주로 신앙에 대한 이성적, 철학적 고찰을 하는 종교철학의 고전적 주제지만, 이 책은 그런 책과는 세 가지 면에서 다르다. 첫째는, 이 문제를 먼저 서구 사상사적 관점에서 고찰한다는 점이며, 둘째는 그리스도교 신앙의 문제를 중점적으로 다루고 있지만 동시에 비교종교학적 관점에서 동양 사상도 폭넓게 다루고 있다는 점이다. 셋째는, 현대 세계에서 그리스도교 신앙과 신관이 처한 위기를 진단하고, 동서양의 오랜 형이상학적 전통에 새롭게 주목하면서 대안적 신관을 모색하고 있다는 점이다. 따라서 이 책의 내용은 그리스도교 신앙과 사상 문제에 관심을 가진 사람은 물론이고, 현대 인류가 처한 문명의 위기와 정신적 곤경에 관심을 가지고 있는 사람이면 누구나 공감하는 면이 있을 것이라 생각한다.

이 책을 쓰게 된 직접적 계기는 한국연구재단에서 주관하고 있는 인문학 대중화를 위한 석학초청 인문학 강좌로부터 받은 강연 초청이었다. 한참 망설이다가 강연을 수락했지만, 〈신앙과 이성 사이에서〉라는 제목으로 하겠다고 결정하는 데는 그리 많은 시간과 고심이 필요하지 않았다. 나의 삶과 학문 인생을 점철해 온 문제이기 때문이다. 다만 상당한 용기가 필요했다.

이제 책 하나를 마치고 보니, 나의 생각을 정리할 수 있는 소중한 기회를 제공해 준 한국연구재단에게 고마움을 표하지 않을 수 없다. 그리고 넓은 강당을 훈훈한 열기로 가득 채워주신 참가자들께도 깊은 감사를 드린다.

2015년 9월

저자

제 1 부

—

신앙이란 무엇인가?

1. 인간 존재의 특이성과 신앙

신앙은 인간 존재의 특이성에 기인한다. 인간은 여타 동물과 달리 단순히 존재할 뿐만 아니라 자신의 존재와 자기 자신을 의식하는 자의식을 지닌 특별한 존재다. 인간이 이런 특성을 지니게 된 것은 오랜 진화 과정을 통해 의식을 지닌 존재, 언어를 사용하는 존재, 적어도 호모 사피엔스(homo sapiens)가 출현한 후의 일일 것이다. 여하튼 인간은 자연계에서 존재와 의식, 몸과 마음, 육체와 영혼이라는 이중구조를 지닌 특이한 존재다. 이러한 특이 구조로 말미암아 인간은 주위 환경에 밀착해서 사는 동물과 달리 환경을 의식하고 벗어날 수 있는 초월적이고 자유로운 존재가 되었다. 결과적으로 인간의 생활 반경은 정해진 서식지에 순응하며 사는 동물과는 비교할 수 없을 정도로 넓다. 인간은 자연계의 예외적 존재, 어느 정도 자연의 지배를 벗어날 수 있는 능력을 지닌 자유롭고 초월적인 존재다.

하지만 인간은 바로 이러한 특이성 때문에 불안한 존재가 되었다. 인간의 모든 활동과 업적이 자유로운 존재이기 때문에 가능하지만, 바로 이 자유로 인해 인간은 자연계에서 예외적이고 '부적합한' 존재가 되어 방황하고 고민하는 존재가 된 것이다. 자연계에서 자기 존재를 의식하는 인간만이 죽음의 위험이 닥치기 전에 죽음을 의식하며 존재론적 불안(ontological anxiety)을 느낀다. 인간이 이룩한 모든 문화는 어쩌면 자연에 부적합자로 살 수밖에 없는 인간 존재의 취약성을 극복하려는 노력의 산물일지도 모른다. 영국 신학자이며 과학자인 피콕은 자연계 안에서 인간 존재의 부적합성을 다음과 같이 묘사하고 있다:

그러나 묘하게도, 인간·인격과 환경 사이에는 다른 피조물에서는 볼 수 없는 일종의 부적합성의 징표들이 있다. 우리 인간만이 생물의 세계에서 개인적으로 자살이라는 것을 하며, 우리 인간만이 장례 의식들을 통해 존재에 다른 차원의 감각을 드러내 보인다. 오늘날 사람들이 '자아실현'과 '개인의 발전'을 추구하는 데서 보듯이, 인간들만 무언가 불완전한 성취감을 가지고 산다. 우리는 음식, 휴식, 숙소, 성욕, 그리고 번식과 새끼 돌보는 일이 가능한 환경 등, 기본적인 생물학적 요구들을 훨씬 능가하는 것과 같은 것들에 대한 필요와 열망들을 가지고 있다. 인간은 죽음과 고통과 고난을 다룰 방법을 찾으며, 자기 자신의 잠재적 가능성들을 실현할 필요를 느끼며, 삶을 헤쳐 나갈 길들을 찾을 필요를 느낀다. 자연적으로 주어진 환경은 이러한 열망들을 충족시킬 수 없고, 자연과학도 그것들을 묘사하거나 정확하게 식별하고 충족시킬 수 없다. 생물계 안에서 우리의 현존은 자연과학이 답할 수 있는 범위 밖의 문제들을 제기한다. 우리는 다른 피조물들이 전혀 알지 못하는 행복과 불행을 경험할 수 있기 때문이다. 이로 인해 우리는 우리의 진화된 상태에서 불편함을 드러낸다. 설명을 요구하고 가능하면 치유를 요구하는 일종의 부적합성 같은 것이다. 우리는 인간의 역사와 활동으로 인해 황폐해지고 있는 이 지구라는 위성을 생각해볼 때, "무언가가 잘못된 것이 아닌가?"라는 물음을 묻지 않을 수 없다.[1]

우리는 인간이 자연의 상태를 벗어남(이탈, 초월)으로 인해 경험하는 이러한 부적합성에서 오는 가장 근본적인 문제를 인간의 존재론적 불안이라고 부른다. 자기 존재의 결핍과 불확실성, 취약성과 무상함의 자각에서 오는 불안이

---

1   Arthur Peacocke, *Theology for a Scientific Age: Being and Becoming—Natural, Divine, and Human* (Minneapolis: Fortress Press, 1993), 77.

다. 종교와 신앙은 바로 이러한 인간 존재의 특성에 뿌리를 두고 있다.

심리학자이며 사상가인 프롬은 몸과 마음, 존재와 의식이라는 인간의 이중구조에서 종교의 기능을 찾는다. 이중구조로 인해 자연의 예외적 존재가 된 인간은 분열된 자아를 재통합하고 존재론적 불안을 극복하기 위해서 어떤 궁극적 '헌신의 대상'과 '삶의 정향의 틀'을 필요로 하며, 이런 것을 제공해 주는 것이 바로 종교의 기능이라는 것이다.[2] 신학자 틸리히는 이러한 헌신과 그 대상을 엄격하게 구별하지 않고 궁극적 관심(ultimate concern)이라고 불렀다. 관심과 관심의 대상, 즉 주체와 객체의 구별을 넘어서는 개념이다. 틸리히는 이 말로써 종래의 신앙이라는 말을 대체하자고 제안했다. 신앙이라는 말이 서구 사회에서 너무나 흔하게 사용되다 보니 깊은 의미를 상실하게 되었다는 이유에서다. 틸리히에 따르면, 궁극적 관심은 우리의 삶에서 다른 어떤 부차적 관심들에 우선하는 관심이며, 우리의 크고 작은 잡다한 관심들에 통일성을 부여함으로써 인격의 중심을 형성하고 삶에 의미를 제공하게 되는 관심이다.[3] 궁극적 관심은 무조건적인 관심으로서, 우리가 궁극적 헌신의 대상으로 삼는 것, 즉 우리가 최고선(the highest good, summum bonum)으로 여기는 것에 대한 절대적 관심이다.

틸리히에 의하면 인간에게는 누구나 이러한 궁극적 관심이 있기 마련이며, 그 대상이 무엇이든 그것이 곧 그 사람에게 신앙의 대상, 즉 신이 되는 셈이다. 문제는 절대적이지 못한 것을 절대적인 관심의 대상으로 삼는 데 있다는 것이다. 이것이 곧 우상숭배로서 결국은 인생을 파멸로 몰고 간다. 신앙의 반대는 불신(unbelief)이다. 불신이란 틸리히에 의하면 그리스도교의 어떤 교리나 성서의 이야기들을 사실로 믿지 않는 지적 의심이 아니라, 자기

---

2 Erich Fromm, *Psychoanalysis and Religion* (New Haven: Yale University Press, 1950).
3 Paul Tillich, *A History of Christian Thought* (New York: Simon and Schuster, 1967), 246–47.

존재의 궁극적 원천이자 토대인 하느님을 외면하고 하느님과의 관계를 차단하는 마음의 자세이며 삶의 태도다. 사실 우리가 신앙을 이렇게 이해한다면, 전통적 신관에 따른 유신론과 무신론의 구별은 무의미하게 된다. 누구나 명시적이든 암묵적이든 자신의 인격의 중심이 되는 어떤 궁극적 관심을 가지고 살기 마련이며, 이런 궁극적 관심에 사로잡힌 사람은 그 대상이나 내용에 상관없이 — 그것이 신이든 돈이나 명예나 스포츠, 혹은 사랑이든 — 사실상 신을 믿는 신앙의 소유자로 간주될 수 있기 때문이다.

궁극적인 것, 절대적인 것에 대한 관심과 헌신은 눈에 보이는 것들로 구성된 세계를 초월하는 어떤 절대적 실재를 지향하는 형이상학적 갈망으로서의 사랑, 즉 형이상학적 에로스다. 인간은 자신의 의존성과 유한성 — 존재, 능력 등 — 을 직관적으로 의식하는 순간, 그리고 자기 존재의 우연성을 자각하는 순간, 존재론적 불안을 경험하게 되며 이와 더불어 무한한 것을 의식하게 되고 영원한 것을 향한 관심과 갈망이 시작된다. 사실 유한성의 자각만 그런 것이 아니라 불완전성의 자각도 완전성에 대한 직관적 의식을 수반한다. 아니, 무한한 것과 완전한 것의 의식이 유한하고 불완전한 것의 의식에 선행할지도 모른다. 종교철학자 클레이튼의 분석대로 "무한한 것과 유한한 것의 관계는 이중적 의존이 된다. 의식에서뿐만 아니라 존재에서도 의존한다."[4]

여하튼 이러한 유한성과 의존성의 자각은 우리로 하여금 우리 존재를 떠받치고 있는 궁극적 근원이자 토대에 대한 형이상학적 에로스와 관심, 그리고 헌신으로 이어지게 한다. 틸리히는 말하기를, "신은 인간의 유한성 속에 함축되어 있는 질문에 대한 대답이다. 신은 인간에게 궁극적 관심이 되는

---

4 Philip Clayton, *The Problem of God in Modern Thought* (Grand Rapids, Michigan: William B. Eerdmans Publishing Company, 2000), 125.

것에 대한 이름이다."라고 한다.[5]

사실 인간만 그런 것이 아니라, 생멸하는 모든 유한한 사물이 만물의 근원이자 고향을 그리워하고 닮고자 하며, 거기로 되돌아가려는 형이상학적 에로스를 지니고 있다고 동서양의 위대한 형이상학자들은 공통적으로 말한다. 만물은 존재의 근원·근거로부터 떨어져 나오는 '형이상학적 추락'의 순간부터 왔던 곳으로 되돌아가려 한다. 마치 수만 킬로미터나 되는 험한 바닷길을 헤치면서 태어났던 곳으로 회귀하는 연어들처럼, 인간을 포함한 모든 유한한 존재들은 형이상학적 회귀본능을 가지고 산다. 이 형이상학적 에로스는 결국 유한하고 덧없는 것들이 자기를 초월하려는 충동이며, 절대적 실재에 참여함으로써 영원한 생명의 품에 안기려는 영생을 향한 갈망이다. 그러나 이런 사랑과 갈망을 의식하고 안타까워하고 고뇌하는 존재는 물론 인간뿐이다.

2. 신앙의 두 가지 의미

궁극적 관심과 사랑과 헌신으로서의 신앙은 명시적이든 암묵적이든 그것이 향하고 있는 대상, 즉 신 혹은 궁극적 실재에 대한 모종의 관념이나 견해를 가지기 마련이다. 신앙의 행위나 마음 자세는 일차적으로 신을 향한 마음의 태도이고 속성이지만, 모종의 신관을 전제하지 않는 신앙은 실제상 존재하지 않는다. 오히려 그리스도교는 주로 하느님에 대한 성서의 이야기나 교회의 교리를 인정하고 받아들이는 지적 행위를 신앙으로 간주하는 경향이 강하다. 하지만 이러한 지적 인정 내지 수용이 신앙 자체는 아니다. 신앙

---

5   Paul Tillich, *Systematic Theology*, vol. One: *Reason and Revelation, Being and God* (Chicago: The University of Chicago Press, 1951), 211.

이란 일차적으로 궁극적 관심의 대상, 즉 하느님을 믿고 사랑하고 신뢰하는 마음의 자세 내지 태도이기 때문이다. 신앙은 일차적으로 하느님을 향한 것이지 하느님에 대한 어떤 지적 내용, 즉 교리나 신앙 내용을 향하는 것이 아니다. 신앙은 나 자신에서 벗어나(ecstatic) 초월적 실재인 하느님을 향하는 마음의 자세 내지 상태이며, 인간과 하느님을 연결하는 끈과도 같다.

영어에는 유감스럽게도 신앙(faith)이라는 단어가 명사만 있지 동사는 없다. 동사는 'believe'라는 단어를 사용하는데, 이 동사에는 두 가지 용법이 있다. 하나는 'believe that…'이고 다른 하나는 'believe in'이다. 'Believe that…'은 'that' 이하에 따라 나오는 진술의 내용을 참이라고 인정하고 수용하는 지적 행위인 반면, 'believe in'은 인격적 신뢰, 누군가를 믿고 자신을 맡기는 일차적 의미의 믿음이다. 그리스도교 신학은 이 두 종류의 믿음을 태도로서의 믿음(fides qua creditur)과 믿는 내용으로서의 믿음(fides quae creditur)으로 구별한다.

이 두 가지 유형의 믿음은 서로 밀접하게 연관되어 있지만, 신앙 자체의 더 근본적이고 본래적인 의미는 관심, 갈망, 사랑, 신뢰 또는 헌신으로서의 믿음이다. 가령 "나는 너만 믿는다."거나 혹은 단순히 "너를 믿는다."고 할 때의 신뢰 같은 것이 믿음의 일차적 의미다. 예수 그리스도를 통해 계시된 은총의 하느님께—이 말은 이미 믿음의 내용을 포함하고 있지만—자신의 전 존재와 삶을 의지하고 맡기는 마음, 나아가서 그런 하느님을 사랑하고 헌신하는 마음의 태도가 신뢰로서의 믿음이다. 마르틴 루터는 이러한 믿음을 성서 이야기들의 역사적 사실을 믿는 역사적 믿음(fides historica)과 구별했다.[6]

인격적 신뢰로서의 믿음은 사랑처럼 개인의 마음 상태 내지 속성으로서,

---

6 Paul Tillich, *A History of Christian Thought*, 246.

소망과 사랑과 더불어 인간을 하느님과 연결시켜주는 그리스도교의 세 덕목 가운데 하나다. 틸리히는 복음의 은총을 강조하는 루터의 신앙 개념을 이어받아 이런 신뢰하는 믿음을 죄에도 불구하고 인간을 품는 은총의 하느님을 받아들이는 철저한 수동적 행위로 간주한다.[7] 그에 따르면, 신앙의 본질은 신앙의 어떤 구체적 내용, 가령 성서 말씀이나 그리스도교 교리를 수용하는 행위가 아니라, 은총의 하느님께 자신의 전 존재와 삶을 맡기는 행위이며, 이러한 신앙은 우리의 존재 자체와 삶 자체를 사랑하고 긍정하는 절대적 믿음이며 존재의 용기다.[8]

그러나 명시적이든 암묵적이든 신앙의 대상에 관한 모종의 관념이나 내용에 대한 지적 믿음이 없는 신앙은 존재하지 않는다. 특히 그리스도교의 경우는 교리적 믿음이 역사적으로 매우 중요한 위치를 점하게 된 것이 사실이다. 가령 예수 그리스도의 경우를 보면, 우리는 이러한 변화를 쉽게 알 수 있다. 인간 예수는 당시의 여느 경건한 유대 청년처럼 하느님을 향한 경건한 신앙의 사람이었다. 그러나 하느님의 나라(Kingdom of God) 운동을 중심으로 살았던 그의 삶과 십자가의 죽음, 그리고 그의 부활로 인해 예수는 그리스도, 즉 메시아로 인정받게 되었고 급기야 '하느님의 아들'로서 신앙의 대상이 되었다. 그리스도교 신앙은 따라서 단순히 하느님을 향한 인간 예수의 신앙뿐 아니라, 예수가 곧 그리스도이며 하느님의 아들이라는 신앙고백과 삼위일체 같은 교리에 대한 믿음, 즉 예수에 대한 신앙이라는 양면을 가지고 있다. 이 둘은 그리스도교에서 분리되거나 구별되기 어려울 정도로 얽혀 있다. 유대교 사상가 부버는 이러한 그리스도교 신앙의 특성에 대해 다음과

---

7 'Acceptance of acceptance.'
8 'Courage to be,' 같은 책, 247. 틸리히는 *The Courage to be* (New Haven & London: Yale University Press, 1952)라는 책을 쓰기도 했다.

같이 말하고 있다:

신앙에는 두 가지, 궁극적으로 오직 두 가지 유형만 존재한다. 물론 신앙의 내용은 아주 많지만, 신앙 자체는 단 두 가지 근본 형태로 우리는 알고 있다. 이 두 가지 형태 모두 우리의 삶에서 주어지는 단순한 사실로부터 이해될 수 있다. 하나는 우리가 누군가를 신뢰한다는 사실이며, 그를 신뢰할 충분한 이유들을 제시할 수 있는 것이 아니라는 사실이다. 다른 하나도 마찬가지로 우리가 충분한 이유를 제시할 수 없어도 어떤 것을 참이라고 인정한다는 사실이다. 이 두 경우 모두 우리가 충분한 이유를 제시할 수 없지만, 이는 우리의 사고가 지닌 결함 때문이 아니라 우리가 신뢰하는 사람 또는 참이라고 믿는 것에 대한 우리의 관계가 실제 가지고 있는 특이성의 문제 때문이다. 이 관계는 본성상 '이유들'이 있어서 생기는 것이 아니듯, 이유들에 근거하는 것도 아니다. 우리는 물론 이유를 밝히라고 촉구할 수 있지만, 그 이유들은 결코 나의 신앙을 충분히 설명하지 못한다. … 나의 합리성, 나의 이성적 사고 능력은 나의 본성의 일부이고 특정한 기능에 지나지 않는다. 그러나 내가 '믿을 때'는 두 가지 믿음 모두에 나의 전 존재가 개입되며, 나의 본성 전체가 그 과정 속으로 들어간다. 실로 이것이 가능한 이유는 오로지, 신앙이라는 관계성에 나의 전 존재가 관여하는 것이기 때문이다.[9]

부버에 따르면, 예수 자신의 신앙은 하느님에 대한 인격적 신뢰로서의 신앙이었던 반면, 그리스도교 신앙은 사도 바울로부터 시작해서 예수 그리스도에 대해 어떠어떠한 사실 내지 교리를 참이라고 믿는 지적 내용을 수반하

---

9   Martin Buber, *Two Types of Faith* (New York: Harper & Row, Publishers, 1961), 7-8.

는 신앙으로 변형·변질되었다. 두 가지 신앙 형태 모두 우리가 충분한 합리적 근거를 제시할 수 있는 것은 아니지만, 그렇다고 맹목적인 것도 아니다. 이 문제를 좀 더 고찰해보자.

신뢰로서의 믿음은 예수 자신이 가졌던 믿음이었고, 그가 사람들에게 가지도록 가르쳤던 믿음이었다. "회개하여라, 하느님의 나라가 임박했다."는 그의 메시지에서 회개(metanoia)는 단지 악한 행동을 멈추는 것이 아니라, 하느님을 등지고 살았던 지금까지의 삶의 방향을 완전히 바꾸어 하느님을 향해 사는 근본적 삶의 전환을 의미했다. 예수는 믿음을 어린아이가 부모에 대해 가지는 단순하고 절대적인 신뢰 같은 것으로 여겼다. 이는 무엇보다도 예수가 하느님을 부르는 호칭인 '아빠'(abba)라는 말에 잘 드러난다. 예수 자신의 언어였던 아람어로 '아빠'는 당시 어린아이가 아버지를 친밀하게 부르는 애칭이었으며, 하느님을 아빠로 부르는 행위는 예수가 하느님에 대한 인간의 믿음을 어린아이가 아빠에 대해 가지는 절대적 신뢰 같은 것으로 여겼음을 보여준다.

'아빠'라는 표현은 또 예수가 하느님을 조건적 사랑이 아니라 무조건적이고 절대적인 사랑의 하느님으로 신뢰했음을 나타낸다. 예수는 이러한 단순하고 소박한 믿음을 가졌던 사람이었고, 다른 사람들에게도 바로 그러한 믿음을 가지고 살기를 촉구했다. 예수가 제자들을 향해 '믿음이 적은 자들'이라고 꾸짖을 때나 "너의 믿음이 너를 낫게 했다."고 말했을 때 역시, 믿음은 어떤 성서 이야기의 사실을 믿는 행위나 교리에 동의하고 수용하는 지적 행위가 아니라, 하느님께 자신의 존재와 삶을 온전히 내맡기는 신뢰의 믿음을 가리킨다. 반대로 불신도 지적 의심이나 확신의 결핍보다는 이러한 신뢰의 결핍이다. 약한 믿음, 흔들리는 믿음이다.

단순했던 예수의 하느님 중심의 신앙이 예수 자신을 하느님의 아들로 믿는 신앙이 되면서 그리스도교는 하느님과 예수의 관계를 놓고 수많은 신학적 논쟁과 교리적 다툼을 불러 일으켰다. 결과적으로 그리스도교는 인류 역사상 유례가 없을 정도로 교리 위주의 종교가 되었다. 이른바 정통(orthodoxy)과 이단(heresy)을 명확하게 가르는 종교가 된 것이다. 교회의 일치를 위해서 자유로운 사상을 탄압하고 이단적 교리를 전파하는 사람을 색출해서 파문을 하는가 하면 심지어는 화형에 처하기까지 했다. 현대 세계로 오면서 그리스도교가 봉착한 어려움 가운데 하나는 이러한 정통교리를 강조하는 신앙의 위기에서 온다. 여하튼 그리스도교는 하느님을 신뢰하는 신앙과 함께 성서가 전하고 있는 역사적 사건들이나 예수 그리스도라는 한 인격적 존재의 삶과 행위, 특히 그의 십자가의 죽음과 부활 사건을 하느님의 특별한 계시로 믿고 인정하는 신앙의 종교가 되었다.

3. 종교의 두 유형

인간의 삶에서 정신적 초석과도 같은 역할을 수행한 종교는 신관에 따라 대체로 두 가지 유형으로 나뉜다. 하나는 위에서 말한 유대교, 그리스도교, 이슬람처럼 우주만물을 창조하고 인간의 생사화복을 주관하고 계시를 통해 자신을 알리며 사후의 심판을 통해 영생을 약속하는 유일신신앙(monotheism)의 종교들이고, 다른 하나는 잡다한 현상세계의 배후에 있는 하나의 궁극적이고 통일적인 존재의 근원·토대를 추구하는 존재론적 신관, 즉 일원론적 형이상학(一元論的 形而上學, monistic metaphysics)에 기초한 종교들이다. 주로 힌두교, 불교, 유교, 도교 같은 아시아 종교들이 이 유형에 속한다. 그러나 이 두 유형은 그리스도교와 같이 한 종교 내에도 공존하면서 갈등을 빚거나 상호 보완적이 되기도 한다.

유일신신앙의 종교들이 다신신앙(polytheism)을 철저히 배격한 것과 달리, 일원론적 형이상학의 종교들은 대체로 다신신앙에 관대했다. 비록 저급하지만 다신신앙이 대중을 위해 불가피하다고 여겨 용인해 왔기 때문이다. 유일신신앙의 종교든 일원론적 형이상학의 종교든, 둘 다 변화무쌍하고 잡다한 현상세계의 근저 혹은 그 너머에 있는 단 '하나'의 궁극적 실재를 믿는다는 점에서는 일치한다. 그러나 유일신신앙이 이 통일적 실재를 피조물의 세계와 엄격히 구별되는 초자연적(supernatural) 실재로서 인간에 준하는 성격을 지닌 인격신으로 간주하는 반면, 일원론적 형이상학에 기초한 종교들은 만물의 궁극적 실재를 인격성을 초월하는 탈인격적 또는 초인격적(transpersonal) 실재로서 세계만물에 내재하는 것으로 본다. 또 유일신신앙의 신이 세상만사를 다 알고 일일이 주관하는 전지전능한 신인 반면, 일원론적 형이상학의 신은 만물의 존재론적 근원·토대이지만 개별자들의 운명 하나하나에 관심을 가지고 관여하는 신이 아니다.

무엇보다도 가장 근본적인 차이는 신과 세계의 관계를 어떻게 보느냐에 있다. 구약성서에 뿌리를 둔 인격신관은 하느님이 자유로운 의지에 따라 세계를 창조했다고 본다. '창조'를 마치 인간이 물건을 만드는 행위나 건축가가 집을 짓는 것과 같은 행위와 유사하게 이해한다. 건축가는 자기가 계획한 설계도에 따라 재료·질료를 사용하여 집을 짓는다. 이러한 창조론이 지닌 근본적 문제들 가운데 하나는 이 질료가 도대체 어디서 왔는지를 설명하기 어렵다는 데 있다. 그리고 더 본질적인 문제는 창조가 신의 자유의지에 따른 행위라면, 신이 세계를 창조하지 않았을 가능성도 있었다는 말이 되기 때문에, 세계의 존재는 그야말로 우연성을 띠게 된다. 존재하지 않을 수도 있지만 존재하기 때문이다. 그렇다면 다시 제기되는 문제는 아무 부족함이 없는 자족적인 신이 무엇 때문에 세계를 창조했는가 하는 물음이다. 내가 아는 한 이에 대한 만족할 만한 설명은 없다. 신학자들은 흔히 하느님의 사랑을 창조의 이유로 들지만, 이것은 답이 될 수가 없다. 창조 이전에는 사랑의 대상이 존재하지 않기 때문이다. 그리고 만약 세계 창조의 원인이나 동기 같은 것이 없다면, 세계는 무신론자들이 주장하듯이 그야말로 아무 이유나 목적이 없이 존재하는 무의미한 것이 되는 결과가 따른다.

신을 존재 자체(esse ipsum, Being-itself)이며 모든 존재와 생명의 근원으로 보는 일원론적 형이상학의 신관에서는 이런 문제가 발생하지 않는다. 여기서는 세계는 신의 창조이기보다는 어머니가 자식을 낳는 것과 같이 신의 본성에 따른 자연스러운 출산의 결과와 같다. 신은 우주의 알파와 오메가로서, 세계만물은 신으로부터 흘러나왔다가(流出, emanatio, 出源, exitus) 신에게로 복귀한다(還源, reditus, 復歸). 신과 세계는 무한과 유한, 영원과 시간, 절대와 상대, 원인과 결과의 차이는 있지만 결코 분리되지는 않는다. 마치 어머니 없는 자식이나 자식 없는 어머니가 존재할 수 없듯이, 신이 없는 세계는 물론이고 세계 없는 나 홀로 신도 생각하기 어렵다. 신에서 산출된 만물은 개체로서는 존재할 수도 있고 하지 않을 수도 있는 우연성을 띠지만, 세계 자체의 존재는 신과 마찬가지로 필연적이다.

고전적 그리스도교 신학에서는 하느님이 세계를 아무것도 없는 순전한 무로부터 창조했다고(creatio ex nihilo) 하지만, 형이상학적 신관에서는 신은 세계를 자기 자신으로부터 창조한(creatio ex deo) 셈이 된다. 인격신관의 관점에서는 형이상학적 신은 인간과 소통하거나 사랑의 교제를 나눌 수 있는 인격적 실재가 아니라는 문제를 안고 있으며, 창조주와 피조물의 차이를 무시하고 피조물을 절대화하는 우상숭배에 빠지기 쉬운 위험성이 있다고 본다. 반면에 형이상학적 신관의 관점에서는 인격적 유일신관은 신을 인간과 같이 유한한 개체로 보게 할 위험성이 있는 유치한 신관이며, 신을 전지전능한 초월적 타자로 보고 섬기기 때문에 인간을 비인간화하기 쉬운 권위주의적 신관이라는 문제점을 안고 있다.

여하튼 위와 같은 두 가지 유형의 신관과 창조론, 그리고 이에 근거하여 신과 세계의 관계를 어떻게 이해하는가는 단지 신관의 문제만이 아니라, 우리가 세계와 인생을 어떻게 보며 살아야 하는지에 대해서도 엄청난 차이를 초래했고, 인류 문화·문명에 심대한 영향을 끼쳤다. 프랑스 사상가 파스칼은 "아브람과 이삭과 야곱의 하느님은 철학자들의 하느님이 아니다."라는 유명한 말을 남겼지만, 이 두 가지 유형의 신관이 반드시 배타적 선택의 대상일 필요는 없고, 실제로 한 종교 내에서도 공존해 왔다. 이는 그리스도교에서도 마찬가지였다. 오늘날 신관이 직면하고 있는 가장 중요한 문제는 인류 대다수의 삶의 토대가 되어 온 이 두 신관을 어떻게 현대적 안목에서 설득력 있게 조화시킬 수 있는가에 달려 있다고 해도 좋다.[10] 인간이 여전히 종교적 존재(homo religiosus), 형이상학적 존재로서 삶의 궁극적 토대를 신 혹은 어떤 절대적 실재에 정초시키려 하는 한, 그렇다는 말이다.

우리는 일원론적 형이상학에 기초한 종교적 영성의 가장 오래되고 전형적인 예를 인도의 성전(聖典) 베다(Veda)의 우파니샤드(Upanisad)에 나오는 짤막한 기도문에서 본다: "비실재(the unreal, asat)로부터 실재(the real, sat)로, 어둠에서 빛으로, 죽음에서 영생으로 나를 인도하소서."[11] 이 짧은 기도문에 모든 형이상학적 영성의 핵심이 들어 있다 해도 결코 과장이 아니다. 형이상학적 영성이 추구하는 것은 실재, 빛(진리), 영생이다. 우파니샤드 철인들의 궁극적 관심은 우주만물의 궁극적 실재인 브라만(Brahman)에 집중되었고, 그

---

10 이 문제를 해결하려는 가장 잘 알려진 철학적 시도 가운데 하나는 John Hick, *An Interpretation of Religion* (London: Macmillan, 1989)이다.

11 *Brhadaranyaka Upanisad* I, 3, 28.

들의 형이상학적 영성은 이 궁극적 실재를 알고 그것과 하나가 되는 해탈(moksa)을 인생의 최고선(nihsreyas)으로 추구하는 데 집중되었다.

형이상학적 영성은 근본적으로 신에 대한 신앙을 통해 각종 세속적 욕망을 충족시키려는 이른바 '기복신앙'과는 거리가 멀다. 영원불변의 실재를 앎으로써 거기에 참여하는 것을 인생 최고의 목적으로 간주하는 순수한 영성이다. 하느님만을 최고선이자 궁극적 관심으로 사랑하고 헌신하는 형이상학적 에로스는, 눈에 보이는 세상의 이런저런 사물에 대한 부차적 관심들을 단호히 차단하고 떠나는 세계부정과 자기부정 없이는 불가능하다.

우파니샤드에 따르면, 인간을 비존재에서 존재로, 어둠에서 빛으로, 죽음에서 영생으로 인도하는 궁극적 실재인 브라만은 만물의 근원·토대이고 정수이자 인간 존재의 근원·토대로서 인간의 참나(眞我)다. 우파니샤드는 이 참나를 아트만(Atman)이라고 부른다. 우주만물과 인간의 존재와 생명의 뿌리가 조금도 다르지 않고 하나라는 이 범아일여(梵我一如)의 사상은 우파니샤드의 핵심이다. 우주만물의 알파이며 오메가 같은 영원불멸의 실재(sat), 만물이 거기서 출원하여 거기로 환원하는 원천이자 목적지인 브라만을 아는 길이 인간 자신의 내면의 깊이에 있는 자아인 아트만, 곧 순수 정신 내지 순수 의식(cit)에 대한 자각으로 심화된 것이다. 우파니샤드는 브라만을 순수 존재, 순수 의식, 순수 희열(ananda)로 묘사한다. 브라만·아트만은 우리가 한시도 떠날 수 없고 부정하려야 부정할 수 없는 우리 존재의 토대이며, 우리의 모든 정신활동과 인식활동을 조명해주는 배후의 빛과도 같은 깊은 실재로서 결코 대상화될 수 없는 절대적 주체다.

그리스 형이상학적 전통에서와 마찬가지로 우파니샤드의 일원론적 형이상학에서도 존재는 곧 선이며 존재의 결핍은 곧 선의 결핍이다. 인도의 고전어인 범어(梵語)로 선 혹은 좋음을 가리키는 말은 존재 혹은 실재를 가리키는 말과 동일한 'sat, sant'다. 플라톤 철학에서도 영원불변하는 실재 중의 실재는 선(good)의 이데아(Idea)며, 만물의 무한한 근원인 플로티누스의 일자(一者, the One, to hen) 역시 선(agathon)으로 불린다. 또 서양 중세의 스콜라 철학에서도 하느님은 존재하는 모든 것의 근원·토대인 존재 자체(esse ipsum), 선 자체(bonum ipsum)다. 하느님은 모든 존재자와 크고 작은 모든 선의 원천이고 존재의 토대이기 때문이다.

고대나 중세적 사고에서는 변하는 것들은 모두 불완전하고 불만족스러운 것이며 완전히 실재하는 것이 아니다. 사물들은 존재하는 한 선하고, 선한 만큼 존재를 누린다. 수시로 변하는 구체적 사물들은 그만큼 존재와 선을 결핍한 것들이기 때문에 존재와 선의 원천인 신을 갈망하고 닮고자 한다. 이러한 사고방식은 변화하는 구체적 사물들이야말로 실재하는 것이라고 보는 현대인들의 사고와 얼마나 동떨어져 있는지를 여실히 보여준다.

서구에서 철학자들과 신학자들에게 지속적으로 큰 영향을 끼쳐 온 일원론적 형이상학의 가장 중요한 흐름은 플라톤 철학을 계승하면서 아리스토텔레스와 스토아학파의 사상 등을 종합해서 새로운 사상 체계를 수립한 플로티누스의 신플라톤주의(Neoplatonism)다. 신플라톤주의는 또 서구 철학과 그리스도교 신학을 넘어 유대교와 이슬람의 유일신신앙의 인격신관과 병존하면서 세 종교 모두에, 특히 신과의 신비적 합일(unio mystica)을 추구하는 신비주의(mysticism) 흐름에 심대한 영향을 끼쳤다.

공자와 맹자의 원시유교 사상을 철학화한 성리학(性理學, 朱子學)이나 노자, 장자의 사상을 중심으로 하는 도가(道家) 철학도 일원론적 형이상학의 범주에 속한다. 부처님 당시부터 형이상학적 사변을 배격하고 항구불변의 자아의 실체성을 부정하는 무아론(無我論, anatman)을 주창해온 불교가 일원론적 형이상학의 범주에 포함될 수 있을지에 대해서는 논란의 여지가 있지만, 나는 불교사상도 예외가 아니라고 본다. 다만 불교는 이 궁극적 실재에 대해 주로 부정의 길(via negativa)을 통해 말해 왔다는 특징이 있다. 불교적 용어로 표현하면 파사(破邪)를 통해 현정(顯正), 또는 파사가 곧 현정이라는 정신으로 궁극적 실재를 추구한다는 말이다.[12] 적어도 상좌불교(上座佛敎)에서 만큼은 열반은 변하는 조건들에 의해서 생성된 무상한 유위법(有爲法)이 아니라 무위법(無爲法, asamskrta-dharma)이며, 대승불교의 공(空)이나 불성(佛性) 사상도 절대적 실재의 어떤 측면을 드러내 준다.

유일신신앙의 하느님은 일원론적 형이상학에서 추구하는 궁극적 실재와는 여러 면에서 대조적이다. 구약성서의 신명기에 나오는 말, "들어라, 이스라엘아. 주님은 우리의 하느님이시요, 주님은 오직 한 분뿐이시다. 마음을 다하고 뜻을 다하고 힘을 다하여, 주 하느님을 사랑하라."(신 6:4)는 말은 이스라엘의 철저한 유일신신앙을 잘 표현해주고 있다. 유대인들은 예루살렘 성전이 파괴된 후 세계 곳곳에 흩어져 살면서도 아침저녁 회당에서 드리는 예배에서 "들어라, 이스라엘아"(쉐마, shema)로 시작하는 이 신앙고백을 하면서 힘든 삶을 이어 갔다. 우주만물과 인간을 지으신 오직 한 분이신 하느님을 혼신의 힘을 다해 사랑하는 신앙으로서, 기나긴 인고의 세월을 통해 줄곧 그들을 지켜 준 신앙이다. 오죽하면 유대인들은 이 말씀을 "자녀에게 부지런히 가르치며, 집에 앉아 있을 때나 길을 갈 때나, 누워 있을 때나 일어나 있을 때나, 언제든지 가르치십시오. 또 당신들은 그것을 손에 매어 표로 삼고, 이마에 기호로 삼으십시오. 집 문설주와 대문에도 써서 붙이십시오."라고 했겠는가?

복음서에 따르면 예수도 이 말을 사랑했다. 그는 율법 가운데 어느 계명

---

12 이에 대한 보다 상세한 논의는 길희성, "반야에서 절대지로," 『마음과 철학: 불교편』(서울대학교 출판문화원, 2013) 참고.

이 가장 중요한가라는 바리사이파 사람의 질문에, "네 마음을 다하고, 네 목숨을 다하고, 네 뜻을 다하여, 주 너의 하느님을 사랑하라."는 계명과, "네 이웃을 네 몸과 같이 사랑하라."는 두 계명을 들면서 이것이 율법과 예언서 전체의 본뜻이라고 답했다.

이슬람에서도 샤하다(shahada)라는 신앙의 증언이 있다. "하느님(Allah) 외에는 하느님이 없다. 무함마드는 하느님의 사자(使者)다."라는 이 간결한 신앙의 증언은 모든 무슬림이 반드시 지켜야 하는 신앙의 5대 의무 가운데 으뜸이다. 무슬림들은 아기가 태어날 때 이 말을 귀에다 속삭여 준다고 한다. 네가 사람으로 태어나서 이것만은 반드시 알고 살아야 한다는 뜻일 것이다. 무슬림들은 또 다른 신앙의 의무로 매일 메카를 향해 다섯 번 기도드리게 되어 있는데, 모스크의 첨탑에서 구성진 음성으로 흘러나오는 기도의 초대를 통해서도 이 증언이 매번 선포되고 있다.

오직 한 분이신 하느님, '하나'이신 하느님을 믿는 유일신신앙은 오늘날 인류의 절반에 육박하는 사람들이 간직하고 사는 신앙으로서, 그들의 신관과 세계관과 인생관을 지배하는 신앙이다. 인류 역사를 통하여 이보다 더 큰 영향을 끼친 신앙이나 사상은 아마도 없을 것이다. 따라서 이 신앙을 좋아하든 싫어하든, 또 이 신앙의 역사적 공과가 어떠하든 유일신신앙에 대한 바른 이해는 누구에게나 필수적이다. 특히 그리스도교를 통해 전수된 유일신신앙은 서구 문명을 이해하는 열쇠이며, 현대 세계에서 서구 문명과 여러 면에서 대척점에 있는 이슬람 역시 유일신신앙을 떠나서는 상상조차하기 어려운 종교다. 유일신신앙의 원조는 고대 히브리 민족이지만, 그들의 신앙을 담고 있는 구약성서는 그리스도교는 물론이고 이슬람에서도 하느님의 계시로 간주되는 쿠란(Quran)에 지대한 영향을 미쳤다. 세 종교 모두 아브람(Abraham)을 유일신신앙의 원조로 추앙하고 있는 '아브람 종교들'로서, 기본적으로 구약성서의 유일신신앙의 전통을 공유하고 있다.

유대교, 그리스도교, 이슬람은 공통적으로 우주만물을 창조한 창조주 하느님(Creator)을 믿는 종교다. 만물을 자유로운 의지에 따라 창조한 하느님과 피조물 사이에는 건널 수 없는 존재론적 차이가 있다. 신은 무한하고 영원하고 절대적인 데 반해, 피조물은 유한하고 상대적인 존재들이며 한시도 신을 떠나 독자적으로 존재할 수 없다. 신은 시작과 끝이 없는 무시무종의 실재인 반면, 피조물은 존재와 생명의 근원인 신에 의존해서 존재하다가 사라지는 시간적 존재들이다. 인간을 포함하여 모든 피조물은 언제 어디서 무엇을 하든 세상만사를 주관하는 신의 뜻과 섭리 아래 있다.

창조주 하느님과 피조물의 세계를 엄격하게 구별하는 유일신신앙은 고대 세계를 지배한 다신숭배와 치열한 대결을 하면서 태어났다. 다신숭배는 신들의 이야기인 신화, 신들의 형상을 새긴 신상, 신상을 안치하고 제사를 드리는 신전, 그리고 제사 행위를 주관하는 사제라는 네 가지 필수 구성요소를 가지고 있다. 다신숭배의 삶의 자리는 주로 비옥한 농토에서 농사를 업으로 하는 농경사회의 문화였으며, 그들이 섬기는 신은 주로 자연의 힘과 관계된 자연신들이었다.

이와 대조적으로, 유일신신앙의 삶의 자리는 사막과 같은 척박한 땅에서 정착지 없이 목초지를 따라 이동하며 사는 유목민들의 생활이었다. 고대 이스라엘 민족의 유일신신앙은 한편으로는 가나안 지방의 농경 신 바알(Baal)을 숭배하는 신앙을 거부하면서 자신의 정체성을 형성해 나갔는가 하면, 다른 한편으로는 모방을 통해 그들의 문화와 타협하고 흡수하면서 자신들의 삶의 방식을 형성해 나갔다. 사울(Saul)이 왕으로 추대되면서 이스라엘이 부족연맹체에서 왕정국가로 전환하는 과정에서 겪은 갈등이나 솔로몬 왕 시절에 건축한 예루살렘 성전을 둘러싼 이스라엘 민족의 내부적 갈등도 이런 배척과 흡수의 역사를 잘 반영하고 있다. 여하튼 유일신신앙을 인류에게 전수하게 된 이스라엘 민족의 신앙은 사막을 배경으로 한 척박한 환경 속에서 생존을 위해 치열한 싸움을 해야만 했던 그들의 삶의 자리를 떠나서는 이해하기 어렵다.

유일신신앙의 종교와 일원론적 형이상학의 종교 사이에는 신 혹은 절대적 실재를 아는 인식의 문제에서도 큰 차이를 보인다. 형이상학적 신관에서는 인간이 자신의 영혼과 지성으로 신을 알 수 있고 신성에 참여하거나 신과 완전한 일치를 이룰 수 있다고 믿는 반면, 유일신신앙에서는 신이 자신을 드러내는 계시(revelation)가 없이는 인간은 신을 잘 알 수 없다고 생각한다. 유일신종교들은 공통적으로 인간의 이성이나 지혜보다는 신의 말씀과 계시에 근거한 종교다. 신의 계시라 해도 신은 자신의 본체나 본성을 계시하기보다는 주로 그의 뜻과 의지를 계시한다. 신의 본성은 인간에게 영원한 신비 속에 감추어져 있다고 보기 때문이다. 신과 인간 사이에는 의지의 일치 또는 사랑의 일치 같은 〈관계적 일치〉는 가능하지만, 〈존재나 본성의 일치〉는 불가능하고 바람직스럽지도 않다. 다만 그리스도교는 하느님의 아들 예수 그리스도에게서만 예외적으로 존재와 본성의 일치가 이루어졌다고 믿는다. 이러한 차이로 인해 그리스도교와 유대교, 이슬람 사이에는 신학적 긴장이 존재한다.

일원론적 형이상학을 기저로 하는 종교들에서는 인간은 만물의 궁극적 실재를 아는 지혜나 깨달음을 통해 신의 본성에 참여하고 신과 완전히 하나가 될 수 있다. 이들은 공통적으로 신인합일(神人合一) 내지 천인합일(天人合一)의 경지를 인간이 도달해야 할 궁극적 경지로 간주한다. 형이상학적 영성은 궁극적으로 신과 인간의 신비적 합일을 추구하는 신비주의 영성이다. 유일신 종교에서도 이러한 신비주의의 흐름이 존재하지만 어디까지나 비주류에 속하며, 신비적 합일이라 해도 주로 신과 인간의 관계적 일치에 머문다.

유일신신앙의 종교들은 근본적으로 인간이 어떻게 살아야 하는지에 대한 실천적 관심이 강하다. 그들은 인생의 선은 인간 스스로 이성을 통해 알기보다는 인간을 창조한 신의 계시에 의해서만 알 수 있다고 믿는다. 유일신신앙의 종교는 신의 계시를 믿는 신앙의 종교이며, 이 계시에 대한 신앙을 바탕으로 해서 신의 뜻에 따라 사는 삶을 중시하는 실천적 종교다. 명상이나 관조, 철학적 지혜나 조용한 자기성찰을 중시하는 관조적 성격의 형이상학적 종교들과 매우 다르다는 것을 알 수 있다.

유일신신앙의 종교와 일원론적 형이상학의 종교는 또 하나의 본질적 차이를 보인다. 형이상학적 영성이 주로 시간과 역사의 세계를 초월하는 초시간적 영원을 갈구하는 영성이라면, 유일신신앙의 영성은 하느님이 창조한 물질세계와 인간의 삶이 전개되는 시간과 역사의 세계를 긍정적으로 보며 적극적 가치와 의미를 부여한다. 하느님은 인간의 구체적 삶이 전개되는 역사의 세계에 지대한 관심을 가지고 있으며, 인간은 역사적 경험 가운데서 하느님을 만난다. 인간은 역사의 무대에서 하느님의 윤리적 뜻과 명령에 따라 살아야 하며, 궁극적으로 하느님 앞에서 자기 삶에 책임을 져야 하는 존재다.

유일신신앙의 관점에서 보면 형이상학적 영성은 물질세계와 인간의 육체를 폄하하며 세계로부터 도피하는 영성으로 보이는 반면, 형이상학적 영성의 관점에서는 초월적 신을 믿는 신앙은 역사의 세계에 대한 관심과 지나치게 밀접히 연계되어 있어서 지극히 현실적이고 세속적이며 이기적—집단적이든 개인적이든—욕망과 집착을 버리지 못한 저급한 것으로 보인다.

앞에서 말했듯이, 유일신신앙의 삶의 자리는 사막과 같은 척박한 땅이었으며 수시로 목초지를 따라 이동하는 유목민의 삶이었다. 그들은 길이 없는 곳에서 방황하기 일쑤였고 때로는 생사의 갈림길에서 중대한 결단을 내려야만 했다. 이런 위기를 돌파하는 길은 하느님과 대화하면서 그의 음성에 귀를 기울이고 그의 지시를 따르는 것이었다. 그들에게는 철학적 사변과 사유를 전개할 삶의 여유가 없었으며, 침묵과 명상도 그들의 삶과는 거리가 멀었다. 유일신신앙의 계시종교들은 갈 길을 잃고 헤매는 인간들이 하느님의 계시에 따라 사는 삶의 종교다. 여기서는 신이 명하는 것이 선이지, 선이기 때문에 신이 명하는 것이 아니라고까지 말할 수 있다.

4. 역사의 하느님

이스라엘 민족의 신앙의 근본 성격은 구약 성서에 묘사된 그들의 조상 아브람의 삶에 잘 드러난다. 바빌로니아의 하란 지방에 거주하던 아브람은, "너는, 네가 살고 있는 땅과, 네가 난 곳과, 너의 아버지의 집을 떠나서, 내가 보여 주는 땅으로 가거라. 내가 너로 큰 민족이 되게 하고, 너에게 복을 주어서, 네가 크게 이름을 떨치게 하겠다. 너는 복의 근원이 될 것이다. … 땅에 사는 모든 민족이 너로 말미암아 복을 받을 것이다."(창 12:1-3) 라는 하느님의 지시와 약속을 믿고 가나안으로 떠난다. 이 간단한 이야기 속에 이미 이스라엘 민족의 신앙의 성격이 잘 드러난다. 하느님은 한 특정지역에 묶인 토착신이 아니며 조상의 전통에 묶인 과거의 신도 아니다. 오히려 토착적 삶의 근거지를 떠나 미지의 땅으로 가라는 명과 함께 미래를 약속하는 하느님이다.

아브람은 하느님의 약속을 믿고 식솔들을 데리고 가나안으로 이주하지만, 기근을 만나 당시의 강대국 이집트로 내려가 몸 붙여 살게 된다. 이스라엘 민족은 이집트 땅에서 제법 큰 민족으로 성장했지만, 심한 노역에 시달리다 못해 모세의 영도 아래 홍해를 건너 이집트를 탈출하게 된다. 그들은 이 과정에서 두 가지 결정적 경험을 하게 된다. 하나는 그들이 겪는 고난의 역사에 개입해서 그들을 이집트 제국의 압제에서 해방시켜주시는 역사의 하느님(God of history)을 만나는 민족적 경험이었고, 다른 하나는 하느님의 백성으로 살겠다는 하느님과 맺은 언약(covenant)과 더불어 모세를 통해 하느님으로부터 받은 십계명으로서, 하느님의 백성으로 살아야 할 구체적 삶의 지침을 담고 있다.

이집트 탈출의 경험은 이스라엘의 민족적 정체성과 신앙에 결정적 의미를 지닌 사건이었다. 이스라엘의 하느님은 자기 백성 이스라엘의 역사에 지대한 관심을 가지고 그들의 역사를 앞에서 인도하는 하느님이다. 역사의 하느님은 역사의 고난과 시련을 외면하거나 시간의 피안에 있는 하느님이 아니라, 약소민족 이스라엘이 당하는 고난의 역사에 개입해서 자기 백성을 해방시켜주는 하느님이다. 이스라엘 민족의 신앙은 역사를 주관하는 하느님, 역사 속에서 구원을 베푸는 하느님에 대한 신앙이다. 이스라엘의 하느님은 태양이나 별들, 천둥번개나 바람, 산이나 강 같은 자연의 성스러운 힘에서 느끼는 자연의 신이 아니고, 천지만물의 조화로운 질서나 이법을 관찰하고 관조하는 지혜를 통해 아는 철학자의 하느님도 아니다. 또 인간 영혼의 깊이에서 만나는 신비주의자들의 하느님도 아니다. 성서에 이러한 면들이 없는 것은 아니지만, 이스라엘의 신앙의 특징은 어디까지나 한 개인이나 한 민족의 구체적 삶의 경험과 역사 속에서 만나는 역사의 하느님에 대한 신앙이다.

이러한 역사적 신앙은 성서 전체를 관통하는 일관된 기조다. 아브람을 비롯하여 족장들의 삶과 12지파의 연합체 시대나 왕정 시대의 역사를 보는 성서 기자들의 신앙적 역사관이나, 위기에 처한 민족의 역사를 진단하고 해석하는 예언자들의 메시지와 역사의식에도 일관되게 나타나는 신앙이다. 이스라엘의 신앙이 자신들의 삶의 구체적 이야기와 민족의 역사 이야기 형태를 통해 고백되는 이유가 여기에 있고, 구약성서가 역사책과 같은 성격을 띠게 된 이유도 여기에 있다. 고대 이스라엘의 대표적인 신앙고백을 들어 보자:

> 내 조상은 떠돌아다니면서 사는 아람 사람으로서 몇 안 되는 사람을 거느리고 이집트로 내려가서, 거기에서 몸 붙여 살면서, 거기에서 번성하여 크고 강대한 민족이 되었습니다. 그러자 이집트 사람이 우리를 학대하여 괴롭게 하며, 우리에게 강제노동을 시켰습니다. 그래서 우리가 주 우리 조상의 하느님께 살려 달라고 부르짖었더니, 주님께서 우리의 울부짖음을 들으시고, 우리가 비참하게 사는 것과 고역에 시달리는 것과 억압에 짓눌려 있는 것을 보시고, 강한 손과 편 팔과 큰 위엄과 이적과 기사로, 우리를 이집트에서 인도하여 내셨습니다. 주님께서 우리를 이곳으로 인도하여서, 이 땅 곧 젖과 꿀이 흐르는 땅을 우리에게 주셨습니다. 주님, 주님께서 내게 주신 땅의 첫 열매를 내가 여기에 가져 왔습니다. (신 26:5-10)

'역사의 하느님'을 믿는 이스라엘 민족의 전형적인 신앙고백이다. 이스라엘의 신앙은 형이상학적 사변이나 역사의 세계를 초월하고 외면하는 영성과는 거리가 멀다. 그들의 신앙은 역사의 소용돌이와 삶의 한복판에서 부딪치고 상처받고 울부짖으면서 만난 하느님에 대한 신앙이다.

이집트 제국의 폭정에 시달리던 약소민족 이스라엘을 구해주신 역사의 하느님 이야기는 그 후 성서적 신앙을 전수받은 모든 신앙인들의 유산이 되었다. 약자의 하느님, 정의의 하느님, 해방의 하느님을 믿는 신앙이며, 이스라엘을 넘어 오늘날도 세계의 모든 억압받는 민족에게 희망을 고취하고 역사를 변혁하는 힘으로 작용하고 있다. 성서는 하느님을 믿는 신앙의 눈으로 해석된 이스라엘의 역사서라 해도 과언이 아닐 정도로 하느님과 역사는 분리할 수 없다.

이집트를 탈출한 후 시나이 반도에서 방황하던 시기에 이스라엘 백성에게 일어난 또 하나의 중요한 사건은 모세가 시나이 산에서 받은 하느님의 계시다. 이스라엘 민족이 '하느님의 백성'으로 살아가기 위해 반드시 지켜야 하는 삶의 구체적 지침을 담은 십계명과 기타 훈계들인데, 여기서도 하느님이 십계명을 주기 전에 모세에게 한, "나는 너희를 이집트 땅 종살이하던 집에서 이끌어 낸 주 너희의 하느님이다."라는 말이 주목을 끈다. 이 말을 통해서 우리는 이스라엘의 계시 신앙이 어디까지나 역사적 사건을 통해 자신을 계시하는 〈역사적 계시〉의 하느님에 대한 신앙임을 알 수 있다.

역사적 사건을 통해 자신의 뜻을 계시하는 하느님 신앙과 더불어 이스라엘의 신앙이 지닌 또 하나의 특징은, 조금 전 아브람의 예에서 본 '약속의 하느님'에 대한 신앙으로서, 언약 즉 계약의 하느님에 대한 신앙이다. 하느님은 이집트를 탈출한 모세에게 이렇게 말한다:

> 이제 나는 이집트 사람이 종으로 부리는 이스라엘 자손의 신음소리를 듣고, 내가 세운 언약을 생각한다. 그러므로 너는 이스라엘 자손에게 말하여라. "나는 주다. 나는 이집트 사람들이 너희를 강제로 부리지 못하게 거기에서 너희를 이끌어 내고, 그 종살이에서 너희를 건지고, 나의 팔을 펴서 큰 심판을 내리면서, 너희를 구하여 내겠다. 그래서 너희를 나의 백성으로 삼고, 나는 너희의 하느님이 될 것이다." (출 4:5-6)

약속과 계약의 하느님은 고대 세계에서 일반화된 토착신이나 부족의 신과는 근본적으로 성격을 달리한다. 특정 지역이나 거기에 뿌리박고 사는 민족과 운명공동체를 형성하고 있는 신과는 달리, 계약으로 맺은 하느님과의 관계는 언제든 파기될 수 있는 가능성을 안고 있다. 이스라엘과 하느님이 맺은 언약은 고난에 처한 민족을 먼저 긍휼히 여기고 구해주는 하느님의 은총에 대한 이스라엘 민족의 응답으로 이루어진 윤리적 관계다. 이스라엘에 부과된 계약의 조건은 하느님의 백성답게 하느님의 윤리적 뜻에 따라 살라는 요구다.

구약성서는 물론이고 성서 전체를 관통하는 메시지를 한마디로 표현하자면, 이스라엘 민족은 하느님의 뜻에 따라 그의 백성으로 살겠다는 약속을 번번이 배반하지만, 하느님은 그럼에도 불구하고 약속을 파기하지 않고 끝까지 지키는 신실하고 의로운 분이라는 것이다. 이러한 신앙이 신약성서에 와서는 하느님이 마침내 자기 아들 예수 그리스도를 보내서 그를 통해 하느님과 끊어질 수 없는 새로운 관계로 들어가게 했다는 그리스도교 신앙으로 이어진다.

여하튼 우상숭배를 금하고 사람과 사람 사이에 지켜야 할 가장 기본적인 도덕 질서를 밝힌 십계명을 위시하여, 하느님이 모세를 통해 이스라엘에게 준 윤리적 가르침은 현대적 관점에서는 미흡한 점이 있지만, 당시 인류의 도덕적 수준을 감안할 때 실로 혁명적인 면을 지니고 있었다. 예를 들어 보자:

너희는 너희에게 몸 붙여 사는 나그네를 학대하거나 억압해서는 안 된다. 너희도 이집트 땅에서 몸 붙여 살던 나그네였다. 너희는 과부나 고아를 괴롭히면 안 된다. 너희가 그들을 괴롭혀서 그들이 나에게 부르짖으면, 나는 반드시 그들의 부르짖음을 들어주겠다.
너희가 너희 가운데서 가난하게 사는 나의 백성에게 돈을 꾸어 주었으면, 너희는 그에게 빚쟁이처럼 재촉해서도 안 되고, 이자를 받아도 안 된다. 너희가 정녕 너희 이웃에게서 겉옷을 담보로 잡거든, 해가 지기 전에 그에게 돌려 주어야 한다. 그가 덮을 것이라고는 오직 그것뿐이다. 몸을 가릴 것이라고는 그것밖에 없는데, 그가 무엇을 덮고 자겠느냐? 그가 나에게 부르짖으면 자애로운 나는 들어주지 않을 수 없다. 너희는 근거 없는 말을 해서는 안 된다. 거짓 증언을 하여 죄인의 편을 들어서는 안 된다. 다수의 사람들이 잘못을 저지를 때에도 그들을 따라가서는 안 되며, 다수의 사람들이 정의를 굽게 하는 증언을 할 때에도 그들을 따라가서는 안 된다. 너희는 가난한 사람의 송사라고 해서 치우쳐서 두둔해서도 안 된다. 너희는 원수의 소나 나귀가 길을 잃고 헤매는 것을 보거든, 반드시 그것을 임자에게 돌려주어야 한다. … 너희는 가난한 사람의 송사라고 해서 그에게 불리한 판결을 내려서는 안 된다. 거짓 고발을 물리쳐라. 죄 없는 사람과 의로운 사람을 죽어서는 안 된다. 나는 악인을 의롭다고 하지 않기 때문이다. 너희는 뇌물을 받아서는 안 된다. 뇌물은 사람의 눈을 멀게 하고 의로운 사람의 말을 왜곡시킨다. (출 22:21-23:8)

5. 예언자적인 정신

사회적 약자에 대한 배려와 정의에 대한 관심을 하느님 자신의 뜻으로 여기는 윤리적 유일신신앙(ethical monotheism)[13]의 정신은 무엇보다도 구약성서 예언자들의 메시지에 강하게 나타난다. 정의의 예언자 아모스가 부패한 이스라엘 사회를 신랄하게 고발하는 목소리는 대표적이다:

너희는 공의를 쓰디쓴 소태처럼 만들며, 정의를 땅바닥에 팽개치는 자들이다. 묘성과 삼성을 만드신 분, 어둠을 여명으로 바꾸시며, 낮을 캄캄한 밤으로 바

---

13 종교사회학자 막스 베버(Max Weber)의 표현.

꾸시며, 바닷물을 불러 올려서 땅 위에 쏟으시는 그분을 찾아라. 그분의 이름
은 '주님'이시다. 그분은 강한 자도 갑자기 망하게 하시고,

견고한 산성도 폐허가 되게 하신다.

사람들은 법정에서 시비를 올바로 가리는 사람을 미워하고,

바른말 하는 사람을 싫어한다.

너희가 가난한 사람을 짓밟고 그들에게서 곡물세를 착취하니,

너희가 다듬은 돌로 집을 지어도 거기에서 살지는 못한다.

너희가 아름다운 포도원을 가꾸어도 그 포도주를 마시지는 못한다.

너희들이 저지른 무수한 범죄의 엄청난 죄악을 나는 다 알고 있다.

너희는 의로운 사람을 학대하며, 뇌물을 받고 법정에서 가난한 사람들을
억울하게 하였다. 그러므로 신중한 사람들이 이런 때에 입을 다문다.

때가 악하기 때문이다.

너희가 살려면, 선을 구하고 악을 구하지 말아라. …

너희는 망한다! 주님의 날이 오기를 바라는 자들아,

왜 주님의 날을 사모하느냐?

그날은 어둡고 빛이라고는 없다. … 캄캄해서, 한 줄기 불빛도 없다.

나는 너희가 벌이는 절기 행사들이 싫다. 역겹다.

너희가 성회로 모여도 도무지 기쁘지 않다. …

너희는, 다만 공의가 물처럼 흐르게 하고,

정의가 마르지 않는 강처럼 흐르게 하여라. (아 5:7-24)

도덕적 삶을 무시하는 어떠한 화려한 종교적 행사도 하느님께 무의미하
다는 강한 윤리의식이 담긴 메시지로서, 아모스뿐 아니라 예레미야나 이사
야 같은 다른 예언자들의 메시지를 통해서 인류 종교사에 획기적 자취를 남

기게 되었다. 오늘날에도 여전히 모든 종교가 귀 기울일 수밖에 없는 날카로운 종교비판이며, 근대 세속주의자들에 의한 종교비판과 달리 하느님의 이름으로 한 종교 내 종교비판이라는 데 큰 의미가 있다.

6. 종말의 예언자 예수와 그리스도교 신앙의 탄생

예수도 이러한 구약성서의 예언자적인 정신을 이어받은 사람이었다. 그리스도교라는 종교 혹은 교회 공동체가 형성되기 이전의 예수, 다시 말해 예수가 '신앙의 그리스도'로 추앙받기 이전의 역사적 인물 예수는 한마디로 종말의 예언자(eschatological prophet)였다. 역사의 모든 위대한 인물과 마찬가지로, 예수의 삶과 행위와 가르침 역시 당시 이스라엘 민족이 처했던 고난을 떠나서는 이해할 수 없다. 예수는 세례자 요한과 마찬가지로 당시 로마의 정치권력과 이스라엘의 종교권력이 손을 잡고 지배하는 불의한 사회, 불의한 역사가 종말을 고하고 의로우신 하느님이 직접 다스리는 하느님의 나라가 이 땅에 곧 임한다는 절박한 종말 의식과 신앙에 사로잡힌 사람이었다.

요즈음은 '종말론'이라고 하면, 사람들은 한때 우리사회를 떠들썩하게 했던 시한부종말론이나 아마겟돈 같은 끔찍한 장면을 연상하지만, 예수 당시 종말론은 하느님의 정의와 사랑이 넘치는 새로운 세상을 갈망하는 희망의 메시지였다. 예수의 말과 행위는 그가 전개한 하느님의 나라 운동을 떠나서는 이해할 수 없을 정도로 그는 하느님의 나라에 전적으로 헌신한 사람이었고, 결국 그는 당시 권력자들의 손에 의해 처형당하고 삶을 마쳤다. 그는 '하느님나라의 복음'을 단지 말로만 전파하고 다닌 것이 아니라, 병든 자들을 치유하고 당시 사회에서 천대받던 사람들을 하느님의 아들(딸)로 대변하고 복권시키는 삶을 살았다. 사람들은 그의 권위 있는 말에서 하느님 자신의 말을 들었으며, 사회적 약자들과 '죄인들'과 함께 하는 그의 사랑에서 하느님 자신의 무조건적인 사랑을 느꼈다. 예수를 따르던 무리들은 그의 말과 행위 가운데 하느님의 나라가 이미 생생하게 모습을 드러내기 시작했다고 믿었으며, 예수 자신도 그렇게 믿었다.

예수의 파격적 행보는 당시 로마 권력과 예루살렘 성전을 중심으로 하는 세력에 위협으로 느껴졌으며, 결국 그는 십자가에 달려 비극적 죽음을 맞게 되었다. 그러나 억울하게 죽은 의로운 자 예수를 하느님께서 외면하지 않고 죽은 자 가운데서 일으키셨다는 부활 신앙이 전파되면서 그의 가르침과 행위, 삶과 죽음은 새롭게 이해되고 평가되었다. 예수의 부활은 역사의 종말과 더불어 모습을 드러낼 만인의 부활의 예표로 간주되었고, 그는 곧 세상에 다시 와서 하느님의 나라를 완성할 것이라고 그를 따르던 사람들은 믿었다. 예수는 그리스도 즉 메시아로 선포되었고 하느님의 아들로 고백되었다. 하느님나라의 복음을 전파하고 다니다가 비극적 삶을 마친 예수가 부활 신앙을 통해 복음의 대상으로 선포되게 된 것이다. 그리스도교라는 종교는 이렇게 탄생했다.

이스라엘의 역사적 신앙은 예수의 하느님나라 운동과 십자가 위의 처형, 그리고 그의 부활의 소식과 더불어 탄생한 그리스도교에 이르러 새로운 국면을 맞게 된다. 첫째, 이제부터는 더 이상 이스라엘이 하느님의 백성이 아니라, 예수가 그리스도이며 주님이라고 고백하는 그리스도교 신자들이 새로운 하느님의 백성으로 등장하게 된다. 유일신신앙이 지닌 보편성에도 불구하고 민족 신의 성격을 완전히 탈피하지 못했던 이스라엘 민족의 신앙이 교회라는 신앙공동체의 출현과 더불어 명실상부하게 보편성을 확보하게 된 것이다.

둘째, 이집트의 종살이에서 민족이 해방되는 역사적 구원을 경험한 이스라엘의 신앙이 이제는 정치적·역사적 구원을 넘어 역사 자체, 타락한 세상의 질서 자체를 초월하는 '새 하늘과 새 땅'을 꿈꾸고 기다리는 종말론적 구원의 신앙으로 바뀌게 되었다. 이것은 결코 초기 그리스도교 신앙이 탈정치화되고 현세를 외면하는 내세주의 신앙으로 변화되었다는 것을 뜻하지는 않는다. 예수가 꿈꾼 하느님의 나라는 어디까지나 이 땅에 '임하는' 나라며, 하느님의 뜻이 '하늘에서 이루어진 것 같이 땅에서도 이루어지는' 세계다. 종말론적 신앙 공동체인 교회가 기다리는 새 하늘과 새 땅은 새로운 창조(New Creation)다. 교회는 세계를 결코 탈출해야 할 감옥으로 간주하지 않았다. 새로운 창조는 오히려 물질세계와 역사 자체의 근본적 변혁이 이루어지는 세계다. 그리스도교는 세계 자체의 변화와 '몸이 다시 사는' 구원을 바라는 신앙을 끝내 포기하지 않았다. 죽음 이후의 개인의 영생은 물론이고 세계 자체가 질적으로 변화될 것이라는 종말론적 꿈과 희망을 포기하지 않은 종교다.

셋째, 그리스도교의 출현과 더불어 예수에 대한 신앙과 하느님에 대한 신앙의 관계가 새로운 문제로 등장하게 되었다. 예수에 대한 신앙도 물론 예수 사건을 일으킨 역사의 하느님에 대한 신앙, 예수라는 역사적 존재를 통해 계시된 하느님을 믿는 유일신신앙의 전통 아래 있다. 다만 그리스도교에서는 하느님의 결정적인 계시가 출 이집트 같은 민족의 역사적 사건이 아니라 예수라는 한 인간을 통해서 주어진 '인격적 계시'가 되었다. 따라서 그리스도교 신앙은 무엇보다도 예수라는 역사적 인물을 통해 주어진 하느님의 인격적 계시를 믿는 신앙의 성격을 띠게 되었고, 이에 따라 예수의 정체성이 중요한 문제로 부상하게 된 것이다. 예수라는 인격 자체가―그의 말과 가르침, 그의 행위와 삶, 그리고 무엇보다도 그의 죽음과 부활 사건―인류를 위한 하느님의 뜻을 드러내는 결정적 계시의 사건으로서 권위를 지니게 되었기 때문이다. 이 문제는 너무나 중요하기 때문에 다소 긴 논의를 필요로 한다.

유대 청년 예수 자신은 철저하게 하느님 중심의 신앙을 가진 존재였다. 그가 만약 자신을 신앙의 대상으로 고양시킨 후세 교회의 신앙을 알았다면 결코 동의하지 않았을 것이라고 나는 확신한다. 아니, 아연실색하고 노했을는지도 모른다. 그러나 하느님 신앙과 예수 그리스도에 대한 신앙이 같이 가게 된 그리스도교에서는 예수와 하느님과의 관계를 어떻게 이해하느냐가 핵심적인 신학적 문제로 등장하게 되었다. 잘 알려진 대로, 니케아(Nicaea) 공의회(325년)에서 정립된 삼위일체 신론이나 칼케돈(Chalcedon) 공의회(451년)에서 제정된 기독론이 그리스도교의 정통 교리가 되었고 바른 신앙의 척도가 되었다.

여하튼 그리스도교 신앙에서는 하느님을 알려면 예수를 알아야 하고 예수를 이해하려면 하느님을 알아야 한다는 것만은 확실하다. 다만 예수와 하느님과의 관계를 어떻게 파악하고 표현해야 할지가 그리스도교 역사를 통해 끊임없이 논쟁을 야기했고 교회의 분열과 사상적 탄압의 계기가 되기도 했다. 문제의 핵심은 다음과 같다. 하느님에 대한 신앙과 헌신의 삶을 산 예수를 단지 하느님이 보낸 예언자, 또는 철저히 자기 자신을 비우고 하늘 아버지의 뜻에 순종한 사람이었기에 은유적 의미로 '하느님의 아들' 정도로 간주한다면 별 문제가 없겠지만, 그리스도교는 이러한 선을 넘어 유일신신앙 자체를 위협할 정도로 예수와 하느님 사이에 본성의 일치까지 주장하게 된 것이 문제의 발단이다. 예수는 뜻과 의지에서 하느님과 일치를 이룬 정도가 아니라, 본성과 존재의 일치를 이룬 분이었다는 것이 정통 교리의 핵심으로 자리 잡게 된 것이다.

이러한 교리의 정립에 결정적 계기를 제공한 성서적 기반은 요한복음의 첫 장에 나오는 성육신(成肉身, Incarnation) 사상이다. 즉 하느님의 영원한 말씀(Logos)이 예수라는 한 인간의 육신이 되었다는 사상이다:

태초에 말씀이 계셨다. 그 말씀은 하느님과 함께 계셨다. 그 말씀은 하느님이셨다. 그는 태초에 하느님과 함께 계셨다. 모든 것이 그로 말미암아 창조되었으며, 그가 없이 창조된 것은 하나도 없다. 창조된 것은 그에게서 생명을 얻었으며, 그 생명은 사람의 빛이었다. 그 빛이 어둠 속에서 비치니, 어둠이 그 빛을 이기지 못하였다. … 그 말씀은 육신이 되어 우리 가운데 사셨다. 우리는 그의 영광을 보았다. 그것은 아버지께서 주신, 외아들의 영광이었다. 그는 은혜와 진리가 충만하였다. (요 1:1-14)

나는 위에서 성육신을 '사건'이라고 하지 않고 '사상'이라고 했다. 그러나 그리스도교 신앙의 관점에서는 성육신은 단순히 사상이나 관념이 아니라 하느님이 실제로 한 인간의 몸이 '된'(egeneto) 사건, 다시 말해 세계 창조의 원리인 보편적이고 영원한 하느님의 말씀이자 지혜인 로고스가 한 인간의 몸이 되어 시간의 세계로 들어온 엄청난 사건이다. 역사적 사건이라고 말하기에는 너무나도 엄청난 것이기에 우리는 그것이 단순한 사건이 아니라 신화에 나오는 이야기들처럼 어떤 사상이나 관념, 혹은 어떤 추상적 진리를 드러내기 위해 만들어진 이야기, 적어도 그러한 사상을 통해 해석된 사건일 것이라고 생각하게 된다. 사실 성육신 사건뿐 아니라 성서에 나오는 숱한 역사의 하느님 이야기들은 현대적 관점에서 보면 사실성이 의심되는 이야기들이 허다하며, 사실이라 해도 신앙적 관점에서 해석되고 채색되고 과장된 이야기들로 들리는 것이 부정하기 어려운 사실이다.

예수가 지금으로부터 약 2,000년 전에 한 역사적 존재로서 인간의 몸으로 태어났다는 것은 확실한 사실이다. 하지만 그가 동정녀 마리아의 몸에 수태되었다는 이야기, 그리고 탄생 이전부터, 아니 세계 창조 이전부터 선재했던 영원한 로고스였다는 신화 같은 이야기의 주인공이 된 것이다. 일반인들에게는 신화 같은 이야기이지만, 그리스도인들은 결코 신화로 보지 않고 실제 사건, 기적 중의 기적이라고 믿는다. 그리스도교를 둘러싸고 제기되는 모든 사상적, 신학적 문제들은 여기서 발생한다 해도 과언이 아니다.

성서학계에서 잘 알려진 대로 동정녀 탄생 이야기는 복음서 가운데 가장 일찍 형성된 마가복음에는 없고 마태, 누가 두 복음서에만 나온다. 요한복음은 이보다도 한 걸음 더 나아가서 예수의 기적적 탄생을 하느님 자신의 탄생, 적어도 그의 아들 또는 그의 영원한 말씀인 로고스가 한 인간의 몸으로 탄생한 사건이라고 말한다. 복음서들의 형성 과정으로 보면, 예수 탄생을 둘러싼 위의 두 이야기, 즉 그의 동정녀 탄생과 성육신 이야기는 확실히 뒤늦게 만들어진 신화적 관념이며 해석이다. 적어도 오늘날 우리가 '역사적' 사건이라고 부르는 것의 범주에는 속하지 못하는 이야기임에 틀림없다.

만약 예수의 부활 이야기가 — 부활 신앙 혹은 부활 사건이 — 없었다면, 필경 동정녀 탄생이야기나 성육신 이야기도 생겨나지도 않았을 가능성이 크다. 그렇다면 부활은 과연 역사적 사건이었냐는 문제가 제기된다. 유감스럽지만 나는 이 문제를 여기서 논할 여유가 없다. 다만 한 가지 분명한 사실은 적어도 부활 '신앙'이 없었더라면, 예수가 '그리스도이시며 살아 계신 하느님의 아들'이라는 신앙고백 위에 세워진 그리스도교 교회는 결코 탄생하지 않았을 것이라는 사실이다.

그리스도교의 성서적 신앙의 독특성은 어떤 추상적 관념의 진리에 있기보다는 그러한 진리가 구체적인 역사적 사건 내지 사실에 기초하고 있다는 데 있다. 따라서 이 사건이나 사실을 의심하면, 그것이 드러내고자 하는 진리도 함께 부정되기 쉽다. 그리고 만약 성서의 메시지가 그 이야기를 떠나 다른 방식으로 이해되거나 입증될 수 있다면 성서의 권위, 적어도 성서 자체의 특성이나 매력은 사라지는 것이나 다름없게 될 것이다.

역사의 하느님에 대한 그리스도교 신앙은 구약성서의 이야기들과 함께 예수 그리스도라는 한 인간을 중심으로 하여 전개된 일련의 기적적 사건들, 즉 그의 탄생 —동정녀 수태와 성육신 사건— 과 그가 행한 수많은 이적들, 그리고 그의 죽음과 부활 사건에 기초하고 있다. 이런 사건들을 중심으로 하느님의 인류 구원의 드라마, 이른바 구원사(Heilsgeschichte)의 드라마가 전개되었다는 것이 그리스도 신앙의 증언이다. 이 구원의 드라마에서 클라이맥스를 이룬 것이 예수 그리스도 사건이며, 신학자 쿨만(O. Cullman)의 표현대로 그는 '역사의 중심점'이다.[14] 예수는 그 이전에 전개된 이스라엘 민족과 전 인류의 역사의 의미는 물론이고, 그 후에 전개되는 인류 역사 전체의 의미를 이해하고 가름하는 결정적 열쇠가 된다는 것이 그리스도교 신앙의 증언이다.

여하튼 성육신 사건·사상·신앙을 떠나서는 전통적 그리스도교의 교리나 진리는 성립되지 않을 정도다. 예수는 한 인간, 한 역사적 존재를 넘어 태어나기 전부터 하느님과 함께 계시는 영원한 하느님의 말씀·지혜 자체이며, 그를 통해 우주만물이 창조되었다는 것이다. 그는 또 만물의 생명이고 만인의 빛이다. 예수는 단지 한 인간, 한 역사적 존재가 아니라 하느님 말씀의 성육신(육화)이며 삼위일체의 제2격인 성자 하느님이다. 단지 은유적 의미 이상으로 '하느님의 독생자'다. 요한복음의 성육신 사상 이후로 인간 예수가 하느님과 같은 영원한 실재이며 우주만물의 창조의 원리이고 생명이라는 엄청난 주장을 떠나서는 그리스도교의 교리나 진리를 논할 수 없게 되었다.

무엇보다도 주목할 만한 점은 성육신 사상을 통해 그리스도교의 구원의 진리가 역사의 한 우연적 존재라고 할 수 있는 인간 예수에 매였던 특수성을 과감히 초월하여, 우주만물의 존재론적 원리이자 영원한 진리로 보편성을 확보하고 주장할 수 있게 되었다는 사실이다. 역사적 예수가 우주적 그

---

14 'The midpoint of history.' Oscar Cullman, *Christ and Time*.

리스도(Cosmic Christ)로 자리매김된 것이다. 이를 통해서 그리스도교 신앙의 진리는 이제 그리스 철학의 지혜나 이성적 진리와 당당히 맞설 수 있게 되었을 뿐 아니라, 오히려 우월성까지 주장할 수 있는 근거가 마련되었다. 이런 점에서 성육신 사상이 그리스도교 역사와 서구 사상사에서 지닌 중요성은 아무리 강조해도 지나칠 수 없다.

넷째, 유일신신앙과 예수 그리스도에 대한 신앙이 불가분적으로 연계되면서 신앙 개념 자체에 미묘하지만 근본적인 변화가 초래되었다. 이제부터는 신앙이 명시적으로 두 가지 형태를 띠게 되었다. 하나는 우리가 이미 논한 신뢰로서의 신앙, 즉 하느님을 신뢰하고 사랑하고 헌신하는 믿음이고, 다른 하나는 예수 그리스도에 대한 성서의 이야기들과 교회의 가르침을 지적으로 인정하고 수용하는 믿음이다. 이것이 서구 사상사에 초래한 결과는 실로 막대했다. 비서구 문명이나 동양문화에서는 보기 드물게 신앙과 이성, 계시와 철학, 초자연적 진리와 자연적 진리가 확연히 구별되게 되었으며, 더 나아가서 교회와 국가, 종교와 문화, 성과 속 등 일련의 이원적 대립이 서구 문명을 특징짓게 되는 사상적 근거가 되었기 때문이다.

7. 유일신신앙의 유산

지금까지 살펴본 유일신신앙의 성격에 비추어 우리는 그 역사적 의의와 공과를 종합적으로 평가해 볼 필요가 있다. 우선, 유일신신앙이 인류 역사에 대해 지니고 있는 긍정적인 의미를 몇 가지로 정리해 본다.

첫째, 창조주 하느님을 믿는 유일신신앙에 따르면, 존재하는 모든 것은 선하고 좋다. 하느님이 세상을 창조한 후 "보시기에 좋았다, 참 좋았다."는 창세설화에 나오는 말은 우리가 살고 있는 이 세계가 결코 악이 지배하는 세계가 아니며, 선과 악이 대등한 세력으로 끊임없이 투쟁하는 전쟁터도 아니라는 말이다. 세계는 선하신 하느님이 창조한 아름답고 좋은 세계이며, 우리 인생도 따라서 근본적으로 좋은 것이라는 긍정적 신앙을 담고 있다. 한 마디로 말해서 살 만한 세상, 살 만한 인생이라는 것이 창조주 하느님에 대한 신앙이 의미하는 것 가운데 하나다. 물질계와 인간의 육체를 포함해서 존재하는 모든 것은 한 분 하느님의 피조물이기에 각기 존재 이유와 가치가 있는 귀한 것들이다. 들에 핀 백합화와 공중에 나는 새 한 마리도 하느님께서 돌보는 귀한 존재들인데 하물며 인간이야 말할 것 있겠는가라는 예수의 말씀도 창조 세계를 긍정하는 신앙에 근거하고 있다.

아무리 하찮은 존재라도 하느님으로부터 존재를 부여받아 생명을 누리고 있는 한, 모두가 귀하고 아름다운 존재들이다. 그 가운데서도 특히 하느님의 모상(imago dei)으로 지음받은 인간은 귀하고 존엄한 존재다. 인간은 모두 하느님을 닮은 하느님의 자녀들이라는 것이 예수의 증언이기도 하다. 인간이 하느님의 모상으로 창조되었다는 말은 인간이 하느님을 닮은 존엄한 존재라는 말이지, 하느님이 온갖 약점을 지닌 우리들 인간의 모습을 닮았다는 말이 아니다.

둘째, 우주 만물을 지은 창조주 하느님에 대한 믿음은 존재하는 모든 사물이 서로 차이가 있고 막힌 것 같지만 실은 하나의 힘, 하나의 원리, 하나의 실재로 통하고 통합된다는 진리를 함축하고 있다. 특히 신이 하나라는 신앙은 곧 인류가 하나라는 진리를 함축한다. 흔히 그리스도의 배타성의 원인으로 간주되는 유일신신앙은 오히려 인간이 종족, 민족, 부족의 차이에 따라 서로 다른 신을 믿는 것이 아니라 한 분 창조주 하느님의 피조물임을 믿는다는 점에서 배타성과 거리가 멀다.

이러한 신앙을 이어받은 예수는 남녀노소나 사회적 신분의 차이를 넘어 모든 사람이 한 분이신 하늘 아버지의 자녀들임을 핵심적 진리로 가르쳤다. 인간의 근본적인 정체성은 혈연이나 지연에 따른 집단적 정체성이 아니라, 하늘 아버지를 모시고 그의 뜻에 따라 살아야 하는 하느님의 가족이라는 것이다. 모든 사람이 귀한 하느님의 아들과 딸로서 형제자매들이다. 이러한 예수의 정신을 이어받은 사도 바울도 말하기를, "그리스도 안에는 유대인이나 이방인, 남자나 여자, 주인이나 노예의 차이가 없다."고 선언했다.

따라서 유일신신앙을 가지고 사는 신앙인들은 원칙적으로 세계 어느 곳 어느 민족에게 일어나는 일이든 관심을 가질 수밖에 없고, 나의 가족이나 친족을 넘어 모든 인간의 운명에 관심을 가질 수밖에 없다. 하느님은 가족이나 부족, 민족이나 종족에 묶인 신이 아니기 때문이다. 하느님이 자신의 피조물인 만물을 품고 보듬으며 만인을 사랑하듯이, 유일신 하느님을 믿는 신앙인도 하느님의 보편적 관심과 사랑을 가지고 살아야 한다는 것이 유일신신앙에 내포된 진리다.

유일신신앙의 하느님은 인간을 각종 집단적 정체성에 따라 가르고 차별하는 하느님이 아니다. 인간은 종교 여하를 막론하고 모두 하느님 앞에서 평등한 존재다. 십계명을 비롯한 하느님의 윤리적 명령은 남녀노소, 사회적 신분의 고하를 막론하고 누구에게나 적용되는 보편적 윤리다. 이러한 인간의 존엄성과 도덕적 평등성은 모든 인간을 하느님의 자녀로 보는 예수에 이르러 더욱 심화된다. 인간의 평등성과 존엄성에 대한 믿음은 이슬람에 와서도 마찬가지다. 사실 우리는 인류 역사에서 인간을 실제상 피부색이나 인종에 따라 차별하지 않는 가장 평등주의적 종교가 있다면 이슬람이라는 사실에 주목할 필요가 있다.

셋째, 유일신신앙은 어떤 피조물이나 인간도 하느님의 자리를 차지할 수 없다는 엄숙한 진리를 내포하고 있다. 인간은 창조주 하느님 외에 그 어떤 인간이나 피조물도 하느님처럼 섬겨서는 안 된다는 것이다. '우상'이란 단지 돌이나 나무로 만든 형상이나 조각을 가리키는 말이 아니라, 인간이 만든 각종 제도나 문물까지 포함해서 무엇이든 절대화하고 섬기면 우상이 된다.

오직 하느님만을 하느님으로 섬기라는 유일신 신앙의 정신은 다신숭배의 입장에서 보면 지극히 배타적 신앙으로 보이며, 때로는 인간을 하느님의 절대적 권위에 복종시킴으로써 비하하는 것으로 보일 수도 있다. 하지만 그 참뜻은 오히려 인간으로 하여금 스스로 만든 제도나 질서를 절대화함으로써 그 노예가 되지 말라는 인간 해방의 뜻을 담고 있다. 이스라엘의 예언자들은 이러한 의미를 가장 잘 이해했던 사람들이었다. 그들의 사회비판과 종교비판의 정신은 유일신신앙이 인류 역사에 준 최대의 선물 가운데 하나다. 이러한 비판 정신은 중세 가톨릭교회의 부패한 교권에 대항하여 종교개혁을 주도한 개혁가들의 신앙에도 잘 드러난다. 모든 피조물을 초월하는 창조주 하느님에 대한 신앙은 인간으로 하여금 세속적 질서는 물론이고 종교적 제도의 권위마저도 상대적인 것으로 만드는 힘이 있다.

넷째, 유일신신앙은 인류에게 고도의 윤리의식을 고취했다. 성서적 신앙에서는 하느님을 믿는다는 것은 곧 우리가 정의, 평화, 사랑을 요구하는 하느님의 윤리적 명령 아래 서 있다는 것을 뜻한다. 예언자들의 날카로운 사회비판 의식은 정의, 평화, 사랑을 명하는 하느님의 윤리적 명령 앞에서 종교마저도 예외가 될 수 없다는 의식을 반영한다. 이스라엘 민족이 이집트의 종살이에서 탈출하면서 만난 하느님은 억압받는 약소민족이나 집단, 고향 땅을 떠나 고달픈 삶을 사는 나그네들과 가난한 사람들, 고아와 과부 등 사회적 약자에 대한 특별한 관심과 배려를 명하는 하느님이다.

예수도 하느님의 도덕적 의지를 가차 없이 자기 종교에 적용한 예언자들의 비판 정신을 이어받았다. 하느님은 제사보다는 자비를 원한다는 그의 말이나,

안식일이 사람을 위해 존재하지 사람이 안식일을 위해 존재하는 것이 아니라는 선언은 인간을 일체의 제도나 전통, 권위와 억압에서 해방시키는 위대한 인간 해방의 선언이었다. '윤리적 유일신 신앙'이라는 이름이 붙을 정도로 유일신신앙의 전통에서는 하느님과 도덕적 삶은 분리해서 생각할 수 없다.

다섯째, 성서의 유일신신앙에 따르면 하느님과 인간, 인간과 자연 사이에는 확실한 존재론적 계층의 차이가 있다. 하느님과 인간과 여타 피조물의 존재론적 구별을 명확히 하는 창세설화에서부터 성서는 이 점을 분명히 하고 있다. 인간은 하느님의 모상으로서 하느님과 자연 사이에 위치하지만, 자연보다는 하느님께 속한 초월적 존재다. 자연의 여러 힘들을 두려워하고 섬기는 다신숭배 신앙과 달리, 유일신신앙의 전통은 인간이 자연을 무대로 해서 하느님의 뜻에 따라 살아가야 할 주체적 존재임을 말해준다.

인간이 하느님의 모상으로 창조되었다는 인간관은 하느님이 인간을 닮은 존재라고 생각하는 조잡한 신인동형론(神人同形論, anthropomorphism)적인 사고를 조장할 위험성에도 불구하고, 인간이 하느님을 닮아 자유롭고 존엄한 존재임을 말해준다. 사실 하느님을 인격적 실재로 보는 성서의 인격신관은 인간의 온갖 편견과 저급한 욕망을 하느님께 투사하게 만들 위험성에도 불구하고 하느님과 인간을 인격적 대화와 협력의 파트너로 본다는 점에서 고대 세계에서 인간의 위상을 높이는 데 긍정적 역할을 수행했다.

여섯째, 이와 밀접히 연관된 사항이지만, 다신숭배를 거부하는 유일신신앙은 하느님 외에 일체의 성스러운 힘들을 부정함으로써 자연계로부터 성스러운 힘들과 영적 존재들을 추방해서 자연의 탈신성화(desacralization)와 '세계의 탈주술화'[15]에 기여했다는 사실에 우리는 주목할 필요가 있다. 역사를

---

15 'Disenchantment of the world.' 종교사회학자 막스 베버(Max Weber)의 표현.

인도하고 다스리는 하느님을 믿는 신앙은 고대 세계의 다신교 종교문화에 만연했던 자연에 대한 경외심과 두려움을 떨쳐버리고 자연을 역사의 무대로 삼는 적극적 인생관과 세계관을 형성하는 데 기여했다. 이런 맥락에서, 파악 가능한 합리성을 지닌 자연의 질서를 창조하고 인간에게 자연을 다스리게 한 성서의 인격신관이 자연에 대한 숭배나 주술적 태도에서 벗어나 자연을 순수한 과학적 이해와 탐구의 대상으로 보는 근대 과학이 탄생하는 배경이 되었다는 철학자 화이트헤드의 견해는 주목할 만하다.[16]

일곱째, 성서의 유일신신앙과 그리스도교의 종말론 신앙은 자연정향적인 종교들과 달리 시간과 역사를 끝없이 반복되는 회귀의 과정으로 보는 순환적 시간관에서 벗어나, 시간을 창조로부터 종말을 향해 움직이는 직선적 과정으로 보았다. 역사적 사건과 경험을 통해서 하느님을 만나는 성서적 신앙은 시간과 역사의 세계를 두려워하거나 도피하는 영성이 아니라, 오히려 역사의 현장에서 부딪치고 갈등하면서 하느님의 구원을 기다리는 미래지향적 희망의 영성을 낳았다. 역사의 세계를 정면에서 직시하면서 역사의 변화 속에서 하느님의 뜻을 헤아리는 역사의식을 낳은 것이다. 물론 성서적 역사의식이 모든 사건을 역사 내적 인과관계 속에서 파악하는 오늘날의 역사의식과는 분명히 다르지만, 역사의 하느님을 믿는 성서적 신앙은 역사의 세계를 외면하거나 도피하지 않고 그 속에서 의미를 찾으려 했다는 점에서 근대적 역사의식을 형성하는 데 중요한 종교문화적 배경이 되었다는 사실을 우리는 간과할 수 없다.

성서적 역사관과 시간관은 종교적 의례와 축제를 통해 주기적으로 반복되는 고대 세계의 신화적 시간관과 달리, 시간의 세계를 두려워하지 않았으

---

16 Alfred North Whitehead, *Science and the Modern World* (New York: Macmillan, 1950), 1장(Religion and Science)과 12장(The Origin of Modern Science) 참조.

며, 고·중세의 형이상학적 사고에서처럼 초시간적 영원에서 도피처를 구하지도 않았다. 역사의 하느님을 믿는 성서적 유일신신앙은 그리스도교를 통해 인류의 역사가 궁극적으로 하느님의 뜻이 실현되는 장이며 일정한 목표를 향해 움직이는 의미 있는 과정이라는 역사관을 낳았다.

하지만 이상과 같은 유일신신앙의 역사적 공헌에도 불구하고, 오늘날은 많은 비판에 직면해 있다는 사실도 우리는 간과할 수 없다. 나는 다음 절에서 유일신신앙, 특히 역사의 하느님 신앙이 서구 사상사에서 제기해온 온 세 가지 철학적, 이론적 문제를 고찰하고자 한다. 이에 앞서, 우선 성서적 유일신신앙에 대한 현대적 비판 두 가지에 대해 잠시 언급하고자 한다. 특히 유일신신앙의 긍정적 유산으로 간주될 수도 있는 면도 오늘의 세계에서는 오히려 비판의 대상이 되고 있다는 사실에 우리는 주목할 필요가 있다. 두 가지 중대한 비판이 제기되고 있다.

첫째는, 창조주와 피조물을 엄격하게 구별하는 유일신신앙은 세계로부터 하느님을 분리시킴으로써 자연계에서 신성성을 박탈하고 자연에 대한 경외심이 사라지게 만들었다는 비판이다. 그 결과 유일신신앙의 신관·세계관이 사람들로 하여금 성스러운 힘이 사라져버린 자연계를 마음대로 지배하고 착취하게 하는 결과를 초래했다는 비판이다. 유일신신앙이 오늘날의 환경 생태계위기를 초래한 이념적 뿌리라는 것이다. 사실, 유일신신앙은 자연으로부터 하느님만 분리시킨 것이 아니라, 자연에 깃든 크고 작은 신들과 신령들을 몰아냄으로써 세계의 탈신성화, 탈주술화에 기여한 셈이다. 그리고 그 결과, 하느님 자신도 끝내 설 자리를 상실하게 되었다고도 볼 수 있다. 신들을 몰아내고 철저히 세속화된 세계를 구축하는 데 기여한 유일신신앙이 스스로의 무덤을 파버린 셈이다.

둘째 비판은, 유일신신앙이 가부장적 권위주의를 낳았다는 비판이다. 창조주와 피조물을 엄격히 구별하는 유일신신앙은 만물을 낳고 품고 기르는 어머니 같은 하느님보다는 만물 위에 군림하고 명령하는 군주나 권위적 가부장의 모습으로 하느님을 이미지화하게 했다는 비판이다. 심각한 것은 그러한 신을 믿는 신앙인들 역시 자기들이 믿는 하느님의 모습을 닮아 힘을 추구하는 권위주의적 존재가 될 가능성이 크다는 사실이다. 성서의 유일신신앙은 하느님을 '주님', '아버지', '왕', '만군의 주'라는 호칭을 사용함으로써 권위주의적 인간상을 강화했다. 사실, 하느님이 인간과는 비교가 안 될 정도로 막강한 절대 권력을 지닌 초월적 타자라면, 하느님은 그 존재 자체만으로도 인간의 주체성과 자유를 위협하고 억압할 가능성을 다분히 안고 있지나 않을지 심각하게 생각해 볼 문제다.

8. 역사의 하느님과 섭리의 문제

그리스도교의 성서적 신앙의 매력과 힘은 '역사의 하느님'에 대한 신앙에서 온다. 구약성서에 나오는 이스라엘 민족의 신앙은 역사적 사건과 경험을 통해 만나는 하느님에 대한 신앙이다. 이스라엘의 하느님은 역사의 고난과 시련을 외면하거나 시간의 피안에 있는 하느님이 아니라, 약소민족 이스라엘이 당하는 고난의 역사에 개입하여 그들을 강대국의 압제에서 해방시켜 주는 하느님이다. 역사를 주관하고 역사 속에서 구원을 베푸는, 개인의 삶과 함께 하고 삶을 인도하는 '아브람과 이삭과 야곱의 하느님' 신앙이다.

이스라엘의 하느님은 태양이나 별들, 천둥번개와 바람, 산이나 강 같은 자연의 성스러운 힘들에서 느껴지는 신이 아니며, 천지만물의 조화로운 질서나 이법을 관찰하고 관조하는 지혜를 통해서 아는 철학자들의 하느님이 아니다. 또 인간 영혼의 깊이에서 만나는 신비주의자들의 하느님도 아니다.

성서에도 이런 면들이 없지는 않지만 성서적 신앙의 특징은 어디까지나 역사 속에서 만나는 하느님이다. 종교철학자 올스턴의 말대로,

신의 행위가 그리스도교 전통의 핵심에 있다는 것은 하나 마나 한 이야기다. 그리스도교의 하느님은 무엇보다도 행위하는 하느님이다. 이 행위는 우주의 창조나 보존 같이 [세계] 전체에 관한 것에 국한되지 않고 특정한 시간과 장소에서 특정한 방식으로 행위하는 것으로 묘사된다. 그는 백성과 민족들을 그의 일을 하도록 부른다. 그는 구체적 방식으로 그들이 이 일을 하도록 도와준다. 예를 들어, 그들의 입에 할 말을 넣어주고 그들의 적들을 혼란스럽게 만든다. 그는 교회의 생각들과 결정들을 인도한다. 가장 극적으로 그는 나사렛 예수의 삶과 죽음과 부활 속에서 인류의 구원과 자기와의 화해를 위해 일한다. 더 광범위하게 하느님은 그에게 향하는 사람 모두와 대화하는 인격적 관계 속에서 상호작용을 한다. 우리가 만약 하느님이 이와 같은 방식으로 행위한다는 것을 부정하면 그리스도교 전통에서 가장 결정적으로 멀어진다는 것은 확실하다.[17]

성서적 신앙은 인간 역사에 지대한 관심을 가지고 개입하고 인도하는 하느님, 그리고 역사적 사건들을 통해 자신을 계시하는 하느님에 대한 신앙, 역사 속에서 행위하는 하느님이다.[18] 이것이 시간과 역사의 세계를 도외시하거나 초월하는 경향이 강한 형이상학적 종교들과 다른 성서적 신앙의 특

---

17 William P. Allston, "Divine Action: Shadow or Substance?," in *The God Who Acts: Philosophical and Theological Explorations*, ed. Thomas F. Tracy (University Park, Pennsylvania: The Pennsylvania State University Press, 1994), 41–42.

18 'God who acts in history.' 성서학자 G. Ernest Wright의 *God Who Acts: Biblical Theology as Recital* (London: SCM Press, 1952)은 역사의 하느님이라는 시각에서 성서를 해석하는 대표적인 책 가운데 하나다.

징이라는 것은 부인하기 어려운 사실이다,

이러한 성서적 신앙은 다른 용어로 말하면, 하느님의 섭리에 대한 믿음이다. 그리스도교 신학은 신의 섭리를 세계 전체를 인도하고 다스리는 일반섭리(general providence)와 특정한 민족의 역사나 혹은 개인의 삶에 개입하여 은총을 베푸는 특별섭리(special providence)로 구별한다. 성서는 후자의 이야기로 가득하며, 이것이 성서가 다른 종교들의 경전과 구별되는 현저한 특징 가운데 하나다.

신약성서의 예수 이야기로 오면 역사의 하느님에 대한 신앙이 극치에 이른다. 예수라는 한 유대 청년의 이야기가 온 인류를 구원하는 사건이라는 엄청난 주장이 그리스도교의 핵심 메시지이기 때문이다. 특히 그의 가르침이나 메시지보다도 그가 행한 수많은 이적들, 무엇보다도 그의 십자가의 죽음과 부활 사건, 그리고 요한복음에 나오는 성육신 이야기가 그리스도교 신앙의 중추를 이루고 있기 때문이다.

하느님의 특별섭리에 대한 믿음은 성서에 나오는 이야기에 그치지 않고, 역사의 하느님을 믿는 모든 신앙인들의 삶에도 그대로 적용된다. 사실, 신앙인들은 성서 이야기를 읽을 때마다 자신이 처한 상황과 입장, 자신의 인생 경험을 염두에 두면서 읽는다. 성서 이야기들은 단지 그 주인공들만의 이야기가 아니라, 그 이야기를 읽는 신앙인들 자신의 삶의 이야기가 된다.

우리는 특정인 혹은 특정 집단의 삶과 역사를 인도하는 하느님의 섭리에 대한 믿음의 배후에는 신앙인들의 삶의 경험이 있다는 사실을 간과해서는 안 된다. 하느님의 섭리는 어떤 추상적 개념이나 사변이기 전에, 그 배후에 삶의 시련과 고난 속에서 하느님의 도움을 갈구하는 신앙의 열정과 고뇌가 깔려 있다. 고난과 시련에도 불구하고 살아남은 자들의 생생한 삶의 경험이 깔려 있는 것이다. 성서 이야기들이 사람의 마음을 사로잡는 것도 이 때문이다. 사실, 우리는 종종 삶에서 전혀 계획하지 않았고 예기하지도 못했던 사건의 발생과 결과를 경험한다. 그런 경험을 한 사람은 자신의 경험을 우연이나 행운에 돌리든지 아니면 전지전능하신 하느님의 섭리의 손길에 돌리든지 하게 된다.

그래도 우리는 묻지 않을 수 없다. 과연 하느님의 특별섭리라는 것이 존재하며 작용했을까? 정말 신앙인들이 말하는 것과 같은 놀라운 사건들이 발생했고, 신앙인들이 믿는 대로 하느님의 특별한 섭리의 손길이 작용했을까? 하느님이 과연 우리처럼 '행위'를 한다는 말인가? 도대체 하느님의 행위라는 것이 무엇이며, 그것을 식별할 수 있는 어떤 방법이 있는가? 신앙인들이 말하는 특별한 사건이란 단순한 우연이나 행운은 아닐까? 아니면 작은 경험을 침소봉대한 것은 아닐까? 또, 그런 행운을 경험하지 못하고 절망 속에서 무너져버린 인생이 세상에는 얼마나 많은가? 우리가 삶과 역사에서 경험하는 수많은 고통과 악을 도외시하는 역사의 하느님 신앙은 우리의 맹목적인 삶의 의지나 희망이 만들어낸 이야기가 아닐까? 더 큰 문제는, 세상에는 그런 이야기들을 신앙고백으로 할 수 없는 형편에 처한 사람들이 비교할 수 없을 만큼 훨씬 더 많다는 사실이다. 자기만 경험한 이야기, 자기 집단만 경험한 특수한 사건을 하느님의 특별한 배려와 은총으로 여기는 신앙은 자칫 지극히 자기중심적인, 그야말로 아전인수식 논리처럼 들리기 쉽다.

이런 문제들을 야기하는 역사의 하느님 신앙은 현대인들에게 장점보다는 단점이 더 많은 신앙처럼 보인다. 특히 지성인들이나 철학자들에게는 더욱더 큰 지적 부담을 주는 신앙임에 틀림없다. 성서의 구원사적 이야기든 신앙인들이 개인적 삶에서 직접 경험하는 이야기든, 성서적 유일신신앙이 지닌 몇 가지 근본적 문제를 다시 한 번 정리해보자. 1) 첫째는 악의 문제, 2) 둘째는 하느님이 세계 창조와는 별도로 특정한 시간과 장소에서 어떤 특정한 사건·사태를 국소적 개입을 통해 일으킨다는 기적의 문제, 3) 셋째는 설사 그런 특별한 일들이 실제로 가능하다 해도, 특정인들에게만 일어난 사건이 어떻게 모든 인류를 구원하는 보편적 진리가 될 수 있을까 하는 문제, 4) 넷째는 유일신신앙의 세 종교가 믿고 주장하는 하느님의 계시의 이야기와 내용이 상이하다는 사실이 제기하는 문제다. 모두가 성서적 신앙과 유일신 종교의 핵심적 문제들이기 때문에 논의가 길어지겠지만 하나씩 좀 더 깊이 고찰해 보자.

1) 첫째는 악의 문제다. 역사의 세계에서 행위하는 하느님, 역사적 사건에 개입하는 하느님에 대한 신앙은 이른바 신정론(神正論, theodicy)의 문제를 야기한다. 아마도 이것이 오늘날 사람들이 성서가 전하는 역사의 하느님, 행위하는 하느님을 믿는 데 가장 큰 걸림돌이 아닐까 생각된다. 전능하고 선하신 하느님, 사랑과 정의의 하느님이 어째서 무고한 자들의 고난을 지켜만 보고 계실까? 하느님이 기도를 들어주실 수 있는 분이라면, 왜 그는 고통받고 있는 착한 사람들의 간절한 기도를 외면하실까? 역사뿐 아니라 자연계에도 끊임없이 발생하는 비극적 사건이 그치지 않는 세계를 보면서, 신앙인들은 과연 의롭고 선하신 하느님이 세계를 주관한다고 믿을 수 있을까? 600만 유대인이 학살당한 홀로코스트 같은 사건에도 불구하고, 그것도 하느님의 선민이라는 사람들이 참혹한 죽음을 맞았는데도 침묵만 지킨 하느님을 사람들이 여전히 사랑의 하느님으로 믿을 수 있을까? 홀로코스트 같은 역사의 참극이 아무리 우리 인간이 저지른 악이라 해도 그것을 지켜만 보시는 전지전능하신 하느님은 범죄자 인간들만큼이나 용서하기 어려운 신이라는 생각을 피하기 어렵다. 그러한 상상을 초월하는 악을 보상하거나 정당화할 만한 것은 아무것도 없을 것 같기 때문이다.

신이 아예 역사의 세계와 무관하고 시간의 피안에 있는 존재라면 악의 문제는 깨끗이 사라진다. 하느님의 도움을 기대할 수 없고 하지도 않을 것이기 때문이다. 그러나 역사의 하느님이라면 문제가 다르다. 또 영지주의(靈知主義, Gnosticism)처럼 물질세계 자체를 탈출해야 할 악 또는 감옥이며 그런 세계를 창조한 하느님도 악한 신이라고 한다면, 삶에서 겪는 고난이 신앙의 시련이 되지는 않는다. 처음부터 물질계와 역사의 세계를 포기해 버린 것이나 다름없기 때문이다. 그런가 하면 힌두교의 베단타(Vedanta) 사상 일각에서처럼 세계가 순전히 우리의 무지(avidya)에서 오는 환상(maya)에 지나지 않는다면, 역시 악의 문제는 발생하지 않는다. 그러나 물질세계나 역사의 세계를 리얼하게 보는 성서적 사실주의(realism)와 역사의 하느님, 정의로운 사랑의 하느님을 믿는 그리스도교 신앙에서는 그치지 않는 세상의 악과 도덕적 부조리는 하느님의 존재와 섭리를 의심하게 만든다. 이는 역사의 하느님을 믿는 신앙이 져야만 하는 무거운 짐이다.

2) 둘째, 역사의 하느님이 특정인, 특정 집단의 역사와 삶 속에 개입하는 일이 과연 어떻게 가능하며 어떤 식으로 이루어지는지, 특히 오늘의 과학적 세계관과 사고방식으로 납득할 수 있는지가 문제다. 이는 긴 논의를 필요로 하는 매우 어려운 문제지만, 성서적 신앙에 기초한 그리스도교의 사활이 달린 문제기 때문에 좀 더 상세한 논의를 요한다.

토마스 아퀴나스에 따르면, 하느님은 모든 현상의 가장 근본적이고 일차적인 원인(primary cause)이다. 이 일차적 원인은 이차적 원인들(secondary causes), 즉 다른 피조물들을 매개로 해서 간접적으로 작용한다. 신은 또 이차적 원인을 통하지 않고 특정 사건에 직접 개입할 수도 있다. 이른바 '기적'이라는 것이며, 신학에서는 신의 특별섭리라고 하여 일반섭리와 구별한다.

성서에는 이러한 하느님의 특별섭리에 속하는 이야기들이 허다하다. 하느님이 특정 개인이나 집단의 역사에 지대한 관심을 가지고 그들의 삶에 직접 개입해서 자신의 뜻을 이루는 이야기들로서, 성서적 하느님 신앙의 근간을 이룬다. 다시 한 번 올스턴의 표현을 빌리자면,

전통적 관념에 따르면 신은 우주의 역사 속 특정 사건과 장소에서 특정한 의도들을 실행한다. 신은 모든 피조물의 존재와 지속적 활동을 책임지는 근본적 역할을 넘어, 때로는 사건들의 특정한 상태를 의도적으로 초래하는 행위자로서 과정 속으로 들어온다.[19]

하지만 근대 과학은 세계에서 벌어지는 모든 현상에는 반드시 자연적 원인이 있다고 믿는다. 아직 우리가 그 원인을 모른다 해도 과학이 더 발달하면 언젠가는 밝혀질 것이라는 믿음도 가지고 있다. 현대식 교육을 받은 사람은 초자연적 개입에 의한 기적의 가능성을 아예 부정하거나 인정하기를 꺼려 한다. 또 신의 일반섭리는 인정한다 해도 어떤 한 특정한 개인이나 집단을 위해 국소적으로 개입한다는 것에는 회의적인 사람이 많다. 사실 모든 사건이 전후좌우로 그물망처럼 얽혀 있기 때문에, 개별 사건이라 해도 언제나 전후좌우의 맥락 속에서 발생하기 때문에, 신이 어떤 한 특정 사건만을 목표로 해서 관여하려면 여타 관계된 사건들 모두를 움직여야만 한다는 것이 상식적 견해다.

근대 서구 신학의 역사는 과학이 발달하면 발달할수록 세계에서 하느님이 설 자리가 점점 더 축소되는 경향을 보여 왔으며, 이에 따라 신의 행위

19 Alston, "Divine Action," 44.

(act)를 믿는 성서적 신앙도 점점 더 수세에 몰리게 되었다. 사람들은 이제 과학적 상식에 반하는 이야기들은 믿기 어려운 신화나 허구로 간주한다. 현대인들은 성서의 기적 이야기들을 접하자마자 그 종교적 의미보다는 그게 사실이냐고 묻는다. 현대인들에게는 사실만이 진리로 통하기 때문이다.

바로 이러한 근대 과학적 세계관을 배경으로 해서 출현한 것이 18세기 계몽주의 시대부터 유행하기 시작한 이른바 이신론(理神論, deism)이다. 이신론에 의하면, 신은 한 치의 오차도 없이 작동하는 시계 제작자 같은 존재로서 일단 물리적 인과율이 지배하는 질서 있는 세계를 창조한 후에는 더 이상 세상사에 관여하지 않고 또 할 수도 없다. 마치 부재지주나 실직자 같은 '한가한 신'이다. 많은 사람들이 아직도 암암리에 이신론적 신관을 가지고 있지만, 역사의 하느님을 믿는 성서적 신앙을 가진 사람들에게는 수용하기 어려운 신관임에 틀림없다. 더군다나 대다수 신자들이 드리는 기도가 신이 어떤 구체적 소원을 들어주기를 간구하는 청원기도라는 점을 고려할 때, 이신론의 신은 신앙인들의 삶과는 너무나 동떨어진 신이다.

그런가 하면 같은 고전 물리학의 결정론적·기계론적 세계관의 영향 아래 있으면서도 이신론과는 정반대로 하느님과 자연을 완전히 하나로 일치시키는(신 또는 자연, deus sive natura) 스피노자식 범신론(汎神論, pantheism)도 지성인들 사이에서 관심을 끌어왔다. 스피노자에 따르면, 신은 자연을 산출하는 능산적(能産的) 자연(natura naturans)이고 자연은 산출된 소산적(所産的) 자연(natura naturata)이다. 자연의 모든 현상은 신의 다양한 양태이고 얼굴이다. 스피노자는 당시 과학의 기계론적·결정론적 사고의 영향 아래 인간의 자유뿐아니라 신의 자유도 인정하지 않았다. 신과 자연을 완전히 일치시키는 스피노자식 범신론은 만물을 성스럽게 여기는 신관·세계관으로서 라이프니츠, 레싱, 슐라이어마허, 셸링, 헤겔 등 많은 현대 사상가들에게 영향을 미쳤다.

그러나 이들은 공통적으로 스피노자의 결정론적 자연관은 수용하지 않았고 신의 자유와 인간의 자유를 긍정하는 쪽으로 신론을 전개했다.

그러나 오늘날 고전 물리학의 세계관이 현대 물리학에 의해 근본적인 수정을 겪게 된 것은 널리 알려진 사실이다. 이와 더불어 세계가 엄격한 인과율의 지배를 받는 기계론적 체계가 아니라는 비결정론적 세계관, 적어도 기존에 주어진 상태에서 물질의 움직임이 앞으로 어떻게 전개되고 어떤 결과를 낳을지를 과학자들이 정확하게 예측하기가 지극히 어렵거나 아예 원천적으로 불가능하다는 견해가 과학자들 사이에서 널리 인식되고 있다. 그리고 이와 같은 상황을 반영하여, 신학자들 가운데서는 신의 특별섭리의 행위가 자연계에 영향을 미칠 수 있는 가능성과 그 방식에 대한 새로운 모색도 이루어지고 있다.[20]

현대 과학계에서 물질 움직임의 불확정성과 예측불가능성에 대한 논의는 주로 두 가지 방향에서 논의되고 있으며, 신의 역할에 대한 신학자들의 논의도 주로 거기에 초점을 맞추고 있다. 하나는 양자역학에서 다루는 양자들의 마이크로(micro) 세계에 관한 것이고, 다른 하나는 이른바 복잡한 구조를 가진 체계들(complex systems), 예컨대 인간의 두뇌나 신경계, 그리고 기후나 생태계 변화 같은 이른바 매크로(macro) 영역에서 발생하는 불가능에 가까울 정도로 예측이 어려운 현상들이다.

우선 양자들의 파동은 우리가 관찰하고 측정하는 행위 자체에 영향을 받는다는, 종전의 과학적 상식으로는 도저히 이해할 수 없는 현상이 벌어진다는 것이 사실로 확인되고 있다. 이런 현상을 아직 우리의 지식의 부족에서

---

20 필자가 아는 한, 이러한 현대 과학의 새로운 동향들과 그 신학적 의미에 대해 비전문가들도 비교적 알기 쉽게 소개하고 논하는 가장 좋은 책은 Arthur Peacocke, *Paths From Science Towards God: The End of All Our Exploring* (Oxford: Oneworld, 2001)이다. 필자의 논의도 이 책을 많이 참고했다. 우리가 지금 논하고 있는 신의 섭리와 행위 문제와 관련해서는 특히 제5장(God's interaction with the world)을 볼 것.

오는 '인식론적 비결정성'으로 해석하는 입장도 있지만, 다수 학자들은 '존재론적 비결정성'(ontological indeterminancy)으로 해석하고 있다. 다시 말해, 적어도 양자의 세계만큼은 기계적 움직임이 지배하는 폐쇄적인 결정론적 세계가 아니라는 것이다. 따라서 일부 신학자들이나 과학자들에게 이러한 양자의 세계야말로 신의 특별한 섭리가 개입할 수 있는 유력한 영역으로 간주되게 되었다. 그런가 하면 흔히 '카오스 이론'으로 불리는 것에 따르면, 매크로 체계에서도 그 최초 조건들(initial conditions)에 ─ 우리가 정확히 알 수도 없거니와 안다 해도 ─ 극히 미세한 변동(fluctuation)만 있어도 시간이 경과하면서 엄청나게 증폭되어 우리가 도저히 예측하기 어려운 결과를 초래한다는 사실이 드러났다. 이른바 '나비 효과'로 잘 알려진 현상이다.

결과적으로 양자들의 세계는 물론이고 이들 매크로 영역들에서조차도 과학의 존재 이유와도 같았던 예측 가능성에 대한 믿음이 흔들림에 따라 신이 개입할 여지가 원칙상 배제될 수 없게 되었다. 종래 과학의 대전제와 같았던 기계론적이고 결정론적인 세계관이 흔들리게 되었기 때문이다. 세계가 비록 "법칙의 틀 내에서이기는 하지만 어느 정도의 개방성과 신축성을 가지게 된 것이다."[21] 물론 우리는 컴퓨터 과학을 위시하여 앞으로 과학이 더 정교하게 되면, 이러한 예측상의 어려움도 해소될 수 있을 것이라고 낙관적 전망을 해 볼 수도 있다. 하지만 문제의 성격상, 그러한 가능성은 거의 불가능에 가까울 정도로 희박하기 때문에 항구적 불가능성을 인정할 수밖에 없다는 것이 일부 신학자들과 과학자들의 견해다. 특히 양자의 세계는 예측이 아주 어려운 정도가 아니라 아예 원칙상 불가능하다는 것이다.

그렇다면 우리는 신의 역할이 물질계에 끼어들 수 있는 자리를 현대 과학

---

21 위의 책, 102.

이 새롭게 발견한 이러한 '열린 공간'에서 찾아야 할 것인가? 과거 신학의 역사를 볼 때, 이는 잘못된 선택이 될 수도 있다. 신학자들은 과거에 과학이 미처 설명하지 못하고 남긴 '구멍'에 기대어 신의 역할을 옹호하려 했지만, 과학적 지식이 더 발전하면서 구멍이 메워졌다는 사실이 드러났기 때문이다. 따라서 신학에서도 더 이상 그런 '구멍 메우기식 하느님'(God of gaps)에 기대서는 안 된다는 견해가 힘을 얻고 있다. 여하튼 이 새로 발견된 구멍이 본질적인 것이어서 앞으로 과학이 아무리 발달해도 메울 수 없는 것이라면, 신이 이런 열린 공간을 통해서 작용할 가능성은 원칙상 배제하기 어렵게 되었다는 사실을 우리는 인정해야 할 것 같다.

하지만 신이 과연 세계에서 그런 방식을 통해 자신의 뜻을 이루는지는 별개의 문제다. 피콕이 지적하고 있듯이, 설사 신이 양자의 레벨에서 물질계에 국소적으로 관여할 수 있다손 치더라도 신이 그런 방식으로 자신이 만든 세계에 개입한다(intervene)는 관념 자체는 여전히 근본적 문제로 남는다.[22] 나는 오히려 피콕이 제안하는 다른 방식, 즉 세계 전체와 부분의 관계에서 신이 세계 전체를 섭리하는 가운데 부분들에 간접적으로 영향을 미치는 방식에 더 많은 관심을 가지고 있다.[23] 신은 이런저런 부분들(특정 개인이나 집단)에서 자신의 뜻을 이루기 위해 산발적으로 개입하기보다는 세계 전체를 경영하는 일반섭리를 통해 세계와 지속적인 관계를 맺으면서 부분들에게도 영향을 미친다는 견해다. 다만 나는 피콕이 여전히 국소적 현상들에 대한 신의 '의도' 같은 것을 언급하고 있다는 점에서는 그와 견해를 달리한다.

나는 기본적으로 양자들의 세계에서 발견되는 예측불가능성과 창발적 진화 과정에 필수적인 우연성(chance)의 역할이 본질적이고 항구적이어서, 과

---

22 같은 책, 104–06.
23 같은 책, 108–15.

학이 향후 아무리 발달해도 사라지지 않을 것이라는 견해에 찬동한다. 그러나 이러한 자연의 질서 자체가 신이 창조한 세계의 근본 성격이라는 사실을 감안할 때, 신이 굳이 초자연적인 국소적 개입(supernatural intervention)을 통해 자신이 창조한 세계에 영향을 미칠 필요가 있을지 회의적이다. 오히려 우리는 바로 이러한 예측 불가능한 불확정성과 우연성이 자연계에서 새로운 차원의 현상들이 출현하는 창발적 진화를 가능하게 하는 필수적 요인이라는 사실을 감안할 때, 신이 어떤 사건에 특별한 관심을 가지고 개입하기보다는 자연이 법칙적 질서를 가지면서도 우연성이 가능할 정도로 느슨한 법칙을 산출한 그의 절묘한 섭리에서 찾으려는 새로운 형태의 이신론적 사고에 주목할 필요가 있다. 물리학자 데이비스는 이러한 견해를 설득력 있게 제시하면서 자신의 이론을 이미 설득력을 상실한 다윈 이전의 목적론과 구별하여 '목적론 아닌 목적론'(teleology without teleology)이라고 부른다.[24] 앞으로 우리의 논의가 진행되면서 점차 드러나겠지만, 나 자신도 이러한 사고를 반영하여 〈진화적 창조(evolutionary creation)〉라는 하나의 일관된 틀 안에서 신이 세계에 영향을 미치는 방식에 대해 논할 것이다.

여하튼 나는 신에게는 세계 전체를 향한 일반섭리가 부분들을 향한 특별섭리에 우선한다고 보며, 신은 전체를 움직이는 가운데 부분들에 영향을 준다고 생각한다. 하느님은 세계 전체의 존재와 변화의 궁극적 원인으로서, 세계 전체를 위한 목적을 실현하는 일반적 섭리 가운데서 무수한 부분과 개별적 사건들에 영향을 미친다. 과학자들은 사물들 사이의 인과관계를 연구할 때 주로 부분들이 전체에 영향을 주는 상향적(bottom-up) 인과성에 주목

---

24 Paul Davies, "Teleology without Teleology: Purpose through Emergent Complexity," in *In Whom We Live and Move and Have Our Being: Penentheistic Reflections on God's Presence in a Scientific World*, eds. Philip Clayton and Arthur Peacocke (Grand Rapids, Michigan: William B. Eerdmans, 2004).

하지만, 우리는 신과 세계의 관계를 논할 때 상부의 움직임이 하부 단위들에게 영향을 미치는 이른바 하향적(top-down) 인과성에도 주목할 필요가 있다.[25] 특히 현대 과학은 하부의 부분들을 통해서 상부의 전체 구조를 설명하려는 상향적이고 환원주의적인(reductionism) 접근을 해온 정통적·전통적 방식이 생명현상이나 인간의 두뇌 같은 복잡한 체계(complex system), 그리고 기후나 환경 변화 같은 거대한 체계를 이해하는 데 명백한 한계를 지닌다는 사실을 인식하게 되었다. 전체는 부분들의 총합 이상이며, 부분에 없었던 새로운 속성들을 전체가 지니게 되는 창발성(emergence)에 주목하게 되면서, 전체가 부분에 영향을 미치는 하향적 인과성도 이제는 과학자들의 관심을 끌게 되었다. 생물학자 모로위츠는 이 두 가지 접근법의 차이를 간단히 다음과 같이 간단히 설명한다:

> 창발(emergence)은 그렇다면 환원주의(reductionism)의 반대다. 후자는 전체로부터 부분들로 눈을 돌려 지금까지 엄청난 성과를 거두었다. 전자는 전체가 지닌 속성들을 부분들의 이해에서 얻으려고 한다. 이 두 가지 접근법은 상호적이면서도 각기 일관성을 지닐 수 있다.[26]

---

25 아서 피콕(Arthur Peacocke)은 그의 *Theology for a Scientific Age*에서 이러한 하향적 인과성에 대해 논하면서 신의 섭리의 문제를 다루고 있다. 그는 이러한 입장을 신의 행위를 인격적 주체의 행위에 준해서 이해하는 보다 일반적인 견해와 절충하고 있다.

26 Harold J. Morowitz, *The Emergence of Everything*, 14. "전체로부터 부분들로 눈을 돌린다"는 표현은 자칫하면 '하향적 인과성'을 가리키는 것으로 오해될 수 있지만, 전체를 부분들로 해체하여 전체가 지닌 속성들을 설명해 버리는 환원주의적 연구방법을 가리키는 말이다. 부분들에서 전체의 새로운 속성들이 출현할 수 있는 가능성을 탐구하는 상향적 연구방법과 대조적이다. 창발(創發, emergence)은 생명의 세계는 물론이고 복잡한 물질적 체계에서도 출현하는 비결정론적 현상이며, 모로위츠가 '결정론적 카오스'라고 부르는 상태에서 새로운 현상(novelty)이 출현하는 것을 가리킨다. 생명계의 진화는 무수한 돌연변이(mutation) 같은 우연을 통해 기존의 것과는 다른 새로운 것이 출현할 수 있어야만 가능하다. 진화는 따라서 창발적 진화일 수밖에 없다.

우리는 우주만물의 궁극적 실재인 하느님께는 개별적이고 부분적인 사건들보다는 피조물 전체의 섭리와 운명이 우선적일 것임을 쉽게 수긍할 수 있을 것이다. 그러나 전체의 변화가 부분들의 변화 없이 이루어질 수 없듯이, 부분들의 변화를 수반하지 않는 전체의 변화도 없다. 다만 우리의 제한된 지식으로는 전체의 변화가 무수한 개별적 사건 하나하나에 구체적으로 어떤 영향을 어떻게 미치는지 알기가 어렵다. 전체와 부분의 상호적 역학관계에 대한 보다 치밀하고 상세한 과학적 탐구와 논증이 필요하지만, 아무래도 이것은 신의 영역으로 남아 있을 것 같다.

여하튼 현대 과학계의 새로운 동향에도 불구하고, 근대 과학적 사고가 상식화된 오늘의 세계에서 성서에 나오는 허다한 하느님의 행위에 관한 이야기들이 적어도 교육받은 현대인들로서 믿기 어려운 황당한 이야기로 들리는 것은 부인하기 어려운 사실이다. 또 신자들 자신에게도 당혹감을 안겨준다. 이것은 현대 그리스도교가 처한 사상적, 신학적 위기의 본질적 요인 가운데 하나라 해도 결코 과언이 아니다. 우리는 다음과 같은 신학자 카오프만의 말에 동의하지 않을 수 없다:

우리 현대인들이 역사를 경험하고 이해하는 것이 자연을 경험하고 이해하는 것에 못지않게 세속적인 한, "하느님의 행위"라는 개념은 더 이상 자연계보다 역사적 사건들과 관련해서 쉽게 이해되기가 어렵게 되었다. 그러나 서양의 신 관념을 형성하고 그 특성을 부여하는 근본 메타포가 최고의 행위자라는 메타포이기 때문에, 우리에게 신 관념이 공허하게 되고 "신이 죽었다"는 것은 전혀 이상한 일이 아니다.[27]

---

27 Gordon Kaufman, *God the Problem* (Cambridge: Harvard University Press, 1972), 124.

우리는 물론 신의 '행위'라는 개념을 문자적 의미로 이해할 필요는 없다. '행위'란 우리 인간들이 하는 것이고, 신에 대해서는 어디까지나 유비(analogy) 내지 은유(metaphor)적 표현일 뿐이다. 그리고 인간이 신을 닮은 하느님의 모상으로서 자유로운 행위가 가능한 존재라면, 우리는 이에 준해서 신의 행위를 유비적 의미로 말할 수 있다. 아마도 이것이 현대 신학자들 가운데 가장 널리 수용되는 신의 행위에 대한 견해일 것이다. 하느님이 창조한 세계의 구조와 특성이 인간이라는 자유로운 행위의 주체(agent)가 출현하게끔 했다면, 세계를 창조한 하느님이 인간보다 못한 존재일 수는 없고 적어도 인간에 준하는 어떤 인격적 속성이 있을 것이며 행위도 가능하다는 것은 합리적 추론이다.[28]

이러한 유비에는 물론 한 가지 명백한 전제가 있다. 이 세계는 물리적, 기계적 인과관계가 철저히 지배하는 폐쇄적 체계가 아니라 인간의 자유로운 행위가 가능할 정도로 열린 체계라는 것, 따라서 인간의 자유가 환상이나 착각이 아니라 실제로 가능하다는 것이다. 이 문제는 지금도 철학이나 과학, 특히 뇌 과학에서 뜨겁게 논의되고 있는 문제지만, 나는 인간의 정신이 두뇌를 중심으로 하는 신체에 의존하고 있다는 명백한 사실 못지않게 인간이 자유로운 행위의 주체라는 사실도 자명하다고 생각한다. 우리는 또 인간의 자유로운 행위가 물리적 인과관계를 어기지 않고 이루어지듯이, 신의 자유로운 행위도 반드시 자연의 법칙적 질서를 어기는 초자연적 개입으로 여길 필요도 없다:

우리는 행위를 통해서 필연적이지 않은 사건들이 발생할 수 있도록 하는 필

---

28 폴킹혼 자신도 이러한 접근법을 취하고 있다. 이 문제에 대한 전반적 논의와 그 자신의 견해에 대해서, 위의 책, 제2장(Embodiment and Action)을 볼 것.

수 조건들―그것이 빠지면 우연일 수밖에 없는―을 야기할 수 있다. 그러나 인간이 이렇게 자연의 과정에 개입할 수 있다면, 하느님도 그렇게 하지 못할 이유가 어디 있는가? 따라서 세계 속에서 신의 행위도 인간의 행위와 마찬가지로 자연의 질서를 범하는 기적적 개입의 형태를 취할 필요는 없다.[29]

다만 이러한 신과 인간의 자유로운 행위에 대한 유비적 이해가 지니는 가장 큰 문제점은 인간의 행위는 두뇌를 통해 사고하고 신체를 통해서 물리적 힘을 행사하기 때문에 우리가 그 결과를 볼 수 있지만 신에게는 두뇌도 몸도 없으며, 신의 마음이나 의도 같은 것이 실제로 작용했다는 증거 같은 것도 볼 수 없다는 사실이다. 또 가시적 증거가 있다 해도 곤란하다. 신의 행위가 물리적 인과관계의 한 고리처럼 여겨질 가능성이 크기 때문이다. 여하튼 위의 유비에 따르면, 신은 세계의 영혼 내지 정신이고 세계는 그의 신체이어야만 한다.

신을 세계의 영혼, 세계를 신의 몸으로 간주하는 견해는 성서 일반의 사상이라고 할 수는 없지만, 과거 신학자들에게 없지는 않았다. 11세기의 힌두교 비슈누(Vishnu)과 신학자인 라마누자(Ramanuja)에 의하면, 영혼이 몸의 주인이듯이 신도 세계의 주인·자아·영혼이며 세계는 신의 몸이다. 무한한 정신인 신은 유한한 인간 영혼의 주인 내지 내적 지배자이듯이 자신의 몸인 세계의 영혼이고 내적 지배자라는 것이다.[30] 데카르트도 이와 유사한 견해

29 Vincent Brummer의 말. Peacocke, 같은 책, 150에서 재인용.
30 라마누자의 철학·신학에 대한 간단한 소개는 길희성, 『인도철학사』(민음사, 1984), 222-25쪽; Keith Ward, *Concepts of God: Images of the Divine in Five Religious Traditions* (Oxford: Oneworld Publications, 1987), 제2장: Ramanuja and the Non-Dualism of the Differentiated 참고. 또 그의 간단한 논의, "The world as the Body of God," in *In Whom We Live and Move and Have our Being: Penentheitic Reflections on God's Presence in a Scientific World* 도 참조할 것.

를 표명한 바 있다.[31] 그러나 라마누자에게 신과 세계의 관계는 이러한 의존 관계를 넘어선다. 물질계는 개물들로 분화되기 전에는 원초적 물질(prakrti)로 신에 내재하다가 창조의 때가 이르면 신으로부터 전개되어 나온다. 신은 따라서 세계를 지배하고 다스리는 능동인(efficient cause)일 뿐 아니라 질료인(material cause)이기도 하다. 이런 의미에서 세계는 신으로부터 출현한 신의 몸이다. 사실 이러한 견해는 라마누자뿐만 아니라 우파니샤드 이래 인도 사상의 일반적 견해다. 물질계를 신(Brahman)에서 출현한 것으로 본다는 점에서 세계가 일자(一者)로부터 흘러나오는 것으로 보는 신플라톤주의 사상과 근본적으로 유사하다.

신을 세계영혼(World Soul), 세계를 신의 몸으로 보는 신관은 스피노자의 범신론이나 신플라톤주의 사상의 영향을 받은 17-8세기 영국의 그리스도교 플라톤주의자들, 이른바 '캠브리지 플라톤주의자들' 사이에서도 유행했다.[32] 이들에 따르면, 영혼이 몸 안에 있는 것이 아니라 몸이 영혼 안에 있다. 마찬가지로 세계는 세계영혼인 신 안에 있다. 그리고 영혼이 몸에 편재하듯이 신 역시 세계에 편재한다. 다만 이들은 대체로 인간의 몸과 마음을 이원론적으로 보는 데카르트식 인간관과 거기에 기초한 기계론적 세계관을 가지고 있었기 때문에, 19세기 낭만주의 사상가들과는 달리 세계영혼을 물질계에 생명을 불어넣는 어떤 생명력으로 이해하기보다는 세계의 합리적 질서의 토대인 우주의 마음 정도로 보는 경향이 강했다. 그들은 힌두교 신학 일반이나 데카르트와 같이 인간의 몸이나 물질계(자연)에 대해 낭만주의자들이나 현대 사상가들처럼 긍정적인 생각을 가지고 있지 않았고, 의식과

---

31 폴킹혼, 23-24.
32 이들에 대한 간단한 소개는 John W. Cooper, *Panentheism: The Other God of the Philosophers* (Grand Rapids, Michigan: Baker Academic, 2006), 72-74 참고.

물질 사이에 위치해 있는 생명계에 큰 비중을 두지도 않았다.

그러나 주체와 객체, 인간과 자연의 대립적 구도를 낳은 계몽주의 사상을 극복하려는 낭만주의 사상가들이나 환경·생태계의 위기를 맞고 있는 현대 세계로 오면서 일부 신학자들 사이에서는 본격적으로 세계를 신의 몸으로 간주하는 신관·세계관이 진지한 관심을 끌고 있다. 특히 과정신학에 영향을 받은 신학자들 가운데서 그렇다.[33] 이들은 현대의 전인적(holistic) 인간관에 따라 신에게도 영혼과 몸이 둘 다 존재한다는 생각으로 신을 세계의 영혼과 몸, 정신과 물질을 아우르는 우주의 전인적 인격체로 간주한다. 이러한 신관의 대표적 철학자는 화이트헤드의 영향을 받은 과정철학자 하트숀(C. Hartshorne)이다. 그에게 세계는 신의 몸이고 신은 세계의 영혼이다.[34] 인간의 몸과 영혼이 서로 영향을 주듯이, 하트숀에게도 하느님과 세계는 상호작용을 하면서 영향을 주고받는다.

여하튼, 샐리 맥페이그의 말대로,

몸이 인간에 필수적이라는 인격에 대한 현대의 전인적 이해를 감안할 때, 몸을 지닌 신이 몸이 없는 신보다 더 믿기 어려운 것은 아니다. 사실 더 믿기 쉽다. 마음과 몸, 영과 육신이 별개로 분리될 수 있다고 믿는 이원론적 문화에서는 몸이 없는 인격신이 더 믿을 수 있을지 모르나, 우리 문화에서는 그렇지 않다. 이 말은 신에게 몸이 있다는 관념을, 그것이 지닌 구체적인 문제들은 별도로 하고, 그 자체로 말도 안 된다고 생각해서는 안 된다는 것을 뜻한다.[35]

---

33 이에 대해서는 Sallie McFague, *Models of God: Theology for an Ecological, Nuclear Age* (Philadelphia, Fortress Press, 1987), 69–78의 전반적 논의를 볼 것.
34 하트숀의 신관에 대한 간단한 논의는, John W. Cooper, *Panentheism: The Other God of the Philosophers*, 177–85를 볼 것. Grace Jantzen도 세계를 신의 몸으로 간주하는 현대 신학자다. *God's World, God's Body* (London: Darton, Longman and Todd, 1984). Sallie McFague, *Models of God*, 69–78의 전반적 논의를 볼 것.
35 Sallie McFague, 71.

나는 세계를 신의 몸으로 보는 신관이 여러 면에서 획기적인 현대적 의의가 있다고 보기 때문에 비교적 우호적인 편이다. 신을 하늘의 군주처럼 여기는 전통적 그리스도교의 신관과 달리, 신과 세계의 관계가 우리의 몸과 마음의 관계처럼 훨씬 더 가깝고 내적이며, 세계의 신성성을 회복하는 데도 큰 의미를 지닌다고 생각하기 때문이다.[36] 세계를 죽은 물질의 체계로 보는 데카르트식 기계론적 세계관을 넘어, 물질계에서 추방되었던 생명과 정신을 회복하는 데 큰 의미를 지닐 수 있기 때문이다.

하지만 신의 내재성보다도 한 걸음 더 나아가, 세계를 신의 현현(顯現, manifestation)으로 간주하는 일원론적 형이상학의 신관·세계관을 따른다. 따라서 나는 물질을 포함하여 존재하는 모든 것, 즉 세계를 신의 육화(embodiment, 성육신, incarnation) 또는 신현(神顯, theophany)으로 간주한다. 이에 대해서는 앞으로 더 자세히 논하겠지만, 우선 개인적으로 세계를 신의 몸, 신을 세계영혼으로 보는 신관에 동의하지 않는다는 점을 밝혀둔다. 가장 근본적인 이유는 인간의 경우든 신의 경우든, 영혼이 몸의 근원이 될 수는 없으며, 몸 또한 영혼의 육화가 될 수 없기 때문이다. 나는 오히려 인간의 몸과 영혼, 물질과 정신이 모두 신의 유출이라는 점에서 신의 육화(성육신) 내지 연장이며, 이런 뜻에서 우주만물이 신의 몸이라고 보지만, 신이 단지 세계의 영혼 또는 정신이라는 생각은 수용하지 않는다. 신은 몸과 영혼, 물질과 정신 모두의 원천으로서 양자의 구별과 대립을 넘어서는 더 깊은 실재라고 생각하기 때문이다.[37]

더 근본적으로 나는 신의 인격성과 자유로운 행위를 인정하지만, 신의 '행위'라는 개념을 성서에서처럼 신이 간헐적으로 행하는 일련의 특별한 행위

---

36 위의 책, 69–78의 논의를 참고할 것.
37 필자 자신의 신관에 대해서는 이 책 3장, 특히 "내가 믿는 하느님"을 볼 것.

들이기보다는 신의 진화적 창조의 전 과정, 인류 역사의 전 과정을 관통하면서 전개되는 단 하나의 지속적이고 일괄적인 '행위'—느슨한 의미의—로 본다.[38] 물론 이 전체적 섭리의 과정에서 발생하는 사건들 모두가 동등한 가치나 의미를 지닐 필요는 없다. 어떤 한 특수한 사건이 여타 사건들보다 훨씬 더 특별하고 중요한 의미를 지닐 수 있다. 하지만, 어떤 사건이 신이 한 특별한 행위에 해당하는지를 확실하게 식별할 수 있는 지식은 우리에게 없다. 이런 점에서 우리는 신의 '행위'를 마치 인간의 행위처럼 이해하기보다는 세계와 인류 역사 전체를 움직이는 신의 일반적 섭리의 관점에서 이해해야만 한다.

우리는 신의 일반섭리를 진화론적 시각에서 이해할 필요가 있다. 창조가 진화적 창조(evolutionary creation)라면, 우리는 "지구 표면에서 진행되고 있는 진화 과정이 [신이] 미리 고안한 계획을 실행에 옮기는 것이기보다는 엄청난 낭비를 수반한 시행착오 속에서 더듬어가는 과정에 더 가깝다."는 신학자 맥퀘리의 말에 동의할 수밖에 없다.[39] 나는 이 책의 마지막 장에서 동서양의 오랜 존재론적·형이상학적 전통을 진화적 창조의 안목에서 해석하면서 새로운 신관을 제시하고자 한다. 역사의 하느님도 아니고, 이신론도 아니고, 그렇다고 스피노자식 범신론도 아니며, 신을 세계영혼으로 보는 신관도 아닌 새로운 신관이다.

역사의 하느님과 신의 행위와 섭리의 문제에 대한 지금까지의 긴 논의를 통해 우리가 내릴 수 있는 잠정적 결론은, 개인이나 집단에 관여하는 하느님

---

38 현대 신학자 가운데서 이런 식으로 신의 행위 개념을 이해하는 대표적인 신학자는 Gordon Kaufman, *God the Problem*과 Maurice Wiles, *God's Action in the World* (London: SCM Press, 1986)이다. 다만 나의 입장은 유출식 창조 개념을 따른다는 점에서 이들의 견해와 근본적으로 다르다. 이들은 창조를 신의 출산 행위와 같은 자연적 현상이기보다는 그의 의도·의지에 따른 지속적이고 일관된 '행위'로 간주한다.

39 John Macquarrie, *Principles of Christian Theology* (New York: Charles Scribner's Sons, 1966), 236.

의 섭리에 관한 성서 이야기들은 독특한 힘과 매력에도 불구하고 여러 면에서 현대를 사는 지성인들에게 수용하기 어려운 측면이 많다는 사실이다. 하느님의 특별섭리에 대한 신앙은 우리의 제한적 삶의 경험에 근거한 믿음의 이야기들이기에 다분히 주관적인 신앙고백의 언어일 수밖에 없다.

한 개인의 차원에서 말한다면, 그가 자신의 삶 전체를 돌아보면서 지금까지 자신의 삶을 인도한 하느님의 섭리의 손길이 있었음을 고백할 수 있다. 하지만 그가 겪은 수많은 좋은 일과 궂은 일을 두고서 구체적으로 어느 것이 어떻게 하느님의 뜻과 섭리를 반영하는 것인지를 논하는 것은 곤란하다. 누구보다도 신의 전지전능성을 강조하고 신의 섭리에 대한 절대적 신뢰를 강조하는 칼뱅의 말을 인용하면서 신의 행위와 섭리에 대한 긴 논의를 맺고자 한다: "일이 좋은 방향으로 되었을 때에 감사한 마음을 갖는 것, 역경 가운데 인내하는 것, 미래에 대한 불안으로부터 자유롭게 되는 것은 바로 이러한 섭리의 지식에서 비롯된다."[40]

3) 셋째, 특별한 역사적 사건을 통해 자신을 계시하는 역사의 하느님, 일련의 특수한 사건들을 통해 인류 구원의 경륜을 펼치는 하느님에 대한 신앙은 지금까지 고찰한 악의 문제, 신의 행위와 섭리, 특히 기적의 문제 외에 또 하나의 근본적인 문제를 야기한다. 이번에는 철학적 문제다. 이 문제 역시 이 책의 주제인 신앙과 이성의 문제에서 핵심적인 관심이기 때문에 신의 행위의 문제 못지않게 상당한 논의를 필요로 한다.

특정 역사적 사건 위주의 하느님의 계시와 구원의 이야기들이 불가피하게 지닐 수밖에 없는 특수성은 그 사건을 직접 경험하지 않은 개인이나 그 이야기를 공유하지 않는 집단들에게는 자기들과 무관한 이야기로 들릴 수

---

40 John Calvin, *Institutes of the Christian Religion*, 2 vols., ed. John T. McNeill (Philadelphia: Westminster Press, 1960), 1.17.7. 나에게 칼뱅의 이 멋진 말을 상기시켜 준 사람은 장로회신학대학의 윤철호 교수다.

밖에 없다는 한계성을 지닌다. 따라서 어떻게 그런 특수한 역사적 사건이 전 인류를 구원하는 보편적 의미를 지닌 진리가 될 수 있는가 하는 의문이 제기되는 것이다. 설령 성서의 이야기들이 역사적 사실이라 해도, 그리고 아무리 기적적인 사건들이라 해도, 어떻게 하나의 사건이 모든 사람을 위한 보편적 구원의 의미와 힘을 지닐 수 있는가라는 근본적인 의문을 야기한다. 결국 그리스도교는 그런 사건들이—가령 예수의 탄생과 죽음과 부활 같은—인류를 구원하기 위한 하느님의 뜻에 따라 이루어진 특별한 계시와 구원의 사건임을 믿고 수용하는 〈신앙〉을 요구하게 되었고, 이러한 신앙은 보편적 진리를 추구하는 〈이성〉과 불가피하게 긴장을 형성하게 되었다. 그리고 이 문제는 서구 지성사와 신학 전체를 관통하는 가장 중요한 주제 가운데 하나가 되었다. 특수성을 띤 '역사적 사건'과 보편성을 띤 '이성의 진리' 사이의 긴장과 대립과 갈등, 그리고 조화 내지 종합이 서구 지성사 전체의 주요 주제로 등장한 것이다.

문제의 본질은, 특수한 역사적 사건을 통한 하느님의 계시, 즉 성서 이야기에 기초한 역사적 계시는 〈이성〉으로 알 수 있는 보편적 진리가 아니라 〈신앙〉으로 받아들여야 하는 진리라는 데 있다. 역사적 계시에 근거한 신앙의 진리와 이성의 진리는 근본적으로 성격과 차원이 다르다. 이성의 진리는 비록 나 자신이 개인적으로 동의할 수는 없다 해도 보편적 의미성 자체는 문제가 되지 않는다. 그러나 특정한 역사적 사건의 이야기가 보편적 의미를 지니려면, 우선 그것이 하느님의 계시로 주어진 특별한 사건임을 믿고 수용하는 신앙을 요구하며, 더 나아가서 그러한 이야기가 지닌 보편적 의미에 대한 해석과 이해가 추가로 요구된다. 그래야만 비로소 성서의 이야기들이 모든 사람을 위한 보편적 진리로 인식될 수 있는 것이다.

그리스도교 신학은 전통적으로 우리가 창조 세계를 통해 알 수 있는 하느님에 대한 지식은 불충분하다고 여겼다. 세계의 존재와 성격과 구조로부터 미루어 알 수 있는 하느님에 대한 앎은 극히 제한적이기 때문에 인간의 구원을 위해서는 불충분하다는 것이다. 따라서 성서에 기록된 역사의 하느님 이야기들을 통해 아는 하느님에 대한 구체적 앎을 하느님의 특별한 계시에 근거한 것으로 간주해서 그리스도교 신앙의 초석으로 삼았다. 이 특별한 계시를 통하지 않고는 하느님을 제대로 알 수 없다고 믿었기 때문이다. 성서의 역사적 계시를 중심으로 하는 그리스도교 신앙이 세계와 인생에 대한 일반적 진리를 가르치는 동양의 지혜 중심의 철학적 종교들과 달리, 하느님의 계시에 대한 믿음을 유독 강조하는 이유가 바로 이 때문이다. 이로 인해 역사적 계시 중심의 그리스도교 신앙이 지배하는 서구 그리스도교 문화에서는 신앙과 이성, 계시와 이성, 그리고 신학과 철학이 명확하게 구별되었고, 이 둘의 관계를 논하는 것이 서구 지성사의 중요한 주제가 된 것이다.

문제의 성격을 보다 명확하게 하기 위해 성서 이야기들을 소재로 신자들에게 설교 또는 강론을 하는 한 성직자의 경우를 상상해보자. 그는 필경 성서 이야기들이 단지 남의 이야기가 아니라 우리 모두의 이야기, 즉 우리 모두를 향한 보편적 메시지 내지 교훈을 지닌 이야기라는 데 관심을 기울일 수밖에 없을 것이다. 성서 이야기들이 우리 모두의 이야기가 될 수 없는 한, 우리가 굳이 그 이야기를 알 필요가 없기 때문이다. 다시 말해서 설교자는 성서 이야기가 역사적 사실인가 아닌가 하는 문제보다도 그것이 지닌 보편적 의미가 무엇이냐, 그리고 이 의미가 과연 우리가 아는 세계와 인간에 대한 진리에 부합하느냐에 더 많은 관심을 쏟을 수밖에 없다.

오늘날 대다수 신자들은 물론 성서의 기적 이야기를 듣는 순간 그것이 사실이냐를 먼저 묻는다. 과학적 사고가 일반화된 현대인들은 사실적 진리를 진리의 전부로 여기거나 사실이 곧 진리라고 생각하기 때문이다. 성서 이야기가 역사적 사실이 아니라고 생각되는 순간, 관심을 접어버릴 정도다. 사실도 아닌 황당한 기적 이야기들을 왜 읽어야 하는지 도무지 이해가 되지 않기 때문이다. 하지만 이야기의 보편적 의미의 문제로 관심을 돌리게 되면, 이야기의 사실적 진리 못지않게 그 의미가 무엇이며 의미의 진리가 무언인지가 더 큰 관심을 끌게 된다. 어떤 때는 이야기의 깊은 의미와 진리를 깨닫게 되면, 그 이야기의 사실적 진리에 대한 관심은 도리어 뒷전으로 물러나고 그것을 수용하는 일이 더 쉬워질 수도 있다. 특히 그 이야기가 나 자신의 삶에도 깊은 연관과 의미가 있다고 깨닫게 되면 더욱 그렇게 된다.

반면에 성서 이야기가 아무리 사실이라 해도 우리 자신에게 의미가 없다면, 그래서 어쨌다는 말이냐는 식의 냉소적 반응을 낳기 쉽다. 이야기의 사실성도 믿을 수 있고 보편적 의미와 진리도 깨달을 수 있다면 가장 이상적이겠지만, 이것이 쉽지가 않다는 것이 성서적 신앙이 지닌 근본 문제다. 예를 들어 보자.

그리스도교 신앙의 두 주춧돌과 같은 이야기는 예수의 성육신 탄생 이야기와 부활 이야기다. 하느님이 예수라는 한 유대인이 되었다는 성육신 이야기나, 이 하느님의 아들이 십자가에서 처형을 당한 후 부활해서 하느님과 같이 영원한 존재가 되었다는 것은 그야말로 기적 중의 기적이다. 과학적 상식을 가진 사람들에게 이 두 기적 이야기는 신화라면 몰라도 실제 사건이었다고 믿는 것은 거의 불가능에 가깝다. 설령 그것이 사실이라 해도 그것으로 문제가 끝나는 것도 아니다. 예수에게 일어났다는 두 사건이 나와 무슨 상관이 있느냐는 문제, 즉 그 이야기가 우리 모두에게 지니는 보편적 의미의 문제가 대두되기 때문이다. 좀 퉁명스럽게 말한다면 예수가 부활했다고 내가 부활하는 것도 아닌데, 왜 그렇게 호들갑을 떠느냐고 말할 사람도 있을 것이다. 예수가 부활했기로서니, 그래서 어쨌다는 말이냐는 것이다. 또 하느님이 한 인간이 되었기로서니, 그것이 나와 무슨 상관이 있냐는 의문도 들 수 있다. 부활 이야기든 성육신 이야기든 나와 우리 모두의 인생에 대해 지니는 의미가 무엇이냐 하는 문제가 이야기들의 사실성 여부 못지않게 중요한 것이다.

구약성서에는 본래 부활사상이 없었다. 인간이 죽은 후에 다시 살아나서 하느님의 심판을 받고 영생을 누릴 수 있다는 부활 사상이나 관념 자체가 존재하지 않았다. 그러한 관념이 외부로부터(아마도 페르시아로부터) 들어와서 예수 당시처럼 상당수 이스라엘 사람들 사이에 퍼지게 된 것은 구약시대 말기의 일이었다. 예수 당시에도 사두가이파 사람들은 예수나 바리사이파 사람들과 달리 부활을 믿지 않았다. 중요한 사실은 역사의 종말과 더불어 만인이 부활하여 하느님의 심판을 받게 될 것이라는 종말론적 사상이 없었다면─이러한 사상이 옳으냐 아니냐는 차치하고─예수의 부활 이야기는 필경 생겨나지도 않았을 것이며, 설령 부활 사건이 있었다 해도 놀라운 기적 이야기는 될지언정 모든 사람에게 의미가 있는 이야기는 되지 못했을 것이다.

사실, 부활 신앙에 관한 가장 오래된 성서의 증언은 바울 사도가 쓴 고린도전서 15장에 나오는 것인데, 거기서 주목할 만한 점은 만인의 부활이 없다면 예수의 부활이 없었을 것이고, 예수가 부활하지 않았다면 만인의 부활도 없을 것이라는 식의 순환적 논법을 바울이 사용하고 있다는 점이다. 이것이 암시하는 바는 부활은 전후좌우의 역사적 맥락 없이 예수라는 한 개인에게 어느 날 갑자기 일어난 기적이 아니라는 것이다. 다시 말해서 만인의 부활을 믿고 기다리는 종말론적 분위기가 사람들 사이에 없었더라면, 예수의 부활이 실제로 일어났다 해도 사람들이 놀라기는 했겠지만 그리스도교라는 종교를 탄생시킬 정도의 큰 의미는 없었을 것이라는 말이다. 만인의 부활이라는 일반적 관념과 예수의 부활이라는 특수한 사건 사이의 관계가 어느 것이 먼저인지 분간할 수 없을 정도로 매우 미묘한 관계였음을 우리는 알 수 있다. 여하튼 하나가 없이는 다른 하나도 없었을 정도로 둘이 묶여 있는 것이다.

그렇다면 문제는 과연 이런 만인의 부활이라는 종말론적 관념 자체가 우리가 아는 세계와 인간에 대한 지식에 비추어 볼 때 과연 설득력이 있는 것인가 하는 문제다. 도대체 부활의 정확한 의미는 무엇이며, 예수의 부활이든 만인의 부활이든 가능한 일인가 하는 문제다. 이것이야말로 그리스도교 신학자들이 피하지 않고 본격적으로 다루어야 할 문제다. 예수가 실제로 부활했으니까 우리 모두도 부활할 것이라고 우기는 것이 상책은 아니다.

성육신 이야기도 마찬가지다. 마이스터 에크하르트는 성 아우구스티누스를 인용하면서, 하느님의 아들이 수백 번 인간으로 태어난들 우리 영혼에 태어나지 않으면 무슨 의미가 있는가라고 수사적 질문을 던진다. 성육신은 문자 그대로 하느님의 아들 로고스가 유대인 아기 예수의 몸이 '되었다'는 사건인데, 이러한 엄청난 기적 중의 기적을 사실로 믿지는 못한다 해도, 우리 영혼에서라도 '아들'의 탄생을 경험할 수 있다면, 그나마 성육신의 보편적 의미는 확보되는 셈이다. 몸으로가 아니라 영혼에 탄생하는 하느님의 아들은 물론 반쪽짜리 성육신, 성육신 아닌 성육신이기는 하지만, 그래도 적어도 성육신이 나에게 무슨 의미가 있느냐는 말은 생기지 않을 것이다.

이 책의 마지막 장에서 다루겠지만, 나는 세계를 신의 유출 내지 현시로 보는 진화적 창조 개념에 따라 모든 사람이, 아니 만물이 신으로부터 출현한 그래서 신이 낳은 자식과도 같은 신의 육화(embodiment, incarnation)임을 주장한다.[41] 우주만물이 하느님으로부터 출현하는 장구한 세월에 걸친 진화적

---

41 이에 대해서는 이 책 4장 '내가 믿는 하느님'에서 더 자세히 논하게 될 것이다.

창조의 정점에서 출현한 인간은 예외 없이 모두 하느님의 성육신으로서 귀하디 귀한 존재다. 성육신은 2,000년 전에 예수라는 오직 한 유대인에게만 일어난 예외적 사건이 아니라 모든 인간에 해당하는 보편적 진리라는 말이다. 사실, 나는 하느님의 아들 예수의 성육신보다도 더 놀라운 사건은 우주 138억 년의 진통 끝에 호모사피엔스라는 존재가 출현한 사건이라고 생각한다.

그리스도교 신학은 "하느님은 왜 인간이 되셨는가?"(cur deus homo)라는 질문에 대해 "인간이 하느님이 되게 하기 위해서"라고 대담하게 선언한다. 특히 인간이 신이 되는 신화(神化, deification) 사상은 동방정교회 구원론의 중심이다. 물론 이것은 인간이 문자 그대로 하느님이 된다는 말이기보다는 인간이 하느님의 불멸성에 참여한다는 뜻, 즉 영생을 누린다는 뜻으로 이해해야 한다. 여하튼 인간이 신이 되기 위함이라는 성육신의 이해는 성육신 사건이 예수 그리스도에게서만 일어난 예외적인 사건이 아니라 인류 전체를 위한 보편적 의미를 지닌 진리라는 뜻을 내포하고 있다. 물론 부활의 경우와 마찬가지로 이러한 사상 자체가 우리가 아는 신과 세계와 인간에 대한 앎에 비추어볼 때 과연 진리인가 하는 문제는 여전히 별개의 문제다.

다음으로 제기되는 문제는 만약 성서 이야기들이 전하는 신앙의 진리가 우리의 신비적 경험이나 이성으로 알 수 있는 보편적 진리와 일치한다면, 우리가 굳이 성서를 읽고 성서 이야기들을 통해서 그러한 진리를 알아야 할 필요가 어디 있느냐는 물음이다. 더욱이 성서가 전하는 이야기들이 아무리 하느님의 특별한 계시적 사건이라 해도 상식적으로 믿기 어려운 것들이 허다한데 우리가 굳이 그런 이야기를 통해서 간접적 방식으로 보편적 진리에 접해야 할 이유가 무엇인가라는 의문이 드는 것이다.

성서 이야기들이 단지 추상적 사고를 할 능력이 없는 어린아이들이나 무지한 사람들을 위한 교육적 방편 정도라면 문제가 없다. 실제로 스피노자 같은 유대인 철학자는 성서의 그림언어가 교육적 방편 정도의 가치를 지닌 다고 보았으며, 헤겔 같은 철학자는 그림언어로 된 성서의 진리가 자신이 전 개한 사변적 철학의 진리와 일치하지만 철학보다는 열등하다고 여겼다. 또 저명한 중세 이슬람 철학자 아베로스(Averroes)는 그가 최고의 진리로 숭상한 아리스토텔레스 철학과 쿠란의 진리 사이의 갈등을 이중진리의 이론으로 풀었다. 그에 따르면, 철학은 진리를 명확하게 개념적으로 이해하지만, 쿠 란은 동일한 진리를 알레고리적으로 표현한다는 것이다.[42]

마이스터 에크하르트 역시 알레고리적 성서 해석을 통해 철학과 신학, 이 성과 신앙의 대립의 문제를 해결했다. 따라서 그는 근본적으로 양자의 대립 과 갈등을 인정하지 않았다. 우리가 신화를 문자적으로 이해하지 않고 어떤 보편적 의미나 진리에 초점을 맞추듯이, 알레고리적 해석 역시 성서의 문자 적 의미를 넘어 그 속에 담긴 어떤 보편적인 영적 진리를 도출한다. 나는 여 기서 그러한 해석 방법을 옹호하려는 것이 아니다. 또 위에서 언급한 철학 자들이 성서적 신앙과 철학적 진리를 조화시키는 방법에 찬동하려는 것도 아니다. 중요한 점은 그들이 지녔던 문제의식 자체다. 즉 역사적 사건의 특 수성과 이성의 보편적 진리─혹은 영적 진리─사이의 괴리의 문제를 해결 하려는 현상 자체다.

앞에서 언급한 대로 그리스도교 신학은 이 문제를 이성과 신앙, 이성과 계시, 자연과 초자연, 혹은 자연과 은총의 문제로 다루어 왔으며, 이는 서구 지성사를 관통하는 가장 큰 주제 가운데 하나가 되었다. 서구 지성사는 양 자의 구별, 대립, 대화, 조화, 종합, 그리고 분열과 대립과 재통합의 노력의

---

42 Copleston, *A History of Philosophy*, vol. 2, Mediaeval Philosophy, part I, 224. 코플스톤도 이 점에서 아베 로스와 헤겔의 유사점을 지적하고 있다.

역사라 해도 좋을 정도다.

4) 다음 장에서 문제를 좀 더 본격적으로 고찰하기에 앞서, 역사의 하느님과 하느님의 특별계시에 대한 성서적 신앙과 밀접하게 연관된 또 하나의 문제를 잠시 언급하고자 한다. 하느님의 계시를 강조하는 세 유일신신앙 종교간의 갈등 문제다. 이 세 종교 모두가 역사적 특수성의 제약 아래 있는 하느님의 계시를 모든 인간을 위한 보편적 진리로 간주하고 주장하는 데서 오는 갈등이다. 세 종교 모두 철학적 지혜의 종교가 아니라 구체적인 역사적 사건과 경험을 통해 주어진 하느님의 특별한 계시를 믿는 종교로서, 서로 다른 계시의 통로를 통해 주어진 상이한 내용의 계시를 보편적 진리로 주장하기 때문이다.

그리스도교와 이슬람의 신앙에 자연스럽게 흡수된 유대교 신앙과 달리, 그리스도교와 이슬람은 각기 하느님으로부터 받은 특수한 계시가 하느님의 결정적이고 최종적인 계시로서 만인을 위한 보편적 진리라고 주장한다. 계시 사건의 역사적 특수성의 제약에도 불구하고, 두 종교 모두 각기 자기 종교의 신앙이 기초하고 있는 계시의 내용이 전 인류를 위한 하느님의 최종적이고 보편적인 진리라고 주장하는 것이다. 민족적 성격이 짙은 유대교를 넘어섰다고 주장하는 두 종교의 보편주의가 오히려 지독한 배타성의 원인이 되고 있다는 것은 실로 아이러니라 하지 않을 수 없다.

그리스도교의 경우, 한 유대인 예수가 하느님의 아들이며 그를 통해 주어진 하느님의 특별한 계시가 인류 구원의 초석이라고 주장하는 반면, 이슬람에서는 무함마드를 통해 아랍어로 주어진 쿠란(Quran)을 하느님의 최종 계시로 간주하고 쿠란의 영원성까지 주장한다. 유대교 입장에서는 두 종교 모두 순수한 유일신 신앙을 배반했다고 보지만, 특수한 역사적 계시의 하느님을 믿는 유대교가 바로 이 모든 것의 원인을 제공했다는 사실은 부정하기 어렵다.

오늘의 세계에서 세 유일신신앙의 종교에 공통적으로 제기되는 비판은 모든 인간을 내신 창조주 하느님을 믿는 신앙이 오히려 인류의 분열과 갈등을 조장하는 데 큰 역할을 해왔다는 사실이다. 유일신 종교들 간의 오랜 역사적 갈등과 하느님의 이름으로 자행된 수많은 전쟁과 범죄는 말할 것도 없고, 현재도 세 종교들이 심각한 집단적 갈등에 직접 간접으로 연루되어 있기 때문이다. 그리스도교와 유대교를 배경으로 하는 미국과 이슬람극단주의 세력들 간의 갈등, 이스라엘과 팔레스타인의 그칠 줄 모르는 유혈 분쟁, 얼마 전까지만 해도 격렬했던 북아일랜드의 가톨릭 신도들과 개신교 신도들 사이의 싸움 등은 모두 유일신신앙과 무관하지 않다. 신앙이 집단적 갈등을 야기하는 원인의 전부는 아니겠지만, 적어도 갈등을 증폭시키는 중요한 요인이라는 사실은 부인하기 어려운 사실이다. 이런 모습을 보면서 많은 사람들이 유일신신앙 자체에 의심의 눈초리를 돌린다. 사랑과 일치의 하느님이 증오와 분열의 하느님으로 작용한다는 인상을 피할 수 없기 때문이다.

9. 맺는말

우리가 아무리 하느님의 행위나 이와 연관된 일련의 관념들―하느님의 말, 생각, 뜻, 의지, 의도, 관심, 인도, 개입, 심판, 용서, 구원 등―을 메타포로 이해한다 해도 우리는 성서 이야기들을 읽을 때마다 그런 말들이 과연 무엇을 뜻하는지 묻게 된다. 인간을 내신 하느님 자신이 인격성을 지닌다 해도 천지를 지은 하느님이 실제로 우리 인간들처럼 사고하고 말하고 행동한다고 믿는 사람은 어린아이가 아니라면 거의 없을 것이다. 그렇다면 도대체 그런 표현들이 뜻하는 바는 무엇일까 하는 근본적 문제가 제기된다. 하느님은 어떤 의미, 어떤 방식으로 역사의 세계에 관여하며 인간과 소통하는가? 또 성서에 등장하는 수많은 기적 이야기들을 우리는 어떻게 이해해야 할까? 문자 그대로 믿기도 어렵지만, 그렇다고 신자들의 입장에서는 무조건 사실이 아니고 하느님이 그런 사건들과 무관하다고 말할 수도 없다. 또 사실의 문제는 중요하지 않고 의미의 문제에만 관심을 기울여야 한다고 주장하는 것도 문제에 대한 정직한 대응과 해결책은 아니다. 그것은 적어도 성서의 하느님, 역사의 하느님에 대한 신앙은 아니기 때문이다. 성서 이야기들을 결국 신화적 이야기로 간주하는 것과 다름없기 때문이다.

신학자들이 무어라고 하든, 성서의 이야기들이 전하는 역사의 하느님은 더 이상 현대인들에게 소박한 신앙이나 진지한 신앙의 대상이 되기를 기대하기 어렵게 되었다. 신화나 동화책에나 나올 법한 유치하고 조잡한 신인동형론의 산물이라는 인상을 지우기 어렵기 때문이다. 그나마 신화라면, 그것이 말하고자 하는 의미만 생각하면 그만이지만, 그리스도교 신앙은 성서에 등장하는 〈역사〉의 하느님 이야기들을 결코 〈신화〉로 간주하지 않는다.

무엇보다도 무수한 인간이 겪는 고통과 절망의 소리는 현대인들로 하여금 더 이상 세상 사와 인간의 역사를 주관하시는 하느님과 그의 섭리를 믿기 어렵게 만들고 있다. 무고한 자들이 당하는 고통의 소리를 외면하는 하느님, 아니 전지전능한 존재이기에 세상의 고통과 악에 궁극적 책임을 면하기 어려운 하느님을 현대인들은 더 이상 믿기 어렵게 되었다. 따라서 많은 사람들이 역사의 하느님 신앙을 아예 포기하거나, 역사의 세계 자체에 대한 관심을 접어버리기도 한다. 시간과 물질의 세계 자체를 악으로 간주하는가 하면, 아예 존재하지도 않는 환상이라고 생각하는 사람도 있다. 물질과 몸의 세계를 포기하고 영혼의 탈출만을 구원으로 여기는 현대판 영지주의가 사람들의 마음을 사로잡는가 하면, 이와는 정반대로 자연의 무한한 창조력을 절대화하고 숭배하는 현대판 여신 숭배자도 있다. 이 모든 것이 결국은 근대 서구사회에서 성서적 인격신관과 역사의 하느님 이야기에 기초한 그리스도교 신앙의 실패를 증언하고 있다.

현대 그리스도교는 이제 성서의 조잡한 인격신관과 역사의 하느님 이야기들에 기초한 신앙을 과감하게 수정하거나 놓아 버릴 때가 되었다. 많은 지성인들이 거기에 걸려 넘어지거나 신앙을 포기하고 있지만, 신자들은 여전히 이런 조잡한 형태의 인격신관을 가지고 신앙생활을 영위하고 있다. 그리스도교는 성서의 역사적 계시를 하느님의 초자연적 계시로 간주하면서 그 관리자로서 자처해 왔다. 그 가운데서도 '오직 성서'라는 구호 위에 서 있는 개신교 교회, 특히 조잡한 인격신관에 의거하여 하느님을 마음대로 이기적 욕망의 수단으로 삼고 있는 한국 개신교계의 일반적인 신앙 행태와 풍토는 이제 과감하게 청산할 때가 되었다. 조잡한 인격신관과 역사의 하느님에 대한 신앙은 세속적 욕망을 부추기는 기복신앙에 매우 편리한 신앙이다. 역사에서 행위하는 하느님을 말하는 성서적 인격신관과 기복신앙이 무관하지 않다는 점에서, 둘은 함께 극복되어야만 한다. 이를 위해서는 무엇보다도 전통적인 그리스도교의 신관의 과감한 수정이 필요하다는 것이 나의 판단이다.

그리스도교 역사를 되돌아볼 때 한 가지 분명한 사실은, 만약 그리스도교가 플라톤, 아리스토텔레스, 신플라톤주의 등 그리스 철학·형이상학의 세례를 받지 않고 소박한 성서적 신앙에 머물렀다면, 그리스도교는 결코 보편적 진리를 표방하면서 그리스-로마 세계를 정복하고 세계종교로 우뚝 설 수 없었을 것이라는 사실이다. 특수한 역사적 계시 〈신앙〉과 영원하고 보편적인 형이상학적 진리를 추구하는 철학적 〈이성〉이 만나 서로를 자극하고 보완하고 보강한 것이 서구 신학과 지성의 역사라 해도 과언이 아니다. 현대 세계의 정신적 빈곤은 크게 말해 성서 이야기들에 대한 소박한 믿음의 붕괴와 더불어, 이성(reason)과 계시(revelation)의 종합을 통해 그리스 형이상학과 성공적으로 결합했던 중세 그리스도교의 체계가 무너지면서 초래된 정신적 공백에서 비롯되었다.

다음 장에서부터 우리는 이 문제를 사상사적 관점에서 집중적으로 검토할 것이다. 그리고 이와 아울러 전통적 신관의 붕괴로 인해 초래된 현대인의 신앙의 위기와 삶의 무의미성의 문제를 논하고, 현대 사상과 신관이 지향해야 할 근본 방향과 모습에 대해서도 생각해 볼 것이다.

제 2 부

—

신앙과 이성: 종합과 균열

역사의 특수한 사건들을 하느님의 계시이자 인류를 위한 구원의 드라마로 믿는 성서·그리스도교 신앙은 역사적으로 세 가지 커다란 도전을 만나서 패러다임의 전환을 하게 되었다. 이 장에서는 주로 이 문제를 고찰하면서 현대 세계가 당면한 정신적 문제들을 논하고자 한다.[1]

성서·그리스도교 신앙이 봉착한 첫 번째 도전은 그리스 철학과의 만남에서 온 것으로서, 교부들과 중세 신학자들은 이 도전을 주로 계시(신앙), 이성의 대화와 종합을 통해 비교적 성공적으로 극복했다. 역사의 하느님을 믿는 신앙의 종교가 그리스 철학의 도전에 직면해서 형이상학적 그리스도교 내지 그리스도교 철학을 발전시킴으로써 근 1,500년간 서양 지성계를 주도할 수 있게 된 것이다. 만약 이러한 발전이 없었다면, 그리스도교는 결코 그리스-로마 세계를 정복하고 중세 후기의 찬란한 문명을 건설하지 못했을 것이다. 그러나 중세 신학 안에서, 특히 성 아우구스티누스적인 신학 전통 내에서 유명론(唯名論)적 사고가 고개를 들면서 그리스도교 형이상학은 큰 타격을 입게 되었다. 이에 더하여 루터와 칼뱅이 주도한 종교개혁은 그리스도교 신앙의 새로운 패러다임을 제시하면서 중세 그리스도교 체제에 봉합하기 어려운 균열을 일으켰다.

그리스도교의 성서적 신앙과 형이상학적 체계에 대한 결정적인 타격은 근대 과학에서 왔다. 근대 과학의 세계관과 사고방식은 비단 역사의 하느님

---

1 이 세 가지 도전에 대한 논의는 나의 스승이었던 캐나다의 세계적 종교학자 윌프레드 캔트웰 스미스(Wilfred Cantwell Smith)의 통찰에 힘입은 바 크다. 그의 논문, "The Christian in a Religiously Plural World," *Religious Diversity: Essays by Wilfred Cantwell Smith*, ed. Willard G. Oxtoby (New York: Harper & Row, Publishers, 1976) 참고.

에 대한 성서적 신앙과 초자연적 신관에 타격을 가했을 뿐 아니라, 중세 철학·신학의 목적론적 세계관을 무너트리는 데 결정적인 역할을 했다. 근대 과학적 세계관과 이와 밀접하게 연관된 실증주의적 사고는 더 나아가서 그리스도교 신앙과 철학뿐만 아니라 동서양의 모든 형이상학적 전통도 위협하게 되었고, 이 위협은 지금도 계속되고 있다.

나는 서구의 근현대 철학이 힘을 상실하게 된 근본원인은 과학적 세계관의 도전 앞에서 세계에 대한 이해를 과학에 몽땅 양도해 버린 후 인식론이나 논리학, 언어 분석, 현상학, 그리고 최근 유행하고 있는 각종 포스트모더니즘적인 사상에 몰두한 데 있다고 본다. 서양철학에서 세계의 실종은 존재하는 것은 텍스트뿐이고 그것이 가리키는―또는 관계하는―외적 실재는 없다는 포스트모더니즘 사상에 이르러 극치에 달한다. 모든 것이 언어의 유희뿐이라는 일종의 언어적 관념론(linguistic idealism)이 판을 치고 있다. 대상 세계는 존재하지 않고 오직 인식뿐이라는 불교의 유식(唯識) 사상과도 유사하다. 여하튼 현대의 서구 철학이 인생관과 가치관을 제시하고 뒷받침해줄 만한 형이상학 내지 존재론을 포기해 버리고 위기에 봉착한 것만은 확실하다는 것이 나의 판단이다.

그리스도교 신앙이 봉착한 세 번째 도전은 다원화된 현대 세계 자체다. 현대인은 사회와 문화가 다원화되고 개인의 권리와 자유가 극도로 발달한 세계에 살고 있다. 가치관과 인생관이 다원화되고 종교도 다원화됨에 따라 현대인들은 모든 것이 개인의 자유로운 선택에 맡겨진 세계 속에 살게 되었다. 이러한 사실이 종교들의 배타적 진리 주장에 미치는 영향은 가늠하기 어려울 정도로 심대하다. 이 문제 역시 그리스도교를 넘어, 진리를 표방하는 모든 종교가 공통적으로 대면할 수밖에 없는 문제며, 나는 이 문제를 제기하는 선에서 이 장을 마무리하고자 한다.

1. 형이상학적 신론과 그리스도론

인간의 역사에 개입하며 특별한 사건들을 통해 자신의 뜻을 계시하는 하느님을 믿는 성서·그리스도교 신앙은 고대로부터 현대에 이르기까지 서양 지성사를 통해 이성의 보편적 진리를 추구하는 철학적 사고와 긴장과 갈등의 역사를 연출했다. 동양의 종교나 문화와 달리, 서양 문화와 사상은 두 가지 이질적인 뿌리를 가지고 있다. 종교와 신앙은 히브리적·성서적 전통에 기초하고 있는 반면, 문화는 그리스·로마적 전통에 뿌리를 두고 있다. 서양 문명에서는 종교와 문화, 계시와 이성, 초자연과 자연, 성과 속, 그리고 교회와 국가가 확연히 구별된다. 서양 문화사를 단순화시켜 말하면 이 두 영역이 대립하고 통합되고 다시 분리되는 역사라 해도 과언이 아니다. 바로 이러한 이중구조가 서양 역사와 지성사를 역동적으로 만든 요인 가운데 하나다.

유대교의 한 분파처럼 시작된 그리스도교가 하나의 독자적 종교로 자리잡으면서 제일 먼저 봉착한 문제는 유대교의 율법을 어떻게 할까 하는 문제였다. 예수를 그리스도, 즉 메시아로 믿는 신자들의 대다수가 유대인이었던 초기 그리스도교에서는 이것이 별 문제가 되지 않았다. 그러나 그리스도교 복음이 이스라엘을 벗어나 지중해 지역의 '이방'(비유대인들) 지역들로 전파됨에 따라 그리스도인들이 여전히 유대교 율법을 준수해야 하는지가 중요한 문제로 부상했다. 독실한 유대교 신자로서 유대교 율법에도 정통했던 사도 바울은 이방 전도에 치중하였기 때문에 이 문제와 치열하게 씨름하지 않을 수 없었다. 그는 복음(gospel)과 율법(law)을 날카롭게 차별화하면서 예수 그리스도와 더불어 유대교 율법의 시대가 완전히 종말을 고했다는 점을 확실히 함으로써 그리스도교 선교의 길을 활짝 여는 데 결정적으로 공헌했다.

그리스도교가 그리스·로마 세계로 퍼짐에 따라 봉착했던 또 하나의 중요한 문제는 역사적 사건과 경험을 통해 계시하는 역사의 하느님에 대한 신앙의 진리를 어떻게 그리스 철학적 사고와 지혜에 친숙한 그리스–로마 세계의 지식인들에게 이해시키는가 하는 문제였다. 역사의 하느님, 인격적 의지와 행위의 하느님을 어떻게 그리스 철학의 존재론적·형이상학적 사고와 조화시키고, 어떻게 신앙의 진리를 철학의 보편적 언어로 표현할 수 있을까 하는 문제였다. 다행히도 두 가지 상이한 사고방식과 세계관을 접맥시킬 수 있는 토대가 이미 복음서에 마련되어 있었다. 그 가운데서도 특히 우리가 앞 장에서 인용한 바 있는 요한복음 1장에 나오는 로고스(Logos) 기독론이다. 즉 예수 그리스도라는 한 역사적 존재가 본래는 하느님의 영원한 자기 현시이자 세계 창조의 원리인 하느님의 말씀 혹은 지혜가 육화된 존재라는 성육신(Incarnation) 사상이 결정적인 근거를 제공했다.

성육신 사상에 의하면, 예수는 단지 한 인간, 한 역사적 존재가 아니라 태어나기 전부터 하느님과 함께 계시는 영원한 하느님의 말씀이며 지혜다. 만물이 그를 통해 창조되었으며, 그는 만물의 생명이고 만인을 비추는 진리의 빛이다. 한 역사적 존재인 인간 예수가 하느님과 같은 영원한 실재이자 창조의 보편적 원리이고 생명력이며 진리의 빛이라는 엄청난 주장이다. 이러한 성육신 사상을 통해 그리스도교의 메시지는 하느님의 나라 운동을 펼치다가 십자가에서 억울하게 처형당한 예수를 하느님께서 다시 살리셨다는 이야기를 복음으로 선포하던 단순한 종교에서 세계 창조 이전부터 선재하는 창조의 영원한 원리인 '우주적 그리스도'에 기초한 형이상학적 종교로 변모하게 된 것이다. 로고스 그리스도론을 통해 그리스도교는 예수라는 한 인간을 중심으로 해서 전개되는 일련의 역사적 사건들에 매였던 특수성의 제약을 벗어나 형이상학적 진리의 보편성을 확보하게 된 셈이다.

이를 바탕으로 초기 그리스도교 교부들과 신학자들은 대담하게 그리스도교 진리의 보편성을 주장하는 호교론을 전개할 수 있었으며, 일종의 '그리스도교 철학'까지도 발전시킬 수 있게 되었다. 순교자 유스티누스(Justinus, 167년경), 알렉산드리아 신플라톤주의 학파의 클레멘트(Clement, 150-215년경)와 오리게네스(Origen, 182-251년경) 같은 사람이 대표적 인물들이다.

클레멘트의 사상은 그리스도교 신앙의 진리와 철학적 진리를 통합한 가장 대표적인 예다. 그에게 로고스로서의 그리스도는 세계의 이성이며 만인을 비추는 빛이다. 클레멘트에 따르면, 그리스도교의 진리는 인식적 믿음 또는 믿음에 근거한 인식으로서 가장 완전한 앎(gnosis)이다. 인간은 이 앎을 통해 하느님에 참여하며, 이 앎의 기초는 바로 로고스다. 하느님의 자기현시인 로고스는 하느님과 세계, 하느님과 인간을 매개하는 영원한 신적 원리로서 언제 어디서든 인간의 마음속에 작용하고 있으며, 모든 철학적 진리의 원천이다. 유대교 율법이나 그리스 철학은 모두 그리스도교의 진리를 위해 로고스에 의해 준비된 것들이다.[2]

로고스 개념을 통해 그리스도교 진리의 보편성을 확보하고자 한 초기 서방 교회의 대표적 호교론자는 순교자 유스티누스였다. 그에 따르면, 그리스도교는 보편적 진리의 원천인 로고스 자체에 기초한 종교이며 최고의 철학이다. 그리스도교의 진리는 따라서 여타 사상이나 철학들이 파악하는 진리와 모순되지 않고 모두를 수용할 수 있다. 유스티누스는 말하기를, "누구든 진리에 대해 말한 것은 우리 그리스도인들에게 속한다."고 했고, 또 "로고스에 따라 사는 사람은 모두 그리스도인들이다"라고 주장했다.[3]

---

2   Paul Tillich, *A History of Christian Thought: From its Judaic and Hellenistic Origins to Existentialism*, ed. Carl E. Braaten (New York: A Touchstone Book, 1972), 55–56.
3   Paul Tillich, 같은 책, 27–28.

그리스도론뿐 아니라 신론도 형이상학적 언어로 표현되는 변화를 겪게 된다. 역사에 개입하는 특수한 행위를 통해 자신을 계시하는 성서의 인격신 관이 형이상학적 근거를 확보하게 된 것이다. 이런 신관의 변화에서 가장 중요한 역할을 한 성서 말씀 가운데 하나는 출애굽기 3장에 나오는 모세와 하느님의 대화 속에서 하느님이 모세에게 알려준 자신의 이름, 즉 "나는 곧 나다."라는 이름이다.[4] 서력기원전 3세기부터 시작된 구약성서의 70인 그리스어 번역본(Septuagint)에서는 이 말을 "나는 스스로 존재하는 자다."라고 번역하고 있다. 이에 따라 그리스도교 신학은 전통적으로 하느님을 다른 어떤 존재에도 의존하지 않고 스스로 존재하는 자존자, 또는 그의 본질과 존재가 일치하는 필연유(necessary being)로 이해해 왔다. 반면에 피조물들은 무에서 창조된 존재들이기에 존재할 수도 있고 하지 않을 수도 있는 우연유(contingent being)로서 필연유인 하느님께 의존해서만 존재할 수 있다. 하느님은 다른 어떤 존재에 의존하지 않고 스스로 존재하는 유일한 실재로서, 있다가 없어지거나 없다가 생겨나는 존재가 아니라 시작도 끝도 없는 존재, 존재하지 않을 수 있다고는 생각할 수 없는 필연적 존재다.

이러한 사고의 배후에는 세계가 존재한다는 사실, 아무것도 존재하지 않고 도대체 무언가가 존재한다는 사실을 당연시하지 않고 존재의 신비를 의식하고 존재의 의미를 묻는 새로운 차원의 사고가 깔려 있다. 무로부터의 창조(creatio ex nihilo) 개념을 암시하거나 전제로 하는 새로운 유형의 존재론적 사유가 출현한 것이다. 저명한 중세 사상사가 질송은 이를 표현하기를 그리스 사상가들이 "자연이란 무엇인가?"라고 물었다면, 그리스도교 사상가들은 "존재란 무엇인가?" 또는 "존재한다는 것이 무엇인가?"를 물었다는 것이다.[5]

---

4   "I am who I am." 또는 "나는 존재하는 자다."(I am who am.)
5   Etienne Gilson, *God and Philosophy* (New Haven and London: Yale University Press, 1941), 44. 질송은 J.

다음과 같은 성서의 말씀도 형이상학적 신관의 토대가 될 수 있었다는 점에서 주목을 끈다:

"만물이 그로부터 왔고 그를 통해 존재하며 그를 향해 있다."[6]
"우리는 하느님 안에서 살고, 움직이고, 존재하고 있다."[7]

만물은 하느님으로부터 와서 하느님을 통해 존재와 생명을 누리다가 하느님께로 되돌아간다는 말이다. 하느님은 만물의 알파(원천)와 오메가(귀착지)며, 피조물들은 한시도 하느님을 떠나서는 존재할 수 없고 언제나 "하느님 안에서 살고 움직이고 존재한다."는 것이다. 하느님은 인간을 비롯해서 우주만물의 존재의 원천이고 토대며 귀착지다.

물론 초기 그리스도교 신학자들 가운데는 철학적 이성과 성서적 계시의 차이를 강하게 의식하면서 둘을 완전히 대립적으로 보는 사람도 있었다. 대표적으로 2세기 서방교회 신학자 테르툴리아누스(Tertullianus, 160~240)를 들 수 있다. "아테네와 예루살렘이 무슨 상관이 있는가? 아카데미와 교회 사이에 무슨 일치가 있겠는가?"라는 그의 말은 유명하다. 그는 그리스도교의 역설적 진리를 강하게 의식했으며 철학을 세상의 어리석은 지혜라고 맹공하기도 했다. "하느님의 아들이 죽었다. 이것은 어떻게든 믿어야만 한다. 왜냐하면 불합리하기 때문이다."라는 그의 말은 신앙의 역설적 진리를 웅변적으로 표현한다. "나는 불합리한 고로 믿는다."[8]라는 말도 흔히 그가 한 말로 간주되지만, 사실은 아니다. 신학자였던 그 역시 이성의 중요성을 부정하지

B. Muller-Thym 교수의 말을 인용하고 있다.
6   "For from him and through him and to him are all things."(롬 11: 38)
7   "In him we live and move and have our being."(행 17: 27)
8   "Credo quia absurdum est."

않았다. 그는 스토아 철학과 이 학파의 로고스 개념을 수용한 사람이었다. 그는 인간의 영혼은 본성상 그리스도적이라고까지 생각했다.[9]

동방교회든 서방교회든 대다수 초기 교부들은 성서의 언어와 그리스철학의 언어를 자유롭게 혼용하면서 그리스도교 진리의 보편성을 확보하고자 했다. 사실, 니케아 공의회에서 제정된 삼위일체 교리나 칼케돈 공의회의 기독론과 같은 그리스도교의 정통 교리들도 하느님과 예수 그리스도의 밀접한 관계를 성서적 인격신관에 따른 인격적 의지의 일치를 넘어, 실체(ousia, substantia)나 본성(physis, natura) 같은 그리스 철학적 개념들을 사용하여 본성과 존재의 일치로 규정하고 있다.

이러한 형이상학적 신관은 적어도 14세기에 유명론(唯名論, nominalism)이 본격적으로 대두하기까지 그리스도교 신학에서 당연시되었다.[10] 성 아우구스티누스와 성 토마스 아퀴나스를 비롯해서 거의 모든 중세 신학자들에게 하느님은 존재(esse) 자체, 선(좋음, bonum) 자체, 참(verum) 자체, 지성(intellectus) 자체다. 신학자 틸리히의 표현대로, 신(deus)이라는 종교적 절대와 존재(esse)라는 철학적 절대가 하나가 된 것이다.[11]

인간을 비롯해서 모든 피조물은 신을 떠나서는 잠시도 존재할 수 없으며, 인간은 참을 떠나서 생각을 하거나 말을 할 수가 없다. 신은 우리가 추구하는 존재와 선과 진리의 원천이고 토대다. 우리가 욕망하고 사랑하고 추구하는 일체의 선 가운데 최고선이며 모든 선과 행복의 원천이다. 이러한 형이

---

9 "Anima naturaliter christiana." Paul Tillich, *A History of Christian Thought*, 98.

10 유명론을 대표하는 프란시스코 수도회 출신의 신학자이며 철학자인 윌리엄 옥캄(William Ockhams, 약 1285-1349)으로서, 그의 사상에 대해서는 다음 절에서 상세하게 논의될 것이다.

11 Paul Tillich, "The Two Types of Philosophy of Religion," *Theology of Culture* (New York: Oxford University Press, 1964), 12. 틸리히의 이 논문은 서구 종교철학의 두 흐름, 즉 아우구스티누스 계열의 전통과 토마스 아퀴나스 계열의 전통 사이의 차이를 밝히면서 자신의 입장이 전자에 있음을 밝히고 있는 유명한 논문이다.

상학적 신관에서는 따라서 '무신론자'란 존재할 수 없다. 신을 몰라서 피조물을 사랑하고 거기서 행복을 찾는 사람은 있어도, 사람들이 그것을 통해 찾고 있는 것은 결국 모든 선과 행복의 근원인 하느님이기 때문이다. 그들은 자신도 모르게 하느님을 찾고 있다는 것이다.

진리도 마찬가지다. "나는 진리를 발견하는 곳에서 진리 자체이신 하느님을 발견했다."는 성 아우구스티누스의 고백대로, 인간은 모든 참된 것의 원천인 하느님을 떠나서는 잠시도 사고할 수 없으며 진리를 찾고 논할 수도 없다. 진리를 찾고 사랑하고 말하고 논하는 우리 마음의 일체 활동은 진리의 빛이며 지성 자체인 하느님을 떠나서는 이루어지지 않기 때문이다. 심지어 진리를 의심하고 부정해도 우리는 진리의 이름으로 그리고 진리이기 때문에 한다. 틸리히는 이것을 "신은 신에 대한 질문의 전제다: 이것이 종교철학의 문제에 대한 존재론적 해결이다. 신이 질문의 토대가 아니라 대상이 되면, 우리는 결코 신에 도달할 수 없다."고 말한다.[12]

물론 이러한 사고는 이미 하느님에 대한 신앙을 전제로 하고 있다. 중세 사상가들에게 하느님의 실재와 교회의 가르침에 대한 믿음은 당연시되었다. 그들은 또한 하느님이 인간에게 준 이성이 하느님의 계시에 근거한 신앙의 진리에 배치될 수 있다고는 결코 생각하지 않았다. 그들은 오히려 신앙을 전제로 하여 신앙의 진리를 이해하고자 했다. 이른바 '이해를 추구하는 신앙'(fides quaerens intellectum)의 길이다. "나는 알기 위해 믿는다."[13]라는 안셀무스의 유명한 말대로 중세 신학자들은 언제나 성서와 교회의 권위를 인정하는 믿음 위에서 진리를 탐구하고 논했다.

---

12 같은 곳. 13. '존재론적 해결'이라는 말은 안셀무스의 존재론적 유형의 신 존재 증명을 가리키는 말로서, 신의 개념 자체가 그의 존재를 필연적으로 함축한다는 식의 논리다. 틸리히는 위의 논문에서 이것을 세계의 존재와 성격으로부터 신의 존재를 논증하는 토마스 아퀴나스의 접근법과 차별화하고 있다.
13 "Credo ut intelligam."

존재, 선, 참, 지성 같은 범주들은 특정한 사물이나 현상에 국한된 속성이 아니라 존재하는 모든 것을 포괄하는 보편성을 지닌 초월범주들(transcendentalia)로서 신을 표현하기에 가장 적합한 범주로 간주되었다. 이런 범주들로 이해되는 신은 결코 한 특정한 개체나 인격체가 아니라 모든 존재와 모든 참되고 선한 것들의 근원·토대가 되는 보편적 실재다.

성 아우구스티누스의 정신을 따르는 중세 프란시스코 수도회의 전통에 따르면, 인간의 영혼은 적어도 암묵적으로 이런 초월범주들에 대해 직접적인 인식을 갖고 있다. 이 인식은 우리 영혼에 있는 신의 빛(divine light)으로서 창조된 것이 아니다.[14] 인간은 이 빛을 통해 초월적 원리들에 참여하며, 다른 모든 사물의 인식도 이 신적인 빛을 전제로 해서 이루어진다. 신은 진리의 토대 내지 원천으로서 우리가 진리를 인식하든 부정하든 이 진리의 원천을 떠나서는 할 수 없다는 것이다.

보나벤투라(Bonaventura)에 의하면, 진리가 존재하지 않는다고 말하는 것은 그 자체로 모순이다. 그런 말 자체가 영혼의 빛인 진리를 전제로 하고 있기 때문이다. 신의 존재를 부정하는 것도 진리의 원천에서 온 우리 마음의 활동이 그 원천 자체를 부정하는 모순적 행위라는 것이다. 인간의 영혼은 하느님의 모상으로서 다른 어떤 사물보다도 그 속에 가장 가까이 현존하는 하느님을 알 수 있는 능력이 있다. 우리의 영혼이 행복을 갈망하고 찾는 것은 이미 최고선이신 하느님이 자신에 대한 모종의 앎을 영혼 안에 심어 놓았기 때문이다.[15] 전혀 모르는 것은 찾을 수도 없다. 우리의 영혼 안에 이미 완전성의 관념이 심어져 있지 않다면, 우리는 피조물의 불완전성을 의식조차 하지 못하며, 완전한 것을 찾으려 하지도 않을 것이다. 우리의 영혼이 이

---

14 Tillich, *A History of Christian Thought*, 184.
15 Copleston, *A History of Philosophy*, vol. 2, Mediaeval Philosophy, part I, 284.

미 신적인 빛의 조명 아래 완전성의 관념을 받았기 때문에 우리가 신을 찾는다는 말이다.

이 신적인 빛은 결국 하느님의 자기인식으로서의 로고스며 피조물의 원형(exemplar, 플라톤의 이데아)들을 품고 세계를 창조하는 하느님 말씀의 빛이다. 인간의 이성(영혼의 고차적 능력)은 이 신적 빛의 조명 아래서 사물을 인식하고 하느님을 안다. 영혼은 이 로고스를 통해 자기 자신과 외계의 사물들을 알며, 존재 자체이신 하느님을 관조하고 신과 합일을 이루는 경지에까지 이른다.[16] 보나벤투라에게 진리를 추구하는 이성의 전 과정은 시작부터 완성까지 계시의 빛 아래서 이루어지며 또 그래야만 한다. 그에게 참다운 철학은 곧 그리스도교 철학이다.[17]

개인적으로, 이성과 신앙이 근본적 일치 속에서 같이 가던 이 시기가 그리스도교 사상의 관점에서 보면 아마도 가장 행복했던 시절이 아닐까 생각한다. 그 후로는 이성과 신앙의 균열과 대립의 역사가 전개된다. 앞으로 우리가 보겠지만, 이 불행한 역사는 성 토마스 아퀴나스가 이성과 신앙을 가지고 '이층집'을 짓는 데서 비롯했다고 말할 수 있다. "은총은 자연을 파기하는 것이 아니라 완성한다."는 정신 아래 그가 이룩한 이성과 신앙, 철학과 계시, 자연과 초자연, 혹은 자연(natura)과 은총(gratia)의 종합 체계는 실로 중세 사상의 금자탑이며 오늘날까지도 가톨릭 신학의 초석이다. 토마스 자신은 신앙 없는 이성주의(rationalism)나 이성 없는 신앙주의(fideism)를 거부했지만, 불행하게도 서구 지성사는 그가 의도했던 것과는 전혀 다른 방향으로 전개되면서 신앙과 이성이 완전히 길을 달리하게 되었다. 일층과 이층사이에 틈이 벌어지더니 두 집이 완전히 분리되고 만 것이다. 결국 이성은

---

16 같은 책, 321.
17 보나벤투라의 사상에 대한 논의는 주로 Copleston, 같은 책, 280–87에 근거했다.

독자적인 길을 걷게 되면서 세속화되었고, 신앙의 자리는 점점 축소되면서 세속화된 이성의 압도적 승리로 귀결되었다. 이제 이 과정을 좀 더 자세히 고찰해 보자.

2. 신앙과 이성의 종합

위와 같은 아우구스티누스적 사상은 주지주의 전통이 강한 도미니코회의 신학자 토마스 아퀴나스의 견해와 사뭇 대조적이다. 토마스에게도 신은 물론 존재 자체, 선 자체, 진리 자체, 그리고 지성 자체이다. 하지만 그는 인간 영혼에 이런 초월적 범주들로서의 하느님을 의식하는 능력이 잠재적으로라도 존재한다고 생각하지 않았다. 다른 모든 중세 사상가들처럼 토마스도 이성과 계시, 자연과 초자연, 또는 자연과 은총, 철학과 신학 사이에 모순이란 있을 수 없다고 생각했다. 둘 다 결국 하느님으로부터 오는 것이라고 믿었기 때문이다. 토마스 역시 계시와 신앙의 진리를 전제로 해서 이성의 진리를 추구했다. 하지만 그는 신앙과 이성, 계시와 이성의 두 영역을 일단 명확하게 구별하고 각각의 역할을 구별한 다음에 양자를 아우르는 종합적 체계를 구축하고자 했다. 그에 따르면 은총(계시)은 자연(이성)을 전제로 하며, 자연을 파기하는 것이 아니라 오히려 완성한다. 이성과 신앙, 자연과 은총, 철학과 신학은 결코 모순이 되지 않으며, 이성의 진리는 신앙의 진리를 위한 준비가 되고 신앙의 진리는 이성의 진리를 증대시키고 완성한다는 것이다:

은총의 선물들이 더해지는 것은 자연(자연적 이성)의 선물들을 앗아가기 위해서가 아니라 증대시키기 위해서다. 이성의 자연적 빛은 우리에게 무상(無償)으로 비추어진 신앙의 빛에 의해 파기되지 않는다. 따라서 그리스도교 신학은 철학과 학문들의 도움을 얻는다. 이성만으로는 결코 신앙이 지각하는 진리를 발견할 수 없다. 다른 한편, 이성은 그 자체의 본래적인 자연적 진리들과 신의 계시에 의한 진리들 사이에 어떠한 불일치도 발견할 수 없다.[18]

토마스는 이성이 하느님을 아는 데 불충분하다고 생각했지만, 이성이 신앙의 전제나 개입 없이도 독자적으로 누구나 인정할 수 있는 하느님에 대한 지식, 특히 세계를 창조한 신의 존재를 입증할 수 있다고 생각했다. 이런 의미에서 이성은 그에게 신앙을 위한 준비 내지 서론이 될 수 있다:

신이 존재한다는 것, 그리고 자연적 이성으로 알 수 있는 다른 신학적 진리들은 신앙의 조항들이 아니라 신조들을 위한 서론이다. 은총이 이성을 전제하듯이, 혹은 완전한 것들이 더 발전할 수 있는 주체(인간)를 전제하듯이, 신앙은 이성을 전제로 한다.[19]

우리는 토마스가 이성의 진리와 신앙의 진리, 신학과 철학을 일단 명확히 구별한다는 사실에 주목할 필요가 있다. 신의 존재는 그에게 더 이상 자명한 진리가 아니라 사물에 대한 이성의 인식을 통해 도달해야 할 결론이다. 다음과 같은 토마스의 말은 이 점을 잘 보여 준다:

어떤 것을 아는 데는 두 가지 길이 있다: 그 자체로써 알려지는 것과 우리에 의해 알려지는 것이다. 그러므로 "하느님이 존재한다."는 명제는 하느님이 자기 자신에 머무시는 한 그 자체로 알려진다. 왜냐하면 술어가 주어와 동일

18 Thomas Gilby, trans. *St. Thomas Aquinas: Theological Texts* (London: Oxford University Press, 1955), 7.
19 같은 책, 5-6.

하기 때문이다. 하느님은 자기 자신의 존재이기 때문이다. … 그러나 우리는 하느님이 무엇인지 알지 못하기 때문에 이 명제는 우리들에게 그 자체로 알려지지 않고 더 잘 알려진 것들을 통해 입증되어야만 한다. 즉 그가 남긴 결과(피조물의 세계)를 통해서 알려져야만 한다.[20]

토마스에게는 신이 존재한다는 진리가 더 이상 신앙으로 당연시되는 진리, 즉 신은 존재 자체라는 개념에 함축된 당연한 — 술어가 주어와 동일한 — [21] 진리가 아니며, 성 아우구스티누스에서처럼 영혼의 직접적이고 직관적인 앎의 대상도 아니다. 그에게 신의 존재는 우리에게 감각을 통해 주어지는 외부 세계에 대한 인식으로부터 추론을 통해 간접적으로 도달해야 할 결론이다. 존재 자체, 선 자체 같은 초월범주들도 아우구스티누스적인 전통에서처럼 인간 영혼에 내재하는 신적인 것이 아니며 '창조되지 않는 빛'도 아니다.[22] 신의 존재를 증명하려는 토마스의 유명한 다섯 가지 논증은 이런 맥락에서 나왔다. 하지만 그런 논증을 통해 간접적으로 도달한 만물의 제일원인(prima causa)이자 필연유인 신은 최고 존재(ens realissimum)는 될지언정 여전히 하나의 존재자(ens, a being)며, 더 이상 존재 자체 혹은 존재의 힘(the power of being) 같은 것이 아니다.[23]

여하튼 토마스에 따르면 우리가 이렇게 피조물로부터 추론을 통해 알 수 있는 하느님에 대한 지식은 단지 그의 존재만을 알 수 있을 뿐, 그의 성격이나 속성은 알지 못한다. 후자는 오직 하느님의 계시를 통해서만 가능하다. 토

---

20 Paul Tillich, "The Two Types of Philosophy of Religion," 16–17로부터 인용.
21 이것을 철학적 용어로는 분석판단(analytical judgment)이라고 부른다. 술어가 주어의 개념 자체로부터 분석적으로 도출되기 때문이다.
22 같은 책, 17.
23 틸리히의 비판이지만, 토마스에게 이러한 신관만 있는 것은 아니다. 그에게도 신은 여전히 존재 자체이며 선 자체다. 둘이 그의 신학에 혼재한다.

마스는 따라서 신을 아는 지식으로서 이성과 신앙, 자연과 초자연, 철학과 신학의 두 길을 확연히 구별한 다음에 양자를 종합하고 조화시키는 길을 택했다. 그리고 이것은 그 후 가톨릭교회의 공식적 입장으로 자리 잡게 되었다.[24]

이미 언급한 대로 신앙 없는 합리주의나 이성을 무시하는 신앙주의를 거부하고 철학과 신학을 종합하는 토마스의 사상은 이성의 독자적 역할을 제한적 범위에서나마 인정함으로써, 비록 그의 의도는 아니었지만 결국 이성이 세속화되는 단초를 제공했다. 토마스에 대한 또 하나의 비판은 하느님의 계시를 지성적 이해와 분리시킴으로써 신앙의 진리가 지성으로는 이해하지(intelligere) 못하고 계시를 믿는(credere) 신앙으로 수용해야 하는 결과를 초래했다는 비판이다. 신앙이 교회의 권위에 의존하는 타율적 행위로 간주되게 된 것이다.

이러한 결과는 오늘날까지도 수많은 그리스도인들을 괴롭히는 문제로 남게 되었다. 신앙이 하느님의 계시나 교회의 가르침을 수용하는 의지의 대상이 되었고 지성의 희생을 요하는 타율적 행위로 간주되게 된 것이다. 이것은 수많은 지성인들로 하여금 신앙을 외면하게 만드는 결과를 초래했다. "머리로 이해할 수 없는 것은 가슴으로도 사랑할 수 없다."는 미국 성공회의 스퐁(Spong) 감독이 한 말은 지성과 의지, 머리와 가슴의 분리가 가져온 현대 그리스도인의 딜레마, 아니 그 위기를 잘 표현하는 말이다.

신앙과 이성의 독자성을 인정하면서 양자의 조화를 꾀했던 토마스의 위대한 기획은 한때 성공한 듯했지만, 불행하게도 〈세속화된 이성〉과 〈도그마화한 신앙〉의 대립을 초래하게 되었고, 결국은 돌이키기 어려운 신앙

---

24 우리는 신앙과 이성의 관계에 관한 이러한 가톨릭의 입장과 정신을 교황 요한 바오로 2세가 재위 20주년을 맞은 1998년에 공표한 회칙 〈신앙과 이성〉(Fides et ratio)에서 잘 엿볼 수 있다. 이에 대한 개략적 소개로, 최현근, 『신앙과 이성』(쿰란출판사, 2007), 343-92 참고.

과 이성의 균열로 이어졌다. 철학 없는 신학과 신학 없는 철학의 시대로 길을 터준 것이다. 토마스 이후의 서구 지성사는 실제로 이런 길을 밟게 되었다.[25] 근대 철학이 신학과 무관하게 점점 더 독자적 길을 밟은 것은 물론이고, 신학도 ─ 특히 개신교 신학 ─ 더 이상 이성을 통해 신앙의 진리를 옹호하려 하지 않았다. 오히려 신앙의 진리는 이성의 뒷받침을 받을 수 없고 또 받을 필요도 없다는 신앙주의의 길을 가거나 아니면 신앙의 진리를 종교적 감정이나 경험, 신비적 통찰이나 도덕적 경험, 또는 사회적 실천에 두는 길을 따르는 쪽으로 나아갔다.

3. 종합체계의 붕괴

신앙과 이성의 진리를 구별하면서 종합하는 토마스 아퀴나스의 사상 체계는 중세 신학의 최고봉이자 동시에 점차 몰락을 예고하는 출발점이기도 했다. 토마스가 이룩한 종합체계는 그와 동시대의 중세 신학·철학 내부에서부터 도전을 받기 시작했다. 이러한 움직임을 주도한 사람은 프란시스코 수도회 출신의 두 급진적인 신학자·철학자였다. 한 사람은 둔스 스코투스(Duns Scotus, 1265-1308), 다른 한 사람은 서양 철학사에서 유명론(nominalism)으로 잘 알려진 윌리엄 옥캄(William Ockham, 1285-1349년경)이었다. 이 둘의 사상에서 우리는 이미 이성과 계시(권위) 사이의 날카로운 균열을 목격한다. 간단히 말해, 이 두 신학자에게 지성은 더 이상 계시와 신앙의 진리를 담보하지 못한다. 따라서 지성으로부터 유리된 신앙은 순전히 성서와 전통(교회)의 권위에 순종하고 그 가르침을 수용하는 행위가 된다.

---

25 Etienne Gilson, *Reason and Revelation in the Middle Ages* (New York: Charles Scribner's Sons, 1954), 94-95.

이런 사상의 배후에는 토마스가 속했던 도미니코 수도회의 주지주의 (intellectualism) 전통과 달리, 지성(intellectus)보다 의지(voluntas)와 사랑을 신과 인간의 근본적 성격으로 강조하는 프란시스코 수도회의 주의주의(主意主義, voluntarism) 전통이 깔려 있다. 스코투스나 옥캄 모두 프란시스코회 소속이었다.

둔스 스코투스에 의하면, 신은 우무만물을 산출하는 창조적 의지이며 세계와 사물들은 신의 의지를 따를 뿐이다. 신의 의지는 그 자체 말고는 아무런 이유가 없다. 그의 의지를 결정할 것은 아무것도 없기 때문이다. 따라서 왜 그러냐고 물을 수도 없다. 어떤 것이 선한 이유는 신이 그렇게 뜻했기 때문이지, 선하기 때문에 신이 뜻하는 것이 아니다. 신의 의지를 규제할 필연성을 띤 이성이나 사물의 법칙 같은 것은 존재하지 않는다. 신은 자기 자신이기를 그치는 것 말고는 모든 것이 가능하다. 신은 그야말로 무소불위의 절대적 권능(potentia absoluta)을 가지고 있다. 세계와 사물들이 현재의 모습으로 존재하는 것은 오직 신의 의지에 따른 것이지 그렇게 되어야 할 어떤 필연성이 있기 때문이 아니다. 신의 절대적 권능은 원하기만 하면 사물의 질서를 언제든지 바꿀 수도 있다. 스코투스는 신이 실제로 그렇게 하리라고는 생각하지 않았지만, 그런 가능성 자체를 부정하지 않았다.

주어져 있는 것들은 신의 뜻 말고는 다른 어떤 원리로부터도 도출될 수 없다. 자연의 질서나 법칙은 모두 신의 권한의 결과라는 이러한 사고는 주어져 있는 사실을 있는 그대로 겸손히 존중하고 수용해야만 한다는 실정주의적(positivism, 실증주의) 사고와 경험주의적(empiricism) 태도를 낳게 된다. 틸리히의 지적대로, 신의 절대적 권능이라는 관념은 모든 실정주의의 뿌리다.[26] 신이 지성이 아니라 의지로 정의되는 한, 세계는 예측불가능하고 불확

---

26 Tillich, *A History of Christian Thought*, 191. 여기서 '실정주의'로 번역된 영어의 'positivism'이라는 단어는 흔히 실증주의로 번역되지만, 여기서는 주어진 것을 있는 그대로 인정하고 수용한다는 의미에서 실정주의(實

실하고 불안전한 곳이 되며, 인간은 실제로 주어져 있는 것들에 복종할 수밖에 없다. 이런 점에서 스코투스는 서양 사상사에서 하나의 획기적 전환점을 이룬 인물이라고 틸리히는 평한다.[27]

이러한 실정주의 사고가 신앙의 문제에 적용되면, 신앙은 이성과 무관하게 성서의 말씀과 교회의 가르침에 의해 주어진 것을 권위로 여기고 복종하는 타율적 행위가 된다. 결과적으로 스코투스에게는 두 가지 실정주의가 존재한다. 하나는 교회의 권위를 신앙으로 받아들이는 종교적 실정주의이고, 다른 하나는 주어진 것들의 경험에 근거해서 사물을 귀납적인 방법으로 인식하는 경험주의적 실증주의다.[28]

이러한 주의주의 전통에 따라 스코투스와 유사한 사고를 철학적으로 더욱 정교하게 발전시킨 사람이 윌리엄 옥캄이다. 이른바 유명론을 통해 중세적 사유에 종지부를 찍은 신학자 · 철학자로 평가되고 있는 인물이다.

성서적 신앙의 진리를 보편적 이성의 진리로 파악하는 중세 형이상학적 신관의 기초는 신을 존재 자체, 진리 자체, 선 자체라는 이른바 초월범주들로 이해하는 것이다. 존재하는 모든 것을 포괄하는 이 초월범주들은 중세 스콜라 신학자들에게 하느님과 동의어나 마찬가지였다. 이러한 철학적 신관의 배후에는 플라톤 철학의 본질주의(essentialism) 사고가 깔려 있다. 신은 이런저런 구체적 존재자가 아니라 존재 자체이며, 이런저런 선이 아니라 선 자체라는 사고는 플라톤주의에서 존재의 이데아(idea)나 선의 이데아가 모든 개별적 존재나 개별적 선의 본질이라는 생각을 전제로 하고 있다. 플라톤적 본질주의 철학이 말하는 이데아들이 개별자나 구체적 사물을 넘어서는 보

定主義)로 번역한다. 가령 법학에서 자연법(natural law)과 구별해서 한 사회에서 실제로 통용되는 법을 실정법(positive law)이라고 부르는 것과 마찬가지다.

27 같은 곳.
28 같은 책, 187.

편적 실재라는 사고가 깔려 있는 것이다. 그러나 옥캄에 의하면, 신을 표현하는 이런 초월범주들은 단지 우리들의 추상적인 개념일 뿐이다. 그것들은 신의 마음에 존재하는 것이 아니라 우리 마음에 존재하는 개념들이다.

이러한 견해는 이미 둔스 스코투스에서도 발견된다. 그는 존재 자체라는 개념이 단지 말뿐이라고 주장했다. 유한한 사물에 적용되는 존재라는 개념을 우리가 단지 유비적으로 무한한 신에게 적용하는 것일 뿐, 그 자체가 어떤 무한한 실재나 힘을 지칭하는 말이 아니라는 것이다.[29] 옥캄은 이러한 사고를 초월범주들뿐 아니라 다른 모든 보편개념들(universals)에도 적용했다. 추상적 개념은 모두 단지 그 범주에 속하는 개별자들 사이에 존재하는 공통성 내지 유사성을 지칭할 뿐이지 그 이상 아무것도 아니다. 초월범주들을 위시해서 모든 보편개념은 단지 우리 마음 안에 존재할 뿐이다. 우리가 언어를 사용하는 한 보편개념들은 불가피하고 자연적이라고 옥캄은 생각했다.

그리스도교 신학은 전통적으로 플라톤주의의 영향 아래 사물의 이데아들 혹은 원형들(archetypes)은 만물이 창조되기 이전부터(universale ante rem) 신의 마음에 존재하는 관념들이라고 생각했다. 신은 이 불변하는 사물의 본질들을 모델로 하여 개물들의 세계를 창조했다. 인간의 경우, 하느님은 인간성이라는 인간의 영원한 본질·본성에 따라 인간을 창조했으며, 인간은 이러한 인간성을 실현하는 삶을 사는 것이 마땅한 도리다. 인간은 자신의 본성에 따라, 그리고 신의 마음에 실재하는 객관적이고 자연적인 도덕규범과 질서에 따라 살아야 하는 존재라는 것이다. 옥캄은 바로 이러한 사고를 부정했다. 보편개념들은 단지 우리의 사고와 인식 활동의 산물일 뿐, 어떤 식으로든지 우리 마음 밖에, 즉 사물이나 신의 마음속에 실재하는 것이 아니라는

29 같은 곳.

주장이다.

보편범주들이 실재하는 것이 아니고 단지 개별자들만 실재한다는 옥캄의 유명론적 사고의 배후에는 신의 자유와 전능성을 옹호하려는 신학적 동기가 깔려 있다.[30] 그는 본질주의 형이상학과 신의 자유는 양립할 수 없다고 생각했다. 만약 사물의 영원한 본질들이 신의 관념으로서 그의 마음 안에 존재한다면, 신의 자유는 구속받을 수밖에 없다는 것이다. 신의 의지와 행위도 자신 안에 존재하는 본질의 질서와 논리를 어길 수 없고 거기에 종속될 수밖에 없기 때문이다. 이는 마음만 먹으면 무엇이든 할 수 있는 무소불위의 전능하신 하느님, 무제약적 자유를 행사할 수 있는 신앙의 하느님이 아니라는 것이다.

더군다나 성서적 신앙의 하느님은 단지 사물의 보편적 본질에만 관여하는 분이 아니라 개인과 개체들의 운명에까지 섭리가 미친다고 옥캄은 생각했다. 따라서 그는 보편개념들이 신의 관념으로 존재한다는 생각을 부정했다. 신의 관념이라는 것 자체를 인정하지 않은 것이다. 다시 말해서 옥캄에게는 신과 세계의 사물들 사이에 신의 관념 같은 중간적 매개체가 설 자리가 없다. 신은 개물들을 직접 창조했으며, 개물 하나하나에 대해 영원한 관념을 가지고 있다. 신은 물론 이러한 관념들에 따라 피조물들을 산출한다. 신의 관념은 어디까지나 개물에 대한 관념일 뿐이다.

'개체만 실재한다'는 옥캄의 유명론적 사고는 신 자체에도 적용되었다. 옥캄은 신도 개별자라고 생각했다. 신은 가장 중요하고 특이한 개체(ens singularissimus)라는 것이다! 우리는 이러한 옥캄의 유명론에서 이미 근대 개인주의의 확실한 맹아를 발견하며, "실존이 본질에 우선한다."는 실존주의

---

30 Frederick Copleston, *A History of Philosophy*, vol. 3. Late Mediaeval and Renaissance Philosophy, Part I (Garden City, New York: Image Books, 1963), 61.

자 사르트르(J. P. Sartre)의 유명한 선언도 엿볼 수 있다.

　본질주의 형이상학을 거부하는 옥캄의 유명론적인 사고의 의의는 무엇보다도 그의 도덕철학에 잘 드러난다. 인간성이라는 보편적 실재를 부정하는 그에게 도덕은 인간성에 기초한 질서라든가 인간성의 실현을 위한 것이라는 생각은 거리가 멀다. 이런 점에서 옥캄이 중세 사상가들의 일반적 관념이었던 자연법(natural law) 사상, 즉 하느님이 창조한 세계에는 이미 자연적으로 주어져 있는 도덕적 규범이 존재하며 우리는 이성을 통해 그것을 알 수 있다는 사상을 부정한 것은 그로서는 당연한 일이었다. 보편적 도덕규범 자체를 그는 인정하지 않았기 때문이다. 우리는 이미 여기서 근대의 탈가치화된 자연과학적 세계관의 일면을 엿볼 수 있다. 옥캄에게 도덕적 질서란 어떤 인성론적 기반이나 존재론적·형이상학적 기반이 있는 것이 아니라 오로지 전지전능하신 신의 자유로운 뜻과 의지에 기초할 뿐이다. 신의 뜻과 의지가 도덕의 기반이다. 신이 무엇이든 할 수 있는 자유로운 존재이듯이, 인간도 도덕을 따르거나 거부할 의지의 자유를 가지고 있다. 하지만 인간의 자유는 창조된 것이며, 인간은 창조주 하느님의 뜻과 명령을 따를 의무가 있다.

　하느님은 어떤 것이 선하기 때문에 명하는 것이 아니라, 그가 명하는 것이 선이다. 그 반대도 마찬가지다. 하느님이 금하는 것이 악이지, 악이기 때문에 하느님이 금하는 것이 아니다. 선이든 악이든 하느님의 자유와 주권은 인간의 이성으로 알 수 있는 어떤 일반적인 도덕규범이나 원리에 종속될 수 없다. 하느님의 자유는 자기 자신 이외의 누구에게도 종속되지 않으며, 하느님은 어떠한 법칙이나 질서도 준수할 의무가 없다. 하느님 자신의 자유로운 의지가 도덕의 규범이고 질서이기 때문이다. 신은 논리적으로 모순되는 것 외에는 무엇이든지 명할 수 있다. 이렇게 전적으로 하느님의 무제약적 자유의지에 기초한 도덕은 따라서 자의성과 우연성을 면하기 어렵다. 도덕이란 옥캄에게 아무런 제약도 받지 않는 하느님이 계시를 통해 정해준 규범들을 의무적으로 따르는 행위일 뿐이다.

신의 뜻과 의지에 의존하는 도덕철학과 달리 옥캄에게도 다른 한편으로는 아리스토텔레스의 사상과 여타 스콜라 철학자들이 공유했던 도덕철학처럼 도덕적 의지와 행위가 인간의 올바른 이성(recta ratio)과 양심의 명령에 따른 것이라는 이론도 존재했다. 양립하기 어려운 것처럼 보이는 이 둘 사이의 관계를 우리가 어떻게 이해하는가는 곤혹스러운 문제이다. 마치 그에게 철학적 도덕론과 신학적 도덕론이 따로 노는 것 같은 인상을 주기 때문이다. 그러나 인간이 올바른 이성과 양심에 따라 행동해야 한다는 것 자체도 하느님의 뜻이라는 점에서, 우리는 신의 계시에 입각한 권위주의적 윤리관이 그의 최종적 사상이라고 볼 수 있다.[31] 사실 그의 도덕철학은 그가 자연의 질서를 하느님의 뜻에 기초한 우연성을 띤 것으로 보는 견해와 궤를 같이한다. 도덕적 질서든, 자연의 질서든 옥캄에게는 궁극적으로 하느님의 의지에 근거한다. 둘 다 우연성을 띤 질서다.

이상과 같은 신관과 윤리관에서는 신은 당연히 무엇이든 마음대로 명할 수 있는 그야말로 폭군과 같은 자의적 존재가 된다. 전통적인 신관은 물론 신의 의지가 결코 자의적인 것이 아니라고 믿었다. 토마스 아퀴나스에 따르면, 신의 마음에 존재하는 보편개념들은 신의 본질과 별개의 것이 아니라 신이 자신의 본질을 이해하는 것에 지나지 않는다.[32] 도덕은 신의 본질 내지 본성에 기초해 있기 때문에 신의 도덕적 의지는 자신의 본성과 본질을 벗어나지 않으며 결코 자의적일 수 없다. 이미 지적한 대로 옥캄은 그러나 창조주와 피조물 사이에 신의 마음에 존재하는 관념들이라는 중간적 존재를 인

---

31 이 미묘한 문제에 관해서, Copleston, 같은 책, 117–22쪽의 논의 참고.
32 같은 곳.

정하지 않았다.

여하튼 옥캄의 방식대로 신의 자유와 의지가 도덕적 질서에 종속되는 것이 아니라면, 예부터 신앙인들을 괴롭혀 온 신정론(神正論)의 문제도 단칼에 해결되는 셈이다. 즉 전능하고 선한 하느님이 어찌하여 세상의 도덕적 부조리를 용납하는가 하는 문제인데, 옥캄에게는 신의 뜻과 섭리는 처음부터 인간의 이성으로 헤아릴 수 없는 신비다. 우리는 결코 신의 뜻을 우리의 이성이나 도덕적 잣대로 재단해서는 안 된다. 성서에도 이와 같은 신정론 아닌 신정론, 말하자면 신의 절대 주권과 인간의 이해를 넘어서는 신의 섭리에 호소하는 신정론이 있다. 신의 의지를 토기장이에 비유하는 사도 바울의 논리가 전형적인 예다. 토기장이가 자기 마음대로 크고 작은 토기들, 잘생기고 못생긴 토기들을 만들 수 있는 자유가 있는 만큼 토기들이 왜 자기를 그렇게 빚었냐고 불평할 수 없다는 식의 논리다.

서구 사상사적 관점에서 무엇보다도 중요한 사실은 옥캄이나 종교개혁자들도 토마스 아퀴나스처럼 자신들의 의도와 상관없이 철학과 신학을 완전히 분리시킴으로써 철학적 지성의 세속화에 크게 기여했다는 점이다. 다만 차이가 있다면 루터나 칼뱅이 신학이 철학에 의존하거나 도움을 받을 필요가 없다는 생각 때문에 철학 자체에 별 관심을 두지 않았던 반면, 신학자면서 철학자였던 옥캄은 철학을 신학의 종살이 ― 이른바 신학의 시녀(ancilla theologiae) 노릇 ― 에서 완전히 해방시킴으로써 철학의 세속화에 결정적으로 기여했다는 사실이다. 이런 면에서 우리는 옥캄이 13세기 스콜라 철학의 전성기와 15-6세기 종교개혁의 시대 사이에 위치했던 인물답게 과도기적 지성을 잘 대표했다고 말할 수 있다.

4. 옥캄, 종교개혁가들, 그리고 근세의 태동

중세 말기부터 시작된 이성과 신앙의 균열과 중세적 종합체계의 붕괴는 결국 종교개혁자들에 이르러서는 신앙을 철학이나 이성으로부터 해방시킬 뿐 아니라 교회의 전통이나 타율적 권위로부터도 해방시켰다. 그리고 다른 한편으로는 세계와 사물의 인식에 있어서도 이성은 더 이상 스콜라 철학으로 대변되지 않고 성서나 교회의 가르침에도 구속받지 않은 채 근대 과학으로 중심 이동을 하게 되었다. 이에 더하여 교황과 황제의 권력으로부터 서서히 독립적 힘을 주장하고 행사하는 나라들이 출현해서 교회의 공식적 교리에 어긋나는 이단 사상가들을 비호하면서 ― 옥캄이나 종교개혁자들 ― 중세적 질서는 사상적으로뿐만 아니라 정치권력 면에서도 심각한 타격을 입게 되었다.

이성과 신앙의 균열은 오직 믿음(sola fide), 오직 은총(sola gratia), 오직 성서(sola scriptura)를 외치는 종교개혁자들의 신앙에 이르러 절정을 이룬다. 사실 아퀴나스에 의해 이룩된 신앙과 이성의 종합체계는 옥캄의 유명론보다는 종교개혁자들에 의해 더 큰 타격을 받았다고 할 수 있다. 종교개혁자들의 사상이 가톨릭의 종교적 뿌리 자체를 향했기 때문이다.

우리는 우선 옥캄식 유명론과 종교개혁자들의 사상 사이에 모종의 친화성이 존재한다는 사실에 주목할 필요가 있다. 양자 모두 스콜라철학과 토미즘으로 대표되는 가톨릭 신학을 거부했으며, 인간 이성에 의존하는 자연신학(natural theology)이나 철학으로는 신의 존재조차도 알 수 없다는 입장을 취했다. 둘 다 신앙의 진리는 어디까지나 신앙으로 받아들여야 한다는 신앙주의의 입장에 서 있다고 할 수 있다. 다만 옥캄이 여전히 신앙을 교회의 권위에 대한 순종으로 간주하는 권위주의적 신앙관을 가졌던 반면, 루터를 비롯한 종교개혁자들에게 신앙은 어디까지나 개인적 경험이고 확신이라는 점이 큰 차이다. 또 옥캄에게는 루터에게서처럼 인간의 원죄 개념이나 죄에 묶인 의지의 예속성 같은 개념이 없었으며, 따라서 은총을 강조하는 신학도 찾아보기 어렵다.

그럼에도 불구하고 합리적 제약을 벗어나 신의 절대적 자유를 강조하는 옥캄의 신관과 인간의 합리성과 도덕적 판단을 초월하는 예측불허 의지의 하느님을 말하는 루터의 신관 사이에는 간과할 수 없는 친화성이 존재한다. 사실, 둘 다 신의 지성보다는 의지를 강조하는 아우구스티누스 신학 전통에 속한 인물이었다는 사실, 그리고 루터가 옥캄을 스승으로 여길 정도로 존경했다는 사실은 결코 우연이 아니다. 루터에게 신은 역설로 가득 찬 존재다. 가장 작은 것보다도 더 작으며, 가장 큰 것보다도 더 크며, 한없이 위대하고 강력하지만 동시에 가장 연약하고 무력하다. 루터에게 신의 의지와 활동은 예측 불가능하고 신과 인간의 관계도 사랑과 진노, 무서운 심판과 한없는 자비와 용서 등, 반대적인 것들의 대조와 역설로 점철되어 있다.[33]

우리는 인간의 합리성을 초월하는 옥캄식 신관의 또 다른 예를 루터와 쌍벽을 이루었던 종교개혁가 요한 칼뱅의 신관에서도 볼 수 있다. 칼뱅의 신관은 신의 초월성과 전능성, 위대성과 영광을 일방적으로 강조하는 특징을 보인다. 인간과의 관계에서도 "신의 영광이 신의 사랑을 대체하며, 신의 사랑도 구원을 받도록 선택된 자들에 대한 사랑"[34]임을 강조한다. 신이 구원받을 사람을 선택해서 예정해 두었다는 그의 유명한 예정론(predestination)은 신의 비합리적 의지를 강조하는 신관의 극치라 해도 좋을 것이다:

---

33 루터의 신관에 대한 틸리히의 논의, *A History of Christian Thought*, 247–49를 볼 것.
34 같은 책, 270.

이 선택의 이유는 무엇인가? 오직 하느님의 의지뿐이고 다른 아무 이유도 없다. "그러므로 만일 우리가 그가 자기 백성에게 왜 자비를 베푸는지에 대해 단지 그가 원한다는 것 이외에 아무런 이유를 댈 수 없다면, 우리는 또 그가 다른 사람들을 책망하는 이유에 대해서도 역시 그의 의지 말고는 아무런 이유를 발견할 수 없다." 예정의 원인은 하느님의 비합리적 의지이다. 이것은 우리를 절대적 신비로 이끈다. 우리는 하느님의 의지에 대해 아무런 책임을 물을 수 없다. 우리는 그것을 단순히 그리고 순수하게 받아들여야만 하고 선과 참된 것에 대한 우리의 기준들을 포기해야만 한다. 만약 어떤 사람이 이를 불공정하다고 말한다면, 칼뱅은 답하기를 우리는 신의 의지를 넘어 신을 결정하는 어떤 본성에도 호소할 수 없다고 말할 것이다. 왜냐하면 신의 의지는 다른 어떤 것에도, 심지어 그 자신 안에 있는 어떤 것일지라도 의존할 수 없기 때문이다. 여기서 우리는 하느님의 의지가 그가 행하는 것의 유일한 이유라는 그리고 다른 어떤 이유도 없다는 윌리엄 옥캄과 둔스 스코투스의 생각을 볼 수 있다.[35]

우리는 또 보편개념을 부정하고 개체 내지 개인을 중시하는 옥캄과 종교개혁자들의 사상, 그리고 나아가서 근대 일반의 개인주의적인 사고 사이에도 공통성을 발견할 수 있다. 사실 보편자의 실재성뿐만 아니라 사물들 사이의 관계도 개별자들 말고는 아무런 실재성이 없다는 유명론적 사고에서는 가족이나 친족 집단, 각종 전통적인 신분사회의 집단이나 국가도—그리고 옥캄 자신은 인정하지 않았겠지만 심지어 교회 공동체마저도—공동체(community)의 성격을 벗어나 순전히 개인들이 이익과 관심에 따라 형성한

---

35 같은 책, 268.

연합체 같은 사회(society)로 대체될 수밖에 없다. 개인들을 초월하여 그들이 '속하는' 진정한 의미의 공동체란 옥캄에게 존재하지 않는다.[36] 그의 사고가 여전히 가톨릭교회의 권위 내에 머물고 있었지만, 교회의 전통과 권위에 맞서 개인 신앙의 진정성을 강조하는 종교개혁자들의 사상은 이런 점에서 옥캄 식의 유명론적 사고와 연관된 개인주의가 종교와 신앙의 영역에까지 영향을 미치게 된 것이라 해도 크게 어긋나지 않을 것이다.

5. 계시와 이성에서 신앙과 과학으로

중세의 종합 체계와 질서가 무너지면서 진리의 문제나 삶의 의미에 관해서 현대인들에게 남은 선택은 더 이상 중세 사상을 지배했던 이성과 계시의 문제가 아니라, 철학이나 이성의 뒷받침 없는 벌거벗은 성서적 신앙과 새롭게 태동한 자연과학의 문제로 대체되게 되었다. 철학 역시 아리스토텔레스 사상에 기초한 스콜라 철학의 형이상학이 아니라 과학을 진리 인식의 준거로 삼게 되었다. 중세 철학이 신학의 시녀였다면, 근대 이후의 철학은 서서히 과학의 시녀로 변하게 되었다 해도 크게 틀리지 않는다. 이로 인해 근대 철학은 진리의 문제에 관한 한 독자적 발언권을 포기하고 무력화되면서 점차 그 존재 이유를 상실하게 되었다. '오직 성서'를 외치는 그리스도교 신앙, 과학의 눈치만 보는 철학, 모두 세계와 사물의 인식의 문제에 관한 한 발언권을 아예 포기하거나 상실하게 된 것이다.

이러한 변화된 위상을 반영하는 것은 데카르트 이후로 근대 철학을 지배하게 된 이른바 '인식론적 전회'다. 철학은 이제 더 이상 자신 있게 세계의 근

---

36 틸리히는 이 점을 특히 강조한다. 위의 책, 200. 그는 이러한 현상이 유명론적 사고가 특별히 강했던 영미 문화권에서 더욱 강했음을 지적한다.

본 성격이나 구조에 대해 형이상학적 진리나 존재론적 통찰을 제시하지 못하고, 그 대신 우리의 사고가 사물을 있는 그대로 반영해서 참된 인식을 낳을 수 있는지를 성찰하는 '인식에 대한 인식', 혹은 '사고에 대한 사고' 행위로 전환하게 되었다. 근대 철학의 주된 관심은 더 이상 세계나 인간에 대한 통찰이 아니라 인식 주체 사고의 명료성과 엄밀성을 확보하기 위한 방법과 절차에 관한 논의다. 현대 영미 철학이 철학과 과학의 언어를 분석하는 분석철학 내지 메타(meta) 학문적 성격을 띠지만, 나의 판단으로는 이 모든 것은 결국 철학이 세계와 인간에 대한 인식을 과학에 양도하고 남은 궁여지책으로밖에 보이지 않는다. 또 니체니, 포스트모더니즘이니 하는 자기 파괴적이고 자기 부정적인 철학적 상대주의의 사조들 역시 이러한 비판에서 벗어나기 어렵다. 이성의 비판 역시 이성의 이름으로 할 수밖에 없으며, 자폭적인 이성도 이성이기는 마찬가지기 때문이다.

나는 현대 세계에서 철학이 사는 길은 여전히 과학에 몽땅 양보해 버린 세계와 인간에 대한 통찰과 인식의 권한을 어떤 식으로든 되찾아 오는 데 있다고 본다. 이를 위해서는 결국 철학이 현대 과학과 대화하면서 동서양의 형이상학적 전통에서 새로운 길을 모색해야 한다. 다음 장에서부터 더 자세하게 의논하겠지만, 나는 신이 떠나고 전통적 형이상학이 붕괴된 자리를 메우려는 각종 근대적 이성의 기획들이 실패했다고 보며, 형이상학적 신관과 인성론의 토대 없이는 종교도 영성도 도덕도 제대로 서기 어렵다는 생각이다. 현대 세계에서 철학과 신학이 사는 길은 근현대 과학의 성과와 공헌을 인정하되 결코 과학주의에 빠지지 않고 동서양의 형이상학적 전통을 새롭게 해석하고 살려나가는 데 있다.

사실 나는 유명론과 종교개혁과 근대 과학의 충격으로 토마스가 이룩한 중세적 종합체계가 붕괴되면서 그리스도교 신학은 이미 종말을 고한 것이나 다름없다고 본다. 그뿐 아니라 현대세계가 노출하고 있는 정신적 문제도 이미 거의 다 이 시점에서 모습을 드러냈다고까지 생각한다. 상황이 이렇게 된 과정을 다시 한번 정리해 본다.

좁게는 유명론, 종교개혁, 과학이라는 삼중 펀치를 맞은 토마스적 종합체계는 사실상 종말을 고했다. 이 과정은 좀 더 넓게 보면 다섯 단계로 진행되었다. 첫째는 토마스가 이층구조의 집을 지은 것 자체가 문제의 발단이다. 이성과 계시, 자연과 초자연을 명확하게 구별하고 역할분담을 인정하는 데서부터 이성의 독립과 세속화의 단초가 마련되었기 때문이다. 둘째는 둔스 스코투스와 윌리엄 옥캄의 유명론, 셋째는 종교개혁, 그리고 넷째는 근대 과학, 다섯째는 세계에 대한 이해를 과학에 몽땅 양도하고 형이상학과 존재론을 포기한 근대 철학이다.

이 후로 전개되는 서구 사상사는 나쁘게 말하면 게임이 다 끝난 후의 뒤풀이 내지 한풀이 정도이며, 좋게 말하면 무너진 건축물을 신 대신 이성의 토대 위에 새롭게 세워보려는 대안적 기획의 연속이다. 나는 개인적으로 이 근대적 기획이 눈부신 과학기술의 성과나 개인의 존엄성과 권리를 제도적으로 보장해주는 민주주의라는 성과에도 불구하고 수많은 난제들을 낳은 실패한 기획 또는 반쪽짜리 성공이라고 본다. 왜 그런지를 먼저 고찰한 후에 남은 이야기를 계속하고자 한다.

6. 유명론, 도덕실재론, 목적이 사라진 세계

우리는 과연 유명론으로 세계와 인생을 다 설명할 수 있을까? 가령 우리가 추구하는 정의라는 이상이 과연 단지 이름뿐일까? 그렇지 않다는 생각이 든다. 나는 우리들이 끝없이 추구하는 이상적인 정의(ideal justice)가 어떤 식으로든 실재한다고 믿는다. 이런 점에서 나는 여전히 플라톤식 본질주의에 대한 미련을 버리지 못하고 있다. 나는 또 인간의 경우, 불변하는 인간성(humanitas)이라는 것이 본질로 있다고 믿으며, 인간의 진정한 행복은 이 인간성을 가장 완전히 실현함으로써 실존(existence)과 본질(essence)이 일치하게 될 때 가능하다고 본다. 그리스도교의 경우, 인간의 본질 내지 본성은 하느님의 모상(imago dei)이며, 불교에서는 인간 모두의 참나(眞我)인 불성, 진심(眞心), 본각진성(本覺眞性)이다. 힌두교에서는 아트만(Atman)이라고 부르며, 성리학에서는 하늘로부터 품수받은(天命) 본연지성(本然之性)이다.

나는 이런 본질주의적 사고 없이 유명론만으로 인생의 도덕적 질서나 가치를 잘 설명할 수 있을지에 대해 회의적이다. 나는 자연의 법칙이 객관적으로 존재하듯이 도덕적 질서와 가치들도 객관적 실재라고 믿는다. 자연의 법칙적 질서나 인생의 도덕적 질서를 전지전능하신 하느님의 자의적 의지에 두는 옥캄식 도덕론을 수용할 사람은 일부 근본주의 신앙을 가진 그리스도인들이나, 하느님의 절대적 권능을 굳게 믿는 이슬람 신자들을 제외하고는 별로 없을 것이다. 선악시비의 기준을 하느님의 절대적 자유와 주권에 맡기는 이론은 굳이 플라톤적 도덕실재론에 호소하지 않아도 이성과 상식에 반한다. 조금이라도 양식이 있는 사람이라면, 하느님이 명하는 것이 선이고 하느님이 금하는 것이 악이라는 단순한 사고에 동의하지 않을 것이다.

동서고금을 막론하고 인류는 언제나 도덕적 법칙과 가치가 사물의 질서와 성격 자체에 기초하고 있는 객관적이고 보편적인 실재라고 믿고 살았다. 지금도 대다수 사람은 그렇게 믿으면서 도덕적 삶을 영위하고 있다. 비록 신앙인들이 통상적으로 도덕규범이 하느님의 뜻이라고 믿지만, 하느님이 명하는 것이 무조건 도덕적이라고 믿는 신자는 많지 않을 것이다. 하느님이 설마 비도적적인 것을 명하리라고는 생각조차 하지 않을 것이기 때문이다.

신학적으로 말하면, 도덕은 하느님의 로고스에 내재하는 질서이며 하느님의 본성에 속한다. 또 우리 동아시아 문화권에 사는 사람들은 도덕이 하늘의 질서, 즉 천리(天理)이며 인륜은 천륜(天倫)이라고 생각하며 살아 왔다. 옥캄 자신도 물론 하느님을 믿는 신앙인으로서 도덕이 하느님의 뜻이라는 것을 의심하지 않았을 것이다. 다만 그의 유명론이 도덕이 실재한다는 일반적인 상식적 진리를 부정한 것이다.

우리는 여기서 이미 현대 세계가 처한 도덕의 위기를 예감할 수 있다. 플라톤적 본질주의에 근거한 도덕실재론이나 도덕적 인성론에 기초한 도덕철학이 없고, 유일신신앙과도 별 인연이 없이 사는 현대인들에게 도덕의 객관성을 담보하거나 도덕적 가치의 보편성을 확보할 수 있는 설득력 있는 이론이 제시될 수 있을지 의문이 들기 때문이다. 사실, 플라톤적 도덕 실재론이 서양에서 오랫동안 힘을 발휘할 수 있었던 것도 실은 그것이 그리스도교적으로 수용되었기 때문이다. 도덕적 질서나 가치가 하느님의 로고스에 자리잡고 있다는 것을 부정하는 유명론은 바로 이러한 신과 도덕의 연결고리를 잘라 버리고 도덕을 신의 무제약적이고 자의적인 의지에 맡겨 버린 것이다.

현대인들에게 도덕적 가치와 질서가 실재한다는 소박한 믿음에 유명론보다도 더 심각한 타격을 준 것은 근대의 과학적 세계관과 사고방식이다. 근대 과학의 세계관이 플라톤주의적인 본질철학이나 성리학의 도덕적 형이상학, 그리고 도덕이 기초하고 있는 인성론적 기반, 즉 인간의 본성과 본질에 대한 믿음을 무력화시켰기 때문이다. 과학은 인생에 도덕적 질서와 의미가 존재한다는 믿음이나, 도덕적으로 사는 것이 인간의 본성에 부합하는 행복한 삶이라는 믿음에 타격을 주었다. 과학적 세계관과 사고에 영향을 받은 현대인들에게 도덕은 존재론적·인성론적 기반을 상실하고 우리 인간들이 사회적 필요에 따라 만들어 낸 것 정도로 인식된다. 도덕이 과학이 말해

주는 세계의 성격과 인간의 본성과 무관한 것이 되어 버린 것이다. 현대인들은 따라서 도덕적 판단과 신념을 정초할 만한 신관, 인간관, 세계관 내지 존재론적 기반을 상실했음에도 불구하고 여전히 도덕적으로 살아야만 하는 딜레마를 안고 살게 되었다. 도덕적 신념과 가치들이 과학을 통해 알게 된 사실의 세계와 무관하게 되었기 때문이다. 이른바 사실(fact)과 가치(value) 사이에 건너기 어려운 괴리가 발생한 것이다.

근대 과학은 일반적으로 세계를 한 치의 오차도 없이 작동하는 시계처럼 보는 기계론적 세계관을 가지고 있다. 과학은 사실의 세계에만 관심을 가지며 사실의 인식만을 추구한다. 과학이 인식하는 사실의 세계는 도덕이니 가치니 하는 인간적 관심에 대해서는 아무것도 말해주지 않는다. 연구 활동의 엄격한 가치중립성을 표방하는 과학자들도 자신들의 개인적 삶에서는 도덕적 가치와 질서를 따르며 산다. 하지만 연구에 종사할 때는 도덕적 관심은 탐구에 방해가 된다고 여긴다. 과학이 인식하는 사실의 세계는 근본적으로 인간의 도덕적 관심과는 무관한 탈가치화된 세계다. 과학은 사실이나 현상이 어떻게(how) 그렇게 되었는지 만을 묻고 답할 뿐, 그 존재 이유(why)나 의미 같은 데는 관심이 없다. 아니, 그런 것이 존재한다고 생각하지도 않는다.

이런 과학적 세계관이 계몽주의 이후 세계를 지배하다 보니, 사람들은 이제 가치니 도덕이니 하는 것이 신의 뜻이라거나 자연의 질서 또는 인간성 자체에 기초한다고 생각하지 않는데도 불구하고 여전히 도덕적으로 살아야만 하는 딜레마에 처해 있다. 현대 윤리학이 제시하는 온갖 도덕 이론들은 바로 이 문제를 해결하기 위한 시도들이라 해도 과언이 아니지만, 나는 이러한 이론들이 모두 인간의 도덕적 삶과 열정을 설명하는 데는 실패했다고 본다. 신이 사라진 세계, 도덕적 가치와 의미나 목적 같은 것이 사라진 세계가 정말로 세계의 실상이라면, 다시 말해서 과학이 세계에 대해 최종적 진리를 말한다고 믿는다면, 도덕이 설 기반이 사라졌다고 생각하기 때문이다. "신이 없다면 모든 것이 허용된다."는 도스토옙스키의 말은 이러한 상황을 반영하는 말이다.

과학이 인식하는 세계에는 가치나 목적 같은 것은 존재하지 않는다. 과학은 오직 물리적·기계적 원인과 결과에만 관심을 가질 뿐, 사물이나 세계가 실현해가는 목적(telos) 같은 것은 안중에 없고 존재하지도 않는다고 생각한다. 세계가 전지전능한 신의 뜻이 실현되는 장이라는 성서적 세계관이나, 세계가 어떤 내재적 목적 같은 것을 추구하는 의미 있는 과정이라는 생각은 과학적 사고에는 금물이다. 세계가 목적이 사라진 무의미한 것이라면, 세계를 사는 인간의 삶 또한 근본적으로 무의미한 것이 되고 만다. 현대인들의 인생에 목적과 의미라는 것이 있다면, 사회적으로 형성된 가치들 가운데서 각자가 선택한 주관적 가치를 추구하고 사는 사적(私的) 의미만 존재할 뿐이다. 신도 세계도 우리가 어떻게 살아야 하는지, 무엇을 추구하며 살아야 하는지, 아무것도 말해주지 않기 때문이다. 과학기술의 발달로 인해 현대인들은 인류가 출현한 이래 유례없는 물질적 풍요 속에 살고 있지만, 세계 자체에서 아무런 목적이나 의미 같은 것을 읽어내지 못하는 데서 오는 삶의 무의미성이 삶을 위협하는 새로운 문제로 부상하게 되었다. 현대인들의 삶을 위협하는 것은 더 이상 불교에서 말하는 인생무상도 아니고 그리스도교에서 말하는 죄의 문제도 아니다. 인생이 세계에서 발견하고 추구할 가치와 목적이 사라져 버린 데서 오는 삶의 무의미성이다.[37]

이러한 상황이 현대인들에게 엄청난 자유를 안겨 준 것은 사실이지만, 이와 동시에 감당하기 어려운 정신적 방황과 부담을 안겨주기도 했다. 신도

---

37 틸리히(P. Tillich)는 『존재의 용기』에서 이 점을 강조하고 있다.

사라지고 도덕적 가치나 의미도 사라진 세계는 현대인들에게 자율적 삶과 자유와 해방감을 선사했지만, 신이나 자연과의 유대가 사라지고 전통적인 사회적 관계나 공동체로부터도 풀려나 고립된 주체로 살게 된 현대인들은 인생의 무의미성이라는 새로운 복병을 만나 홀로 힘든 싸움을 벌여야만 하는 부담을 안게 된 것이다.

현대인들에게 아직도 삶의 의미라는 게 있다면, 그것은 신의 섭리가 지배하는 세계나 역사에서 발견할 수 있는 어떤 '거대 의미' 같은 것이 아니고 자연이 주는 메시지도 아니다. 인생과 역사 전체를 아우르고 세계의 성격과 구조 자체에 뿌리를 둔 어떤 큰 의미는 더 이상 찾기 어렵게 되었기 때문이다. 더욱이 개인주의가 극도로 발달한 시대를 살고 있는 현대인들에게 나의 삶은 어디까지나 내가 살아야 할 삶이고 내가 '좋아하는 것'이 인생의 선이다. '나의 인생'이고 '내가 좋아하는 것'이라고 하면 가치나 삶의 의미에 대한 대화는 사실상 끝난 것이나 다름없다. 왜 좋아하는지 근거를 묻기도 어렵고 답하기도 어렵다. 부모도 친구도 인생을 그렇게 살아서는 안 된다는 설득을 하기 어렵고, 해도 통하지 않는다. 자기들도 가치의 객관성에 대한 믿음이 없는데, 누구를 설득할 수 있단 말인가?

우리나라처럼 아직도 전통과 인습의 힘이 어느 정도 남아 있고 혈연이나 지연, 학연 같은 집단적 정체성의 끈이 강하게 남아 있는 사회라도 실질상 모든 설득은 개인이 선택하게 된 가치와 삶의 방법 앞에 무력하기 짝이 없다. 그 근본원인은 도덕적 질서나 가치가 신의 뜻이라거나 세계 자체의 성격과 인간의 본성에 기초한 것이라는 믿음이 사라져 버렸기 때문이다.

현대 세계는 인간의 본성을 논해도 주로 동물적 욕망을 강조하고 찬양한다. 감각적 욕망을 추구하고 만족시키는 것을 인간의 본성이자 당연한 권리로 여긴다. 이런 인간관에서는 도덕이란 인간들끼리 서로의 이익을 위해 만들어 낸 타협의 산물 정도가 된다. 중세를 지배했던 자연법(natural law) 사상을 부정하고 이른바 자연의 상태(natural state)를 인간 늑대들이 으르렁거리는 상태로 가정한 홉스(T. Hobbes)의 정치철학이 그렇고, 근대 과학의 기계론적 자연관을 전제로 한 스피노자의 철학이 인간을 이기적 욕망의 존재로 간주하면서 도덕을 현명한 이기주의 또는 합리적 이기주의에 따른 사회적 타협의 산물 정도로 보는 것도 그렇다. 또 쾌락을 최고의 선으로 간주하면서 최대다수의 욕망을 최대로 만족시키는 행복만이 도덕이 추구해야 할 목표이자 척도로 삼는 공리주의적 도덕론이 실제상 현대 세계를 지배하게 된 것도 당연한 일이다.

사실, 우리가 다윈이나 니체, 쇼펜하우어나 프로이트 같은 현대 사상가들에 의해 본격적으로 제시되는 생물학적 인간관의 단초를 스피노자에게서 이미 볼 수 있다는 사실 자체가 흥미롭다. 이런 생물학적 인간관에서는 가치란 결국 나에게 유리한 것, 아니면 최대 다수에게 유용한 것일 수밖에 없다. 하지만 이런 가치론으로 이타적 행위를 위한 동기 유발은 고사하고, 인간의 뿌리 깊은 이기심을 제어하거나 자신의 이익을 더 큰 이익을 위해 잠정적으로나마 유보하도록 설득할 수 있을지 의문이다.

도덕은 불가피하게 인간의 자연적 욕망의 절제나 양보를 수반한다. 문제는 우리가 왜 그래야만 하는지를 얼마나 설득력 있게 제시하는가에 있다. 중세의 종언과 더불어 고개를 들기 시작하다가 근현대로 와서 지배적이 된 생물학적 인간관에서 이런 자기희생의 당위성을 설득력 있게 제시하기란 여간 어려운 일이 아니다. 결국 도덕을 인간의 현명한(합리적) 이기주의에 호소할 수밖에 없게 되지만, 과연 이런 호소가 얼마나 힘을 발휘할 수 있을지가 문제다. 당분간은 그런 논리로 어느 정도 이기심을 제어할 수 있을지 모르지만, 사람들의 눈을 피하고 법망을 피할 수만 있다면, 현명한 이기주의

자의 욕망은 다시 노골적으로 고개를 들거나 도덕의 탈을 쓰고 나타날 것이다. 이런 점에서 도덕은 이로움(利)보다는 의로움(義)에 호소해야 한다는 공자의 가르침은 주목할 만하다.

도덕을 인간의 실천적 이성에 정초하는 칸트식 의무론적(deontological) 도덕론이 그나마 더 설득력이 있다는 생각이 들지만, 칸트에게도 역시 도덕은 세계 자체의 성격과는 무관하게 인간의 이성에 기반하고 있다는 근본적 취약성이 있다. 사실 칸트는 서구 사상사에서 형이상학의 실종에 결정적으로 공헌한 철학자다. 우리는 그의 엄숙주의적인 도덕 이론의 배후에는 개신교 경건주의(pietism)의 영향이 깔려 있다는 사실에 유의할 필요가 있다. 도덕적 의무는 그에게 양심의 명령이며, 양심의 명령은 곧 신의 명령과 다름없다.

다시 한 번 문제를 정리해 본다. 자연에서 신성이 사라지고 인간이 자연과 교감할 수 있는 여지를 허락하지 않는 기계론적 자연관이 근대의 지배적 세계관으로 자리 잡음에 따라 자연은 이제 인간의 관심이나 의미 따위는 아랑곳없이 움직이는 체계가 되었다. 인간은 신이 사라져 버린 탈신성화되고 탈가치화된 세계 속에서 스스로 세계와 인생의 의미와 목적을 찾지 않으면 안 되게 되었다. 삶의 의미와 목적, 삶의 방식이나 지혜, 그리고 도덕적 규범을 더 이상 세계 자체에서 발견하거나 읽어내지 못하고 자기 자신으로부터 ─ 그것이 이성이든 감정이든 직관이든, 아니면 자연에 대한 신비적 느낌이든 ─ 찾고 결정할 수밖에 없게 된 것이다.

이로 인해 현대인들은 엄청난 자유와 기회를 누리게 되었지만, 동시에 유례없는 정신적 방황과 불안도 겪게 되었다. 세속화된 세계가 현대인들에게 개인의 주체성과 자율성과 더불어 자유와 해방감을 선사했지만, 현대인들은 일체의 사회적 관계망이나 공동체, 신이나 자연과의 유대에서 풀려난 고립된 주체로서 홀로 세계와 인생의 무의미성과 씨름해야만 하는 엄청난 정신적 부담을 안게 된 것이다.

7. 위기에 처한 성서적 신앙

유명론의 대두로 초래된 그리스도교 형이상학의 붕괴는 루터나 칼뱅 같은 종교개혁자들의 신학을 통해 가속화되면서 서구 사상사에서 신앙과 이성의 균열은 더 이상 봉합하기 어려운 단계에 이르게 되었다. 형이상학적 이성의 기반을 상실한 그리스도교의 성서적 신앙은 이제 아무런 보호막 없이 스스로를 방어할 수밖에 없게 된 것이다.

성서적 신앙의 위기는 성서와 교리적 전통에 대등한 가치를 부여하고 자연(nature)과 초자연적 은총(supernatural grace)을 대립적이 아니라 보완의 관계로 보는 가톨릭보다는 '오직 성서'를 외치는 개신교 신앙에 더욱 심각한 문제일 수밖에 없었다. 사실, 종교개혁자들의 신학, 특히 칼뱅주의에서 초자연과 자연, 은총과 자연의 대립은 극에 이르렀고 인간의 죄악성을 강조하면서 철학과 이성을 폄하하는 개신교 신앙은 자연을[38] 완전히 부정하는 편협한 신앙이 되고 말았다.

칼뱅주의는 그리스도교 사상에서 은총과 자연의 과격한 분열을 초래했다. 칼뱅주의는 자연을 전적으로 타락한 것으로 보았다. 자연에는 신에 대한 '자연적 앎'이나 신과의 관계를 지탱해 줄 어떠한 신의 현존도 남아 있지 않다. 칼뱅에 의하면, '자연이라는 책'과 인간의 양심이 비록 한때는 하느님을 드러

---

38 그리스도교 신학에서 자연(nature)이라는 개념은 우선 초자연적 은총(supernatural grace)이라는 말과 대비되며, 하느님의 계시(revelation) 또는 계시를 수용하는 신앙(faith)과도 대비되는 자연적 이성(ratio naturalis)을 가리키는 말이다. 이성은 신이 인간에게 부여한 자연적 능력이기 때문이다. 자연이라는 말은 물론 넓은 의미로 하느님의 창조질서, 즉 세계 자체를 뜻하기도 한다.

냈지만, [아담의] 타락 이후 창조세계를 통해 하느님을 알 수 있는 이 능력이 파괴되었다. 하느님을 아는 구원의 지식은 오직 그리스도 안에 있는 구속(救贖)의 사업을 말해주는 성서에 계시된 말씀으로부터만 올 수 있다. 창조와 구속, 우주적 로고스와 예수 그리스도 사이의 연결이 이원화되게끔 단절된 것이다. 이는 또 우리가 예술이나 신비주의, 혹은 자연의 경험에서 하느님을 경험하기를 기대할 수 없으며, 비그리스도인들 가운데서는 하느님에 대한 진정한 지식의 흔적이 있을 수 없다는 것을 의미한다.[39]

칼뱅주의로 대표되는 개신교 신학은—성공회나 루터교회는 약간 다르지만—가톨릭 신앙을 거부함과 동시에 스콜라철학과 형이상학적 신학도 거부함으로써 자연에 대한 인식을 과학이 전유하도록 하는 데 기여했으며, 결과적으로 자연을 세속화하는 데 크게 기여했다.

현대 세계에서 성서적 신앙이 처한 위기를 논하기에 앞서 우선 주목해야 할 사실이 하나 있다. 그것은 성서가 하느님의 말씀으로서 그리스도교 신앙에서 절대적 권위를 지니고 있다는 것은 부정할 수 없는 사실이지만, 성서가 사제나 신학자들의 손을 넘어 실제로 일반인들이 쉽게 접하고 읽을 수 있게 된 것은 적어도 16세기 초 마르틴 루터의 독일어 성서 번역과, 당시 확산되기 시작한 인쇄술의 발달 이후라는 사실이다. 그전에는 1,000년이 넘도록 서방 그리스도교에서는 4세기에 제롬(Jerome)이 번역한 라틴어 성서, 이른바 불가타(Vulgata) 성서를 주로 사용했으며, 당연히 라틴어를 아는 학식 있는 사람들만 읽을 수 있었다.

따라서 성서가 실제상으로 일반 신자들의 신앙생활에 직접 영향을 미치

---

39 Rosemary Radford Ruether, *Gaia and God: an Ecofeminist Theology of Earth Healing* (New York: HarperSanFrancisco, 1994), 192.

게 된 것은 그리 오래된 일이 아니다. 또 독일어 성서나 킹 제임스(King James)본 영어 바이블이 나왔다고는 하나, 당시의 높은 문맹률을 감안하면 일반 신도들이 성서를 직접 읽을 수 있게 된 것은 길어야 2, 3백 년 전부터였다 해도 과언이 아니다. 그럼에도 우리가 앞 장에서 보았듯이, 특정한 역사적 사건을 통해 자신을 계시하는 역사의 하느님을 믿는 성서적 신앙을 이성의 보편적 진리를 추구하는 철학적 지성이 어떻게 이해할 것인가 하는 문제는 명시적이든, 암묵적이든 교부시대부터 신학자들의 중대한 관심사였다.

성서의 하느님은 이스라엘이라는 특정 민족을 선민으로 택하고 그들의 역사에 개입하는 하느님이다. 특히 인류의 구원을 위해 그의 아들 예수 그리스도를 세상에 보내서 그의 행위와 가르침, 십자가의 죽음과 부활이라는 특별한 사건들을 통해 자신을 계시하시는 하느님이다. 성서는 힌두교나 불교, 유교 등 다른 동양종교들과 달리 특정한 사람들의 구체적 삶의 이야기나 특정 민족의 역사 이야기들을 담고 있다. 또 성서의 말씀은 인간의 언어를 매개로 하여 전해지는 하느님의 말씀 즉 계시로 간주되며, 하느님의 특별한 섭리의 행위로 간주되는 수많은 기적 이야기들을 담고 있다. 신학자 프라이(H. Frei)는 성서의 준역사적이고 비교적 사실주의적인(realistic) 이야기들과 일반적 역사 이야기 사이의 차이점을 다음과 같이 서술하고 있다:

이런 모든 점에서… 사실주의적 이야기는 역사적 이야기와 유사하다. 이는 물론 이 두 종류의 이야기들 사이에 차이점이 없다는 말은 아니다. 예를 들어 현대 역사가들은 물론 사건들을 기적에 호소해서 설명하는 [성서 이야기들의] 방식을 당연히 편향된 눈으로 볼 것이다. 거의 모두가 동의하는 현대적 역사 서술은, 일어났다고 믿는 사건들의 순서를 만족스럽게 서술해야 하며, 사건들 사이의 연관관계를 초자연적 행위자에 의존하지 말고 서술해야만 한다. 이와는 대조적으로 성서 이야기들 속에는 기적이 아닌 이야기들과 기적 이야기들이 항시 섞여 있다. 그러나 우리가 내린 원칙에서 볼 때는 기적 이야기들조차도 묘사된 행위 대신 다른 어떤 것을 상징하지 않는 한 결국 사실주의적이고 역사 이야기와 유사하다 (그렇다고 역사적 사건들이라는 말, 그리고 이런 뜻에서 사실적으로 참이라는 말은 아니지만). 다시 말해, 그런 기적적 사건들조차도 묘사된 행위가 하느님이든, 인간이든 어떤 특정한 사람이나 특정한 이야기에 없어서는 안 된다는 점에서 역사 이야기와 유사하고 사실주의적이라는 말이다. (그리고 사실 성서의 기적들은 종종 놀라울 정도로 비상징적이다.)[40]

일반적 상식을 가진 사람들이 성서를 이해하는 데 가장 큰 걸림돌이 되는 것은 하느님의 '말씀'과 '행위'라는 의인적(擬人的, anthropomorphic) 표현들이 무수히 많이 등장한다는 사실이다. 이런 표현들을 우리가 문자 그대로 취하지 않는 한 — 어린아이일 때는 흔히 그렇게 하지만 — 그런 말이 과연 실제로 무엇을 뜻하는지, 어떻게 이해해야 할지, 위대한 신학자라 해도 일반인들이 납득하기 쉽게 설명하기가 어렵게 된 것이다.

하느님에 대해 우리가 사용하는 언어의 성격 문제에 대한 가장 표준적인 견해는 토마스 아퀴나스에 의해 제시된 유비적(analogical, 類比的) 의미론이다. 그에 따르면, 하느님의 행위나 말이라는 개념은 인간의 행위나 말과 완전히 동일한 의미(一義的, univocal)로 사용될 수 없고, 그렇다고 완전히 다른 의미(異義的, equivocal)로 사용되는 것도 아니다. 양자 사이의 어떤 유사성에 입각해서 유비적 의미로 사용할 수밖에 없고 마땅히 그렇게 이해해야만 한다. 다시 말해서 하느님에 대해 사용하고 있는 우리의 언어는 모두 상징적이고 메

---

40 Hans W. Frei, *The Eclipse of Biblical Narrative: A Study of Eighteenth and Nineteenth Century Hermeneutics* (New Haven and London: Yale University Press, 1974), 14.

타포적인 의미로 사용된다는 것이다. 예를 들어, 우리가 어떤 사람을 '곰'이라고 할 때, 누구도 그가 문자 그대로 곰이라고 생각하지는 않는다. 그렇다고 곰이라는 말이 전혀 그 사람과 무관한 말이라고 생각하지도 않는다. 곰이라는 말 말고는 다른 어떤 말로도 표현하기 어려운 어떤 면이 그에게 분명히 존재하기 때문에 그렇게 부르는 것이다. 이러한 상징적 언어의 용법을 유비적이라고 부른다.

하지만 물론 일반 신자들이 언제나 이런 사실을 염두에 두면서 성서 이야기들을 읽거나 하느님에 대해 말을 하고 있는 것은 아니다. 오히려 대다수 사람들은 통상적으로 성서 이야기들을 문자적이고 사실적인 의미로 읽는다. 그러나 성 아우구스티누스를 비롯하여 고대 혹은 중세 시대의 위대한 신학자들은 성서의 말씀이 문자적으로 이해하기 어려운 경우에는 비유적(figurative) 또는 상징적 해석, 그리고 심지어 알레고리(allegory)로 해석하기를 주저하지 않았다. 마르틴 루터나 칼뱅 등 종교개혁자들과 개신교 정통주의 신앙을 추종하는 신학자들이 문자적 이해를 고집하고 있는 것은 사실이지만, 그들 역시 성서의 이야기들 사이의 연관관계나 구약 성서와 신약 성서의 관계, 그리고 성서 전체를 관통하는 어떤 일관된 신학적 주제나 메시지 - 가령 예수 그리스도, 율법과 은총, 예언과 성취 등 - 를 읽어내기 위해서는 문자적 이해를 넘어 비유적 이해에 의존할 수밖에 없었다. 그런가 하면 그리스도교 신비주의자들, 예컨대 마이스터 에크하르트 같은 14세기 도미니코 수도회 신학자는 성서의 깊은 영적 메시지를 전하기 위해 대담하게 알레고리적 독법을 채택하는 데 주저하지 않았다.

문제는 근대 과학의 발전과 계몽주의적 합리주의가 보편화됨에 따라 성서를 접하게 된 일반인들의 경우다. 현대인들은 우선 사실적 언어에 익숙해 있고 문자적 의미에 길들여져 있다. 현대인들은 성서의 '사실주의적' 이야기들, 특히 기적 이야기들을 대하자마자 그것이 '사실'이냐 아니냐를 묻고 따진다. 성서 이야기들의 영적 의미나 신앙적 진리는 뒷전이고 문자적 의미와 사실적 진위에만 관심을 쏟는다.

사실, 성서 이야기들이 만들어졌을 당시의 사람들, 그리고 근대의 과학적 합리주의가 보편화되기 이전 시대에 성서를 읽었던 일반 신자들은 사실적 진리와 신앙적 의미의 진리를 구별조차 하지 않았다. 그래야만 할 문제의식조차 없었기 때문이다. 이 둘을 명확하게 구별하는 것 자체가 이미 사실적 의미에 편향된 현대인의 시각을 반영하고 있으며, 사실적 의미와 별도로 성서 이야기들의 신앙적 의미와 진리를 논하는 신학자들 역시 이미 현대적 사고의 영향을 반영하고 있다:

이전의 개신교 성서 해석의 역사에서는 우리가 본 대로 본문의 문자적이고 종교적인 의미와 그 사실적 정확성이 전적으로 합쳐져 있었다. 중요한 점은 그것들이 서로 조화를 이룬다고 여기는 정도가 아니라, 서로 다른 종류의 문제라는 생각조차 하지 않았다는 사실이다. 둘이 아니었다는 사실이다. 18세기가 끝나감에 따라 이러한 상황은 점점 더 과거의 일이 되어 버린다. 계시가 사실이냐는 문제가 하나의 독립적이고 비판적 탐구의 대상이 되었기 때문이다. 이제부터는 역사적 사실, 문자적 의미, 종교적 진리 사이의 조화가 잘해야 입증되어야 할 문제, 최악의 경우에는 사실적 묘사처럼 보이는 것들의 종교적 진리를 묘사의 사실적 정확성 내지 진리성에 대한 부정적 판단에 비추어서 어떤 식으로든 설명해야만 하게 되었다.[41]

---

41 같은 책, 56.

여하튼 근대 과학적 세계관과 사고, 그리고 계몽주의적 합리주의가 보편화된 이후로 사람들은 성서의 이야기들을 접하는 순간부터 그 사실적 진위 문제에 신경을 쓸 수밖에 없게 되었다. 현대인들에게는 이 문제가 성서 이야기들을 이해하는 데 최대의 걸림돌이라 해도 과언이 아니다. 성서에 대한 역사비평적 연구나 슐라이어마허(F. Schleiermacher) 이후 현대 신학이 하느님과 그리스도에 관한 성서의 메시지를 이해하는 방식, 가령 불트만(R. Bultmann)의 유명한 탈신화화(demythologizing) 같은 실존주의적 성서 해석도 모두 이 문제와 관련이 있다.

오늘날 성서를 읽는 사람들은 신학자든, 일반 신자든 성서의 사실적 진리와는 별도로 그 종교적 의미와 신앙적 진리 문제를 안고 씨름할 수밖에 없게 되었다. 그리고 이 둘의 관계를 어떻게 이해하느냐에 따라 보수와 진보, 정통과 이단, 그리고 그 중간 내지 절충 등 다양한 신학적 입장들이 제시된다. 이 문제를 집중적으로 연구한 한스 프라이의 분석을 다시 한 번 들어 보자:

만약 성서가 전하는 종교적 진리들의 의미가 본래 그것들을 통용시키게 된 [성서 이야기들의] 역사적 사건들에 전적으로 의존한다면, 성서는 물론 즉시로 사실에 대한 정보와 종교적 의미에 있어서 없어서는 안 될 원천이 된다. 더욱이, 성서가 종교적 진리의 원천이 된다는 것은 성서가 역사적 사건들에 대한 지식의 원천이 된다는 것에 전적으로 의존한다는 것을 의미한다. 그러나 만약 성서의 종교적 의미가 성서 이야기들과 사건들에 논리적으로 의존하지 않는다면, 확실히 성서는 사실상 없어도 되는 것이다. 그런 경우 [성서 이야기들의] 역사적 사실은 종교적 진리에 아무런 영향도 미치지 못하기 때문이다. 그렇다면 성서는 종교적으로는 없어도 무관한 것인가? 대답은 원칙상으로는 '그렇다'이다. 다만, 우리는 모든 영적 관념들이 인류의 발전 과정에서 모종의 가시적 형태로 전달 수단이 있어야만 한다는 점은 감안해야 한다. 그러나 우리가 이미 본 대로 성서가 종교적으로 불필요하다는 것은 그것이 무의미하다는 것을 뜻하지는 않고 단지 성서의 종교적 의미의 기준이 성서 이외의 것에서 와야 한다는 것을 뜻한다. 성서의 의미성이 그 자체의 특정한 언술이나 신념들보다 더 광범위한 종교적 맥락에 의존한다는 말이다. 성서는 종교적 진리를 포함하지 규정하는 것이 아니라는 레싱의 주장은 성서가 비록 종교적으로 없어서는 안 되는 것이 아니라 해도 여전히 종교적으로 의미가 있다는 [당시 독일 지성계의 일반적] 입장의 전형적인 예다.[42]

프라이는 여기서 18세기부터 성서 이야기들이 처하게 된 현대적 딜레마를 날카롭게 분석하고 있다. 나는 이 분석이 성서 이야기들이 처한 오늘날의 상황에도 그대로 타당하다고 생각한다.[43] 한마디로 말해, 성서가 없어도 우리가 종교적 진리를 아는 데 아무런 지장이 없게 되었다는 것이다. 비록 성서 이야기들이 종교적 진리와 모순되지 않는다 해도 그렇다. 특히 성서 이야기들의 사실성이 의심되는 경우, 사람들은 이제 종교적 진리를 얻기 위해서 굳이 그런 이야기들을 상대할 필요를 더욱더 느끼지 않게 되었다.

한 걸음 더 나아가서, 설사 우리가 성서가 전하는 이야기들의 사실성 여부와 상관없이 그 이야기가 전하고자 하는 어떤 종교적 메시지나 영적 의미를 발견한다 해도, 여전히 제기되는 문제는 그러한 의미가 과연 현대과학이 말해주고 있는 세계관이나 인간관에 비추어 볼 때 얼마나 '참'(true)인가 하는 문제는 여전히 남는다. 현대의 과학적 세계관과 사고방식이 성서 이야기들의 사실성은 물론이고 우리의 경험을 초월하는 어떤 종교적 메시지나 진리

---

42 같은 책, 118.
43 그래서 나는 위의 영어 원문이 과거형으로 서술된 것을 의도적으로 현재형으로 번역했다.

도 의심스럽게 만들어 버렸기 때문이다. 현대인들은 사실적 진리 말고는 더이상 관심이 없을 정도가 되었다. 그리스도교의 신앙적 진리뿐만 아니라 눈에 보이지 않는 초월적 세계나 진리 같은 것은 모두 의심의 대상이 되어 버리거나 관심 밖의 문제가 되어 버린 것이다.

나는 지금 여기서 이 문제에 대한 현대 성서학자들이나 신학자들의 대응을 고찰하려는 것이 아니다. 앞에서 논한 윌리엄 옥캄의 유명론적 사고와 마찬가지로 나의 관심은 과학적 합리성이 일반화된 세계에서 성서의 권위가 붕괴되면서 초래된 서구 사상과 문명의 위기에 있다.

근대 과학의 세계관과 사고방식은 서구인들의 세계관과 사고방식을 탈그리스도교화 했을 뿐 아니라 탈형이상학화 했으며, 그 결과 현대 서구인들이 기댈 수 있는 두 가지 정신적 기반이 무너지게 되었다. 하나는 성서적 신앙이고 다른 하나는 형이상학적 사고에 근거한 목적론적 세계관이다. 서구 근대 사상사는 이렇게 무너져 버린 삶의 정신적 토대를 인간의 이성 위에 새롭게 구축하려는 계몽주의의 정신과 사상, 이러한 기획에 대한 반발과 비판, 그리고 계몽주의적 이성의 한계와 근본적 문제들을 극복하려는 시도들의 역사라 해도 무방할 정도다.

우리는 여기서 다시 한 번 성서적 신관과 신앙의 특성을 상기해 볼 필요가 있다. 성서의 하느님은 역사에 개입하고 행위하는 역사의 하느님으로서 그리스도교 신앙은 인간의 자연적 이성을 초월하는 하느님이 특수한 역사적 사건들을 통해 자신을 드러내는 초자연적 계시(supernatural revelation)를 믿는 신앙이다. 바로 이러한 성서적 신앙이 근대 과학적 세계관에 의해 무너지게 되는 결정적 계기를 맞게 된 것이다. 갈릴레오-뉴턴-다윈 등으로 대표되는 현대과학은 세계와 인간을 이해하는 고대와 중세의 그리스도교 세계관에 심대한 타격을 안겨 주었다. 이 타격은 그리스도교 신관과 신앙을 뒷받침해 주었던 고대와 중세의 형이상학적 사고를 무너트린 옥캄의 유명론보다도 훨씬 더 실제적이고 강력했다. 그리스도교 신앙의 핵심을 점하는 역사의 하느님 신앙과 초자연적 계시에 대한 믿음을 정면에서 도전했기 때문이다. 그것은 중세의 형이상학적 사고에 근거한 목적론적 세계관뿐 아니라 성서적 신관 자체를 뿌리 채 흔들 수 있는 위협이었다.

세계가 엄격한 물리적 인과율에 의해 지배된다고 보는 근대 과학은 성서에 나오는 '초자연적' 기적 이야기들에 대한 믿음이 설 자리를 앗아갔다. 이에 따라 '사실주의적' 성격을 지닌 성서 이야기들에 대한 믿음이 직격탄을 맞은 것이나 다름없이 흔들리게 되었다. 일련의 기적적 사건들을 통해 전개되는 하느님의 인류 구원의 드라마와 경륜이 사실적 근거가 없는 믿기 어려운 이야기로 전락하게 되었고, 세상사에 개입하면서 역사를 주도하는 하느님의 존재와 섭리에 대한 믿음도 바닥에서부터 흔들리게 된 것이다. 현대인들은 이제 초등학교만 나와도 과학적 사고와 세계관의 영향 아래 산다. 사람들은 기적 이야기를 듣자마자 그게 사실이냐고 물으며, 사실이 아니라고 판단되거나 의심이 들면 일고의 가치도 없는 허탄한 이야기로 치부해 버리고 관심을 접는다. 결국 현대인들은 과학을 믿느냐 아니면 성서가 전하는 과학적 상식을 뛰어넘는 기적적 사건들을 행하는 하느님을 믿느냐 하는 선택의 기로에 놓이게 된 것이다. 만약 성서의 이야기들을 믿는다면, 하느님이 지금도 나의 삶을 인도하시고 나의 기도를 들어주시며 나를 곤경과 절망에서 구해주실 수 있는 분이라는 것을 내가 정말로 믿을 수 있냐는 실존적 문제에 봉착한다.

이런 맥락에서 보수적 근본주의(fundamentalism) 신앙을 지닌 그리스도인들이 성서문자주의를 고집하는 이유도 이해가 된다. 성서 이야기는 문자 그대로의 사실로 믿어야 한다는 신앙관, 그렇지 않으면 그리스도교 신앙의 핵심이 무너진다는 생각이 신자들의 생각을 지배하고 있기 때문이다. 그렇다면, 신앙이란 것이 과학적 상식과 지성의 희생 위에서만 가능하다는 말인가? 이 문제에 대한 정직하고 설득력 있는 대답에 현대 그리스도교의 사활이 걸려 있다 해도 과언이 아닐 것이다.

여하튼 성서의 사실주의적인 이야기들에 대한 소박한 믿음과 거기서 오는 감동이 당연시되던 시절은 이제 지나가 버렸다. 교육을 받고 교양을 갖춘 현대인들에게 성서의 권위는 회복하기 힘들 정도로 무너져 버렸다. 이런 사실을 무시하고 성서 문자주의 신앙을 고집하는 것은 결코 문제의 해결책이 되지 못한다. 적어도 '초자연적' 사건으로 간주되는 기적이라는 특별한 사건들을 통해서 자신을 간헐적으로 계시하시는 성서의 하느님 신앙은 설 자리를 잃어버리게 된 것이다.

8. 스피노자와 칸트 이후의 그리스도교 신학

초자연적 계시의 하느님에 대한 신앙과 거기에 근거한 성서와 정통 신학의 권위가 붕괴되면서 계몽주의 시대 사상가들에게 남은 종교적 선택은 크게 보아 두 가지뿐이었다. 첫째는 신을 인정하되 역사의 하느님, 행위하는 하느님, 일련의 기적적 사건을 통해 자신을 계시하는 초자연적 하느님을 부정하고 대안적 신관을 수립하는 길이었다. 이신론(deism)과 스피노자처럼 신과 자연을 완전히 일치시키는('신 또는 자연', deus sive natura) 범신론, 또는 자연 속에서 신의 현존을 느끼거나 역사 전체를 신(Geist)의 현현·현시(manifestation) 과정으로 보는 느슨한 형태의 범신론(pantheism) 계통의 새로운 신관들이다. 둘째는 성서와 그리스도교 신앙의 핵심을 도덕적 가치에 대한 믿음이나 도덕적 인격의 완성에서 찾는 길이다. 이는 칸트(I. Kant)와 그 후로

20세기 초까지 개신교 자유주의 신학(liberal theology)이 걸은 길이다. 또 실존주의 계열의 신학도 하나의 대안으로 제시되었다. 하지만 바르트(K. Barth)의 신정통주의 신학은 이 모든 흐름에 찬물을 끼얹었다.

계몽주의 시대 사상가들까지만 해도 성서의 권위나 성서 이야기들의 가치를 완전히 부정하지는 않았다. 다만 그들은 성서의 이야기들이 무지한 대중으로 하여금 이성의 고차적 진리를 알기 쉽게 이야기 형태로 전달해서 그들을 교화하는 교육적인 효과가 있다고 보았다. 하지만 그들은 대체로 성서 이야기들이 과학적 상식이나 역사적 진실에 위배된다고 여겼다. 따라서 그들은 이성적 기준에 부합한다고 여겨지는 몇몇 핵심적인 지적 내용만을 골라 담은 이른바 보편종교(universal religion) 혹은 이성종교(Vernunftreligion)라는 것을 성서와 그리스도교의 핵심적 가르침으로 간주했다. 그것은 이신론적 의미로 창조주 하느님의 존재, 인간 영혼의 불멸성, 개인 인격의 존엄성, 정의나 사랑 같은 보편적인 도덕적 가치들 같은 것이다.

우리는 이러한 생각을 이미 17세기 중반에 활약한 유대인 철학자 스피노자에서 발견한다. 그에 따르면, 성서 메시지의 핵심은 "정의와 자선을 사랑하고 구원을 얻고자 하는 사람이면 누구든 순종해야 하는 지고의 존재인 하느님이 계신다는 것, 이 존재를 경배하는 길은 이웃을 향해 사랑과 정의를 실천하는 데 있다."는 단 하나의 가르침으로 귀결된다.[44] 스피노자는 그것이 성서 여기저기에서 발견되는 내용이며, 성서 이야기들의 참다운 의미는 역사적 사실들에 있는 것이 아니라고 생각했다.[45] 성서 이야기들은 오히려 역사적으로 의심스럽고 믿을 만한 것이 못된다. 설령 믿을 만하다 해도 그것

---

44 *The Eclipse of Biblical Narrative*, 43.
45 같은 곳.

이 성서의 참된 내용이나 주제는 아니라는 것이다.[46]

더욱 중요한 것은 스피노자에 따르면 정의나 사랑 같은 성서의 핵심적 가르침은 반드시 성서로부터 배워야 할 필요가 없고, 성서가 전하는 어떤 이야기의 사실성에 의존하지도 않는다.[47] 그것은 인간의 본성과 일반적 관념들로부터 도출될 수 있기 때문이다:

역사적 이야기의 진리는 아무리 확실하다 해도 우리에게 하느님을 아는 지식이나 이에 따른 하느님에 대한 사랑을 줄 수 없다. 왜냐하면 하느님의 사랑은 하느님에 대한 앎에서 오며, 하느님을 아는 지식은 그 자체로서 확실하고 알 수 있는 일반적 관념들에서 오기 때문이다. 따라서 역사적 이야기의 진리는 우리가 최고선을 얻는 데 필수적이라는 것과는 상당한 거리가 있다.[48]

여기서 스피노자는 이미 이야기 중심의 성서적 신앙이 겪을 운명을 예고해주고 있다 해도 과언이 아니다. 성서의 핵심 메시지는 정의나 사랑 같은 윤리적 가르침에 있다. 자유로운 의지에 따라 세계를 창조한 하느님, 기적적 사건들을 통해 자신의 뜻을 계시하는 하느님, 그리고 세계와 역사를 일정한 목적을 향해 인도하고 섭리하시는 하느님에 대한 신앙은 철학적·형이상학적 사고를 할 능력이 없는 대중을 위한 그림언어일 뿐이다. 그들로 하여금 바람직한 도덕적 행위를 하도록 유도하는 의미는 있을지언정, 사실성이 의심스럽고 하느님을 아는 지식이나 사랑에 필수적인 것이 아니라는 것이다.

46 같은 곳.
47 같은 곳.
48 같은 책, 44.

한편, 그가 수립한 범신론적 신관은 성서의 대중적 인격신관에 만족할 수 없는 사람들을 위한 하나의 과감한 철학적 대안으로서 많은 지성인에게 음으로 양으로 영향을 주어 왔고, 신앙과 이성 사이에서 고민하는 사람들로 하여금 대안적 신관을 모색하게 하는 자극제가 되었다. 당시 자연과학의 결정론적 세계관의 영향 아래 있었던 스피노자에게 세계와 역사는 더 이상 신과 인간이 자유로운 행위의 주체로서 함께 엮어가는 장이 아니다. 그는 인간의 자유뿐 아니라 신의 자유도 인정하지 않았다. 신은 자연을 산출하는 능산적 자연이며 자연은 신이 산출한 소산적 자연이다. 만물은 신의 다양한 양태들이고 얼굴들이며, 자연 세계에 신의 의도나 목적 같은 것이 개입할 여지는 전혀 없다.

스피노자에게는 범신론과 결정론적인 과학적 세계관이 하나로 합치되었지만, 그 이후 20세기 초까지 전개된 서구 신학의 역사는 크게 보아 셋 중의 하나를 선택하지 않으면 안 되게 되었다. 첫째는 그의 범신론적 사고의 영향 아래 자연의 모든 현상에서 신의 현존을 보는 신관 내지 자연관, 또는 자연과 역사의 전 과정을 신의 현시로 보는 길이고, 둘째는 이신론(deism)의 길이며, 셋째는 세계에 대한 형이상학적 인식을 포기하고 종교와 신앙을 오로지 인간의 도덕적 삶에 정초하려는 칸트식 접근이다. 첫째 선택은 스피노자의 사상적 영향을 받은 레싱, 신학자이고 종교철학자인 슐라이어마허와 일련의 낭만주의 사상가들과 시인들, 그리고 쉘링이나 헤겔 같은 철학자들이 따른 길이다.

둘째 선택인 이신론은 스피노자와 마찬가지로 기계론적 세계관을 따르면서도 세계의 합리적 질서를 만든 창조주 하느님은 인정하는 계몽주의 사상가들 가운데서 유행했다. 이미 앞장에서 소개한 대로 이신론에 따르면 하느님은 한 치의 오차도 없이 작동하는 시계를 만든 제작자와 같다. 신은 일단 물리적 인과의 법칙이 지배하는 세계를 창조한 후에는 더 이상 세상사에 개입하지 않으며 할 수도 없다. 현재까지도 지성인들 가운데는 이런 신관으로 만족하는 사람도 있지만, 적어도 성서적 신앙에 근거한 신학자들이나 신앙인으로서는 수용하기 어려운 신관임에 틀림없다.

칸트가 제시한 셋째 선택은 스피노자나 이신론자들처럼 뉴턴 물리학으로 대표되는 기계론적이고 결정론적인 자연관을 따랐지만 범신론적 사고나 이신론을 거부하고 신앙을 인간의 도덕적 삶에 정초하고자 했다. 심지어 그는 "종교는 다름 아니라 신학을 도덕에 적용한 것이다."고 말할 정도다.[49] 칸트는 『순수이성비판』을 통해 감각적 경험에 의존할 수밖에 없는 인간의 유한한 이성으로는 신의 존재조차 알 수 없다고 주장했다. 그러나 『실천이성비판』에 와서 그는 인간의 도덕적 삶이 가능하기 위한 선험적 요청(Postulat)의 차원에서 신의 존재와 영혼의 불멸성, 그리고 인간의 자유를 수용했다.[50] 칸트에 따르면, 신의 준엄한 도덕적 명령만이 실천이성의 '무조건적 명령'으로 인간에 내재할 뿐이다.

도덕적 주체로서의 인간의 도덕적 경험과 인격의 완성에 신앙의 초점을 두는 칸트의 종교사상 — 그의 실천철학, 종교철학, 도덕신학 — 에 영향을 받은 자유주의 신학은 범신론이나 낭만주의 계열의 신학과 마찬가지로 20세기 초에 등장한 칼 바르트의 신정통주의 신학의 출현과 더불어 큰 타격을 입게 되었다.

여하튼 칸트와 더불어 지식과 신앙, 이성과 계시, 그리고 이론과 실천 사이의 균열은 재통합의 가능성이 완전히 차단될 정도로 커지게 되었다. 형이

---

49 Philip Clayton, *The Concept of God in Modern Philosophy*, 267에서 재인용.
50 물론 이러한 요청이 신, 영혼의 불멸성, 인간의 자유에 대한 주관적 확신은 될지언정 그 객관적 실재성을 입증하는 것이 아님은 자명하다.

상학은 아예 지식의 범주에서 추방되었고 철학도 그리스도교 신학도 형이상학을 포기하다시피 했다. 신앙은 지적, 이론적, 철학적, 형이상학적 기반을 상실한 채 종교적 경험과 직관에 호소하게 되었다. 여기에 물꼬를 튼 사람은 개신교 신학자이자 종교철학자인 슐라이어마허로서 그는 메마른 칸트식 도덕주의도 교리중심의 정통신학도 거부하면서 그리스도교 신앙을 인간의 영적 직관이나 종교적 경험에 정초하고자 했다. 칸트의 선험주의적인 인식론의 영향과 슐라이어마허의 정신을 이어받으면서도 그와는 달리 동양 종교 사상에도 정통했던 신학자·종교철학자인 옷토(R. Otto)도 성스러움(das Heilige)이라는 종교 특유의 경험에 종교를 정초하려고 한 대표적 인물 가운데 하나다.[51]

하지만 신앙이 교리도 아니고 철학도 아니고 도덕도 아니며 인간의 어떤 특이한 경험이나 직관에 근거한 것이라면, 종교적 진리는 객관적 보편성을 확보하기 어렵다는 문제를 야기한다. 그렇다고 종교적 감정이나 직관에 호소하는 슐라이어마허나 옷토의 입장이 전적으로 주관주의라는 말은 아니다. 적어도 그러한 경험을 촉발하는 어떤 대상 내지 실재가 있음을 그들은 결코 부정하지 않는다. 사실, 신에 대한 언어를 지식의 범주에서 완전히 추방했던 칸트 자신도 그의 『판단력비판』에 이르러서는 '숭고함의 감각'(the sense of the sublime)을 논하면서 무한한 실재나 세계에 대한 어떤 목적론적 통찰을 암시하고 감각적(sensible) 세계와 감각을 초월하는(supersensible) 세계를 매개하려는 입장을 취하고 있다."[52]

하지만 감각이나 직관은 아무래도 보편적 인식이 되기가 힘든 것은 부정하기 어렵다. 여하튼 칸트 이후로는 신앙을 철학적·이론적으로 정당화하려

---

51 루돌프 옷토, 『성스러움의 의미』(das Heilige), 길희성 역(분도출판사, 1987).
52 Philip Clayton, *The Problem of God in Modern Thought*, 327–46 참고.

는 노력이 전반적으로 후퇴할 수밖에 없었고, 그 대신 도덕이나 종교적 감정에 신앙을 정초하려는 노력이 한동안 서구 종교사상을 지배하게 되었다. 이렇게 신앙의 문제에서 합리적 근거 찾기를 포기하거나 거부하는 '주관주의적' 접근은 20세기로 접어들면서 서구 사상계에 풍미하기 시작한 실존주의 계통의 신학 내지 종교사상에서도 마찬가지다. 신앙은 실존적 결단과 비약 (이른바 '신앙의 비약', the leap of faith)을 필요로 한다는 것이다. 또 실존주의의 영향 아래 현재도 종교철학의 한 흐름을 형성하고 있는 신앙주의(fideism) 역시 신앙의 문제에 관한 한 합리적 논증이나 객관적 근거를 제시할 필요가 없으며, 할 수도 없고 또 해서도 안 된다는 원칙을 고수한다.

여하튼, 근대 과학에 의해 곤경에 처하게 된 성서의 초자연주의적 인격신관과 세계관은 성서를 가르치고 해석하는 교회 지도자들이나 신학자들에게 큰 고민을 안겨 주게 되었다. 그들은 우선 교육받은 사람들의 지성을 당혹하게 만드는 성서 이야기들의 사실적 진리 문제를 정면에서 다루는 대신, 그 이야기들이 담고 있는 어떤 보편적 의미나 관념 혹은 메시지에 관심을 돌릴 수밖에 없게 되었다. 경우에 따라서는 성서 외적으로 얻은 어떤 보편적인 종교적 관념이나 통찰, 그리고 영적, 실존적 메시지를 성서 이야기들에서 발견하거나 그 속으로 읽어 들어가기도 한다. 하지만 그렇다고 문제가 속 시원히 해결되는 것은 아니다. 성서 이야기들이 지닌 사실성의 문제가 여전히 남을 뿐 아니라, 성서 이야기들에서 읽어내는 일반적 종교적 관념과 영적 메시지 자체의 진리 여부도 여전히 문제가 되기 때문이다.

무엇보다도 성서 이야기들의 사실적 진리와 종교적 메시지의 진리 사이의 관계가 여전히 문제로 남는다. 성서 이야기들은 이제 정말 없어도 되는 것인가? 아니면 그것들만의 독특한 진리를 전하고 있는 것일까? 이미 지적한 대로 성서에서 어떤 보편적이고 항구적인 종교적 진리나 영적 메시지를 발견하려는 현대 신학자들의 노력과는 관계없이 많은 현대인들은 이미 성서를 외면하고 있다. 문자적 진리와 의미의 진리가 분리되는 순간부터 성서의 권위는 사실상 붕괴되기 시작한 것이나 다름없기 때문이며, 성서 밖에서도 더 잘 얻을 수 있는 일반적 진리를 — 그것이 신화적 진리든 철학적 진리든, 혹은 다른 어떤 영적 통찰이든 — 굳이 성서를 통해 우회적으로 그것도 지극히 믿기 어려운 이야기들의 표피를 뚫고 들어가는 수고로운 해석학적 작업을 거쳐서 얻을 필요가 없기 때문이다.

설상가상으로 계몽주의적 합리성이 성서 연구자들이나 신학자들에게도 영향을 미치게 되면서 성서에 대한 역사비평적 연구가 도입되자 성서의 문자적, 사실적, 역사적 신빙성에 대한 믿음은 더욱더 흔들리게 되었다. 특히 복음서들에 대한 역사비평적 연구는 복음서들이 어떤 경로를 통해 형성되었는지를 명확히 밝히게 되었고, 한 역사적 존재였던 유대 청년 예수가 어떻게 온 인류를 구원하는 신앙의 그리스도, 천상의 그리스도로 고백되게 되었으며, 급기야는 하느님의 영원한 말씀(로고스)의 육화로 신격화되게 되었는지를 여실히 보여 주게 되었다.

이에 따라 도그마화한 그리스도에 대한 신앙을 전제로 하여 만들어진 복음서들의 역사적 신뢰성은 물론이고, 예수가 본래부터 하느님의 말씀의 육화이며 하느님의 아들이라는 믿음과 거기에 근거한 정통신학도 흔들리게 되었다. 예수의 신성에 대한 믿음이 전제되었던 시절에는 예수가 행한 숱한 기적들이 당연한 일로 여겨졌지만, 근대의 과학적 사고와 역사비평적 성서 연구가 발달한 후로는 더 이상 자명한 진리가 되지 못할 뿐 아니라 오히려 신앙의 걸림돌로 작용하게 된 것이다. 최근 신학계에서 많이 논의되고 있는 '역사의 예수'와 '신앙의 그리스도'의 구별 문제도 이러한 맥락에서 생겼다. 그 결과 삼위일체 신론으로부터 출발하는 전통적인 하향적 그리스도론과 달리, 인간 예수로부터 출발해서 그가 인류의 구원을 위해 수행한 사역의 의미를 설명하는 상향적 그리스도론이 점차 더 설득력 있는 대안으로 등장하게 되었다.

9. 세속주의적 종교비판

현대 세계에서 역사의 하느님에 대한 성서적 신앙을 곤경에 처하게 만들고 형이상학적 토대 위에 구축된 그리스도교 신학을 붕괴시킨 것은 과학적 세계관과 사고방식뿐만이 아니다. 현대 세계로 오면서 공격적 세속주의자들의 날카로운 종교비판도 적지 않게 그리스도교에 타격을 입혔다. 그들은 휴머니즘을 표방하면서 인간 해방의 기치 아래 신 중심적이고 타계 중심적인 그리스도교 신앙을 맹공했다.

초월적 세계나 실재를 말하는 종교를 인간의 욕망의 투사로 보는 포이어바흐(L. Feuerbach)의 비판을 거쳐 마르크스(K. Marx)에 이르러 철저화된 세속주의적 종교비판은 대표적이다. "독일에서 종교비판은 기본적으로 끝이 났고, 종교비판은 모든 비판의 전제다."라는 마르크스의 대담한 선언은 이를 잘 대변하고 있다. 여기서 비판의 핵심은 인간의 구원의 문제, 즉 신과 인간, 인간과 인간의 화해, 그리고 인간의 자유가 예수 그리스도라는 특정한 인물과 필연적으로 연결되는가 하는 핵심 문제에 집중된다.[53] 마르크스에 따르면, 종교는 인간을 해방하기는커녕 오히려 비인간화한다. 종교가 인간을 만드는 것이 아니라 인간이 종교를 만들었으며, 인간은 스스로 만든 종교라는 제도로 인해 해방과 자유 대신 진정한 인간성에서 소외되고 억압을 받는다.

---

53 Hans Frei, *The Eclipse of Biblical Narrative*, 224.

하늘의 환상적 행복을 약속하는 그리스도교 신앙은 땅 위에서 인간이 마땅히 누려야 할 진정한 행복을 위한 노력을 가로막는 '민중의 아편'이라는 것이다.

신의 죽음을 선포한 니체, 인간의 본능을 억압하는 종교의 폭력과 위선을 고발하는 프로이트 등의 종교비판 역시 마르크스 못지않게 신랄하다. 이에 더하여 다윈 이후로 본격화된 진화론은 전통적인 그리스도교 인간관에 심각한 위협이 되었다. 근대 자연과학의 기계론적 세계관이나 계몽주의 사상만 해도 인간의 초월성과 존엄성을 부인하지는 않았다. 진화론은 이런 믿음을 위협했다. 생명의 종들이 자연선택의 원리 아래 전개되는 오랜 진화 과정을 통해 형성되었다는 생각은, 생명의 종들이 하느님이 창조한 불변하는 본질을 가지고 있고 종들 사이의 차이와 위계질서도 불변한다는 종래의 관념에 치명적인 타격을 가했다. 진화론은 이런 점에서 옥캄과 더불어 출현한 유명론, 즉 존재하는 것은 사물이나 생명의 범주들이 아니라 항시 변할 수밖에 없는 개별자들뿐이라는 사상을 최종적으로 입증해준 셈이다.[54]

진화론은 무엇보다도 인간이 하느님의 모상으로 창조된 존재로서 하느님의 특별한 섭리와 배려의 대상이라는 성서적 인간관을 흔들어 놓기에 충분했다. 인간도 여타 생명체들과 마찬가지로 철저히 자연에 속한 존재이며 끊임없이 생존을 위한 투쟁과 자연선택의 결과로 출현한 존재라는 냉혹한 사실을 보여 주었기 때문이다. 인간의 출현은 신의 섭리에 따른 특별한 의미나 목적을 지닌 현상이 아니라 무수한 돌연변이 같은 우연의 연속에 의해 이루어진 우발적 현상에 지나지 않는다는 것이다.

진화론은 자연계, 생명계에도 '역사'라는 것이 존재한다는 사실을 밝혀 주었다. 진화론적 사고는 더 나아가서 생명계에만 적용되지 않고 인간이 만든

---

54 한스 요나스(Hans Jonas), 『물질, 정신, 창조』, 김종국, 소병철 역(철학과 현실사, 2007), 144. 김종국의 〈역자해제〉에서 재인용.

역사적 산물, 즉 사회문화적 제도나 관습이나 사상에까지 적용되었다. 신이 제정해 준 절대적이고 불변하는 것은 더 이상 존재하지 않고 모든 것이 시간 속에서 만들어졌고 변할 수 있다. 이러한 진화론적 사고의 도전 앞에서 그리스도교 신학은 전통적 창조론을 수정 없이 고수하기 어렵게 되었다. 현대 신학은 적어도 '창조의 진화'와 '진화의 창조'를[55] 함께 논할 수밖에 없게 되었다.

근대적 세계관과 인생관이 중세 신본주의의 질곡에서 인간을 해방시켰다는 것, 그리하여 땅을 무시하고 하늘에만 매달려 살던 삶, 현세를 비하하고 내세만을 바라보고 살던 삶, 육체와 욕망을 폄하하고 영혼에만 매달렸던 삶에서 인간을 해방시켰다는 주장 등은 모두 쉽게 부인하기 어려운 면이 있다. 그러나 해방된 근대인, 자유와 주체성을 확보한 인간이 이제부터 무엇을 어떻게 추구하며 살아야 할지, 어디에다 삶의 의미를 정초시켜야 할지, 새로운 삶의 질서와 권위는 어떻게 구축해야 할지에 대해 현대 사상은 아직 확실한 답을 제시하지 못하고 있다. 아니, 그런 것은 불가능할 뿐 아니라 필요하지도 않다는 사고가 현대인들의 의식을 지배하고 있는지도 모른다.

10. 다원화된 현대 세계의 도전

우리는 지금까지 그리스도교가 역사적으로 직면해 온 두 가지 거대한 도전, 즉 그리스 철학의 도전과 근대 과학의 도전에 대해 고찰했다. 그리스 형이상학의 도전은 그리스도교가 비교적 성공적으로 극복하고 이성과 신앙을 종합하는 중세적 사상체계를 이룩했다는 것, 그러나 역사의 하느님을 믿는 성서적 신앙과 마찬가지로 근대 과학적 세계관의 도전을 받아 붕괴되거나

---

55 신학자 몰트만(J. Moltmann)의 표현.

위기에 처하게 되었다는 점을 논했다. 이제 그리스도교가 처한 세 번째 도전에 대해 생각해 볼 차례다. 사상과 이념, 가치관과 종교가 다원화된 현대 사회가 그리스도교의 절대적 진리 주장에 대해 제기하는 도전이다.

이 도전은 과학적 세계관 못지않게 그리스도교에 중대한 변화를 예고하고 있다. 이 도전도 과학적 세계관과 마찬가지로 비단 그리스도교만의 문제가 아니라 모든 현대 종교들이 직면할 수밖에 없는 문제다. 더 나아가서 종교뿐만 아니라 각종 철학 사상이나 이념, 인생관과 가치관, 그리고 모든 사회 제도나 문화까지도 위협하는 도전이다. 적어도 어떤 절대적이고 불변하는 이념적 정체성을 고수하고자 하는 집단이라면 피할 수 없는 위기이자 동시에 엄청난 기회가 될 수도 있는 도전이다. 간단히 말해서 사상과 이념이 다원화된 세계에서 배타적 절대성을 주장할 수 있는 진리는 더 이상 아무것도 존재하지 않는다는 사실이다. 사상의 진위 여부는 둘째 문제다. 인류의 다수가 한 개인이나 특정 집단이 믿는 신념이나 이념과 전혀 다른 세계관과 가치관을 가지고 살고 있다는 엄연한 사실은 그 자체로 이미 그 종교의 가르침이나 신념의 보편성과 절대성에 심각한 도전이기 때문이다.

모든 사상은 명시적이든 암묵적이든 진리 주장을 한다. 자기가 따르는 사상을 거짓이라고 생각하면서 주장하는 사람은 아무도 없다. 굳이 '사상'까지 들먹일 필요도 없다. 우리는 입을 열어 어떤 말을 하는 순간 이미 명시적이든 암묵적이든 자기가 하는 말이 참(true)임을 전제로 하면서 말한다. 가령 "지금 비가 온다."고 할 때, "지금 비가 온다는 나의 말은 참이다."는 주장이 이미 포함되어 있는 것이나 다름없다. 아무도 자기 말이 거짓이라고 생각하면서, 또는 자기도 자기 말을 믿지 않으면서, 하는 사람은 없다. 적어도 의도적으로 거짓말을 하려는 경우를 제외하고는 그렇다. 심지어 "진리란 존재하지 않는다, 모든 것이 거짓이다."고 말하는 사람도 이 주장만큼은 진리라는 것을 전제로 한다. 진리에 대한 전폭적인 회의주의이나 상대주의 또는 이데올로기 비판―마르크스, 니체, 프로이트식 의심의 해석학(hermeneutics of suspicion)―이 직면하게 되는 딜레마도 여기에 있다. 최근 우리나라 지성계에서 유행하고 있는 포스트모더니즘의 이성 비판도 마찬가지다. 이성의 비판 역시 이성적으로 할 수밖에 없다. 근대 이성이 아무리 억압적이고 비인간적이라 해도 이성의 비판도 이성에 반할 수는 없기 때문이다.

어쩌다가 우리는 이렇게 다원화된 세계에 살게 되었을까? 우리는 우선 현대인들이 이렇게 다원화된 사회에 살고 있다는 사실 자체를 당연시해서는 안 된다. 지나친 일반화는 경계해야 하지만, 근대 이전의 전통사회에서는 언제나 다수가 믿고 따랐던 지배적 종교라는 것이 있었고 다수가 추구하던 가치와 삶의 방식이 있었다. 동물에게는 삶의 방식이 태어날 때부터 유전자에 담겨 있는 정보에 따라 움직이면 생존이 가능하지만, 인간은 다르다. 몸과 마음, 존재와 의식이 분리될 수 있는 인간은 자유로운 존재로서 동물과 달리 훨씬 넓고 다양한 방식의 사고와 행동이 가능하기 때문에 언제나 선택의 자유와 부담과 책임을 안고 산다. 하지만 인간도 매 순간 모든 일에서 선택을 하며 살 수는 없다. 우리의 사고와 행위를 규제하는 일정한 틀이 없으면, 인간도 길을 잃고 방황하며 불안해 한다. 종교, 그리고 문화가 수행하는 필수적 기능 가운데 하나는 바로 우리가 사는 방식과 방향을 정하고 제시해 주는 정향(定向)의 틀을 제공하는 일이다.[56] 종교와 문화는 따라서 인간의 삶에서 동물에게는 선천적이고 본능적으로 주어져 있는 것을 대신하는 역할을 수행한다고 할 수 있다.

---

56 에리히 프롬(Erich Fromm)은 그의 *Psychoanalysis and Religion* (New Haven: Yale University Press, 1950)에서 종교의 기능을 우리가 헌신해야 할 대상(an object of devotion)과 살아가는 삶의 방식 내지 방향을 제시하는 정향의 틀(a frame of orientation)을 제공하는 것이라고 한다.

그런데 바로 이러한 정향의 틀이 종교와 문화가 다원화되는 현대 사회에서 위기에 처하게 된 것이다. 현대인들이 겪는 엄청난 정신적 부담과 혼란은 바로 이러한 상황에 기인한다 해도 과언이 아니다. 불과 100년 전 조선시대에 살던 우리 조상들의 삶을 한 번 생각해 보라. 엄격한 유교 윤리와 신분사회에서 개인이 추구해야 할 가치나 사상이나 행동 방식에 무슨 선택의 자유가 있었겠는가? 그러나 이제 한 종교가 사회 구성원 다수의 사고와 행동을 규제하던 시대는 사라졌고, 앞으로도 다시는 오지 않을 것이 거의 확실하다.

이제 우리는 세계관, 인생관, 가치관, 사상, 그리고 종교 등 모든 분야에서 각자가 알아서 선택하고 살아야 하는 엄청난 자유를 누리게 되었지만, 그 대가 또한 만만치 않다. 우리가 여기서 주목해야 할 점은 삶의 방식의 다원화보다 의식의 다원화 현상이다. 현대인들은 자기 말고 다른 사람들 다수가 나와는 다른 생각, 다른 사고, 다른 가치관과 인생관, 그리고 다른 종교와 다른 이념을 가지고 산다는 사실을 의식하며 산다. 이를 달리 표현하면, 나의 사고방식이나 가치관이나 생활방식, 그리고 무엇보다도 내가 따르는 종교가 결코 내가 사는 사회나 현대 세계에서 다수의 것이 아니며 절대성을 주장하기 어렵다는 사실을 의식하며 산다는 것이다. 우리는 이것을 의식의 다원화에 따른 '소수자 의식'이라고 부를 수 있다.

한국인들은 아직도 유교 전통이 많이 남아 있고 비교적 단일 언어, 단일 민족, 단일 역사적 경험, 그리고 동질적 문화 속에 살고 있지만, 적어도 개인들이 따르는 가치관이나 인생관, 그리고 종교는 누구의 경우든 소수집단(minority)의 것일 수밖에 없다. 극소수의 사람만 신봉하는 어떤 종교집단에 소속된 사람만 그런 것이 아니다. 불교, 개신교, 천주교와 같이 사회의 주류 종교들의 신자라 해도, 결국 타 종교들의 신자 전부, 그리고 아무 종교도 없이 사는 사람 전체에 비하면 소수일 수밖에 없기 때문이다.

이와 같은 상황을 한국을 넘어 전 세계로 시선을 돌려 보면, 의식의 소수화는 더욱 자명한 사실이다. 세계화라는 오늘날의 현상은 적어도 교육받은 현대인들 모두에 종교적, 문화적 소수자 의식을 불어넣고 있다. 시시각각 전파를 타고 전해지는 세계 각국의 정치, 경제, 사회, 문화, 종교에 대한 엄청난 양의 정보를 접하고 사는 우리들의 의식이 어떻게 불과 100년 전 조선 시대 사람들의 것과 같은 수 있겠는가? 또 현재도 인도 12억 인구, 중국 13억 인구, 이슬람권 사회문화 속에 살고 있는 13억 인구를 생각할 때, 나의 의식과 사고방식, 가치관과 삶의 방식, 그리고 내가 속해 있는 종교가 아무리 옳고 좋은 것이라 한들, 어디까지나 소수의 것일 뿐이라는 사실이 우리의 의식 속에 확실하게 각인된다.

소수의 사고방식 혹은 삶의 방식이기 때문에 나쁘거나 틀렸다는 말은 물론 아니다. 하지만 조금이라도 합리적 사고를 하는 사람이라면, 자기 것을 무조건 고집하거나 최고라고 주장하기가 어렵게 된 것만은 부정할 수 없는 사실이다. 적어도 교육받은 사람이라면 더 이상 우물 안 개구리식 편견이나 독단, 그리고 맹목적 배타성을 가지고 살 수 없게 된 것이다.

우리는 이제 한국사회에 살면서도 세계와 호흡을 하면서 살고 있다. 옛날의 촌락공동체나 마을공동체 같은 폐쇄적 사회 속에 사는 것이 아니다. 물론 아직도 그런 폐쇄적 사회에서 살던 때의 편협한 사고방식을 벗어나지 못하고 사는 사람도 꽤 있다. 그뿐 아니라 다원화된 사회가 초래한 정신적 혼란 속에서 사람들은 닫힌 사고, 닫힌 가치관, 닫힌 종교를 고집하고 싶은 유혹이 더욱 커질 수도 있다. 오늘날처럼 다원화된 시대에 다원화된 세계 속에서도, 우리가 도저히 상식적으로 용납할 수 없는 각종 극단적이고 근본주의적인 신앙 단체나 폐쇄적 공동체가 번성하고 있는 현상도 이러한 시각에서 충분히 이해가 된다.

현대 학문의 두 축은 자연과학과 역사학이다. 우리는 이미 근대 자연과학이 그리스도교에 초래한 위기를 고찰했다. 과학은 비단 그리스도교뿐 아니라 다른 종교들의 사상이나 믿음에도 위협이 된다. 그러나 현대 세계에서 과학보다도 더 심각하게 종교나 철학 사상을 위협하는 것은 현대의 역사적 사고와 역사적 세계관일는지 모른다. 역사적 사고방식이 우리가 사회와 문화를 보는 시각을 획기적으로 바꾸어 놓았기 때문이다.

역사적 사고에 따르면, 인간의 모든 사상과 제도, 심지어 종교까지도 예외 없이 특정한 역사적, 문화적 상황 속에서 우리 인간들 가운데 누군가에 의해 만들어진 역사적 산물이다. 예전에는 불변하는 신의 창조의 질서라 여겨졌던 것들, 따라서 자연의 질서처럼 움직일 수 없이 절대적인 것으로 여겨졌던 사상이나 제도들이 모두 역사적 산물임이 의심의 여지없이 밝혀지게 된 것이다. 이제 인간의 문물, 제도, 철학, 종교 등 어느 것 하나 절대적인 것은 존재하지 않게 되었다. 모든 것이 변해 왔으며 앞으로도 변할 수 있고 또 변해야만 하는 상대적인 것으로 간주된다. 인류의 역사 대부분을 지배해 왔던 신화적 사고가 힘을 잃고 신화(myth)와 역사(history)가 확연히 구별됨에 따라, 신화는 믿기 어려운 허구 정도가 된 지 이미 오래다. 인간의 제도나 문물이 신화적 기원이나 신적 권위를 지닌다는 말은 더 이상 통하지 않는다.

신화적 사고에 따르면, 세계와 인생에 주어져 있는 가장 근본적 현상들―가령 세계의 기원이나 질서, 남녀의 차이나 결혼과 가족 제도 등―은 모두 우리 인간이 만든 것이 아니라 신(들)이 제정해 준 영원한 질서다. 바로 이러한 믿음이 현대의 역사적 사고와 역사의식에 의해 깨어지게 된 것이다. 세상에 영원한 것은 아무것도 없고 모든 것이 시간과 역사의 산물이라는 사고가 현대인의 의식을 지배하면서, 신성하고 절대적 권위를 지닌 것은 이제 아무것도 남지 않게 되었다. 우리는 지금 모든 금기가 깨어진 시대를 살고 있다. 가령 예전에는 상상조차 하기 어려웠던 동성애자들의 결혼 같은 것이다. 하지만 이제는 인간의 자유와 권리와 해방의 이름으로 모든 것이 허용되고 있다. 적어도 남에게 해를 주지만 않으면 된다.

영원불변하고 절대적인 것이 존재하지 않는 세계에서 모든 것은 인간의 합리적 판단과 편의에 따라 바뀔 수 있고 또 바뀌어야만 한다. 그 어떤 제도나 사상도, 어떤 사회 체제나 질서, 가치나 권위, 전통이나 관습도 투명한 합리적 비판에서 제외될 수 없으며, 이성에 반하는 것은 언제든 사회적 합의를 거쳐 바꿀 수 있다고 사람들은 생각한다. 이것이 계몽주의와 더불어 시작된 혁명의 이념이며, 현대인들은 이러한 혁명적 변화의 시대, 역동적 해방의 시대를 살고 있다. 모든 것이 인간의 행복을 위해 존재하며, 이에 반하는 것은 무엇이든 고치거나 제거되어야 마땅하다. 인간은 이제 스스로 만들어 놓은 오래된 제도의 족쇄와 전통의 권위에서 벗어나 자신의 본래적 권리를 되찾게 되었다. 불합리한 전통과 관습 때문에 억눌렸던 자유와 권리를 되찾게 되었고, 인간을 소외시키는 그 어떤 제도도 용납할 수 없게 되었다. 보편적 인권, 개인의 주체성과 자유와 평등이 현대인의 양도할 수 없는 신성한 가치로 자리 잡게 된 것이다.

이런 와중에 종교라고 예외일 수는 없다. 서구 문명의 토대인 성서적 세계관이나 인생관, 그리스도교의 교리와 사상이 과학적 이성과 역사적 이성의 비판 앞에서 무너지거나 무력화된 지 이미 오래다. 성서적 '신화들,' 하느님 이야기들이 세계와 인생을 설명해주던 권위를 상실하게 되었고, 성서연구가들은 역사비평적 연구를 통해 성서가 언제 어떤 경로를 통해 형성되고 편집되고 권위를 인정받게 되었는지를 소상하게 밝혀주고 있다. 이에 따라 성서와 전통(교리)의 절대성에 대한 믿음은 더 이상 지탱하기 어렵게 되었다. 현대신학은 이러한 역사적 연구에 입각해서 그리스도교의 전통적 교리

와 사상을 일단 해체한 다음에 새롭게 재구성할 수밖에 없게 되었다.[57]

현대의 역사적 연구들은 또 그리스도교의 교권주의가 어떻게 인간의 자유로운 사고를 억압했고 봉건적 질서를 신성화하고 정당화했는지도 밝혀 주었으며, 그리스도교가 저지른 수많은 죄악상도 낱낱이 폭로하고 고발한다. 교회가 어떻게 하느님의 이름으로 인간성을 배반하고 인권을 짓밟았는지, 어떻게 내세를 약속하면서 현세를 희생시켰는지, 그리고 어떻게 하늘을 위해 땅을 소홀히 했고 영혼을 위해 육체를 폄하했는지, 어떻게 하느님을 위해 인간 소외를 조장했는지 낱낱이 파헤치고 고발하게 된 것이다. 그리스도교의 복음 대신 이제는 인간 해방과 복권을 외치는 세속적 '해방의 복음'이 현대인의 마음에 더 호소력을 지니게 되었다.

현대의 역사의식과 지식, 그리고 전 세계로 확대된 현대인의 문화적 상식은 그리스도교가 세계 여러 종교들 가운데 단지 하나일 뿐이라는 사실을 사람들의 의식에 뚜렷하게 각인시켰다. 그리스도교의 경전, 제도, 전통, 신관과 기독론, 세계관과 인생관 등 모든 것이 세계의 다양한 문화전통들 가운데 하나일 뿐이라는 의식이 상식화되면서 그리스도교의 배타적 진리 주장은 점점 더 설득력을 잃게 되었다. 역사적 상대주의, 문화상대주의 앞에서 모든 종교가 상대화되고 과거에 누렸던 절대적 권위가 사라지게 됨에 따라 종교 간의 차이는 이제 단지 문화적 차이 정도로 간주된다. 오늘날 그리스도교에서 주목을 받고 있는 이른바 종교다원주의(religious pluralism) 신학의 대두는 이러한 상황을 직시하면서 대담하게 그리스도교 사상과 교리를 재정립하려는 시도로 나온 것이다.

---

57 현대 신학에서 주목을 끌고 있는 이른바 상향적 그리스도론(Christologie von unten), 즉 전통적인 하향적 그리스도론(Christologie von oben)과 달리 인간 예수, 역사의 예수(historical Jesus)로부터 출발해서 신앙의 그리스도(Christ of faith), 도그마의 그리스도를 이해하고 재구성하려는 시도는 현대의 역사적 사고의 산물로서, 하나의 전형적인 예다.

처음에는 주로 식민통치의 일환으로, 또는 그리스도교 선교의 목적으로 연구되던 동양의 역사, 문화, 언어, 종교에 대한 지식이 서구 사회 일반으로 퍼지면서 서구 지식인들 가운데는 불교, 힌두교 등 동양종교에 매료되는 사람이 점차 증가하게 되었다. 오늘날 서양에서 동양종교는 더 이상 소수 지성인들의 지적 호기심이나 문화 연구의 차원에 머물지 않고, 상당수 사람들에게 세속주의나 그리스도교 신앙을 대체할 만한 매력적 대안으로 자리 잡아가고 있다. 특히 불교가 그렇다. 이에 따라 종래 그리스도교 중심의 종교관이나 배타적 신앙은 더 이상 통하지 않게 되었다.

동양종교들의 도전은 과학적 세계관의 도전에 버금가는 도전이며, 앞으로도 그리스도교 신앙에 점점 더 심대한 영향을 미칠 전망이다. 따라서 그리스도교 신학에서는 동양종교들을 신학적으로 어떻게 보고 평가할 것인가를 주제로 하는 종교신학(theology of religions)이라는 신학의 새로운 분야마저 생겨나게 되었다. 종교다원주의 신학은 이런 상황에 대한 과감한 대응 가운데 하나의 입장이다. 그리스도교 중심의 종교관이나 배타적 진리 주장이 더 이상 설득력과 현실성을 지니지 못하게 됨에 따라, 그리스도교 신학자들은 타 종교들의 진리를 어떻게 볼 것인가라는 문제를 놓고 아직도 갑론을박하고 있지만 ― 흔히 배타주의(exclusivism), 포용주의(inclusivism), 다원주의(pluralism)라는 세 가지 입장으로 정리되지만 ― 성직자들이나 신학자들이 뭐라 하든, 양식 있는 신자들의 의식은 이미 암묵적인 종교다원주의자가 되었다 해도 과언이 아니다.

종교다원주의란 한 사회 내에 그리고 세계에 종교가 다수 공존하고 있다는 상황을 자기 종교의 입장에서 어떤 식으로든 긍정적인 도전으로 여기는 입장이다. 이것이 종교다원주의에 대한 가장 넓은 최소한의 정의일 것이다. 여기서 '자기 종교의 입장'이라는 말이 매우 중요하다. 종교다원주의는 한 종교의 전통과 신앙을 진지하게 여기지 않는 사람, 다시 말해 진지한 신앙인이 취하는 자세가 아닌 한, 별 의미가 없다. 아무런 종교적 신앙의 헌신이 없는 세속주의자가 단지 지적 호기심이나 문화상대주의의 일환으로 종교다원주의를 주장한다면, 너무나도 당연한 이야기로 들리기 때문이다. 하지만 자기 종교의 신앙적 진리를 따르면서 어떻게 다른 종교들의 가르침에 대해서 긍정적 자세를 가질 수 있는가는 차원이 다른 어려운 문제다. 하지만 바로 이것이 종교가 다원화된 현대 사회·문화가 힌두교, 불교, 그리스도교 등 종교들에 부과한 과제다. 종교다원주의가 흔히 가장 배타적 성격이 강한 종교로 인식되는 그리스도교 내에서 가장 먼저 주창되고 있다는 사실은 역설적이지만 의미심장하다.

이 책의 마지막 장, '내가 믿는 하느님'에서 제시될 나의 신관 역시 그리스도교의 신관을 넘어 동서양의 형이상학적 사유를 반영할 것이다. 현대의 종교사상은 신학이든 종교철학이든 영성사상이든 인류의 종교 유산을 폭넓게 반영해야만 한다. 한 종교만의 전통을 가지고 종교에 대한 사고와 담론을 펴던 시대는 지나갔다.

제 3 부

—

신앙과 이성의 화해를 향하여

1. 현대 학문의 성격과 인문학의 위기

우리는 앞 장에서 현대인의 삶을 위협하는 가장 큰 문제는 삶의 무의미성이라는 것을 지적했다. 현대적 무의미성은 인생무상의 느낌이나 삶에서 경험하는 고통 또는 죄의식 같은 데서 오기보다는 세계 자체를 인식하는 근본 태도와 방식에서 온다는 특징을 가지고 있다. 근대적 세계 인식, 특히 과학적 사고방식과 세계관에 근본 원인이 있다는 말이다.

지금까지 나는 중세 말 유명론의 대두, 종교개혁, 그리고 근대 과학이 초래한 그리스도교의 성서적 신앙과 형이상학적 세계관의 붕괴를 사상사적으로 고찰하면서 현대의 정신적 상황을 진단했다. 이 장에서는 근대 학문 일반의 성격에 초점을 맞추면서 근대적 이성의 성격과 문제점들을 조명하고, 현대 세계가 직면하고 있는 정신적 위기를 극복하는 길을 모색하고자 한다. 나는 세속화된 근대 이성이 그 본래적인 종교적·형이상학적 뿌리를 회복함으로써 이성과 신앙이 다시 화해할 수 있어야 한다고 생각한다. 그리고 이를 위해서는 새로운 신관의 모색이 필수적이라는 판단 아래 그것이 지향해야 할 방향을 가늠해 보고자 한다.

지식을 산출하는 현대 학문은 자연과학이든, 사회과학이든, 인문학이든 모두 인식 대상과 인식 주체를 확연히 분리하고 객관적 인식을 추구한다. 학자들은 구체적 자연인이 처한 생활세계—사회, 문화, 역사적 전통, 관습 등—에서 오는 일체의 '편견'을 버리고 냉정한 관찰자적 자세로 연구에 임한다. 자연을 냉철한 탐구 대상으로 여기는 근대 과학이 혁혁한 성과를 거둠에 따라, 이러한 과학적 탐구 자세는 사회과학은 물론이고 인문학에까지도 영향을 미치면서 모든 학문적 인식의 전범으로 간주되게 되었다.

이러한 객관주의적 연구는 심지어 종교연구에까지도 침투해서 연구 대상과의 소외를 전제로 한 인식의 추구를 목적으로 삼게 되었다. 일체의 주관적 태도나 감정, 가치판단이나 선입견을 제거하고 대상을 있는 그대로 파악하려는 것이 오늘날 모든 학문이 추구하는 지식의 모델이다. 이를 위해서 사실판단과 가치판단을 엄정하게 구별하고 〈가치중립성〉을 모든 학문의 정신이자 이상으로 삼는다.

근대 과학은 인간이 사물을 대하는 태도를 근본적으로 바꾸어 놓았다. 목적론적 세계관이 붕괴되고 세계 자체의 구조와 성격에 뿌리를 둔 것으로 여겨졌던 가치와 의미 같은 인간적 관심사는 연구의 관심에서 배제되었다. 사실의 세계를 인식하기 위해서 우리가 인간으로서 가지고 있는 일체의 가치나 목적, 의미에 대한 관심을 배제해야만 하는 과학적 연구 자세가 모든 학문적 인식의 전형으로 자리 잡으면서 역사와 문화, 종교, 예술, 철학, 사상 등 인간 현상을 연구하는 연구자들의 자세 또한 비인격화된다. 자연계의 탐구와 마찬가지로 인문학에서도 연구자 자신이 지닌 인간적 관심이나 가치판단을 모두 배제하는 〈거리 두기〉와 중립적 자세가 필수적 조건으로 요청되는 것이다. 그렇지 않으면 '주관적'이라는 낙인이 붙고 학문성을 인정받지 못하는 것이 오늘날 대학이나 연구기관의 일반적 상황이다. 인문학이 점점 더 힘을 잃고 '인문학의 위기'가 세인들의 입에 회자되는 원인도 나는 인문학이 지식의 차원으로 전락해 버린 데 있다고 본다. 인문학의 위기는 인문학 스스로가 자초한 면이 많다.

이렇게 비인간화된 현대학문이 실제로 '가치중립적'인지는 의문이다. 학문 연구의 방법과 과정은 엄정한 가치중립성을 표방하지만, 적어도 그러한 연구를 지원해 주는 산업체나 기업체, 민간 연구소나 정부 기관들이 기대하는 연구의 목적과 성과 내지 활용성은 결코 가치중립적이지 않다. 이러한 사정은 자연과학과 공학은 물론이고 사회과학과 인문학에서도 근본적인 차이가 없다. 오늘날은 인문학도 대중매체가 요구하는 관심과 대중의 소비 욕구로부터 자유롭지 않다. 사실 학문뿐 아니라 문화 활동 전체가 '문화산업'이라는 말이 자연스럽게 사용될 정도로 자본의 논리를 벗어나기 어렵게 된 것이다. 대형화되고 권력화된 종교 단체나 기관에서 수행하는 연구 프로젝트들은 말할 것 없고, 심지어 각종 명상이나 영성 수련마저도 기업화되어가고 있는 것이 오늘의 현실이다.

인류의 소중한 정신적 유산에 담겨 있는 지혜의 보고를 대하는 태도에서 조차 규범으로 요구되는 이러한 거리두기와 가치중립성은 결국 이 정신적 유산을 대상화하고 타자화함으로써 연구자 자신뿐 아니라 인류가 당면한 삶의 문제들을 해결해 나가는 데 미치는 영향을 처음부터 차단해 버리는 결과를 초래한다. 선대 인간이 남긴 정신적 자산이 후대 인간의 연구 활동에 의해 본질적으로 사물화되고 무력화되는 것이다. 과거는 어디까지나 과거일 뿐, 현재 우리의 삶과는 아무런 관련이 없게 된다. 연구 대상으로부터 거리두기를 전제로 하는 현대 인문학은 과거를 현재화하려는 노력을 포기하고 과거를 단지 과거로 머물게 한다.

오늘의 인문학자들은 대학이라는 제도 속에 안주하면서 '학문적 연구'라는 이름으로 과거를 과거로서 들추어내는 일에 전념하면서 논문을 발표하고 연구 업적을 쌓는 데 몰두한다. 대학의 강단 철학이 되어 버린 철학도 더 이상 살아 있는 오늘의 삶의 문제를 가지고 진지하게 씨름하기보다는 주로 철학사 연구가 되어 버린다. 매년 동서양 철학을 연구하는 엄청난 양의 논문과 저서가 쏟아져 나오지만, 학자들의 업적 쌓기에는 도움이 되겠지만 학자들 자신의 삶이나 사회를 변화시키는 힘은 없다. 종교나 철학이나 문학이 연구와 분석의 대상이 되면서 대학이 '지식산업체'로 전락해 버렸다는 비판은 결코 근거 없는 비판이 아니다.

　계몽주의에 대한 반발과 비판의식이 형성되는 19세기로 접어들면서부터 서구 인문학 내에서는 이러한 주객의 분리에 입각한 과학적 학문 연구의 태도와 방법을 극복하려는 노력이 생기게 된 것도 사실이다. 자연과학과 차별화된 인문학 고유의 독자적 연구 방법에 대한 모색이 이루어지기 시작한 것이다. 이러한 문제의식은 오늘날도 계속되고 있다. 헤르더(J. G. Herder)나 슐라이어마허 같은 낭만주의 계통의 사상가들에 의해 제시된 공감(Einfülung)과 이해(Verstehen)의 해석학적 인문학, 이를 더 체계적으로 발전시켜 이해(Verstehen)를 정신과학(Geisteswissenschaft)의 독자적 특성이자 방법으로 제시한 딜타이(W. Dilthey), 그리고 실존주의의 대두와 더불어 유행하게 된 실존적 연구 자세 등이 모두 종래의 거리두기의 인문학을 극복하려는 시도들이라 할 수 있다. 지평의 융합(Verschmelzung der Horizont)을 인문학적 방법론으로 과감하게 제시한 가다머(H. Gadamer)의 철학적 해석학도 이러한 문제의식을 반영하고 있다.

　하지만 학문적 연구를 본업으로 내세우는 대학이라는 제도권 속에서 활동하는 인문학자들은 여전히 연구의 인문학을 추구할 수밖에 없다. 연구자 자신의 실존적 관심이나 삶의 문제와는 동떨어진 직업적 연구가 교수들의 본업이 될 수밖에 없는 것이 부정하기 어려운 현실이다. 내가 아는 한 철학과의 문을 두드리는 학생들 가운데 누구도 철학의 한 분야에서 '전문가'가 되려는 포부를 품고 철학 공부를 시작한 사람은 거의 없다. 대다수가 인생의 고민을 안고 철학의 문을 두드리지만, 오늘날의 강단 철학은 그런 문제에 대한 해답은커녕 문제의식조차 없고 허락하지도 않는다.

2. 근대적 자아, 자유, 무의미한 삶

연구 주체(subject)와 연구 대상(object)을 엄격히 구분하는 과학적 탐구의 정신은 현대인의 자기이해를 반영하고 동시에 강화한다. 자연이든, 역사·문화이든, 세계를 객관적 탐구와 지식의 대상으로 삼는 현대 학문의 연구자상(像)이나, 일체의 사회적 관계망에서 벗어나 고립된 주체로 살아가야 하는 합리적 자아상은 다 같이 근대의 이상적 자아상이다.

근대 철학의 아버지로 불리는 데카르트의 사유하는 주체로서의 코기토(cogito)적 자아는 이런 근대적 자아상을 잘 대변했고 그 앞날을 예고했다. 근대인은 종래 삶의 의미의 테두리 내지 도덕적 삶의 공간으로 작용하던 자연의 질서나 전통적인 사회적 관계망으로부터 풀려나 세계 자체를 대상화하는 고립된 주체(자아, disengaged self)[1]로 살면서 엄청난 자유를 향유하게 되었다. 그러나 이와 동시에 홀로 자신의 삶의 의미를 찾고 개척하고 구축해야만 하는 엄청난 정신적 부담도 안게 되었다. 이러한 근대적 현상 자체가 이미 삶의 무의미성과 허무주의의 위험을 안고 있지만, 그렇다고 개인을 묶었던 일체의 전통적 속박과 공동체적 연결고리에서 해방된 현대인은 과거의 전통사회로 되돌아가기도 원치 않으며, 실제로 되돌아갈 수도 없다.

현대인은 오히려 전통사회에서 형성된 정체성 대신 새로운 인간관에 입각한 자아의 이상과 가치를 적극적으로 주장하고 추구한다. 범할 수 없는 개인의 자유와 존엄성, 깊은 개인 내면의 발견, 자기만의 창조적인 삶, 개성의 존중과 자아실현, 보편적 인권과 평등성과 인간애 같은 가치들이 새로운 신성한 가치로 근대인의 의식에 자리 잡게 되었다. 구체적 인간을 규정하던

---

1 찰스 테일러(Charles Taylor)의 표현들. 그의 *Sources of the Self: The Making of the Modern Identity* (Cambridge, Mass.: Harvard University Press, 1989)는 이 문제에 대한 사상사적 고찰이다.

일체의 우연적 조건이나 연줄을 떠나 인간을 인간 자체로 보는 추상화된 인간관에 근거한 이른바 보편인(universal man)이 일반화된 전대미문의 시대를 우리 모두가 살고 있는 것이다.

이렇게 투명인간처럼 보편인이 된 현대인에게 주어진 자유는 양면에 날카로운 날을 지닌 칼과 같다. 한편으로는 일체의 사회적 속박에서 풀려나 다원화된 사회가 제공하는 다양한 가치를 자유롭게 취사선택하면서 자기만의 주체적 삶을 살 수 있는 자유이지만, 다른 한편으로는 실제상 '자유를 위한 자유'라는 공허하고 무의미한 자유로 전락해 버릴 위험성을 다분히 안고 있다. 실제로 현대 세계에서 전자의 이상을 실현하는 사람은 극소수에 불과하고, 대다수 인간은 자본주의 경제 시스템이 지배하는 사회에서 소비와 향락을 누리는 자유를 진정한 자유로 여기며 살고 있는 것이 부정할 수 없는 현실이다. 현대 민주사회는 모든 사람이 일체의 속박으로부터 해방된 자유(freedom-from)를 누릴 권리를 법적으로 보장하지만, 극소수의 사람만이 진정으로 자기가 원하는 가치를 선택하고 거기에 헌신하는 자유(freedom-for)를 누리며 산다. 불행하게도 이 후자의 자유를 누리기 위해서는 상당한 경제적 조건이 충족되어야 하는 것이 현실이다. 아니면 엄청난 시련과 고통을 감수하면서 '체제'에 도전하는 극소수의 용감한 자만이 누릴 수 있는 자유일 뿐이다.

18세기 계몽주의 시대로부터 보편화되기 시작한 이러한 일련의 근대적 가치들은 오늘날 전 세계로 확산되면서 사회나 문화의 차이를 넘어 보편적 가치로 인정받고 있다. 세계의 어떤 문화, 어떤 종교도 이러한 근대적 가치들을 외면할 수 없을 뿐 아니라 적극적으로 수용하지 않으면 안 되게 되었다. 여기서 우리가 주목해야 할 점은 개인 혹은 개체를 중시하는 근대의 보편적 가치들의 배후에는 그리스도교 전통이 깔려 있다는 사실이다. 현대 그리스도교가 여타 종교들과 달리 이러한 일련의 근대적 가치들을 자신의 가르침으로 적극적으로 수용하는 데 큰 어려움을 느끼지 않는다는 사실은 이점을 간접적으로 보여주고 있다. 탈그리스도교 시대를 살고 있는 현대인들은 이러한 사실을 망각하고 살지만 이는 엄연한 사실이다. 서구 사회와 문화가 아무리 세속화되었다 해도 서구인들이 삶과 죽음을 대하는 태도나 인간관, 특히 도덕적 사고와 가치관의 배후에는 여전히 그리스도교에 의해 형성된 인생관과 세계관이 작용하고 있으며, 바로 이러한 문화적 배경 속에서 근대적 가치들이 서구 사회에서 실제적 영향력을 지닐 수 있는 것이다.

위에 열거한 일련의 근대적 가치들의 핵심은 개인의 발견에 의한 개인주의, 즉 일체의 사회적 관계를 떠나 인간을 하나의 독립된 인격체로 보는 인간관, 개인 인격과 인권, 개성과 내면성을 중시하고 개인의 자기실현과 자기표현을 강조하는 인간관에 근거하고 있다. 자연과의 교감을 중시하는 낭만주의도 집단보다는 개인의 감정과 직관을 중시하는 개인주의적 인간관의 다른 표출일 뿐이다. 이렇게 서구에서 가장 먼저 발달하게 된 개인주의적 사고와 가치관의 배후에는 그리스도교 신앙, 특히 개인주의적 신앙의 성격이 강한 개신교 전통이 결정적으로 중요한 영향을 끼쳤다.

개인을 중시하는 사고는 플라톤의 이데아가 아니라 개체를 실체(substance, ousia)로 보는 아리스토텔레스의 존재론에 이미 그 싹이 보이지만, 그의 형상(form) 개념이 보여주듯이 그는 아직 플라톤적 본질주의를 완전히 벗어나지 않았다. 옥캄의 유명론이야말로 본질주의를 거부하고 본격적인 개체 중심적 사고의 출발점이었다. 또 고대 말기에 그리스-로마 세계에서 크게 유행했고 그리스도교에도 많은 영향을 끼친 스토아 철학에도 우리는 주목할 필요가 있다. 스토아 철학은 모든 인간이 로고스, 즉 이성을 지닌 존재라는 생각에 따라 개인의 존엄성을 중요한 가치로 여겼다. 실제로 스토아 철학에 영향을 받은 로마 황제들 가운데는 모든 인간의 존엄성을 인정하고 실천에

옮긴 사람도 있었다. 그들은 남녀노소나 사회적 신분의 차이를 넘어 피정복민과 노예에 이르기까지 로마 시민권을 주었으며, 민족과 인종의 차이를 초월하는 보편적 정치질서를 구축하고자 했다.

그리스도교는 인간 존엄성의 근거를 이성에 두기보다는 모두가 하느님의 피조물이고 자녀라는 예수의 가르침에 따라 인간 존엄성의 기반을 훨씬 더 확대하고 대중화했다. 하지만 스토아학파와 그리스도교의 보편주의적인 인간관이 고대와 중세의 신분사회를 넘어 민주주의라는 정치 제도를 통해 실제적으로 보편화되고 법적으로 보장이 되기까지는 계몽주의 시대를 기다려야만 했다. 민주적 가치들의 실현은 비서구 사회들에서는 물론이고 제도로서의 민주주의가 정착된 서구 사회에서도 아직 미완의 과제로 남아 있다는 사실을 우리는 기억할 필요가 있다.

인간을 인종이나 민족, 남녀노소의 사회적 신분과 계급의 차이를 넘어 하느님의 자녀로 보는 그리스도교의 인간관은 실로 고대 사회에서 획기적 현상이었다. 그리스도교는 물론 교회 중심적 종교이지만, 교회는 본래부터 개인의 신앙, 즉 하느님과 개인의 직접적 관계에 기초하는 공동체였다. 구약 시대의 예언자들도 인간이 하느님의 준엄한 윤리적 명령과 심판에 직면해 있다는 메시지를 전했지만, 그들의 날카로운 비판은 개인보다는 이스라엘이라는 민족공동체를 향했다. 율법을 강조하는 유대교는 개인의 신앙보다는 이스라엘 민족과 하느님과의 관계를 중시하는 민족적, 집단적 종교다. 이와는 달리 새로운 하느님의 백성임을 자처하고 나선 초대 그리스도교는 어디까지나 개인의 신앙적 선택을 바탕으로 하여 형성된 집단이다. 중세 가톨릭교회가 오랫동안 하느님과 인간을 매개하는 각종 제도와 의례를 중시하는 사제 중심의 종교로 그리스도교를 변모시켰지만, 종교개혁자들은 개인의 신앙을 중심으로 하는 초기 그리스도교의 정신을 되찾았다. 개신교의 이러한 종교적 개인주의는 근대적 개인주의의 중요한 배경이 되었다.

하지만 이러한 종교적 배경은 서구사회에서 근대적 가치들이 세속화됨에 따라 점차 사라지거나 힘을 잃게 되었고 그 종교적 뿌리와 형이상학적·존재론적 기반도 사라지게 되었다. 서구인들의 삶에 아직도 그리스도교적 인생관과 가치관이 상당 부분 남아 있어 서구 민주주의를 떠받치는 핵심적 가치들과 세속적 휴머니즘(secular humanism)이 어느 정도 힘을 발휘할 수 있는 사회문화적 배경이 되고 있지만, 일단 종교적 뿌리와 존재론적 기반을 상실해버린 현대 세속적 휴머니즘이 외치는 구호들은 점점 더 호소력과 동력을 상실한 공허한 수사(修辭)로 변해 가고 있다. 근대 민주적 가치들을 반영하고 뒷받침해 주는 사회적·정치적 제도들이 완벽에 가깝게 갖추어졌음에도 불구하고 자본주의와 결탁한 도구적·기술적 이성의 횡포가 삶의 거의 모든 영역을 지배해 가고 있는 현실 속에서 세속적 휴머니즘의 구호들이 점점 더 공허하게만 들리는 것이 부인할 수 없는 오늘의 현실이다.

따라서 우리는 묻게 된다. 인간은 정말 모두가 평등한 가치와 존엄성을 지닌 존재인가? 우리가 자신의 욕망을 제어하거나 희생하지 않고서는 결코 따르기 쉽지 않은 양심의 명령을 따라야 하는 이유는 무엇이며, 도덕적으로 살아야 하는 이유는 도대체 어디에 있는가? 도덕적 삶과 행복한 삶은 과연 일치하는가? 이래도 한 세상 저래도 한 세상, 사람은 죽으면 선인이나 악인을 가리지 않고 모두 허무로 돌아간다는데, 그래도 우리는 자신을 희생하면서까지 선하게 살아야만 하는가? 우리가 추구하는 선들 사이에는 우열이 없고 가치를 평가하는 기준은 없는 것일까? 이런 질문들에 대해 현대 세속적 휴머니즘이 과연 설득력 있는 답을 제시할 수 있는지 지극히 회의적이다.

존재하는 모든 것이 타자화되고 일체의 연결고리가 단절된 채 홀로 고립된 삶을 살 수밖에 없는 현대인들, 삶의 거의 모든 영역과 인간관계가 상업화되고 뭇 생명의 보금자리가 인간의 탐욕에 의해 회복불가능하게 파괴되어가는 전대미문의 환경생태계의 위기에도 불구하고, 종말을 향해 미친 듯 질주하고 있는 현대 문명의 열차를 멈출 수도 없고 뛰어내릴 수도 없이 계속 타고 달리는 현대인들이 진정으로 살 길은 어디에 있는가?

3. 극한적 질문들: 세속화된 근대 이성을 넘어

나는 현대 문명의 병폐를 극복하는 데 가장 근본적인 것은 근대 서구 사회에서 길을 달리한 신앙과 이성이 다시 화해하는 데 있다고 본다. 이를 위해서 무엇보다 중요한 과제는 서양 근대의 세속화된 이성이 다시금 그 존재론적 뿌리와 신성을 되찾는 일이다. 이런 점에서 나는 최근 우리나라 지성계에 유행하고 있는 포스트모더니즘의 반이성주의는 진정한 대안이 될 수 없다고 생각한다. 본래 인간을 전통의 굴레로부터 해방시키는 힘의 원동력이었던 근대적 이성이 인간의 주체성을 일방적으로 강조함에 따라 주체와 객체, 몸과 마음, 감성과 이성, 의식과 무의식, 개인과 공동체, 인간과 자연, 그리고 신과 인간의 대립을 초래했고, 전통사회와는 또 다른 형태의 억압과 소외를 낳게 된 것은 부인할 수 없는 사실이다. 그렇다고 우리는 근대적 개인의 발견과 주체의 자각을 없던 일로 해서는 안 되고 할 수도 없으며, 또 이성 자체를 방기할 수도 없다. 이성의 비판 역시 이성의 이름으로 할 수밖에 없기 때문이다. 현대 문명의 병폐 또한 단순히 전통사회로의 복귀나 무책임한 이성의 방기로 해결될 수 없다.

현대사상은 오히려 인간의 이성과 주체성을 더 넓은 맥락과 더 깊은 차원으로 확대하고 심화해야 한다. 이성에 대한 비판이 자기 파괴적이고 자기 모순적이 되지 않으려면, 이성을 거부하는 것이 아니라 확대하고 심화하고 고양하는 길을 모색해야만 한다. 이는 곧 근대의 도구적 · 기술적 이성이 다시금 그 본래의 존재론적이고 신적인 깊이와 폭을 회복하는 데 있다. 이를 위해서 우리는 우선 근대 세계에서 당연시되고 있는 이성에 대한 믿음이 어떤 근거를 가지고 있는지 되묻는 근원적 물음이 필요하다.

근대 문명을 떠받치고 있는 이성에 대한 믿음은 도대체 어디에 근거한 것일까? 인간의 이성은 과연 스스로를 정당화할 수 있을 정도로 궁극적인 것인가? 우리는 물론 근대 과학적 이성이 이룩한 혁혁한 성과들을 무시할 수 없다. 우리는 또 생물학적 · 진화론적 시각에 따라 인간의 이성도 생존을 위한 가치 때문에 발달한 것이라는 데도 어느 정도 동의할 수 있다. 하지만 사물의 세계 자체에, 자연계와 우주 자체에 우리의 이성으로 파악할 수 있는 법칙과 질서라는 것이 존재하지 않는다면, 인간의 이성이 과연 작동할 수 있고 효력을 지닐 수 있을까? 이성은 세계 자체에 뿌리를 두고 있으며, 더 나아가서 신적 기반을 가지고 있다. 이러한 존재론적 기반—세계가 신이 창조한 질서인 한—을 상실한 근대 이성이 순전히 인간의 욕망을 충족시키기 위한 도구적 이성, 기술적이고 전략적이고 인간중심적인 이성으로 전락하게 된 것은 결코 이상한 일이 아니다. 나는 존재론적 차원을 상실한 근대 이성이 그 한계를 인식하고 다시금 그 깊이와 초월성을 되찾지 않는 한, 미친 듯 질주하고 있는 현대 문명의 위기는 결코 극복될 수 없다고 본다.

인간은 세계와 인간의 존재에 대해 과학만으로는 답하기 어려운 "왜"냐 하는 극한적 질문들(limit-questions)을 던질 수 있는 존재다. 사람은 생존의 문제와 별로 관계가 없는 질문들을 붙잡고 씨름하기도 한다. 가령, 세계는 도대체 왜 존재하는가? 세계는 왜 합리적 탐구가 가능하고 우리의 이성이 파악 가능한 구조와 성격을 지니고 있는가? 왜 세계는 이토록 아름답고 다양한 존재들로 가득하도록 생산적인가(productive)? 어찌하여 세계는 가치들을 식별할 수 있는 인간이라는 존재를 산출하는가? 이런 질문들이다.[2] 또 세계는 왜 그 자체를 향해 바로 이러한 질문들을 던질 수 있는 존재인 호모 사피엔스를 출현시켰는가 하는 물음도 하나의 극한적 질문이다. 예부터 신(God)은 이런 궁극적 질문에 대한 답으로 제시되었다.

아래 제기하는 일련의 극한적 질문들은 근대 과학적·기술적 이성으로 하여금 그 한계를 자각하고 다시금 이성의 깊이를 회복하게 하기 위해서 생각해 보아야 할 질문들이다. 특히 현대 사회와 문명에 일반화된 유물론적 사고의 한계를 자각하는 계기가 될 수 있을지도 모를 근본적인 물음들이다.

1) 나는 우선 다양한 사물로 구성된 세계에 부인하기 어려운 범주별 차이, 형태와 구조의 차이와 질서가 객관적으로 존재한다고 믿는다. 그런 질서가 없다면 인간도 동물도 생존 자체가 불가능하다. 인간의 지성은 사물에 내재하는 범주별 공통 형상(form)을 인지할 수 있는 특이한 능력을 갖고 있으며, 이 능력을 바탕으로 인간은 언어 행위가 가능하고 추상적인 개념적 사고도 가능하다. 나는 인간의 언어와 이성이 사물의 질서를 반영하지 그 역이 아니라고 생각한다. 다시 말해서 나는 우리의 언어나 사고의 구조가 사물에 질서를 부여하는 것이 아니라, 우리의 인식이 사물의 질서를 반영한다고 생각하는 고전적 실재론자다. 플라톤적 이데아(Idea)나 아리스토텔레스적 형상은 사물 자체의 구조와 형상을 반영하는 개념들이다.

이런 점에서 나는 현대철학에서 유행처럼 번지고 있는 각종 반(反)본질주의에 대해 비판적이다. 나는 사물들이 범주별로 불변하는 본질 또는 본성을 지니고 있다는 경직된 본질주의는 반대하지만, 사물들 사이에 엄연히

2 Arthur Peacocke, *Theology for a Scientific Age* (Minneapolis: Fortress Press, 1993). 피콕은 이러한 문제들을 제기하면서 그 의의에 대해 논한다. 87–90.

168

범주별 차이가 존재하며 사물들은 상호 의존 관계에 있으면서도 여전히 상이한 본질들을 실현해 나간다고 본다. 특히 인간에게는 하늘·하느님이 부여한 본질 내지 본성이 있으며, 이 인간성을 완벽하게 실현함으로써 실존(existence)과 본질(essence)의 괴리를 극복하고 참사람이 되는 것이야말로 인간의 진정한 선이고 행복이다. 종교는 그런 사람을 성인(聖人, saint)이라 부르며, 성인이 되는 것은 전통적으로 종교의 근본 목표다.

나는 사물의 본질들이 점차적으로 실현되어 간다는 점에서, 또 신의 로고스가 우리가 아직 모르는 새로운 본질들이 출현할 가능성을 품고 있을 수 있다는 점에서 〈유연한 본질주의〉를 지지한다. 가령, 인간이 하느님의 모상으로 창조되었다는 그리스도교의 인간관은 하느님의 모상을 인간의 본성으로 간주한다. 하지만 인간이 이러한 인간성을 지닌 존재로 지구상에 출현하기까지는 오랜 세월에 걸친 진화의 과정이 필요했다. 이러한 호모 사피엔스로 진화했을 때, 우리는 인간이 하느님의 모상임을 논할 수 있지 않을까 생각한다. 적어도 인간이 자신의 존재를 의식하고 자기 마음을 성찰할 수 있는 지성과 자유를 지닌 존재로 진화했을 때부터 우리는 하느님의 모상이라는 말을 인간에 적용할 수 있을 것이다.

하지만 이렇게 장기간에 걸쳐 출현한 인간의 본질이 태초부터 신의 로고스 속에 실재하고 있었다는 점에서, 그리고 이 로고스에는 앞으로 실현될지도 모를 다른 가능성들도 있을 수 있다는 점에서 나는 유연한 본질주의를 지지한다. 우리는 따라서 사물의 본질들이 궁극적으로 어떤 모습으로 실현될지에 대해 함부로 예단하기보다는 무수한 우여곡절과 우연의 모험을 겪으면서 진행되고 있는 진화의 과정을 지켜보는 지혜가 필요하다. 생명체들은 진화를 통해 종(species)에 따라 정해진 본질을 실현해 가지만, 다른 한편으로는 무수한 돌연변이를 거치고 환경에 적응하는 과정을 통해 새로운 형태의 생명들을 출현시킨다. 따라서 우리는 신의 로고스에 있는 이데아들 (ideas)이 최종적으로 어떤 모습으로 현실화될지에 대해 속단하지 말고 열린 자세를 가져야 한다.

2) 그러나 나는 생명계와는 달리 물리계를 지배하는 자연의 법칙적 질서는 거의 불변하고 훨씬 더 안정적이라고 생각한다. 자연계 자체에 움직이지 않는 법칙이 존재하지 않는다면 자연과학은 처음부터 불가능하다. 뉴턴은 "자연은 쓸데없는 짓을 하지 않는다는 사실이, 그리고 우리가 세계에서 보고 있는 모든 질서와 아름다움이 어디서 오는가?"라고 물었다고 한다.[3] 이 물음을 통해 뉴턴은 자연이 질서와 조화의 아름다움을 가지고 있다는 사실이 결코 당연하고 자명한 일이 아님을 암시하고 있다. 이 물음은 또 세계가 과학자들이 탐구하고 이해할 수 있는 합리적 질서와 구조를 가지고 있다는 사실에 대해서도 경이로움을 표하고 있는 것 같다. 영국의 저명한 과학자이며 신학자인 폴킹혼은 이러한 경이로움에 대해 다음과 같이 말하고 있다:

세계가 이해 가능하다는 것은 세계에 관한 사소한 사실이 아니며, 우주의 기본적 법칙들과 상태나 우주의 과정은 당신과 나와 같은 복잡하고 흥미로운 체계들을 발전시키기에 필수적으로 보이는 미묘한 균형을 보이고 있다. 이러한 사실들이 단지 그렇다고 하는 진술보다 더 심오한 이해가 가능한지 알아보는 일은 실로 불가피하다. 만약 우리가 그 이상의 이해를 얻고자 한다면, 그것은 과학이 제공할 수 있는 능력 밖의 일일 것이다. ⋯ 우리는 세계가 이

---

3 "Whence is it that Nature does nothing in vain and whence arises all the Order and Beauty that we see in the World?" Polkinghorne, *Science and Creation: the Search of Understanding* (Philadelphia and London: Templeton Foundation Press, 1988), 36에서 재인용.

해할 수 있다는 사실에 너무 친숙해져서 당연히 여긴다. 이 사실이 과학을 가능하게 만든다. 하지만 그렇지 않았을 수도 있다. 우주는 질서 있는 코스모스보다는 무질서한 혼돈이었을 수도 있다. 또는 우주는 우리가 접근할 수 없는 성격의 합리성을 지니고 있을 수도 있다. … 우리 인간의 마음과 우주의 합리성, 우리 안에서 경험하는 합리성과 우리 외부에서 관찰하는 합리성이 합치하는 것이다. 이 합치는 근본적인 이론들을 수학적으로 명료화하는 작업뿐 아니라, 이에 못지않게 과학적 노력에 불가결한 암묵적 판단 행위 ― 직관적 기술로 행사되는 ― 에까지 이르고 있다.[4]

폴킹혼은 한 걸음 더 나아가서 우리 마음의 합리성과 우주의 합리성의 일치를 진화론적으로 설명하려는 이론들이 설득력이 없다고 비판하면서 결론 짓기를, 이 일치는 '창조주의 합리성'이라는 더 심오한 이유로밖에는 설명이 안 된다고 말한다.[5]

과학자들은 통상적으로 자연에 법칙적 질서가 존재한다는 사실을 당연시한다. 과학자들은 자연의 법칙이 도대체 어디서 오는지, 따라서 과학이 어떻게 가능한지에 대해서 묻지 않는다. 과학이, 그것도 수리물리학 같이 고도로 추상적인 방정식이 세계와 사물에 들어맞는다는 사실, 다시 말해 세계가 수학적 구조와 성격을 지니고 있다는 신비를 의식하지도 않고 관심도 없다. 행여 관심이 있다면 두 가지 태도가 통상적이다. 하나는 자연의 법칙적 질서를 또 하나의 더 근본적인 법칙으로 설명하려고 하든지, 아니면 자연의 법칙은 더 이상 근거를 물을 수 없는 순전한 사실로 간주하고 우연에 돌리는 일이다. 어느 것도 만족스러운 태도는 아닌 것 같다.

---

4   John Polkinghorne, *Science and Creation*, 28–29.
5   'The Rationality of the Creator.' 같은 책, 29–31.

과학자들은 자연이 자기조직화하는(self-organize) 경향을 가지고 있다고도 지적하지만, 바로 이러한 자기조직화의 성향 자체가 어디서 오는지, 왜 생명이 아닌 물질계에서조차 이런 조직화된 복잡성(organized complexity)을 띤 현상들이 나타나는지를 묻지 않는다.[6] 원자가 일정한 형태를 갖추면 분자를 형성하고 분자도 일정한 형태를 갖추면 세포를 형성하는 것은 사실이지만, 도대체 왜 물질에 애초부터 그런 형태를 갖추는 속성이 존재하는지는 별도의 설명을 요한다. 대다수가 암묵적 유물론자인 현대 과학자들의 답은 뻔하다. '저절로' 아니면 '우연'이다.

이 글을 쓰고 있는 지금, 우리가 사는 지구와 매우 유사한 조건을 갖춘 행성이 발견되었다는 뉴스가 들려왔다. 지구로부터 약 1,400광년이나 떨어진 곳에 위치한 케플러 452로 명명된 행성으로서, 거기서도 생명이 출현하여 우리와 유사한 인간(외계인)의 탄생으로 이어지지나 않았을까 하는 호기심을 자극하고 있다. 폴 데이비스는 이런 문제를 논하면서 다음과 같은 말로 생명의 기원과 의미에 관한 그의 책을 끝내고 있다:

우주의 다른 어떤 곳에 있을지도 모르는 생명의 탐색은 그러므로 두 가지 정반대된 세계관이 심판을 받는 시금석이 된다. 한편에는, [우리 인간이 추구하는] 목적들과는 무관한 비인격적 법칙들이 있는 무의미한 우주—생명과 마음, 과학과 예술, 희망과 두려움이 단지 돌이킬 수 없이 소멸해가는 우주의 양탄자 위에 수놓은 장식들에 지나지 않는—라는 허무주의적 철학을 지닌 정통 과학이 있다. 다른 한편에는 부정할 수 없이 낭만적이지만 그럼에도 행

---

6 Ilya Prigonine and Isabelle Stengers, *Order Out of Chaos* (London: Heinemann, 1984)의 제5장은 그런 예들을 많이 들고 있다. 이와 같은 생명의 출현에 대한 간단한 논의는 Paul Davies, *The Fifth Miracle: The Search for the Origin and Meaning of Life* (A Touchstone Book, New York: Simon & Schuster, 2000), 138–42 참고.

여 참일지도 모르는 세계관으로서, 물질로 하여금 생명과 의식을 향해 진화하도록 자극하는 기묘한 법칙들이 지배하는, 스스로 조직화하고 스스로 복잡화하는 우주에 대한 비전이다. 사유하는 존재들의 출현이 사물들의 전체적 구도에서 빠질 수 없는 근본적인 부분이 되는 우주, 그 안에서 우리 [이 지구상의] 인간만이 홀로 존재하지 않는 우주에 대한 비전이다.[7]

우연은 결코 답이 아니다. 성리학적으로 말하면, 기(氣)의 변화와 조직화를 주도하는 이(理)가 있어야만 한다. 이런 점에서 "세계의 영원한 신비는 그것이 이해 가능하다는 것이다. … 세계가 이해 가능하다는 것은 기적이다."[8]라는 아인슈타인의 말은 세계의 법칙적 질서와 조화를 신비롭게 여기는 사람들이라면 모두가 깊이 새겨볼 만한 말이다.

우연은 과학의 적이지만, 우리가 과학이 가능한 우주에서 살고 있다는 사실 자체가 우연이라면 이는 실로 아이러니라 하지 않을 수 없다. 하지만 철학자 라이프니츠의 충족이유율이 암시하듯이, 모든 것에는 원인이 있을 것이라는 궁극적 믿음을 가진 합리주의자들에게는 이 우연성마저도 극한적 물음의 대상이 되며, 신은 그 궁극적 토대가 된다.[9] 창조주 하느님의 로고스, 즉 신의 지성이 우주적 합리성의 토대라고 믿기 때문이다. '정신이 없는' 물질세계는 자체의 합리적 성격을 설명하지 못한다. 유물론적·무신론적 자연주의(naturalism)는 이런 점에서 명백한 한계가 있다고 할 수밖에 없다.

---

7 Paul Davies, 위의 책, 272–73. 내가 아는 한, 데이비스 자신의 견해는 후자 편으로 기울고 있다. 이미 언급한 바 있고 잠시 후에 다시 언급할 그의 "목적론 없는 목적론"이라는 논문은 여기에 언급된 '기묘한 법칙들'의 존재 이유를 묻는 글이다.
8 Arthur Peacocke, *Theology for a Scientific Age*, 81에서 재인용. A. Einstein, *Out of My Later Years* (repr. Westport, Conn.: Greenwood Press, 1970), 61.
9 라이프니츠(Leibniz)의 충족이유율에 대한 단순하면서도 심오한 논의로 Philip Clayton, *The Problem of God in Modern Thought*, 188–89를 볼 것.

상대성이론과 양자역학을 통합하고 자연에 작용하고 있는 네 가지 근본 힘들 가운데 셋을 통일하는 이른바 대통일이론(grand unified theory)이나, 세계의 존재와 근본성격 둥 이른바 '모든 것의 이론'(theory of everything) 같은 완벽한 과학적 이론이 과연 달성될지 나는 모른다.[10] 호킹은 그러한 꿈이 실현될 날을 기대하면서 그의 유명한 『시간의 역사』를 다음과 같은 말로 끝을 맺고 있다:

그때는 철학자들, 과학자들, 그리고 평범한 사람들까지 우리 모두는 왜 우리와 우주가 존재하는지에 대한 토론에 참여할 수 있을 것이다. 만약 우리가 이에 대한 답을 얻는다면, 그것은 인간 이성의 궁극적 승리가 될 것이다. 왜냐하면 그때 우리는 신의 마음을 알 것이기 때문이다.[11]

여기서 '신의 마음을 안다'는 말은 호킹에게는 필경 수사적 표현일 것이다. 인간이 우주의 존재와 성격을 완벽하게 파악할 수 있다면, 우리는 굳이 모든 것을 아는 신이라는 가설을 도입할 필요가 없음을 암시하는 듯한 말이다. 그러나 정말로 신의 마음을 알고자 과학을 했던 한 사람의 고백이 있다: "나는 신이 어떻게 세계를 창조했는지 알고 싶다. 나는 이런저런 분야나 다른 현상에는 관심이 없다. 나는 신의 마음을 알고 싶다. 나머지는 세부적인 것이다."[12]

설령 대통일이론이나 다른 어떤 완벽한 이론이 달성된다 해도 문제는 여전히 남을 것이다. 세계가 그러한 이론이 가능한 통일적 구조와 성격을 가

10　이 문제에 대한 심도 있는 논의로 Paul Davies, *The Mind of God* (New York: Simon & Schuster Paper-backs, 1992), 제7장, "Why is the World the Way it is?"를 참고할 것.
11　Stephen Hawking, *A Brief History of Time* (New York: Bantam Press, 1998), 210.
12　아인슈타인의 말. Morowitz, *The Emergence of Everything*, 47로부터 재인용.

지고 있다는 사실이 재차 설명을 요하기 때문이다. 사실, 호킹 자신도 묻는다: "대통일이론이 그 자체의 존재를 성립시킬 정도로 강력할까, 아니면 어떤 창조주를 필요로 하는가?"[13]

도대체 빅뱅(Big Bang)은 왜 일어났을까? 아무것도 없는 순전한 무(無)의 상태에서 '쾅했다'고? 어떻게 무로부터 유(有)가 나올 수 있는가라는 웃달라카(Uddalaka)의 유명한 질문은 여전히 유효하다. 우리가 알지 못하는 '어떤 것'(something)이 이미 존재했다면, 빅뱅은 신에 의한 '무로부터의 창조'(creatio ex nihilo)에 맞먹을 만한 우주의 절대적 시작이 아니라, 신이 우주를 창조하는 하나의 방식일지도 모른다. 빅뱅 우주론이 현대 우주물리학자들 일반이 인정하듯이 단순히 이론적·사변적 우주론을 넘어 경험적으로 검증된 확실한 진리라면, 우주가 시작이 있었고 영원하지 않다는 점에서 '창조'되었을 가능성이 크며, 반드시 존재해야만 할 자체의 필연적 이유는 없다.

다만 여기서 우리가 반드시 언급해야 할 한 가지 사항이 있다. 우리가 창조를 유출설에 따라 하느님으로부터의 창조(creatio ex deo)로 이해한다면, 빅뱅 이론에 기초한 신과 세계의 관계에 대한 우리의 이해도 달라질 수밖에 없다는 사실이다.[14] 만약 빅뱅이 우주의 절대적 시작이 아니라 '무엇인가'가 전제된 상태에서 발생했다면, 이 무엇은 필경 우주의 원초적 혼돈이나 물질 같은 것, 그것도 신 자신에 내재한 어떤 것일 가능성을 배제할 수 없기 때문이다. 하지만 이는 물론 정통 그리스도교 신학이 고수해 온 '무로부터의 창조' 개념에 배치되는 견해다.

『시간의 역사』라는 제목 자체가 흥미롭다. 혹시 시간 자체가 시간적 기원

---

13 같은 책, 141.
14 극히 사변적인 생각이지만, 가령 빅뱅은 우리가 앞으로 거론할 신의 본성의 한 면인―로고스(Logos)가 다른 한 면이고―'원초적인 물질적 창조력'이 고도로 압축된 힘의 상태에 있다가 '폭발'한 것이 아닌가 하는 생각도 해 볼 수 있다.

이 있다는 것을 암시하는 것일까? 여하튼 호킹은 말한다: "우주에 시작이 있었다면, 우리는 우주에 어떤 창조주가 있었다고 생각할 수 있을 것이다. 그러나 만약 우주가 경계도 없고 가장자리도 없이 완족(完足, self-contained)한 것이라면, 우주는 시작도 끝도 없을 것이다. 그렇다면 창조주의 자리가 어디 있겠는가?"[15] 호킹은 양자역학을 우주론에 적용하여 후자의 가능성을 탐색하고 있지만,[16] 아직은 다분히 사변적 성격이 강하다는 평이다.[17] 또 데이비스가 지적하는 대로, 세계가 일관된 물리 법칙을 통해 스스로의 존재를 설명할 수 있는 자족적이고 폐쇄적인 체계라 해도, 이러한 사실은 또 다시 자연의 법칙이란 무엇이며 어디서 오는지 하는 물음을 자극할 수밖에 없다.[18] 세계가 바로 그러한 과학적 이해와 설명이 가능한 가지성(可知性, intelligibility)을 지닌 체계라는 사실 자체가 여전히 신비롭기 때문이다. 앞으로 과학이 더 발전해서 제아무리 위대한 성과를 거둔다 해도, 과학을 가능하게 하는 자연의 법칙 자체가 어디서 오는지, 그리고 우리가 과학적 설명이 가능한 세계에 살고 있다는 사실만은 과학으로 설명하기 어려운 순전한 사실로 남을 것 같다. 적어도 우리가 우주의 마음, 정신, 또는 지성 같은 것을 상정하지 않는 한, 과학적 설명이 가능한 세계의 존재와 근본 성격 자체는 원인도 근거도 없는 하나의 '우연'으로 남을 것이다.[19]

신학자 맥쿼리는 유기체적 세계를 구성하는 라이프니츠의 단자(單子, monad)에 대한 논의 가운데, 정신을 물질로 설명하려는 과학적 환원주의

---

15 같은 책, 140–41.
16 Davies, 앞의 책, "우주는 스스로를 창조할 수 있는가?", 61–68 참조.
17 호킹의 완족 이론에 대한 비판적 논의로, William Lane Craig, "Hawking on God and Creation," in *Theism, Atheism and Big Bang Cosmology*, William Craig and Quentin Smith, eds. (Oxford: Clarendon Press, 1995)를 참고할 것.
18 같은 책, 68–69.
19 현대 우주물리학을 중심으로 하여 제기되는 신에 대한 폭넓고 심도 있는 논의로, Paul Davies, *The Mind of God: The Scientific Basis for a Rational World*를 볼 것.

(reductionism)의 문제점에 대해 "환원주의는 경험과학의 관점에서는 손에 잡히는 설명을 추구하는 데 없어서는 안 될 도구지만, 그러한 환원주의적 설명들은 언제나 부분적이고 추상적이다. 왜 우주를 구성하는 원초적 구성체들이 살아 있는 유기체들로 진화하는 가능성과 경향을 지니는지를 답하지 못하는 문제가 남아 있다."라고 지적하고 있다.[20] 이런 맥락에서 라이프니츠와 마찬가지로 유기체적 세계관을 대표하는 철학자 화이트헤드의 말도 경청할 만하다:

> 유물론적 철학의 출발점이 되고 있는 원초적 질료 혹은 물질은 진화가 불가능하다. 형상, 질서, 방향 같은 아주 넓은 의미의 '정신적' 요소는 세계에 우발적인 것이 아니라 본래적으로 주어진 것에 속한다. 자연에 질서가 있기 때문에 세계가 존재하는 것이 아니다. 질서가 없다면 세계도 없을 것이다. 또 세계가 존재하기 때문에 질서가 있다는 것을 우리는 안다. 질서를 부여하는 존재는 세계가 보여주는 형이상학적 상황에 필수적 요소다.[21]

나는 세계의 법칙적 질서와 조화, 통일성과 아름다움은 유물론(materialism)만으로는 설명이 되지 않는다고 생각한다. 플로티누스의 물질(hyle) 개념을 논하면서 맥쿼리는 다음과 같이 말하고 있다:

> … 플로티누스는 '물질'(hyle)이라는 말로 우리가 이해하는 것과는 아주 다른 것을 이해했다. 그에게 물질은 형상(form)이 없는 것, 아무런 성질도 없기에

---

20 John Macquarrie, *In Search of Deity: An Essay in Dialectical Theism* (London: SCM Press Ltd., 1984), 116.
21 Macquarrie, 141쪽으로부터 재인용.

실제상 무(無)와 구별할 수 없는 것이었다. 따라서 그는 유물론이란 불가능한 이론이라고 여겼다. 왜냐하면, 그가 이해하는 바로는 물질로부터는 결코 질서가 있고 형상이 있는 우주가 발생할 수 없기 때문이다. 반면에 현대 물리학에서는 물질은 이미 형태를 갖춘 것, 사실 아주 복잡한 방식으로 갖춘 것이다. 오늘날 유물론이 근거가 있다면, 그것은 물질에 이러한 복잡한 구조가 존재한다고 전제하기 때문이다. 하지만 물질의 개념이 너무 달라져서 우리는 아마도 더 이상 유물론을 거론하지 말아야 할 것이다.[22]

우리가 거의 무(無)에 가까운 플라톤–플로티누스적인 원초적 물질 개념을 인정하든 안 하든, 플로티누스의 통찰은 유효하다. 맹목적 물질이 일정한 구조와 질서, 그리고 통일성을 갖추고 있다는 사실은 유물론으로는 설명하기 어려운 그 근본적 한계다. 맥쿼리는 유물론의 딜레마에 대해 다음과 같이 말하고 있다:

형상이 없는 물질은 없으며, 형상은 마음 혹은 영의 특징이다. 따라서 이론적 유물론은 딜레마에 빠지며 아마도 하나의 정합적 입장으로 개진될 수 없을 것 같다. 무신론은 철저하게 환원주의적이고 유물론적이 되면 될수록, 다시 말해 더 진짜 무신론이 될수록, 점점 더 설득력을 잃게 된다. 왜냐하면 플로티누스로부터 화이트헤드에 이르기까지 철학자들이 지적한 대로 무기력한 물질은 우리가 알고 있는 우주로 진화할 수 없기 때문이다. … 반면에 무신론이 물질에 형상, 창조성, 방향성 등을 도입하면 도입할수록 범신론과 만물에 내재하는 유사(類似) 신 같은 쪽으로 접근하게 된다. 따라서 이론적 무신론은

22 같은 책, 61.

심각한 반론에 직면한다.[23]

개인적으로 나는 자연에 법칙적 질서와 조화가 존재한다는 사실 못지않게 수학적 비율과 조화에 근거한 아름다운 음악이 이 세상에 존재한다는 사실, 그리고 이러한 아름다움을 느낄 수 있는 인간이라는 존재가 존재한다는 사실에 대해서도 생각할수록 신비로움과 경탄을 느낀다.

3) 나는 여기서 존재론적 이성의 회복을 위해 가장 극한적인 질문 하나를 제기하고자 한다. 존재의 신비에 대한 물음이다. 앞서 제기한 극한적 질문들이 주로 세계 또는 사물의 본질(essence)과 질서를 중심으로 해서 제기된 것이라면, 이번에는 사물들, 특히 세계 자체의 존재·실존(existence)의 이유를 묻는 극한적 질문이다.

우리는 자기 자신을 비롯해서 사물들이 존재한다는 사실을 의식한다. 하지만, 존재한다는 것(to exist, to be)이 무슨 뜻이며 또 왜 존재하는지를 묻는 순간 우리는 당혹감을 느끼게 된다. 존재의 신비에 접하는 순간이기 때문이다. 존재(being)라는 단어에는 명사적 의미와 동사적 의미가 있다. 명사로서의 존재는 어떤 특정한 사물(ens, a being)을 가리키며, 동사로서의 존재는 '존재한다'(esse, exist) '행위' 내지 힘 같은 것을 가리킨다. 우리는 어떤 사물을 보는 순간, 그 사물의 일반적 성격과 본질을 인식하게 된다. '사람'이라든지 '벚나무'라든지 하는 판단과 더불어 개념과 범주를 인식하고 지칭한다. 그러나 그것이 '존재한다'는 엄연한 사실은 별로 의식하지 못한다. 암묵적으로는 의식할지 모르지만, 그것을 사유의 대상으로 삼지는 않는다. 어떤 것이 존

---

23 John Macquarrie, 48–49.

재한다는 사실, 나아가서 사물들의 총합과도 같은 세계가 존재한다는 사실의 신비로움은 망각하기 때문이다.

현대 사상가로서 이 존재의 의미 내지 진리를 자기 철학의 일관된 문제로 삼고 끈질기게 사유해온 사람은 두말할 필요도 없이 하이데거(M. Heidegger)다. 그는 서구 철학 — 형이상학과 신학, 그가 존재신학(Ontotheologie)이라고 부르는 — 의 전 역사가 존재(Sein)를 망각하고 존재자(Seiende)에 사로잡혀온 역사라고 비판하면서 현대 기술문명의 뿌리도 거기서 찾는다. 나는 전통적 형이상학과 신학을 싸잡아 존재망각의 역사로 비판하는 하이데거의 견해에는 찬동할 수 없지만,[24] 그가 라이프니츠와 더불어 제기한 문제, "왜 아무것도 없지 않고 무언가가 존재하는가?"[25]라는 궁극적 물음은 여전히 의미심장한 물음이라고 생각한다. 말이 안 되는 것 같으면서도 말이 되는 이 극한적 질문을 번안하면, 세계는 존재하지 않을 수도 있는 우연적인 것인데 왜 존재하는가라는 것이다.

철학자 비트겐슈타인도 말하기를 "세계가 어떻게 존재하는가가 신비로운 것이 아니라 세계가 존재한다는 것이 신비롭다."고 했다. 이 극한적 질문은 존재자들의 세계에 함몰되어 살고 있는 우리로 하여금 무(das Nichts)와의 대면을 통해 존재자들을 넘어 존재의 신비에 대한 경외심을 일으킨다. 맥쿼리의 표현대로 '존재의 충격', 그리고 더 나아가서 존재 자체인 신에 대한 물음으로까지 이어질 수 있다.[26] 하이데거의 말대로 우리는 의식하지 못할지라도 누구나 한 번쯤은 이 문제에 숨겨진 힘을 스치고 지나가기 마련이다.[27] 맥쿼리는 다음과 같이 말한다:

---

24 이에 대한 비판적 논의로 John Macquarrie, *In Search of Deity*, 153–63을 볼 것.
25 "Why are there beings at all, rather than nothing?"
26 라이프니츠 제기한 이 문제와 관련된 신의 존재 문제에 대해서는 Macquarrie, 120–21를 참고할 것.
27 Heidegger, *Einführung in die Metaphysik*에 나오는 말. Macquarrie, 121로부터 재인용.

비트겐슈타인은 이 질문은 대답할 수 없고 물어서도 안 되고 다만 입을 다물어야 한다고 생각했다. 고양이나 개가 나의 서재로 들어와서 책이 무언지 이해할 수 없는 것과 마찬가지로, 우리는 세계에 존재하는 존재자들을 초월하는 하나의 초존재자(superexistent)라는 관념도 만들 수 없다. 이 모든 경우에 우리의 이해력을 넘는 실재의 차원이 있다. 그럼에도 사람들은 단순히 침묵만 지키고 있지는 않는다. 사람들은 언어를 극단으로까지 확장한다. 다시 비트겐슈타인의 말로 하면 신비를 이해하기 위해서가 아니라 신비를 '보여주고' '가리키기' 위해서다. 종교적인 사람은 '하느님'이라는 말을 사용하지만, 하느님이 누구인지 혹은 무엇인지를 안다고 주장해서 그러는 게 아니다. 하이데거 같은 철학자는 존재(Sein)라는 말을 사용하지만, 그는 존재에 대해서 단지 존재자들과는 '전혀 다른 것', 더 이상 그 배후를 물을 수 없고 세계가 단순히 주어져 있다는 사실, 즉 무(nothing)가 아니라 세계라는 것이 존재한다는 사실의 근원으로 상정되는 '내어 줌'[28]의 궁극적 사건[29]이라고 말할 뿐이다. 라이프니츠가 재치 있게 표현했듯이 "아무것도 없다(무)고 하는 것이 무언가(something) 있다고 하는 것보다 더 단순하고 쉽기 때문이다."[30] 내가 이해하기로 이 말은 사물들이 그저 저절로 생기는 것이 아니라는 것, 만약 창조적 근원이 없다면 사람들은 자연히 아무것도 없을 것이라고 생각하게 될 것임을 의미하는 것이라고 본다.[31]

나는 서구 형이상학과 신학의 역사가 존재망각의 역사라고 말하는 하이데거의 진단은 지나친 단순화라고 생각한다. 토마스 아퀴나스의 경우를 보

---

28 'Giving'(es gibt).
29 'The ultimate event'(Ereignis).
30 "Car le rien est plus simple et plus facile que quelque chose."
31 Macquarrie, In Search of Deity, 173–74.

아도 그의 형이상학에 그런 측면만 있는 것은 아니다. 질송(Gilson)이나 코플스톤(Copleston), 그리고 카푸토(Caputo) 같은 현대 학자들의 견해를 보면, 그렇지 않음을 알 수 있다.[32] 질송에 따르면, 토마스의 그리스도교 철학의 존재론적 사고를 아리스토텔레스를 비롯한 그리스 철학자들의 사고로부터 가르는 결정적 차이는 그리스 철학이 사물의 본질(essence)을 묻는 선에서 그쳤다면 토마스는 본질들이 존재하게(exist) 하는 행위 내지 힘을 물었다는 것이다.[33] 질송의 말을 들어보자:

내가 단지 말하고자 하는 점은, 한 사람이[토마스] 존재에 관한 모든 문제를 본질들의 언어에서 실존의 언어로 전환했을 때, 하나의 결정적인 형이상학적 진전, 아니 오히려 하나의 진정한 형이상학적 혁명이 이루어졌다는 사실이다. 형이상학은 그 최초 기원에서부터 어렴풋하게나마 줄곧 실존적이고자[실존의 문제를 의식하고 다루고자] 했다. [그러나] 토마스 아퀴나스 때부터는 형이상학은 언제나 그랬으며, 실존성[실존의 문제의식]을 상실할 때마다 형이상학은 그 존재 자체를 잃어버렸을 정도가 되었다. 토마스 아퀴나스의 형이상학은 자연신학의 역사에서 하나의 정점이었으며, 지금도 그렇다. 그렇다면 형이상학이 곧 이 정점에서 추락하게 된 것은 놀랄 일이 아니다. 인간의 이성은 사물들의 본질과 법칙들을 파악하고 개념들로 정의할 수 있는 세계에서는 편안하게 느끼지만, 실존들의 세계에서는 수줍고 불편하게 느낀다. 왜냐하면 존재한다는 것은 사물이 아니라 하나의 행위이기 때문이다. 그

---

32 Etienne Gilson, *God and Philosophy* (New Haven and London: Yale University Press, 1941); Frederick C. Copleston, *Aquinas* (London: Penguin Books, 1955); John D. Caputo, *Heidegger and Aquinas: An Essay on Overcoming Metaphysics* (New York: Fordham University Press, 1982).

33 God and Philosophy, 63–65. "dictur esse ipse actus essentiae"(to be is the very act whereby an essence is.)

리고 우리는 이 사실을 너무나 잘 알고 있다.[34]

나는 질송의 깊은 통찰에 공감하면서 존재의 신비 문제를 하나의 극한적 질문으로 제기하고 있는 것이다. 이런저런 본질과 성질을 지닌 사물들로 하여금 실존하게 하는 힘, 한때는 존재하지 않았지만 지금은 존재하는 나 자신을 존재하게 하는 힘, 그리고 더 나아가서 도대체 왜 아무 것도 없지 않고 무언가가 있는가, 이 방대한 세계는 도대체 왜 존재하는가라는 질문들 속에 감추어진 존재의 신비를 물을 때, 세상과 사물들 속에 함몰되어 있던 우리의 이성은 결국 궁극적 실재인 신의 문제에 봉착할 수밖에 없다고 생각하기 때문이다.

4) 나는 신의 존재를 증명하려는 전통적인 논증들, 가령 존재론적 (ontological) 논증이나 우주론적(cosmological) 논증 등이 그리 설득력이 있다고 생각하지 않는 편이며, 증명될 수 있는 신은 더 이상 신이 아닐지 모른다고 생각한다. 하지만 우리가 모종의 신 관념이 우리 마음에 선험적으로(a priori) 존재한다든지, 신의 존재는 우리의 직관적 통찰 내지 종교적 경험, 또는 도덕적 경험을 통해서 안다든지 하는 '주관주의적' 논리에 만족하지 못하고 보다 더 객관성 있는 논증의 뒷받침이 필요하다면, 존재하는 사물과 세계의 구조와 성격으로부터 구체적 사물이나 존재자들을 초월하는 그 근저에, 혹은 그 너머로 어떤 궁극적 실재를 추론하는 일은 피할 수 없다.

우리는 이 점에서 맥쿼리가 논하고 있는 통일성의 논증(henological argument) 이라고 부르는 것에 주목할 필요가 있다.[35] 이 논증은 기본적으로 동서양의

---

34 같은 책, 67.

35 John Macquarrie, *In Search of Deity* (London: SCM Press Ltd., 1984), 203. '일원론적 논증'이라고 번역해

일원론적 형이상학(monistic metaphysics)의 전통을 따르고 있는 우리의 신관에 매우 중요한 의미를 지닌다. 우리는 이미 한 번 인용한 바 있는 플로티누스의 말을 다시 상기할 필요가 있다: "만약 통일성(unity)이 존재하는 모든 것의 실체성에 필수적이라면―그리고 하나가 아닌 것은 어떤 것도 존재하지 않는다면―통일성이 존재에 선행해야 하고 존재의 원인이어야만 한다."[36]

'통일성의 논증'에 따르면, 사물은 다층적 통일성 내지 어느 정도의 정체성과 동일성(identity)을 지니고 있다. 우선 개물·개체로서 그것들을 구성하고 있는 부분들을 통합하는 통일성을 지니고 있으며, 다음으로는 개물들이 고립되어 존재하지 않고 다른 개물들과 내적 관계들을 형성하고 있는 통일성이 있다.[37] 더 나아가서, 이런 관계들도 세계라는 전체의 부분들로서 더 큰 차원의 유기체적 통일성을 형성하고 있다. 이 세 가지 차원 모두에서 부분들이 전체적 하나를 형성하는 것은 사실이지만, 이에 못지않게 전체의 유기체적 통일성이 부분들을 존립하게 만든다는 것 또한 분명한 사실이다. 이러한 유기적 통일성은 결코 자명한 것이 아니라 신이라는 궁극적 근원·근거를 필요로 한다는 것이 통일성의 논증이다.[38] 허버트 리차드슨(H. Richardson)은 이 세 단계의 통일성을 각각 개체성(individuality), 관계성(relationality), 전체성(wholeness)이라고 부르며, 신은 통일성들의 통일성(a unity of unities)이라고 하였다.[39]

도 무방하다.

36 같은 책, 62쪽으로부터 재인용.

37 불교는 이것을 연기(緣起, pratitya-samutpada)라 부른다. 즉 모든 사물과 현상은 그것을 가능하게 하는 조건들에 의존해서 생긴다는 통찰이다. 이를 바탕으로 해서 불교는 사물들의 고유한 본성 내지 존재성(sv-abhava)을 부정하지만(空, sunyata), 나는 그럼에도 사물들이 약한 의미에서 각기, 그리고 다른 존재들과의 내적 관계 속에서―불교에서 가유(假有) 혹은 묘유(妙有)라고 부르지만―어느 정도의 정체성과 통일성을 가지고 있다고 본다.

38 Macquarrie, *In Search of Deity*, 203-07의 논의를 볼 것.

39 같은 책, 205.

통일성의 논증은 다른 말로 하면 사물의 개체화와 본질에 따른 범주화(생명의 종까지 포함해서), 그리고 이 모든 다양성을 넘어 세계 전체가 가지고 있는 질서와 조화와 통일성은 물질로만으로는 설명할 수 없는 다른 원리가 있어야만 설명이 가능하다는 논증이다. 철학자 야스퍼스(K. Jaspers)의 말대로, 유한한 사물들은 모두 '통일성을 향한 가차 없는 충동'을 가지고 있으며, 인간은 "근본적인 통일성 ― 이것만이 존재(being)이고 영원(eternity)인 ― 을 향해 서두른다."[40] 야스퍼스는 이 근본적 통일성을 포괄자(das Umgreifende)라 부른다.

사물의 통일성의 개념은 사실 고대 세계에 일반적이었던 우주의 원초적 혼돈 상태로서의 질료(hyle) 개념과 마찬가지로 하나의 극한적 개념(limit notion)이며, 사물의 근본적 성격에 대한 극한적 사고에 의해 도달한 개념이다. 클레이튼은 슐라이어마허의 『변증법』에 관한 논의에서 '인간 이성의 한계들에 대한 현상학'을[41] 아래와 같이 설명하고 있다:

슐라이어마허는 지극히 강한 통찰력 있는 분석을 통해 어떻게 다양한 영역에서, 그리고 몇 가지 상이한 유형으로, [인간 이성의] 극한이 발생하는지를 보여주고 있다. 예를 들어 그는 [만물의] 통일성을 향한 개념적 운동과 다양성을 향한 운동에서 [이성의] 극한을 본다. 다양성의 극한은 아무런 조직화(통일적)의 원리가 없는 ― 형이상학 전통에서 그리스인들의 원초적 물질(hyle) 개념, 즉 형상(form)이 전혀 없고 분화되지 않은 실체로서, 무엇이든지 생성되면 꼴과 형상을 취하는 '어떤 것'으로 상정될 수밖에 없다는 아리스토텔레스의 생각을 통해 친숙한 ― 무한한 다양성일 것이다. 반대로 절대적 통일성

40 같은 책, 206으로부터 인용.
41 'A Phenomenology of the Limits of Human Reason,' The Problem of God in Modern Philosophy, 359.

은 두말할 필요 없이 일체의 대조와 분화 너머의 일자(the One. 플로티누스 형
이상학의 hen)일 것이다.[42]

5) 우리는 맥퀴리의 또 다른 논증, 그가 인간학적 논증(anthropological argument)
이라고 부르는 것에 대해서도 주목할 필요가 있다. 세계의 존재도 신비하지
만, 바로 이러한 신비를 감지할 수 있는 인간 존재의 신비야말로 신비 중의
신비이기 때문이다. 아니, 단지 신비를 감지하는 정도가 아니라, 그 좁다란
두뇌로 우주의 기원과 전개 과정 전체를 파악할 수 있을 정도로 고도의 지성
을 지닌 인간 존재는 실로 놀랍기 그지없다. 파스칼의 말대로 인간은 자연에
서 가장 연약한 갈대에 지나지 않지만 인간은 '생각하는 갈대'다:

인간을 죽이기 위해 온 우주가 무장할 필요가 없다.
바람 한 점, 물 한 방울이면 인간을 죽이기에 족하다.
그러나 우주가 인간을 멸한다 해도,
인간은 그를 죽이는 우주보다 더 고귀할 것이다.
그는 자기가 죽는다는 것, 우주가 자기보다 더 힘이 세다는 것을
알기 때문이다.
우주는 이런 걸 모른다.
우주는 공간적으로 나를 에워싸고 있고
나를 마치 한 점처럼 삼켜버린다.
그러나 나는 생각으로 우주를 에워싼다.[43]

42 같은 책, 359-60.
43 B. Pascal, 『팡세』(W. F. Trotter tr.) 최현, 이정림 역(범우사, 1972), 138-39.

인간은 단지 존재할 뿐 아니라 자기가 존재한다는 사실을 의식하며, 이 의식을 재차 의식할 수도 있는 존재다. 인간은 자연의 일부이고 자연에 속한 존재이지만, 결코 자연에 매몰된 존재는 아니다. 진화생물학자들은 물론 인간의 의식도 자연선택에 의해 진행된 생명의 오랜 진화과정의 산물이라고 주장할 것이다. 또 현대의 각종 이론들도 인간의 의식이 결코 투명하고 중립적이지 않고 무의식(프로이트)이나 경제적 하부구조(마르크스) 또는 권력의지(니체) 같은 힘에 지배된다고 폭로하고 있다. 그럼에도 우리가 바로 이러한 의식에 대한 진실을 아는 것 역시 의식이라는 점에서 의식은 여전히 초월적이다.

물질은 결코 이러한 의식의 초월성을 완전히 설명하지 못한다. 물질에서 생명, 생명에서 의식이 출현하는 진화가 도대체 어떻게 가능한지를 물질만으로는 설명하지 못하기 때문이다. 과학자들은 '출현한다'(emerge)는 표현을 즐겨 사용하지만, 도대체 왜 물질의 움직임이 일률적이지(uniform) 않고 주어져 있는 것에서 새로운 것(novum, novelty)이 출현하는 창발적 진화가 가능하도록 변동성이 있고 제반 자연의 법칙과 우연(chance)이 절묘하게 협동하는지 묻지 않는다.[44] 우리가 앞으로 더 논할 것이지만, 나는 물질이 탄생하고 전개되는 전 과정을 추동하는 우주적 정신이 처음부터 작용했기 때문이라고 생각한다.[45] 그렇다면 결국 정신이 정신을 낳게 되었다는 말이 된다. 물질계에는 처음부터 정신이 깃들어 있었으며 이 정신에 의해 진화가 추동되

---

44 이 두 가지 조건이 창발적 진화를 가능하게 하는 물질의 근본 조건이다. 모로위츠는 창발(emergence)에 대한 그의 포괄적 논의에서 이 점을 밝히고 있다. 그는 철학과 종교에도 지대한 관심을 가지고 있지만, 이러한 극한적 물음을 제기하지는 않는다. Harold J. Morowitz, *The Emergence of Everything* (Oxford: Oxford University Press, 2002).

45 우선 이 장의 1)항과 2)항에서 논한 것을 다시 참고할 필요가 있다. John Haught는 *Is Nature Enough?*라는 책에서 진화에 필수적인 창발(emergence) 현상에 대한 과학적 자연주의의 설명이 지닌 문제점들을 비판적으로 논하고 있다.

었을 것이라는 말이다. 물질은 아직 생명이 아닌 것이고, 생명은 아직 깨어나지 않은 의식이라고 보아야 한다.

이런 의미에서 나는 의식을 지닌 인간의 창조가 신에게 필요했다는 라이프니츠의 통찰이 해석 여하에 따라 일리가 있다고 본다. 이와 관련한 맥쿼리의 말을 들어보자:

신은 그의 신성을 인정하고 응답할 수 있는 합리적 마음들(esprits, 정신들) 없이는 참으로 신이 아닐 것이며, 아마도 세계도 '왜'라는 물음을 물을 마음들 없이는 세계가 아닐 것이다. 신의 위대성과 신이 마음들에 의해 알려지고 찬탄받지 않는다면, 신에게는 아무 영광도 되지 않을 것이다. 아마도 우리는 유한한 정신들이 신에게 필요하다고까지 말할 수는 없겠지만, 어떤 의미에서는 유한한 정신들이 신을 온전케 하고 신으로서의 존재를 더해 줄 수 있다고 말할 수 있다. 라이프니츠의 이러한 견해는 확실히 신은 너무나도 완전하고 자족적이어서 창조는 신에게 아무 상관도 없다는 신학자들의 견해와 날카롭게 대립된다. 나는 그러한 신학적 편견이 반우주적이고 아마도 비인간적이라고 비판해 왔다.

맥쿼리의 논의는 계속된다:

라이프니츠 철학에서 인간에 대해 지적할 두 번째 사항은, 인간은 신을 반영하는 거울이라는 점이다. 우리는 가장 낮은 단계의 단자들(monads) 조차도 희미하게나마 전 세계를 반영하고 있다는 것을 보았다. 그러나 단자들이 우주를 반영한다면, '정신들'은 신의 모상이거나 또는 그 자체가 자연의 저자로서 우주의 시스템을 알 수 있고 발명을 통해 이 저자를 어느 정도 모방할 수도 있다. 그래서 라이프니츠는 또 인간들 혹은 정신들이 각자 자기 세계에서 '자그마한 신'이라고 말할 수 있는 것이다. 신과 피조물 인간 사이의 거리가 얼마이든, 둘 사이에는 어느 정도의 유비가 존재한다. 왜냐하면 인간은 무한을 향한 갈망을 가지고 있기 때문이다. 인간은 따라서 자신 안에 우주 모든 존재의 계층들을 집약하고 있는 소우주일 뿐 아니라, 신과 존재의 유비를 지니고 있다. 만약 우리가 이를 받아들인다면, 내가 다른 곳에서 논한 대로 이것은 신의 존재를 위한 인간학적 논증을 가능하게 한다.[46]

6) 우리는 또 위와 관련해서 현대 신학자들 가운데서 많이 논의되고 있는 이른바 인간출현의 원리(anthropic principle)라는 것에 대해서도 진지하게 생각해 볼 필요가 있다. 우주의 기원과 근본 성격과 법칙적 질서가 이 모든 것을 바라보면서 경탄하고 지적으로 파악할 수 있는 능력을 갖춘 인간 존재의 출현으로 귀결되었다는 놀라운 사실, 그리고 이 신비를 단지 엄청난 우연에 돌리기에는 믿기 어려울 정도로 우주에 주어진 최초의 조건들(initial conditions)이 너무나도 정교하게 조율되어 있다는(fine-tuned) 것이다. 따라서 우주에는 처음부터 인간출현의 원리(anthropic principle) 같은 것이 작동했을 것이라는 가설이다. 가령 중력, 강한 핵력과 약한 핵력, 그리고 전자기력이라는 네 가지 힘을 비롯해서 그 밖의 수많은 물리적 상수(常數)들과 근본 법칙들이 극미한 정도라도 달랐더라면 지구의 탄생과 탄소를 기초로 하는 생명의 출현, 그리고 물론 이 모든 사실을 파악할 수 있는 고도의 지성을 가진 인간의 출현이 불가능했을 것이라는 논리다. "우주는 어떤 의미에서 우리가 올 것을 알고 있었음에 틀림없다."고 말할 정도로 우주의 근본 구조와 속성이 거의 필

46 *In Search of Deity*, 122-23.

연에 가깝게 인간의 출현과 밀접히 연관되어 있다는 것이다.[47]

이것은 물론 일종의 목적론적(teleological) 사고에 따른 결과론적 해석이지만, 무시하기 어려운 이론이라는 생각이 든다. 목적론적 사고란 원인이 결과를, 즉 앞의 것이 나중 것을 결정한다는 기계론적 사고와 달리, 실현되어야 할 목적이 처음부터 원인으로 작용하면서 목적의 실현 과정 전체를 추동한다는 식의 사고다. 아리스토텔레스 이래로 생물학적 세계관을 반영하는 사고방식으로서, 이러한 사고를 진화적 창조론에 적용하면 진화는 처음부터 신의 뜻과 목적이 작용하면서 일정한 목적을 실현해 가는 과정으로 이해되는 것이다.

나는 개인적으로 생물학적 모델에 따른 목적론을 선호하지만, 목적론이 반드시 생물학적 모델을 따를 필요는 없다. 이른바 디자인(design) 혹은 설계 이론의 공학적 모델도 가능하다. 과거의 이신론이 그랬고 현대에도 여전히 많은 그리스도교 신자들이 그런 생각을 가지고 있다. 하지만 이신론은 다윈의 진화론으로 회복하기 어려울 정도의 타격을 입었다. 오늘날은 진화론과 디자인 이론을 결합하는 새로운 형태의 이신론이 제시되면서 신학계의 주목을 끌고 있다. 대표적으로 폴 데이비스의 '목적론 아닌 목적론'을 들 수 있다.[48] 그에 따르면, 물질계로부터 생명과 인간의 마음 같은 복잡한 구조를 가진 체계들이 출현하는(emerge) 창발적 진화는 기계적으로 반복되는 물리

---

47 인간출현의 원리에 대한 가장 상세한 논증적 고찰은 J. D. Barrow & F. J. Tipler, *The Anthropic Cosmo-logical Principle* (New York: Oxford University Press, 1986)이다. 간단한 소개와 논의로는, Arthur Pea-cocke, *Theology for a Scientific Age*, 77–80, John C. Polkinghorne, *Science and Creation: The Search for Understanding*, 31–43, 그리고 인간게놈 프로젝트(HGP)를 주도했던 Francis Collins, *The Language of God* (New York: Free Press, 2006), 73–78을 볼 것. "The universe in some sense must have known we were coming" (Freeman Dyson).

48 Paul Davies, "Teleology without Teleology: Purpose through Emergent Complexity," in *In Whom We Live and Move and Have Our Being: Penentheistic Reflections on God's Presence in a Scientific World*, eds. Philip Clayton and Arthur Peacocke (Grand Rapids, Michigan: William B. Eerdmans, 2004).

적 법칙만으로는 설명이 안 되고 무수한 우연(chance)이 함께 작동해야만 한다. 이것은 신이 물질계에 작동할 수 있는 여러 가능한 법칙들 가운데서 그러한 진화가 가능할 정도의 신축성을 허락하는 최적의 법칙들을 절묘하게 선택한 결과라는 것이다. 데이비스는 창발적 진화가 신의 연속적 개입에 의한 것이라는 고전적 목적론을 거부하고 자신의 이론을 '목적론 아닌 목적론'이라고 부른다. 말하자면 '자연적 목적론' 혹은 '내재적 목적론'이라고 부를 수 있는 이론이다. 자연에 수학적으로 파악할 수 있는 법칙들이 존재한다는 사실을 당연시하지 않을 뿐 아니라, 가능한 여러 법칙들의 조합 가운데서 최적의 법칙을 '선택한' 신의 섭리를 말한다는 점에서는 일종의 디자인 이론이지만, 자연에 대한 초자연적이고 국소적인 개입의 필요성을 인정하지 않는다는 점에서 이신론 계열에 속하는 목적론이다. 하지만 결코 무신론적 물리학이나 진화론은 아니다. 크게 말해 데이비스의 목적론도 인간출현의 원리를 인정하는 신학자들과 궤를 같이하는 사고로 볼 수 있다.

지구중심적이고 인간중심적인 종래의 세계관을 뒤엎은 코페르니쿠스의 태양 중심적 세계관 이후 현대인들은 우주에는 무수한 은하계가 있으며 이들 은하계 각각이 또 무수한 태양계를 품고 있다는 엄청난 사실을 알게 되었다. 현대인들은 이 방대하기 그지없는 천계를 볼 때마다 경탄을 금할 수 없지만, 동시에 이 모든 것이 도대체 무엇 때문에 존재하는지 묻게 된다. 특히 인간 존재의 왜소함과 무의미성마저 느끼면서, "우주의 침묵이 나를 전율하게 한다."는 파스칼의 말에도 공감하게 된다.

그러나 인류출현의 원리가 설득력이 있다면, 이 모든 것이 다시 한 번 뒤집어지는 놀라운 반전이 이루어지는 셈이다. 간단히 말해, 우주 138억 년의 역사가 생명을 잉태할 수 있는 지구의 탄생과 인간의 출현을 위한 진통의 과정일 것이라는 엄청난 가정이다. 이것은 물론 엄격한 의미의 논증이기보다는 상당한 개연성에 호소하는 이론이다. 무엇보다도 인간의 출현으로 귀결된 우주 생성의 전 과정이 무신론자들의 최종 도피처와 같은 '우연'이 아니라는 것, 적어도 인간이 존재한다는 사실은 어떤 우주적 지성의 존재를 상정하지 않고서는 이해하기 어려운 엄청난 신비며 기적 중의 기적이라는 것만은 부인할 수 없을 것 같다.

결론적으로 세계가 존재할 수밖에 없는 물리적 이유를 스스로 지니고 있지 않는 한, 그리고 '정신이 없는' 맹목적인 물질만으로 사물의 구조와 질서를 설명하기 어렵고 정신적 존재인 인간의 출현도 설명할 수 없는 한, 우리는 우주의 합리적 지성 혹은 정신 같은 것을 상정할 수밖에 없을 것이다. 그리고 한 걸음 더 나아가서 우주적 지성이 인도하는 인간출현의 원리로부터 우리는 이 우주적 지성도 어떤 인격적 속성들을 지니고 있을 것이라는 추론도 가능하다. 이미 지적한 바와 같이 인간출현의 원리를 주도한 우주적 지성이 인간보다 못한 존재라고 생각하기는 어렵기 때문이다.

7) 우리는 자연에 법칙이 존재한다는 사실을 당연시할 수 없듯이, 인생에 도덕적 법칙과 질서가 존재하는 엄연한 사실도 결코 당연시할 수 없다. 문화적 상대주의가 도덕에 대해 말하고 있는 것과 달리, 인류는 동서고금을 막론하고 삶의 가장 근본이 되는 도덕적 질서와 가치에 대해 놀랄 만한 일치를 보인다. 가령 약속을 어겨서는 안 된다는 신의(信義), 거짓말을 해서는 안 된다는 정직, 사람을 부당하고 불공정하게 대해서는 안 된다는 정의, 힘없는 어린아이나 노인에게 폭력을 가해서는 안 된다는 것은 물론이고, 인간 외의 생명에 대해서도 불필요한 폭력을 사용하거나 잔인하게 해를 입혀서는 안 된다는 사랑(仁), 그리고 남이 나에게 하기를 바라는 대로 남에게 하라는 이른바 황금률(golden rule)도 거의 모든 사회·문화·종교에 보편적이다. 이에

근거해서 지구촌 윤리(world ethics)를 주창하는 사람도 있다.⁴⁹ 물론 이런 도덕적 원칙들에 대해 인류의 보편적 합의가 있다 해도, 사람들이 이 원칙들을 실제로 지키며 산다는 것은 아니며, 때로는 복잡하게 얽힌 이해관계로 인해 현실적으로 여러 가지 갈등이 생기는 것도 사실이다. 하지만 이는 별개의 문제다.

삶의 기본적 원칙에 대해 보편적 합의가 존재한다는 사실은 결코 당연한 현상이 아니라 설명을 요한다. 나는 도덕의 이러한 보편성을 사회생물학(sociobiology)에서 주장하듯이 진화론적 입장에서 설명할 수 있을지에 대해 회의적이다. 생존본능과 생존가치(survival value)는 오히려 도덕적 질서와 가치를 무시하는 편이 더 이롭지 않은가? 특히 집단 간의 관계에서는 더욱 그렇다. 생물학적 관점에서 설명할 수 있는 도덕성은 현명한 이기주의(enlightened self-interest) 이상을 넘기 어려울 것 같다. 하지만 과연 그런 이론으로 우리가 인간의 가장 순수하고 숭고한 도덕적 감정과 행위를 설명할 수 있을지 의문이다. 만약 설명할 수 없다면, 인간은 철저히 이기적 존재이기 때문에 그런 도덕성은 실제상 불가능하고 존재하지도 않는다고 말해야 할 것이다.

8) 나는 여기서 또 하나의 극한적 질문을 던지고 싶다. 인생의 궁극적 의미에 관한 문제로서 인생 자체에 궁극적 의미 같은 것이 있는지 아니면 궁극적으로 무의미한 것인지 하는 극단적 선택의 도전이다. 나는 인간의 로고스가 지닌 우주적·신적 성격을 무시하는 세계관이나 인간관, 또는 인간의

---

49 Hans Küng, *Global Responsibility: In Search of a New World Ethic* (London: SCM Press Ltd., 1991). 특히
    58–59쪽을 볼 것. 큉은 칸트의 정언명령(定言命令, categorical imperative)이 여러 종교들의 공통적인 가르
    침인 황금률의 '현대화, 합리화, 그리고 세속화'로 이해될 수 있다고 지적한다.

정신을 완전히 물질로 환원시켜 버리는 무신론적 유물론은 우주와 인생의 궁극적 의미를 찾으려는 우리의 모든 노력을 좌절시킬 뿐 아니라, 인간의 존엄성에 대한 진지한 믿음과도 양립하기 어렵다고 본다. 만약 유물론이 세계관과 인간관으로서 세계와 인생에 대한 최종적 진리라면, 진정한 휴머니즘은 불가능하다는 것이 나의 생각이다. 인간에 대한 사랑과 믿음과 희망이 궁극적 근거를 상실해 버리기 때문이다. 젊은 러셀의 냉정한 말을 들어보라:

인간이란, 도달하게 될 목적에 대해 아무것도 모르고 있는 원인들의 산물이라는 것, 인간의 기원과 성장과 희망과 두려움, 사랑과 신념들은 단지 원자들의 우연적 배합의 결과일 뿐이라는 것, 한 개인의 그 어떤 열정과 영웅적 행위, 제아무리 강렬한 사상이나 감정이라도 그를 무덤 너머로 보존해 주지 못한다는 것, 시대에 걸친 모든 수고, 천재 인간들의 모든 헌신과 영감과 대낮같이 찬란한 업적도 태양계의 거대한 죽음 속에 사라질 수밖에 없으며, 인간들의 성취의 전당 전체가 파멸한 우주의 잔해 속에 피할 수 없이 묻혀 버릴 수밖에 없다는 것 ― 이 모든 것이 논란의 여지가 아주 없지 않다 해도 거의 확실하기 때문에, 이런 사실들을 거부하는 그 어떤 철학도 성립되기를 바랄 수 없다. 오직 이러한 진리들의 발판 위에서만, 오직 가차 없는 절망의 튼튼한 토대 위에서만 영혼의 안전한 주거지가 지어질 수 있다.[50]

나는 이 말에 동의하기는커녕 오히려 되묻고 싶다. 만약 이것이 사실이라

---

50 Hick, *Death and Eternal Life* (New York: Harper & Row, Publishers, 1976), 150쪽에서 재인용. B. Russell, *Mysticism and Logic* (Longmans: London, 1918), 47–48. 힉은 이 말을 인용하면서, 러셀이 1962년에 쓴 편지에서 자기가 젊은 시절에 쓴 이 말의 스타일은 화려한 수사였지만, "우주와 인생에 대한 나의 입장은 근본적으로 변한 것이 없다."고 밝히고 있음을 지적한다. 힉, 앞의 책, 167.

면, 그리고 러셀 자신이 인정하듯이 이것이 '가차 없는 절망'이라면, 과연 이러한 냉혹한 진리를 발판으로 해서 우리 영혼이 거할 수 있는 '안전한 주거지'를 지을 수 있을까?

나에게 인생은 거대한 의미(meaning)와 무의미(meaninglessness), 유신론과 무신론, 유물론과 정신의 우위성 사이의 싸움터다. 만약에 인생과 역사, 우주의 탄생과 소멸을 아우르는 어떤 '거대 의미' 같은 것이 존재하지 않는다면—곧 신이 존재하지 않는다면—우리가 삶에서 추구하는 크고 작은 사적 의미들은 궁극적으로 시시하고 무의미하다고 생각하기 때문이다. 나에게 인생은 신을 두고 벌이는 전부 아니면 전무(all or nothing)의 한판 승부와도 같다. 모든 것을 얻든지 아니면 모든 것을 잃든지 하는 신과 인생을 두고 벌이는 거대한 도박과도 같다. "신의 존재에 베팅하면 손해 볼 일이 없다."는 파스칼의 도박론도 나는 이런 뜻으로 좋게 이해한다.

아직도 종종 신에 대한 믿음이 흔들리고 거대 무의미가 거대 의미를 삼킬 것 같다는 두려움이 들지만, 나는 젊은 시절부터 이런 생각을 하면서 살아 왔고 지금도 여전히 이 싸움에 모든 것을 걸면서 인생의 황혼기를 보내고 있다. 나에게 신·신성(God, Divinity)은 우주와 인생 전체를 아우르고 떠받치는 궁극적 의미(ultimate meaning)—크고 작은 일시적 의미나 부차적 의미들 말고—의 보루이며 토대다. 반대로, 만약 하느님이라는 영적 실재가 없고 물질로 모든 것이 설명될 수 있다면, 인생은 궁극적으로 무의미할 것 같다. 운 좋은 극소수를 제외하고는 인간다운 삶을 살아보지도 못하고 죽는 것이 대다수 인간의 삶의 전부라면, 인간의 가치와 존엄성도 결국 공허한 관념에 불과할 것이다. 그래서 인생을 조용히 관조하며 사는 지혜로운 자들—철인들, 현자들, 냉소주의자들, 회의주의자들—에게는, 인생이란 처음부터 끝까지 한 편의 거대한 어리석고 맹목적인 드라마 아니면 일장춘몽과 같기에 사는 날까지 큰 화나 당하지 않게 몸조심하고 소소한 즐거움이나 맛보며 살다가 가는 게 최선인가 보다.

사실 우리가 처음부터 우주와 인생의 거대 의미 찾기를 포기한다면, 우리의 정신적 고민의 상당 부분이 사라질 것이다. 의미를 찾고 지켜야 한다는 정신적 부담에서 해방되어 엄청난 자유를 만끽할 수도 있을지 모른다. 영국 작가 몸(S. Maugham)은 인생의 의미 찾기를 포기한 한 무신론자의 자유를 아주 인상적으로 묘사하고 있다:

> 필립은 하느님에 대한 믿음의 하중이 그의 어깨를 누르지 않았던 소년 시절처럼 기뻐했다: 마지막 책임감의 짐이 그에게서 사라진 것 같았고, 그는 처음으로 완전한 자유로움을 느꼈다. [우주 안에서] 그의 하잘것없음이 힘이 되었고 그를 핍박하는 듯했던 잔인한 운명과 자기가 갑자기 대등해짐을 느꼈다. 만약 인생이 무의미하다면 세계는 그 잔인성이 박탈당하기 때문이다. 그가 한 일이든 하지 못한 일이든 아무 의미가 없었다. 실패도 중요하지 않았고 성공도 아무것도 아니었다. 그는 잠시 지구 표면을 차지했던 저 떼거리 인류 가운데 가장 보잘것없는 존재일 뿐이다. 그는 혼돈으로부터 허무의 비밀을 알아냈기 때문에 전능한 존재가 되어 버렸다. 그는 펄쩍 뛰며 노래하고 싶었다. 몇 달 동안 그렇게 기쁜 적이 없었다.[51]

우주와 인생의 의미를 묻는 존재는 오직 인간뿐이다. 그것도 우연적 조건과 운명에 많이 좌우되는 개인의 사적인 삶의 의미를 넘어 인생과 역사 전체에 어떤 의미가 존재하는가 묻는다. 인간은 거의 본능적으로 모든 일, 모

---

51 John Hick, 같은 책, 151에서 재인용.

든 현상에 의미를 찾으며 산다. 인간은 고통스러운 삶은 참을 수 있어도 무의미한 삶은 더 견디기 어려워한다. 하지만 우리의 본능과도 같은 이러한 의미 있는 삶에 대한 집착이 혹시 우리의 부질없는 욕망의 투사가 아닐는지, 혹시 우리의 본능에 상응하는 무언가가 세계와 인생 자체에 새겨져 있는 것은 아닌지 묻게 된다. 명시적이든 암묵적이든 우리는 이 둘 중의 하나를 선택하고 살아가는 것 같다. 어떻든 유물론적 세계관이 옳다면 후자는 아닐 것이다.

9) 여기서 우리는 또 하나의 궁극적 질문을 제기할 수 있다. 도대체 인간의 존엄성과 평등성, 인권의 근거는 무엇인가 하는 물음이다. 유감스럽게도 세속적 휴머니즘은 이에 대한 답을 제시하지 못한다. 자연과학자들이 자연의 법칙과 질서를 당연한 것으로 여기듯, 마르크스나 프로이트, 듀이, 러셀, 그리고 최근의 도킨스 등 정신을 물질로 환원하는 현대 유물론적 환원주의자들(reductionist)이나 생물학적 인간관을 추종하는 사람들은 휴머니즘을 당연시한다. 하지만 그들은 종종 자신들의 철학적·존재론적 입장과 자신들이 외치고 있는 인간 존엄성과 해방의 메시지 사이에 존재하는 명백한 모순 내지 부조화를 도외시하거나 의식조차 하지 못한다. 영국 신학자 키스 워드는 이들을 '영혼의 파괴자들'이라 부르면서 다음과 같이 꼬집고 있다:

영혼의 파괴자들은 통상적으로 그들의 작업이 끝나면 자신들의 이론에 담긴 도덕적 함의로부터 눈을 돌려 버린다. 그리고는 전통적 도덕의 수정본과 같은 것을 복권하려고 전혀 설득력 없는 절뚝거리는 시도로 끝을 맺는다. 우리는 이것을 서로 약간의 차이가 있지만 작끄 모노(Jacque Monod)나 에리히 프롬(Erich Fromm)과 칼 마르크스에서 보았다. 유난히 눈의 띄는 예는 리처드

도킨스(R. Dawkins)의 아주 흥미로운 책, 『이기적 유전자』의 마지막 페이지에서 볼 수 있다. 인간의 생명이란 전적으로 무의식적이고 맹목적인 복제자들인 유전자에 의해 지배를 받는다고 214쪽에 걸쳐 논증한 후… 그의 맨 마지막 문장은 "지구상에서 오직 우리만이 이기적 복제자들의 횡포에 저항할 수 있다."고 말한다. 제기되는 질문은 뻔하다: 어떻게 합리적이고, 책임 있고, 이타적이고 목적이 뚜렷한 의식적 행동을 그런 유물론적 이론으로 설명할 수 있는가라는 것이다. 인간에게 정말로 도덕적 의무감 같은 것이 없다면, 도대체 왜 도킨스는 이타주의가 가능하다는 〈희망〉을 가지고 있는가? 그러면서도 도덕이 우리의 본성을 완성하는 것이 아니라 본성에 저촉된다고 보는 것은 이상하지 않은가?[52]

결국 세속적 휴머니스트를 자처하는 이들은 그리스도교나 스토아 철학과 같이 오랜 서구 전통을 통해 형성된 인간 존엄성에 대한 종교적 휴머니즘의 후예들이지만, 그 열매는 따 먹으면서도 정작 그들이 추구하는 사상은 인간 존엄성의 근거를 해체하는 모순을 범하고 있는 것이다.[53]

근대 민주주의는 인간의 존엄성과 평등성과 보편적 인권에 근거한 주권재민(主權在民)의 개념을 법적·제도적으로 보장하는 정치제도다. 우리나라를 비롯한 근대 민주국가의 법제도는 고대 로마의 법까지 거슬러 올라가는데, 로마법에 스토아 철학의 평등주의와 자연법(natural law) 사상이 큰 영향을 미쳤다는 것은 잘 알려진 사실이다. 이에 더하여 중세 그리스도교의 평등주의적 인간관과 자연법사상, 즉 인간은 하느님의 모상으로 창조된 존엄한 존

---

52 Keith Ward, *In Defense of the Soul* (Oxford: Oneworld Publication, 1992), 161.
53 이러한 비판으로, 과정철학자 Charles Hartshorne, *Beyond Humanism: Essays in the New Philosophy of Nature* (Lincoln, Nebraska: University of Nebraska Press, 1968), 영국 신학자 Keith Ward, 앞의 책 등을 볼 것.

재이며 하느님의 창조세계에는 인간이 이성으로 알 수 있는 보편적인 도덕법칙과 질서가 심어져 있다는 사상도 로마법 이래 서양의 법사상과 제도에 큰 영향을 끼쳤다. 더 나아가서 존 로크(J. Locke)나 루소(J. J. Rousseau) 등의 자연법사상이 가세하여 근대 민주주의 제도와 헌법에 큰 영향을 미치게 된 것이다. 법학자 김상용은 서구 민법사상사에 대한 역사적 고찰에서 다음과 같이 말하고 있다:

> 이와 같이 로마법이 세계법의 역사적 연원이 된 것은 다른 어떠한 원인보다도 그 사상적 바탕이 자연법론이었다는 데 있다. 로마법은 생성 시에는 사해동포주의의 스토아 철학에 영향을 받았고, 학문적으로 연구될 때에는 중세 기독교의 도덕신학의 영향을 받아 순화되었고, 근세에 근대민법전을 제정할 때에는 인간중심의 법사상이었던 근세 자연법론의 영향을 받았다. 그리하여 로마법의 내용은 인류보편의 가치를 담은 자연법론적이며, 따라서 자연법론에 입각한 서양대륙의 근대민법전이 동양의 우리나라에까지 영향을 주었던 것이다.[54]

유감스럽게도 인간의 보편적 존엄성에 대한 믿음을 뒷받침해주던 이러한 사상적 기반, 특히 자연법사상이 사라짐에 따라 근대 민법의 대전제가 되는 인간의 보편적 존엄성과 평등성에 대한 믿음 또한 공허한 수사가 되어 버렸다. 민주화된 근대 사회에서 너무나 당연시되었기 때문일지도 모른다. 사실, 현대 한국사회는 제도로서의 민주주의는 어느 정도 정착되었지만, 인간의 존엄성에 대한 믿음의 사상적 전통과 기반은 고사하고 근대 서구에서 세

---

54 김상용, 「민법사상사: 로마법 발전에 영향을 미친 사상들」, 『학술원논문집』 인문·사회과학편 제53집 1호 (2014), 312–313.

속화된 형태로나마 상식화된 휴머니즘적 가치들이 한국인들의 심성과 생활에 아직 배어들지 못하고 있는 실정이다. 제도로서의 민주주의는 정착했지만 제도를 뒷받침해 주는 인간관과 가치관 등이 한국인들의 마음과 인간관계 속에 아직 확고하게 자리 잡지 못했다는 말이다.

여하튼 나는 인간 존엄성을 외치는 현대 세속주의적 휴머니즘의 구호가 공허하게만 들리는 까닭은 휴머니즘에 대한 믿음이 신적·우주적 차원을 상실해 버렸기 때문이라고 생각한다. 우리는 앞장에서 이러한 사상적 움직임이 중세 말에 출현한 윌리엄 옥캄의 유명론적 사고에 이미 태동하고 있었음을 보았고, 근대 과학적 세계관과 사고방식에 의해서 더욱 공고하게 되었다는 것을 보았다. 옥캄과 더불어 도덕이 세계 자체의 구조와 성격에 뿌리를 두고 있다는 믿음이 무너지기 시작했고 근대 실증주의적 사고가 고개를 들기 시작했다. 이에 더하여 토마스 홉스와 더불어 본격적으로 등장하기 시작한 근대 생물학적·유물론적 인간관이 도덕의 존재론적·인성론적 기반을 정면에서 도전하게 되면서 이기적 욕망의 충족을 인간의 진정한 행복으로 간주하는 사고가 오늘의 세계를 지배하기에 이른 것이다.

10) 현대인들은 이제 도덕성이 사라진 탈도덕화된 세계에서 도덕적으로 살아야만 하는 딜레마에 봉착해 있다. 인류의 대다수는 동서양을 막론하고 도덕적 가치와 질서가 객관적으로 실재한다는 도덕실재론(moral realism)을 믿고 살아왔으며, 이것은 아마 지금도 사실일 것이다. 대다수 사람들은 인간으로서는 절대로 해서는 안 되는 일이 있다는 것을 믿고 살았다. 하지만 이러한 생각이 현대 과학적 세계관과 이에 영향을 받은 현대 도덕철학자들에 의해 도전을 받아 거의 고사 상태에 빠져 있다. 세계관과 도덕 사이에 균열이 생긴 것이다. 이러한 상황을 가장 간명하게 말해 주는 것은 "신이 존재하

지 않는다면 모든 것이 허용된다."는 도스토옙스키의 말이다. 이 말은 신이 없다면 인간이 선악을 모른다거나, 신을 믿지 않는 사람은 도덕적으로 살 수 없다는 뜻이 아니다. 신이 없는 세계에서는 도덕이 객관적 근거를 상실해 버리기 때문에 도덕적 허무주의에 빠질 수 밖에 없다는 말이다. 현대인들은 사실(fact)과 가치(value)가 유리된 탈가치화된 세계에 살고 있다. 도덕이 존재론적 기반과 인성론적 기반, 즉 세계관과 인간관의 지지대를 상실해 버렸기 때문이다.

나는 신이 사라진 현대 세계에서 도덕실재론의 붕괴는 당연한 결과이며, 따라서 도덕적 가치와 질서의 절대성을 확보할 수 있는 길은 사라졌다고 본다. 그나마 실천이성에 근거한 임마누엘 칸트의 의무론적 도덕론이 거의 유일한 대안처럼 보인다. 하지만 이런 도덕론이 제시되고 먹혀들어갈 수 있는 것도 칸트가 여전히 그리스도교적 풍토, 특히 그에게 강한 영향을 준 것으로 알려진 개신교 경건주의(pietism)의 엄숙주의적인 신앙 풍토에서 사고했기 때문일 것이다. 그가 말하는 실천이성의 명령은 절대로 거역해서는 안 되는 신의 도덕적 명령과 다름없으며, 우리가 인간으로서 도저히 외면할 수 없는 양심의 절대적 명령 같은 것을 도덕철학으로 이론화한 것이나 다름없다. 이러한 종교적 배경이 없이 그의 도덕이론이 과연 인간의 뿌리 깊은 이기심을 극복할 만한 설득력을 발휘할 수 있을지 의문이다. 나는 여전히 신이 자연의 질서뿐 아니라 인간의 삶의 질서인 도덕의 궁극적 원천이며 토대라고 믿는다. 물론 도덕의 구체적 내용은 시대에 따라 달라질 수 있다는 점을 나도 인정한다. 하지만 도덕의 원칙 자체는 우주적·신적 기반을 지녀야만 한다고 보며, 실제로 그러하다고 나는 믿고 있다.

11) 우리는 이성(理性, reason)이 플라톤-아리스토텔레스 철학이나 스토아

철학에서 우주적·존재론적 차원을 지닌 성스러운 것임을 언급한 바 있다. 고대 철학에서 이성은 단지 우리 인간의 속성이 아니라 존재 자체의 이법(理法)이다. 인간의 로고스는 우주의 로고스를 인식할 수 있는 능력이며, 우주의 로고스는 인간의 보편적 도덕 법칙(moral law)과 자연법칙(natural law)의 존재론적 근거다. 로고스는 인간의 특징이지만 동시에 세계 자체의 성격이며, 자연의 이법을 관조하는(theoria) 성격을 띤 이성은 실천적·실용적 이성보다 더 숭고하고 신성한 것으로 간주되었다. 스토아 철학에서 이성은 우주적 이성이며 인간 존엄성의 근거다.

그리스도교에서 이성은 신의 지성인 로고스의 성격을 지니고 있다. 그리스도교의 신학적 전통에 따르면, 로고스는 하느님의 창조의 원리이자 힘으로서 세상의 빛이고 생명이며 진리다. 그리스도교가 신이 주신 율법을 중시하는 유대교나 이슬람과 달리 신학(theology), 즉 신에 대한 이성적 담론을 중시하는 것은 결코 신의 자유로운 의지와 활동을 이성적 규범으로 묶으려는 것이 아니라, 이성이 신 자신의 성품 내지 본성이라고 믿기 때문이다. 이성의 초월적, 신적, 우주적 차원의 회복은 인간 존엄성의 회복과 직결된다. 현대인들은 흔히 인간의 존엄성과 신에 대한 믿음이 상반된다고 생각하지만, 이는 오해일 뿐이다.

동아시아 신유학에서는 인간의 이성 자체에 대한 담론이 서구사상에서만큼 발달하지는 않았지만, 우주만물의 질서 내지 이치로서의 로고스를 이(理) 또는 태극(太極)이라 불렀으며, 이것이 인간성으로 인간 안에 내재한다고 믿었다. 바로 이러한 이성의 존재론적·인성론적 토대가 현대세계로 오면서 사라지고 이성이 단순히 도구적 이성, 기술적 이성, 상업적·타산적 이성, 공학적 이성, 분석적 이성, 형식적이고 절차적인 합리성 정도로 격하된 것이다. 계몽주의 시대만 해도 이성은 적어도 전통사회와 문화의 비합리성에 도전하는 혁명적 비판 정신과 열정을 가지고 있었지만, 현대로 오면서 이러한 해방적이고 도전적인 정신은 점차 약화되거나 사라지고 순전히 현실을 있는 그대로 설명하고 유지하는 실증주의적 합리성으로 변하거나 법적이고 절차적 합리성 정도로 되어 버렸다. 신학자 틸리히는 로고스적 이성이 지닌 가장 근본적이고 원초적인 의미와 그 우주적 차원에 대해 다음과 같이 말하고 있다:

그리스인들은 어떻게 인간의 말과 언어가 실재를 포착할 수 있는지를 물었다. 그들의 대답은 모든 피조물의 보편적 형상이며 원리인 로고스가 실재 전체와 인간의 마음에 존재한다는 것이었다. 사람들이 말을 사용할 때 말이 의미를 지니는 것은 실재를 포착할 수 있기 때문이며, 그 반대도 사실이다. 실재가 인간의 마음을 포착하기 때문에 사람들이 실재를 향해 말을 걸고 실재에 대해 말을 할 수 있는 것이다. 이것이 로고스로서의 이성 개념이다. 이 개념은 그리스도교 신학 어디서나 제일의 원리로 계속해서 나타난다. 그것은 모든 실재의 질서와 구조의 원리다. 요한복음이 말하듯, "만물이 그(로고스)를 통해 만들어졌고, 그가 없이 만들어진 것은 아무것도 없다." 로고스는 하느님이 세계를 창조한 원리다. 이것은 모든 고전 신학의 근본적 통찰이다. 실재와 마음은 로고스의 구조를 가지고 있다. 로고스는 실재와 마음의 구조로서 우리의 지식 능력과 윤리 의식 내지 양심, 그리고 우리의 미적 직관을 포함한다. 이것들은 모두 우리 안에 있는 로고스의 표현들이다.[55]

틸리히는 이성을 존재론적 이성(ontological reason)과 기술적 이성(technical

---

55 Tillich, *A History of Christian Thought*, 326–27.

reason)으로 구별하면서, 존재론적 기반을 상실한 현대 기술적·도구적 이성의 문제점에 대해서 다음과 같이 지적하고 있다:

우리는 존재론적 이성 개념과 기술적 이성 개념을 구별할 수 있다. 전자는 파르메니데스로부터 헤겔에 이르기까지 고전적 전통에서 지배적이었으며, 후자는 비록 철학 이전과 철학 사상에도 항시 존재했지만, 고전적 독일 관념론의 붕괴 이후, 그리고 영국 경험론의 대두 이후 지배적이 되었다. 고전적 철학 전통에 따르면, 이성은 마음의 구조로서 마음으로 하여금 실재를 파악하고 변화시키게 하는 능력이다. 그것은 인간의 인식적, 미적, 실천적, 그리고 기술적 기능들에 작용하고 있다. … 보다 직관적으로 이해되든 또는 보다 실천적으로 이해되든 고전적 이성은 로고스(Logos)다. 인식적 성격은 다른 성격들과 더불어 이성의 한 요소이다. 고전적 이성은 인식적이지만 미학적이기도 하며, 이론적이지만 실천적이며, 초연하지만 정열적이고, 주관적이지만 객관적이다. 고전적 의미의 이성을 부정하는 것은 그 신성에 반하는 것이기 때문에 인간성에 반하는 것이다. 그러나 존재론적 이성 개념은 언제나 기술적 이성 개념을 동반하거나 때로는 그것에 의해 대체되었다. 이성이 '합리적 사고' 능력으로 축소되는 것이다. 따라서 고전적 이성 개념 가운데서 인식적 측면만 남게 되고, 인식적 영역 내에서도 목적을 실현하기 위한 수단들을 발견하는 인식적 행위만 남게 되었다. 로고스 의미의 이성은 목적들을 결정하고 단지 이차적으로만 그 수단을 결정하는 반면, 기술적 의미의 이성은 수단들을 결정하고 목적들은 '다른 어디로부터' 받아들인다. … 19세기 중엽으로부터 이러한 위험이 지배적이 되었으며, 그 결과 목적들은 [한 사회에 존재하는] 전통이나 권력 의지를 추구하는 자의적 결단과 같은 비합리적인 힘들에 의해서 결정되었다. 비판적 이성이 규범과 목적들을 지배하는 기능을 상실하게 된 것이다. 이와 동시에 이성의 비인식적인 측면들은 순전히 주관적인 것으로 치부되면서 중요성을 상실하게 된 것이다.[56]

틸리히는 특히 "헤겔 이후 신격화된 이성의 추락은 우리 시대에서 기술적 이성이 왕좌에 오르도록 하였고 존재론적 이성이 깊이와 보편성을 상실하는 데 결정적으로 공헌했다."고 지적한다.[57]

단적으로 말해, 근대 이성은 그 본래적인 신적, 우주적, 존재론적 성격을 상실하고 세속화됨으로써 주로 현실을 유지하는 수단, 인간의 이기적 욕망을 만족시키기 위해 자연을 정복하고 착취하며 동료 인간을 지배하기 위한 도구적 이성으로 전락하게 되었다. 틸리히의 용어를 빌리면, 기술적 이성의 지배를 받는 근대 이성과 학문은 인식 대상과의 따뜻한 교감과 일치에 근거하여 대상을 수용하는 지식(receiving knowledge)을 무시하고, 인식 주체와 대상과의 거리와 소외를 전제로 하여 대상을 지배하는 지식(controlling knowledge)의 일방적인 추구로 전락해 버렸다. 낭만주의와 생철학과 실존주의의 거센 반발이 있었지만, 셋 다 또 다른 극단으로 흘러서 "참과 거짓을 식별하는 기준"의 문제를 해결하지 못하고 실패로 끝났다고 틸리히는 진단한다.[58] 나는 이 통찰이 최근 우리나라 지성계에 유행하고 있는 각종 포스트모더니즘적 사고에도 타당하다고 본다.

여하튼 근대적 이성이 신의 자리를 대신해서 삶의 질서를 구축하려 했던 기획들이 실패하게 된 근본 원인은 이성이 존재론적 뿌리를 상실하고 기술적 이성으로 전락해 버리고 만 데 있다. 나는 이것을 〈이성의 세속화〉라고

---

56 Paul Tillich, *Systematic Theology*, vol. One (Chicago: The University of Chicago Press, 1951), 73.
57 같은 책, 82.
58 같은 책, 97-100.

부른다. 따라서 지금까지 제기된 현대 문명이 당면한 근본 문제들— 성서·그리스도교 신앙과 고전적 형이상학의 붕괴, 근대적 주체성과 개인주의의 공과(功過), 삶의 무의미성의 문제, 탈가치화된 지식과 학문, 존재론적 기반을 상실한 윤리이론과 도덕적 삶 등— 을 해결하기 위해서는 무엇보다도 세속화된 이성이 다시금 그 신적·우주적·존재론적 뿌리와 깊이를 되찾아야 한다. 그리고 이성과 신앙, 지성과 영성이 새롭게 화해하고 손을 잡을 수 있어야만 한다.

틸리히에 의하면, 기술적 이성이 그 본래적 깊이를 회복하는 길은 다양한 이성의 활동 속에 암묵적으로 현존하고 드러나는 이성의 궁극적 토대인 존재 그 자체, 진리 그 자체, 아름다움 그 자체, 사랑 그 자체를 접하는 데 있다.[59] 그는 말하기를, 우리가 삶 속에서 경험하는 무조건적인 요소는 이론적 이성에서는 진리에 대한 모든 근사치들의 규범인 진리 그 자체(verum ipsum)로 나타나며, 실천적 이성에서는 선에 대한 모든 근사치들의 규범인 선 그 자체(bonum ipsum)로 나타난다. 이 둘은 존재하는 모든 것의 근거인 존재 그 자체(esse ipsum)의 현현·현시들(manifestations)이다.[60] 틸리히는 그러면서 다음과 같이 결론을 내린다:

철학과 신학에서 그것들이 포함하고 있는 진리[그 자체]보다 더 중요한 것은 없다. 즉 이성과 실재의 구조에서 무조건적인 요소를 인정하는 일이다. 신율적(theonomous) 문화 이념과 이와 더불어 종교철학의 가능성이 이 통찰에 달려 있다. 어떤 무조건적인 것에서부터 시작하지 않는 종교철학은 결코 신에 도달할 수 없다. 근대 세속주의는 주로 이성과 실재의 구조에 존재하는 무조

59 같은 책, 79–81의 논의를 볼 것.
60 같은 책, 206–07.

건적인 요소를 더 이상 보지 못하고, 따라서 신 관념이 [인간의] 마음에 어떤 '낯선 것'으로 부과되게 되었다는 사실에 근거하고 있다. 이것이 처음에는 타율(heteronomous)적 복종을 낳았고 나중에는 자율적(autonomous)적 거부를 낳은 것이다.[61]

이것은 서구 지성사 전체의―그리고 오늘날 전 세계적인―비극에 대한 실로 깊고 날카로운 분석이 아닐 수 없다. 이 짧은 구절 하나에 틸리히의 전 사상의 핵심이 담겨 있다고 해도 과언이 아니다. 그리고 현대 문명의 병폐에 대한 그의 처방이 담겨 있다. 즉 전통사회의 타율적 문화와 이에 대한 비판과 대립 속에서 형성된 근대사회의 자율적 문화가 신율적 차원을 회복해야 한다는 것이다. 틸리히는 이러한 시각에서 서구 사상사 전체를 읽고 있지만, 특히 19세기 후반부터 기술적 이성이 전적으로 지배하는 공허한 자율의 문화와, 전체주의적 정치체제가 지배하는 파괴적인 타율적 체제의 극복을 강조하고 있다.[62] 주목할 점은 틸리히가 말하는 이성의 신율적 차원이란 어떤 종교의 권위 같은 것을 가리키는 것이 아니라 이성이 그 자체의 존재론적 차원과 깊이를 회복하는 것을 뜻한다.[63] 나는 이것이 세속화된 이성의 극복이라고 생각하며, 바로 이것이 이 책의 중심적 관심사이기도 하다. 좀 더 구체적으로는 근대 세계로 들어오면서 완전히 길을 달리한 신앙과 이성이 다시 화해하는 일이며, 이는 곧 서구 지성사에서 이성과 신앙의 균열을 초래한 장본인 격인 그리스도교의 전통적인 초자연주의 신관을 극복하는

---

61 같은 책, 208. 이 진술은 틸리히가 신의 존재에 대한 이른바 '존재론적 논증'(ontological argument)을 비판적이면서도 우호적으로 해석하는 가운데 한 말로서, 이에 대한 그의 좀 더 상세한 논의는 이 책 첫 장에서 소개한 바 있는 그의 논문, "Two Types of Philosophy of Religion"을 참고할 것.
62 같은 책, 85–86.
63 같은 책, 84–86.

일이다. 다음 장에서 내가 시도하는 것도 바로 이것이다.

그러나 나의 신관을 논하기 전에 틸리히가 밝히는 종교철학의 원칙에 대해 한 가지 밝혀 둘 점이 있다. "어떤 무조건적인 것으로부터 시작하지 않는 종교철학은 결코 신에 도달할 수 없다."는 그의 말에 나는 기본적으로 찬동한다. 하지만 오늘날 세속화된 지성이 처한 상황은 틸리히가 살았던 시대보다 훨씬 더 심각한 상태에 있고, 앞으로 전개될 인류 문명의 앞날은 더욱 비관적으로 보인다. 따라서 나는 우리의 사고 행위와 우리가 추구하는 가치들의 전제가 되는 어떤 무조건적인 차원을 자각하고 거기서 출발하는 신에 대한 철학적 논의도 중요하지만, 이에 못지않게 현대인들이 거의 무비판적으로 전제하고 있는 ─ 세속화된 지성의 무조건적인 것! ─ 유물론적 사고가 지닌 한계를 명확히 의식하고 삶의 초월적 차원에 마음을 여는 일도 중요하다고 본다. 이런 점에서 나는 틸리히가 말하는 종교철학의 아우구스티누스적 접근 못지않게, 특정한 신앙이나 신관의 전제 없이 세속적 이성으로 하여금 신적 차원을 깨닫게 하는 현대적인 아퀴나스적 접근도 필요하다고 본다. 이 책은 주로 이러한 입장에서 신앙과 이성의 관계를 논하면서 새로운 신관을 모색하고 있다.

12) 이상에서 논한 극한적 질문들은 유물론적 세계관을 넘어서는 사고를 촉진하기 위한 하나의 가설적이고 추측적인 논의지 결코 어떤 구체적이고 확실한 결론과 인식에 도달하기 위한 논증이 아니다. 종교철학자 클레이튼 (P. Clayton)은 슐라이어마허의 사상을 논하면서 우리가 지금까지 고찰한 '극한적 질문'과 유사하게 '극한적 관념'(limit notion)이 지닌 신학적 유용성에 대해 말하고 있는데, 우리의 논의에도 타당하다:

방금 윤곽을 제시한 지식에 대한 슐라이어마허의 접근은 사고의 한계들이라는 관념이 가질 수 있는 새로운 역할을 암시한다. 잘 아는 대로, 고전적으로 극한적 담론은 해결할 수 없는 문제를 대면하기 위해서 이루어졌다: 우리는 인간이 알 수 있는 것에 한계들이 있다는 것을 인정한다. 하지만 이러한 한계들을 구체적으로 명시하고 알기 위해서는 이미 그것들을 넘어서야만 한다. 그래서 인식하는 자가 자기 사고의 한계를 알 수 없다는 말이 있는 것이다. 그러나 이러한 비판은 슐라이어마허가 지적하는 숙고(reflecting, thinking)와 인식(knowing)의 결정적 차이를 간과하는 것이다. 확실히 우리는 인간의 사고가 좌절하거나 더 이상 나아갈 수 없는 것처럼 보이는 영역에 대해서 숙고할 수는 있다. 그렇다고 그것이 우리의 지식의 명확한 경계선이고 그것을 넘어서는 것은 모두 인간의 마음으로 알 수 없다는 것을 주장하는 것이 아니다. 이것은 오히려 입증하기 어려운 주장이다! 극한적 관념들을 다루는 신학적 기획은 그 대신 이성이 알 수 있는 것과 알 수 없는 것이 무엇인지에 대해 어떠한 독단적 주장에도 빠지지 않으면서, 이성이 직면해서 어려움과 당혹감을 느끼는 영역들을 탐구하려는 것이다.[64]

나에게는 암암리에 현대 지성인들의 도그마처럼 되어 버린 유물론적 사고와 세계관, 그리고 거기에 따른 허무주의는 더 이상 심각한 위협이 되지 못한다. 우주의 합리적 구조와 질서, 그리고 물질의 움직임을 일정한 방향과 목적으로 인도하는 우주의 어떤 합리적 마음(rational mind) 또는 지성(intellect, Logos) 같은 것을 믿는 일은 그리 어려운 일이 아니기 때문이다. 이보다 더 믿기 어려운 것은 그런 우주의 마음이 과연 성서가 증언하고 있는

64　The Problem of God in Modern Thought, 359.

인격신일까 하는 문제다. 성서의 하느님도 물론 세계를 창조한 하느님이다. 그러나 이 창조주(Creator) 하느님은 동시에 역사의 하느님이고 구원의 주(Redeemer)로서 특정 민족과 개인의 삶에 개입하면서 자신을 드러내는 역사적 계시의 하느님이다.

나는 유물론에 입각한 무신론은 — 맥쿼리가 이론적 무신론(theoretical atheism)이라고 부르는 것 — 신에 대한 믿음에 더 이상 심각한 장애가 되지 않는다고 생각한다. 하지만 여전히 문제가 되는 것은 전지전능한 신에 대한 믿음이 인간의 주체성을 위협한다는 정서적 무신론(emotional atheism), 그리고 끔찍한 악의 현실이 제기하는 도덕적 무신론(moral atheism)이다.[65] 나는 이 문제들이 전통적 유신론의 과감한 수정 없이는 만족스럽게 해결하기 어렵다는 입장이며, 이것이 새로운 신관을 모색하게 된 중요한 동기 가운데 하나다.[66]

이신론자들도 바로 이 문제로 고심하다가 결국 자연의 이법을 제정한 우주적 정신으로서의 신은 인정하는 선에서 그치고 인간의 역사와 삶에 개입하는 성서의 신은 부정하는 선택을 하게 된 것이다. 역사와 삶에 관심을 가지고 개입하는 하느님은 동시에 자연계에도 영향을 행사할 수밖에 없기 때문에, 결국 성서의 하느님은 자연계에 초자연적으로 개입하는 기적적 사건들을 일으키는 하느님으로 이해되어 왔다. 성서의 인격신은 인간처럼 '행위'(act)를 하는 행위의 주체다. 자유로운 의지와 뜻을 가진 하느님이다. 자신이 지은 자연의 질서를 통해 자기를 계시하며 자연의 이법을 존중하는 신이지만, 거기에 묶이지 않고 능동적 의지로 세상사를 주관하고 섭리하며, 때로는 곤경에 빠진 자기 백성을 구원해주는 구원의 주님이다. 이신론자들을 비롯해서 수많은 지성인들이 부정하는 것은 바로 이러한 신이다.

---

65 John Macquarrie, *In Search of Deity*, 제4장, "Alternatives to Classical Theism"을 볼 것.
66 맥쿼리도 나와 유사한 입장이며, 대안적 신관으로서 변증법적 신관(Dialectical Theism)을 제시하고 있다.

하지만 우리는 이러한 이신론을 넘어, 우주적 정신인 신이 적어도 인격성을 지니고 있다는 점만은 인정할 수 있을 것 같다. 창조의 질서를 통해서 인간이라는 존재를 산출한 신이 적어도 우리 인간보다도 못한 인격 이하의 실재일 수는 없기 때문이다. 피콕의 말을 들어 본다:

인격적인 것은 물리적인 것, 정신적인 것, 그리고 영적인 것을 통합하는 우리가 아는 최고의 단계이기 때문에, 궁극적 실재가 적어도 인격적이라는 것, 혹은 초인격적이라는(supra-personal) 점을 인정하는 것은 타당하다. 다시 말해, 궁극적 실재에다 인격적 술어들을 붙이는 것은 그렇게 하지 않는 것보다 덜 잘못된 일이라는 것이다. 가령, 궁극적 실재를 '힘' 또는 '권능' 또는 '절대', 혹은 심지어 단지 '이성'이라고 부르는 것보다 낫다. … 따라서 우리가 인격적 술어들을 이 궁극적 실재에다가 항시 그리고 민감하게 그러한 언어가 지닌 한계들을 의식하면서 붙이는 것은 정당화된다.[67]

신의 인격성 문제는 차후에 더 논의하기로 하고, 내가 지금 여기서 강조하고 싶은 점은 인간의 이성이 아무리 위대하기로서니 세계 자체의 성격과 사물 자체에 로고스가 내재하지 않는다면 아무것도 아니라는 사실이다. 또 인간의 이성은 우주적 지성을 반영하고 있으며 유물론은 세계와 인생을 이해하는 데 명백한 한계를 가지고 있다는 점이다. 이것이 내가 이성의 신적·존재론적 근거를 묻고 확인하고자 하는 이유다. 세속화된 근대 이성으로 하여금 근본적 한계를 넘어 이성 본연의 깊이와 폭을 회복하도록 하기 위함이다.

---

67 Arthur Peacocke, 앞의 책, 42-43.

4. 새로운 신관의 방향

이성의 세속화를 극복하고 신앙과 이성의 대립을 넘어 상생과 화합을 할 수 있는 길을 모색하는 데 무엇보다도 중요한 것은 신앙이 추구할 관심과 헌신의 대상인 신에 대한 새로운 이해, 즉 새로운 신관의 모색이다. 왜냐하면 우리가 앞의 두 장을 통해 누차 강조한 문제들 가운데 하나는 성서·그리스도교 신앙이 처한 위기의 배후에는 초자연주의적인 신관, 즉 세계를 창조하고 세계 '밖에서' 개인의 삶과 인류의 역사를 섭리하고 인도하는 하느님, 그러나 때때로 특정한 역사적 사건과 자연의 과정에 직접 개입하는 초자연적 존재에 대한 믿음이 자리 잡고 있다는 사실이다. 바로 이러한 초자연주의적인 신관이야말로 근대적 이성으로 하여금 종교적 세계관과 형이상학에 등을 돌리고 무신론적·유물론적 자연주의를 선택하게 만든 장본인 격이기 때문이다.

초자연주의는 서구 사상사를 통해 신학자들과 종교철학자들을 줄곧 괴롭혀 온 문제다. 초자연주의 신관을 신앙의 걸림돌로 여기게 된 서구 사상가들은 무신론적 자연주의로 가든지, 아니면 이신론이나 범신론 같은 대안적 신관을 따르게 되었다. 사실, 서구 자연주의가 동양적 자연주의와 달리 자연을 아무런 영적 의미가 없이 순전히 물리적 인과관계에 의해 지배되는 기계적 체계로 이해하게 된 것은 그리스도교의 초자연주의와 날카로운 대립각을 세우면서 쟁취한 전리품이었다.[68] 서구 사상에서 〈초자연주의적 신관〉과 〈자연주의적 무신론〉은 동전의 양면과도 같다. 우리는 심지어 전자가 후자를 낳았다고까지 말할 수 있다. 따라서 초자연주의적 신관의 극복은

---

68 이 문제에 대해서 길희성, "Asian Naturalism: an old vision for a new world," 『학술원논문집』 제49집(2010) 참조.

도구적 이성이 지배하는 현대 세계에서 이성을 심화하고 신앙과 화해하게 하는 필수적 과제다.

바람직한 현대적 신관의 모색은 크게 보아 자연주의적 무신론과 초자연주의적 유신론, 성서적 신앙과 동서양의 일원론적 형이상학, 성서적 인격 신관과 이신론 또는 범신론의 대립을 넘어서는 제3의 신관을 찾는 데 있다. 특히 신은 초자연적 실재이기 때문에 오직 그의 초자연적 계시(supernatural revelation)를 통해서만 제대로 알 수 있다는 그리스도교 신앙의 도그마는 이제 과감하게 넘어설 때가 되었다. 그리스도교는 바로 이런 도그마를 통해서 계시의 수호자를 자처하면서 서구 문화에 군림해 왔다. 나는 그리스도교가 이제 그러한 도그마 없이도 충분히 특성과 매력을 지닐 수 있다고 생각하며 오히려 세계 모든 사람이 수용하기 쉽도록 보편성을 확보할 수 있다고 믿는다. 따라서 현대 신론은 계시와 이성, 신앙과 지성, 은총과 자연 또는 초자연과 자연, 계시신학과 자연신학(natural theology)의 엄격한 구별과 대립을 넘어서는 신관을 제시할 수 있어야 한다.

우리는 이러한 가능성을 최근에 부활하고 있는 자연신학 내지 철학적 신학, 현대 과학의 동향, 그리고 무엇보다도 동서양의 오랜 일원론적 형이상학의 전통과 우주 탄생에서부터 인간의 출현과 세계의 종말에 이르기까지의 전 과정을 창발적(emergent) 과정으로 일관성 있게 이해하는 최근의 과학적 세계관을[69] 종합하는 〈진화적 창조(evolutionary creation)〉 개념에서 찾을 수 있다고 본다. 앞으로 개진할 나의 신관은 이런 입장에 서 있음을 미리 밝혀둔다.

나는 현대인의 삶과 현대 문명이 신과 인간, 신과 세계의 관계를 새로운 시각에서 이해하는 신관을 모색하기 위해서 성서적 유일신 신관보다는 동

---

69 Harold J. Morowitz, *The Emergence of Everything: How the world became complex* (Oxford: Oxford University Press, 2002)는 좋은 예다.

서양 사상을 관통하고 있는 고전적 형이상학의 전통을 근간으로 하되 여타 신관의 장단점을 취사선택하는 길을 따르고자 한다. 워낙 엄청난 주제이기에, 우선 오늘의 시점에서 나의 지식과 경험을 바탕으로 해서 나 자신이 정직한 마음으로 수용할 수 있는 신의 모습을 그려보고자 한다. "내가 믿는 하느님"이라고 제목을 붙였지만, "내가 〈믿고 싶은〉 하느님"이라고 해야 더 합당한 제목일지도 모른다.[70] 이에 앞서 우선 21세기가 요구하는 새로운 신관이 지향해야 할 근본 방향에 대해 다시 한 번 정리해 보자.

나는 현대 문명의 최대 문제는 이성이 신적·존재론적 토대를 상실해 버리고 순전히 기술적, 도구적, 절차적 이성으로 변질되었다는 데 있다고 본다. 이를 극복하는 방안은 그러나 이성을 방기하거나 신에 대한 믿음을 포기하는 데 있다고 생각하지 않는다. 신에 대한 믿음은 선택의 문제가 아니다. 문제는 어떤 신을 믿느냐이다. 수많은 사람들이 신을 믿고 싶어도 믿을 수 없는 상황에 처해 있다. 신을 믿자니 그리스도교의 초자연주의적인 신관이 마음에 걸리고, 안 믿자니 세계와 인생이 너무나 허무하고 무의미하게 느껴지기 때문이다.

나는 이 책을 통해 전통적인 성서적 유일신신앙이 위기에 처하게 되는 과정을 분석했고, 무엇이 근본 원인인지도 밝히려 했다. 한마디로 말해, 전통적 그리스도교 신학은 창조주와 피조세계 사이에 건너기 어려운 〈존재론적 간격〉을 상정한 후, 하느님 쪽에서 오는 초자연적 계시를 통해서만 하느님을 제대로 알고 구원을 받을 수 있다는 편협한 구도 위에 서 왔기 때문이다. 서구 지성사를 특징지어 온 신앙과 이성, 계시와 이성, 은총과 자연, 초자연과 자연, 신학과 철학, 그리고 나아가서 종교와 문화, 교회와 국가, 성과 속 등의 엄격한 구별과 대립도 모두 이러한 구도에 근거하고 있다.

---

70 이런 이유로 이 장에서는 학계의 관행을 떠나 필자는 "나"라는 표현을 주저 없이 사용하고자 한다. 앞으로 제시될 신관이 아직은 어디까지나 필자 자신의 개인적 신관이기 때문이다.

나는 이러한 이중 구도에 세워진 서구 문명이 지닌 강점을 부인하지 않지만, 다른 한편으로는 그런 구도가 더 이상 통할 수 없고 통해서도 안 되는 시대에 우리가 살고 있다는 사실을 직시해야 한다고 생각한다. 현대 세계가 당면한 절박한 문제들을 해결하기 위해서는 이성의 세속화를 초래한 위와 같은 대립적 구도가 이제는 극복되어야 마땅하다. 나는 이것을 틸리히가 말하는 이성, 철학, 문화, 그리고 정치 등의 신율적(theononous) 차원에서 찾는다. 서구 지성사는 서구 문명을 특징지어 온 이중적 대립 구도가 사실상 삶의 세속화를 낳았고 삶의 전 영역에서 영적 차원이 무력화되거나 사라지는 결과를 초래했다는 사실을 여실히 보여주고 있다. 현대 신학과 종교사상이 나아가야 할 길은 이제 명백하다. 초자연주의적 신관에 기초한 신앙을 창조적으로 극복하는 길이다. 이를 좀 더 부연하면 다음 몇 가지 사항으로 요약될 수 있다.

첫째, 21세기가 요구하는 새로운 신관은 전통적 그리스도교의 초자연주의적 신관을 과감하게 수정하고 극복하는 방향으로 나아가야만 한다. 이를 통해서 신앙과 이성이 다시 화해하고 철저하게 세속화된 이성이 그 본래적인 존재론적 폭과 깊이를 회복해야 한다.

둘째, 새로운 신관은 신과 세계, 신과 인간, 무한과 유한 사이의 차이와 구별은 있지만 거리와 단절보다는 화해와 일치를 가능하게 하는 신관이어야만 한다. 이런 신관에 기초하여 현대 세계가 요구하는 초월도 세계를 떠나는 초월이 아니라 세계 안에서 신을 만나게 하는 새로운 형태의 초월이어야 한다. 무한과 절대가 유한과 상대를, 신이 세계를 감싸면서 초월하는 '포월적'(包越的) 초월, 내재적 초월이어야 한다. 우리는 이러한 신관과 세계관을 '자연적 초자연주의'(natural supernaturalism)라고 부를 수 있다.[71]

71 M. H. Abrams, *Natural Supernaturalism: Tradition and Revolution in Romantic Literature* (New York: W. W. Norton and Company, 1971)에서 따온 개념.

셋째, 이 점에서 동서양의 전통적인 일원론적 형이상학의 재발견은 매우 중요한 역할을 수행할 수 있다. 신과 세계를 구별은 하지만 분리시키지는 않는 존재론, 하느님 안에서 만물을 경험하고 만물 안에서 하느님을 만나게 하는 신관, 일상사 속에서 성스러움과 신비로움을 발견하는 영성, 진리와 선과 아름다움을 추구하는 모든 활동 속에서 신을 만나도록 하는 새로운 신관의 형성에 동서양의 일원론적 형이상학이 공통적으로 따르고 있는 유출론적 신관과 세계관은 필수적인 역할을 할 수 있다.

넷째, 현대 신관은 전통적인 초자연주의 신관이나 무신론적 자연주의가 아닌 제3의 길을 추구하되 무비판적인 범신론이나 현대판 자연숭배 내지 여신숭배를 피하고 그 긍정적인 면만을 수용하는 신관이어야 한다. 신의 초월성과 신비를 인정하되 세계와 단절되는 초월성이 아니라 세계 내적 초월성이어야 하며 세계를 재성화하는(resacralize) 신관이어야 한다.

다섯째, 인간중심주의를 극복하고 만물의 신성성을 깨닫고 발견하는 영적 자연주의(spiritual naturalism)를 추구하되, 서구 근대의 소중한 유산인 인간의 존엄성과 도덕적 책임성은 계속해서 살리는 신관을 모색해야 한다. 공허한 세속적 휴머니즘이 아니라 인간의 영적 본성에 바탕을 둔 영적 휴머니즘(spiritual humanism)을 회복해야만 한다. 이를 위해서는 인간에 내재하는 신성의 자각이 무엇보다 필수적이며, 신과 인간 사이에 의지의 일치(Willenseinheit)를 넘어 존재의 일치(Seinseinheit)로까지 나아가는 동서양의 신비주의 전통에 새롭게 주목할 필요가 있다.

제 **4** 부

—

내가 믿는 하느님

나에게 신은 존재와 가치와 의미의 토대다.[1] 따라서 우리가 존재하고 생명을 누리는 모든 것 자체, 진리와 선과 아름다움을 추구하고 정의, 평화, 인권 등의 가치에 헌신하는 삶 자체가 신에 참여하는 길이다. 신은 우리가 추구하는 가치와 의미의 근원이자 완성이다. 가치를 추구하는 우리의 삶은 좌절을 겪고 불완전하지만 궁극적으로 무의미하지 않고 가치의 토대인 신을 통해 완성된다. 아래에 서술하는 신관은 이에 대한 부연 설명이라 해도 좋다.

1. 신관의 두 유형

그리스도교 전통에는 크게 두 가지 유형의 신관이 병존해 왔다. 하나는 성서적 신관으로서 신의 초월성(transcendence)을 강조하는 초자연주의적 신관이다. 하느님과 세계, 창조주와 피조물, 신과 인간의 존재론적 차이를 엄격하게 구별하면서 신을 창조 세계를 다스리고 구원으로 이끄는 전지전능한 존재로 간주하는 전통적이고 대중적인 신관이다. 다른 하나는 주로 신플라톤주의(Neoplatonism)의 영향을 받은 신관으로서 신과 세계의 존재론적 연속성과 신의 내재성(immanence)을 강조하는 신관이다. 여기서는 신과 세계가 구별은 되지만 분리되기 어려운 내적 관계를 지닌다.

신과 세계의 관계를 이해하는 이 두 신관의 차이는 신의 세계 창조를 어떻게 이해하느냐는 문제에서 현저하게 드러난다. 따라서 우리는 창조론에

---

1 'The Ground of Being, Value, and Meaning.'

도 두 가지 유형을 본다. 하나는 신의 창조를 우리가 집을 짓거나 물건을 만드는 행위에 준해서 생각하는 제작자 모델로서, 여기서 창조는 신의 계획과 의도에 따른 자유로운 의지의 행위로 간주된다. 다른 하나는 이와 대조적으로, 창조를 신의 자유로운 행위가 아니라 세계가 그의 역동적인 창조적 본성에 따라 신 자신에서 흘러나오는 유출(流出, emanatio) 혹은 출원(出源, exitus)으로 보는 견해다. 창조는 신의 자유로운 선택적 행위이기보다는 신의 본성에 따른 필연적 결과다. '필연적'이라고 하지만 신에 어떤 외적 강요가 있다는 뜻이 아니라, 신의 자연스러운 본성에 따른 것이라는 의미의 필연성이다. 유출설에서는 신과 세계는 원인과 결과, 무한과 유한, 본체와 현상, 그리고 필연과 우연 등으로 구별되기는 하지만 분리되지는 않는다. 어머니와 자식의 관계처럼 신 없는 세계나 세계 없는 신을 생각하기 어렵기 때문이다.

창조를 우리가 물건을 제작하듯이 하느님이 세계를 디자인해서 만드는 행위로 보는 전통적 창조론에는 몇 가지 해결하기 어려운 난점이 있다. 첫째, 우리가 물건을 제작하는 경우에는 당연히 제작자의 행위와 더불어 재료·질료가 먼저 있어야 하는데, 창조의 경우 이 질료가 어디서 왔는지를 설명하기 어렵다는 점이다. 사물들이 형태를 갖추기 이전에 어떤 원초적 질료 같은 것이 처음부터 존재했다고 하면, 질료는 하느님처럼 영원한 것이 되는 문제가 있다. 전통적인 그리스도교 창조론은 따라서 무로부터의 창조(creatio ex nihilo)를 주장해 왔다. 하느님은 그야말로 아무것도 존재하지 않는 순전한 무의 상태에서 세계를 창조했다는 것이다. 플라톤의 티마이오스(Timaeus) 편에 나오는 세계의 창조주 데미우르고스(Demiurgos)가 이미 존재하는 어떤 원초적 물질·질료에 형상·질서를 부여해서 세계를 창조하는 것과 달리, 물질도 하느님의 말씀에 의해서 무로부터 창조되었다는 것이다. 그리고 이러한 창조론은 물질도 하느님이 창조한 것이기 때문에 결코 악이 아니고 좋다(善,

good)는 뜻도 함축하고 있다.

제작자 모델에 따른 창조론이 지닌 또 하나의 문제점은 창조가 하느님의 자유의지에 따른 행위라면, 아무 부족함 없는 하느님이 무슨 이유로 세계를 창조했느냐는 문제가 제기된다. 내가 아는 한 이에 대한 만족스러운 답은 없다. 흔히 말하기를 하느님은 사랑이기 때문에 피조물을 창조했다고 하지만, 사랑은 어디까지나 이미 타자, 즉 피조물의 존재를 전제로 하는 관계적 개념이기 때문에 사랑이 무로부터의 창조의 동기가 될 수는 없다. 몰트만(J. Moltmann) 같은 현대 신학자는 삼위일체 하느님 간의 내적 사랑을 말하지만, 신의 자기 사랑과 신의 세계사랑은 엄연히 별개다. 삼위일체 하느님의 내적 관계(perichoresis)는 세계 창조의 존재론적 근거는 될 수 있을지 모르지만, 창조라는 인격적 행위의 동기가 되기는 어렵다. 그렇다고 창조가 아무 이유 없이 이루어졌다고 할 수도 없다. 무신론자들의 주장하는 대로 세계는 그야말로 무의미한 것이 되기 때문이다. 또 신이 세계를 창조하지 않을 수도 있었는데 창조했다면 세계의 존재는 자의적인 것이 되고, 세계가 존재하든 말든 신에게 아무 상관이 없다는 말이 된다.

세계를 신의 유출로 보는 창조론에서는 이런 문제들이 발생하지 않는다. 창조는 신의 자유로운 의지에 따른 의도적 행위가 아니라 어미가 자식을 낳은 것처럼 신의 본성에 따른 자연스럽고 필연적인 현상이기 때문이다. 무로부터의 창조가 아니라 신 자신으로부터의 창조(creatio ex deo)가 된다. 또 유출론에서는 창조가 신의 본성인 만큼 과거의 어느 시점에 완결된 것이 아니라 현재까지도 계속되고 있는 지속적 창조(creatio continua)다. 무엇보다도 이러한 신관은 현대 진화론적 세계관과 더 잘 조화될 수 있다는 장점이 있다. 나 자신의 신관도 동서양의 오랜 전통인 일원론적 형이상학의 유출론과 현대 진화론적 시각을 결합하여 세계를 〈진화적 창조〉의 과정으로 보는 신관을 따른다. 최근에는 제작자 모델과 유출식 모델의 장점을 절충해서 창조의 제3의 유형을 제시하는 사람도 있지만,[2] 나는 기본적으로 진화적 창조론 하나로써 신관의 주요 이론들의 장점을 수렴하고, 나아가서 그리스도교 신학의 두 주제인 창조와 구원도 하나의 과정으로 이해하는 신관을 제시하고자 한다.

유출론적 신관과 세계관에 대한 논의를 계속해 보자. 잉게(W. Inge)는 신플라톤주의 전통에 속하는 중세 신학자 에리우게나(J. S. Eriugena. 810-877경)의 유출론적 창조론에 대해 다음과 같이 말하고 있다:

스코투스 에리우게나에게는 창조가 하느님과 같이 영원하고 하느님은 단지 창조의 원인으로서 앞설 뿐이다. "하느님이 만물을 만드셨다고 말할 때, 우리는 이 말을 단지 하느님이 만물 안에 계신다는 뜻으로 이해해야만 한다. 즉 하느님이 만물의 존재로 항존하신다는 뜻이다." 하느님께서는 행위와 존재가 동일하다. 세계는 무로부터 만들어진 것이 아니라 하느님으로부터 만들어졌기 때문이다. 세계는 하느님의 생각이 밖으로 표출된 것이다.[3] 하느님은 [세계의] 제일원인(prima causa)으로서 존재, 지혜, 그리고 생명이다. 그는 이데아들(플라톤적)의 창조자이며, 이데아들은 현상계를 창조했다. 그러나 하느님은 이데아들을 통해서 가장 낮은 피조물들에게로 하강하며, 이 피조물들은 하느님의 영원한 권능과 신성을 드러낸다. 이는 플로티누스의 생각과 매우 유사하다. … 에리우게나가 플라톤의 지성(Nous)과 동일한 속성들을 부여하고 있는 하느님의 말씀(Logos)은 세계를 창조하는 원리이며, 하느님은 영원

---

2   대표적인 종교철학자는 독일 철학자 쉘링(F. W. Schelling, 1775-1854)의 중후기 사상에 입각해서 이른바 범재신론(凡在神論, panentheism)을 주창하는 Philip Clayton이다. *The Problem of God in Modern Thought*, 471-80을 볼 것.
3   'Thinking out of God's thoughts.'

부터 그리고 항시 세계를 창조하신다. "우리는 하느님이 세계를 창조할 때가 될 때까지 기다렸다고 생각해서는 안 된다. 하느님은 하느님이신 순간, 자기와 같이 영원한 아들을 낳자마자 세계를 창조하셨다." 『독일신학』(Theologica Germanica)은 논하기를, 하느님은 아무것도 하지 않고 노는 분이 아니며, 따라서 세계가 존재하지 않았던 적은 결코 없었다고 한다.[4]

다만 나는 세계가 신의 생각이 표출된 것이라거나[5] 로고스에 담긴 신의 이데아들이 세계를 창조했다는 식의 창조론에는 동의하지 않는다. 앞으로 우리가 보겠지만, 세계의 창조는 신의 로고스뿐 아니라 이데아들을 구체적 사물로 실존하게 하는 신의 원초적인 물질적 창조력을 필요로 하기 때문이다.

여하튼 우주만물을 신의 가시적 현시 또는 현현(manifestation)으로 보는 유출론에서는 세계는 신의 창조라기보다는 출산(birthing)과도 같다. 세계만물은 신에서 출현하는 신의 자기 현시이자 자기 전개(unfolding)다. 이러한 신과 세계의 관계를 좀 더 단순하게 표현하면 신은 펼치면(explicatio) 세계가 되고 세계는 접으면(complicatio) 신이다.[6]

유출론에서 보는 창조는 이런 점에서 처음부터 끝까지 신이 자신의 존재와 생명을 만물에 나누어주는 자기 부정과 자기 비움, 그리고 자기 초월의 '사랑'이며, 동시에 자신을 드러내는 자기 현시이며 자기 계시(revelation)가 된다. 신의 창조력은 무궁무진하여 소진되거나 축소되는 일이 없는 무한한 힘이다. 존재 자체(esse ipsum, Being-itself)이며 모든 존재의 원천이자 토대(Ground of Being)인 신은 필연유(necessary being)인 반면, 신에서 출현한 물질

---

4   William Ralph Inge, *The Philosophy of Plotinus*. vol. I (London: Longmans, Green and Co., 1948), 146.
5   'Thinking out of God's thoughts.'
6   니콜라스 쿠자누스(Nicolaus Cusanus), 지오르다노 브루노(Giordano Bruno)가 사용하는 용어.

과 정신, 몸과 마음, 그리고 시간과 공간 등은 모두 스스로 존재할 수가 없고 오직 신에 의존해서만 존재하며 생성되었다가 소멸하는 우연유(contingent being)들이다. 만물은 범주에 따라 정도의 차이는 있지만 — 예컨대 물질, 생물, 의식의 순으로 — 모두 신의 존재에 참여하는(participate) 신현(神顯, theophany)들로서 신의 연장(extension)이나 분신 또는 자손(offspring)과도 같다.

신에서 출현한 우주만물은 지속적으로 신에 의존해서만 존재할 수 있지만, 그럼에도 개체들로서 상대적 독자성(relative independence)을 지닌다. 만물들 사이의 차별이 만물의 공통적 원천이며 토대인 신을 통해 신 안에서 상대화되지만, 그러면서도 각기 개체성(individuality)과 차별성(distinction)을 지니고 있기 때문이다. 만물은 일치성 속에서 다양성(diversity in unity)을 연출한다. 우리는 이것을 불교에서 공(空)의 시각으로 보는 가유(假有), 즉 공즉시색(空卽是色)의 진리로 이해할 수도 있을 것이다.

신과 세계의 이러한 관계에 대해서는 우리의 논의가 진행됨에 따라 앞으로 더 구체적으로 고찰하게 될 것이지만, 우선 여기서 특기할 사항이 하나 있다. 신의 유출인 세계는 만물 사이에 아무런 차이나 다양성이 없는 동질적이고 밋밋한 세계가 아니라는 사실이다. 만물은 비록 하나의 원천에서 출현했지만 차별성을 지니고 있다. 만물 가운데서도 인간의 차별성은 특별하다. 인간은 자신의 의존성과 유한성, 그리고 자신의 상대적 독자성을 의식할 수 있는 존재이기 때문이다. 인간이 지니는 이러한 차이는 근본적으로 만물이 각기 존재 자체에 참여하는 정도의 차이에서 오며, 이 정도의 차이는 우리가 앞으로 보겠지만 만물에 내재하는 신의 로고스와 물질적 창조력의 배합이 개체마다, 그리고 범주마다 차등적이기 때문이다. 가령 신의 로고스는 무생물보다는 생명체, 생명체들 가운데서는 인간에 상대적으로 더 높고 순수하게 내재한다. 인간만이 자신의 의존성과 유한성을 자각하고 상대적 독자성을 의식할 수 있는 것은 인간이 만물 가운데서 신의 로고스에 참여하는 정도가 가장 높기 때문이다. 인간의 의식과 이성, 자의식과 주체성, 그리고 신을 갈망하고 신과 하나가 될 수 있는 영성(spirituality)도 결국은 인간에 내재하는 신의 로고스적 성품에서 온다.

유출론에서는 세계가 신의 보편적 육화(embodiment), 즉 보편적 성육신(universal incarnation)이라고까지 우리는 말할 수 있다.[7] 만물이 신으로부터 출현한 것이기에 모두 성스러우며, 신에 참여하는 정도에 따라 개체별, 범주별 차이는 있지만 불필요한 것은 하나도 없다. 모두가 하나의 근원에서 출현했기 때문에 사물들 사이에 단절이나 모순 같은 것도 있을 수 없다. 세계는 빈틈이나 단절이 없이 신에서 출현한 존재들로 충만하며 하나의 거대한 유기적 연속체를 형성하는 성스러운 공동체다. 러브조이(A. Lovejoy)의 유명한 표현대로 세계는 하나의 '거대한 존재의 사슬'이다.[8] 무한자와 유한한 사물들, 일(One)과 다(many), 신과 인간 사이에 막힘이나 단절이 없다. 쿠자누스(N. Cusanus)의 유명한 표현대로 '반대되는 것들의 일치'(coincidentia oppositorum)가 이루어지는 관계다.

우리는 유출론에 따른 신과 세계, 무한과 유한, 그리고 유한과 유한 사이의 관계를 불교 화엄철학의 표현을 빌려서 우주는 이사무애(理事無碍)와 사사무애(事事無碍)의 공동체라고도 할 수 있다.[9] 다만 이러한 존재론적 진리가 신이 창조한 자연의 세계에만 타당할 뿐, 인간이 연출하는 죄악의 역사에까지 무비판적으로 적용되어서는 안 된다. 모든 것이 막힘이 없고 모든 존재를

---

7 앞으로 보겠지만, 내가 신의 보편적 성육신을 강조하는 데는 육화 또는 성육신(Incarnation)을 유일회적 사건으로 간주해 온 전통적 그리스도교 신학의 문제점에 대한 비판적 대안이 담겨 있다.

8 Arthur O. Lovejoy, *The Great Chain of Being: A Study of the History of an Idea* (Cambridge: Harvard University Press, 1957).

9 쿠자누스의 사상에 지대한 영향을 끼친 마이스터 에크하르트에서도 우리는 이러한 존재론적 통찰을 볼 수 있다. 길희성, 『마이스터 엑카르트의 영성사상』, 86–90 참고.

긍정하고 품는 낙천적 세계관과 영성은 어디까지나 인간이 망치지 않은 자연계에만 해당되는 진리다.

세계를 신의 유출로 보는 견해가 성서에도 없는 것은 아니다. 아마도 그 가장 대표적인 예는 "만물이 그로부터, 그리고 그를 통해서, 그리고 그를 향해 있다."라는 바울 사도의 말일 것이다(롬 11:38). 그는 또 말하기를, "그러나 우리에게는 아버지 되시는 하느님 한 분이 계실 뿐입니다. 만물이 그로부터 왔고, 우리는 그를 향해 있습니다. 그리고 한 분 주님이신 예수 그리스도가 계십니다. 만물이 그분을 통해 있고 우리도 그분을 통해 있습니다."(고전 8:6-7)라고 한다. 바울은 심지어 "우리는 신의 자손들이다."라고까지 말한다(사 17:28). 이러한 말들은 모두 신과 세계와의 존재론적 연속성과 불가분리성을 가리키며, 이런 의미에서 만물은 하느님의 육화, 즉 성육신이다.

유출론에서는 따라서 예수 그리스도만 하느님의 아들이 아니라 천지만물이 모두 넓은 존재론적 의미에서 하느님의 자손이다. 그 가운데서도 특히 하느님의 모상으로 창조된 인간은 하느님의 아들딸들이다. 이는 사실 예수 자신의 가르침이기도 하다. 인간이 하느님의 모상으로 창조되었다는 이야기와 하느님이 흙에서 빚은 인간에게 자신의 생명의 영을 불어넣었다는 창세설화는 신과 인간 사이에 모종의 존재론적 연속성 내지 동질성이 있음을 말하고 있는 것이다.

세계를 신의 보편적 성육신으로 보는 신관·세계관에서는 전통적 그리스도교 신학의 양대 주제인 창조(creation)와 구원(redemption)이 별개가 아니며, 굳이 따로 논할 필요도 없다. 창조는 신이 자신의 존재를 만물에 나누어주는 사랑이며, 그 자체가 이미 구원의 과정이고 구원은 창조의 목적이고 완성이다. 세계 창조, 인간의 출현, 이스라엘의 역사, 그리스도의 탄생과 십자가와 부활, 그리고 역사와 세계의 종말 등 성서에 기반을 둔 신학의 주요 주제

들은 모두 신이 만물을 낳는 지속적인 진화적 창조의 과정에서 발생하는 일
련의 사건들이지만, 모두가 하나의 일관성 있는 과정의 일환이다.

신은 우주만물의 알파와 오메가다. 만물은 신이라는 우주의 자궁에서 출
원하여(exitus) 끊임없이 그리로 복귀하는(reditus) 본능을 가지고 있다. 만물은
하나(the One, unum, 一者)로부터 다수성(many, multiciplicity, 多)의 세계로 떨어져
나오는 순간, 고향을 그리워하는 형이상학적 에로스에 이끌려 귀향을 서두
른다. 유일신신앙의 창조론에서 신이 주로 군주나 제왕, 또는 가부장적 아
버지나 주님으로 이미지화된다면, 유출론에서는 신이 어머니, 벗, 연인 같이
친근한 존재로 이미지화된다.

신과 세계와의 관계를 이렇게 유출로 보는 신관 및 세계관은 동양종교들
에서는 주종을 이루는 매우 오래되고 친숙한 사상이다. 사실 동양종교들에
서는 엄밀한 의미의 '창조' 개념은 존재하지 않는다. 힌두교에서는 창조를
방출(放出, srsti)이라고 하는데, 거미가 거미줄을 방출했다가 다시 거두어드리
듯이 신(Visnu, Siva)이 만물을 자신으로부터 방출했다가 거두어들이는 과정
을 되풀이한다는 것이 힌두교의 순환적 신관이고 세계관이다. 창조는 신이
세계를 만드는 의지적 행위이기보다는 우주만물의 궁극적 실재인 신·브라
만의 전변(parinama) 내지 무한한 변형이다: "그것으로부터 이 존재들이 태어
나는 것, 태어나서는 그것에 의해 살고, 떠날 때는 거기로 들어가는 것, 그것
을 알고자 하여라. 그것이 브라만이다."[10]

또 중국을 중심으로 하는 동아시아 문화권의 신관이나 세계관도 이와 본
질적으로 다르지 않다. 만물은 하늘(天)이 낸(生) 것이며, 도(道) 역시 만물의
어미와 같은 궁극적 실재다:

10   "That verily, from which these beings are born, that, by which, when born they live, that into which,
     when departing, they enter. That, seek to know. That is Brahman." Taittiriya Upanisad III, I, I.

하늘과 땅이 있기 전에 존재했던 어떤 분화되지 않은 것이 있었다. 소리도 없고 형상도 없지만, 아무것에도 의존하지 않고 변하지도 않는다. 어디서나 활동하지만 지치지 않으니 세계의 어미라 해도 좋다. 나는 그 이름을 몰라서 도라 부른다. 굳이 이름을 붙인다면 위대한 것이라고 하겠다.[11]

그리스도교 신학에서 하느님은 자기 자신의 원인이 되는(causa sui) 스스로 존재하는 자(自存者)이기 때문에 하느님은 누가 만들었는지, 혹은 어디서 왔는가라는 물음이 성립될 수 없다. 마찬가지로 동아시아 사상에서도 천은 누가 만들었는지, 도가 어디에서 유래했는지 물을 수 없다. 도는 하늘과 땅이 생기기 전부터 존재하며, 스스로가 근본이며 뿌리이기(自本, 自根) 때문이다.[12] 만물은 이 무한한 창조적 근원인 도에서 출현하여 종국에는 도에 복귀한다.[13]

유출론은 그리스도교 창조론의 주류는 아니지만, 오래전부터 신플라톤주의 사상의 영향을 받아 온 그리스도교 신학 내에 공존하면서 많은 신학자들에게 영향을 주었으며, 유대교와 이슬람 사상, 특히 신비주의 사상에 큰 영향을 끼쳤다. 여하튼 유일신신앙의 신관과 여러 면에서 대조적이고 대안적인 동서양의 일원론적 형이상학의 신관들은 공통적으로 신의 초월성과 내재성, 일(One, 一者)과 다(many, 多), 무한과 유한, 영원과 시간 사이의 존재론적 연속성을 강조한다. 대승불교의 용어로는 불변하는 체(體)와 조건에 따라 변하는(隨緣) 용(用), 성리학의 용어로 말하면 신에게는 세계의 합리적 구조와 질서를 설명하는 이(理)의 측면과 부단히 변화하면서 만물을 생성하는 기

---

11 *Tao Te Ching*, trans. Wing-Tsit Chan, 144. 有物混成 先天地之生 寂兮寥兮 獨立而不改 周行而不殆 可以
    爲天下母 吾不知其名 字之曰道 强爲之名曰大(道德經 25장). Chan의 번역을 약간 수정했음.
12 莊子, 大宗師篇.
13 '복귀'는 노자 사상의 중요한 개념이다. 『도덕경』 14장, 16장, 25장 등에 나온다.

(氣)의 측면이 있다.[14]

이러한 신의 양면적(dipolar) 성격을 말하는 신관 가운데 가장 유명한 것은 화이트헤드(A. N. Whitehead)의 과정철학·신학이다. 나는 과정신학의 신봉자는 아니지만, 신에게 불변하는 측면과 변하는 양면성이 있다는 근본적 통찰은 수용한다. 신학자 맥쿼리는 화이트헤드의 형이상학적 신관에서 그의 창조성(Creativity) 개념이 지닌 모호성을 지적하면서 다음과 같이 평하고 있다:

화이트헤드의 신관이 궁극적 창조성을 신 안으로 끌어들었더라면 훨씬 더 설득력이 있었을 것이라고 제안하고 싶은 마음이 든다. 그러면 그가 말하는 신을 정말로 궁극적이 되게, 그래서 신이 세계의 창조주라는 대다수 신앙인들의 믿음에 더 가깝게 만들었을 것이다. 그러나 이것은 양면성을 지닌 화이트헤드의 신을 삼위적(triune) 신으로 변형해야 할 필요가 있음을 뜻하기도 한다. 이 삼위일체 또는 삼위의 첫째 구성 요소는 그가 창조성이라고 부르는 것, 즉 만물의 궁극적 범주이자 신비한 원천으로서 플로티누스의 일자(一者, the One)처럼 만물이 우리의 이해를 넘어 의문의 여지없이 존재하고 있다는 순전한 사실 그 자체가 될 것이다. 삼위의 둘째는 화이트헤드가 신의 '원초적 본성'(primordial nature)이라고 부르는 것으로서, 세계가 전개되는 과정에서 그 가능성들을 결정하고 그 범형과 방향을 제시하는 영원한 관념·이념·이상들(ideas)을 저장하고 있다. 이 둘째 구성 요소는 분명히 플라톤주의에서 유래하는 철학들에서 말하는 로고스(Logos)나 지성(Nous) 같은 것이다. 마지막 셋째 요소는 화이트헤드가 신의 결과적 본성(consequent nature)이라고 부르

---

14 불성 개념이 불교에서 형이상학적 절대로 이해되는 것은 아니지만, 적어도 그것이 힌두교의 아트만과 유사하게 항구불변의 영적·정신적 실체에 준하는 면이 있다는 점은 부인하기 어렵다. 이에 대해서는 길희성, "반야에서 절대지로," 『마음과 철학: 불교편』(서울대학교 출판문화원, 2013)을 참고할 것.

는 것, 즉 세계에 내재하는 영(Spirit) 또는 영혼(Psyche) 혹은 세계영혼(World-Soul)으로서, 우주 안에서 이념·이상적(ideal) 가능성들을 실현하도록 힘쓰는 것이다.[15]

이러한 통찰에 비추어 나의 신관의 기본 구도를 논하면, 다음 몇 가지 근본적 요소들로 요약될 수 있다.

2. 나의 신관의 기본 구도

첫째, 나는 유출설에 따라 화이트헤드의 '창조성'(Creativitiy)이라는 모호한 개념 대신 여전히 전통적인 유일신신앙의 신(God)을 우주만물의 궁극적인 존재론적 원천·토대로 간주하는 동시에, 신플라톤주의의 일자(the One)와 그 밖의 동서양의 일원론적 형이상학들에서 말하고 있는 만물의 궁극적 실재와 동일시한다. 그리고 이를 바탕으로 하여 신과 세계의 관계도 유출론의 입장에서 이해한다.

둘째, 화이트헤드가 말하는 신의 두 본성, 즉 '원초적 본성'(primordial nature)과 '결과적 본성'(consequent nature)에 대한 맥쿼리의 제안을 재수정해서, 나는 신의 두 본성을 신의 '로고스'(Logos)와 '원초적인 물질적 창조력'이라는 두 개념으로 대체해서 신과 세계와의 관계를 파악한다.

셋째, 나는 또 맥쿼리가 신의 통일성(하나 됨, unity)과 세 가지 양태(modes) — 원초적 양태(primordial mode), 표현적 양태(expressive mode), 합일적 양태(unitive mode) — 를 구별하면서 자연신학의 관점에서 신의 삼위를 논하는 것과 달리,

15   John Macquarrie, *In Search of Deity: An Essay in Dialectical Theism* (SCM Press Ltd., 1984), 151.

신의 원초적 양태와 표현적 양태 둘만을 수용한다. 신에서 출현한 만물이 신과 하나가 되는 합일적 양태를 신의 제3의 양태(Spirit)로 간주하는 대신,[16] 원초적 양태와 표현적 양태 속에 포함될 수 있다고 보기 때문이다. 이런 점에서 나는 과정신학과 마찬가지로 신의 삼위 대신 두 가지 양태만 인정한다. 과정신학에서 말하는 신의 결과적 본성은 물론 신의 표현적 양태다. 그러나 나는 신의 창조성(creativity)이 신의 본성이지만, 창조성의 결과인 피조물들이 신의 본성의 일면이라고까지는 생각하지 않는다. 이미 밝힌 대로 피조물은 신의 현현, 계시, 육화지만 신의 본성은 아니다. 따라서 나는 과정신학이 말하는 신의 '결과적 본성'을 인정하지 않으며, 굳이 그런 개념을 도입하지 않고서도 신과 세계의 관계를 얼마든지 일원론적 형이상학의 관점에서 설득력 있게 논할 수 있다고 본다.

넷째, 나는 신의 로고스를 우주만물의 창조의 원리이며 만물의 빛과 생명과 진리로 이해하는 요한복음의 포괄적 개념을 다소 협의로 이해한다. 로고스는 플라톤적 관념·이념·이상·원형(idea)들과 아직 실현되지 않은 가능성들을 품고 있는 신의 지성·이성(Intellectus, Nous, Reason)으로서, 세계의 합리적 성격의 원천이다.

다섯째, 나는 신의 창조의 영(Spirit), 생명의 영이라는 개념을 신의 '원초적인 물질적 창조력'의 개념으로 대체한다. 이 힘은 존재하는 모든 것을 존재하게 하는 존재의 힘(the power of being)이며, 로고스에 내재하는 사물의 본질들을 현실화시켜서(actualize) 구체적 개물들로 실존하게(exist) 하는 힘이다. 세계만물을 산출하는 이 힘을 '물질적'이라고 부르는 이유는, 우선 그것이 동서양의 고대 세계에서 널리 상정하고 있는 우주의 원초적 혼돈으로서

---

16 John Macquarrie, *In Search of Deity*, 174–75.

의 물질, 즉 형상과 한계성을 지닌 모든 구체적 유(有)의 원초적 질료인 무(無, mē on) 혹은 도가사상의 원기(元氣), 그리고 인도사상의 원초적 물질(prakrti)에 해당하기 때문이다. 하지만 나는 유한한 사물들이 지닌 형상과 한계를 초월하는 무엇이라 규정하기 어려운 이 원초적 창조력을 플라톤과 고대 세계의 창조신화들에서처럼 창조 이전에 신과 별도로 주어져 있는 어떤 영원한 원초적 질료(hyle)이기보다는 신 자신이 지닌 본성의 한 측면이라고 본다. 신의 무한하고 원초적인 물질적 창조력이다. 하지만 신의 본성인 이 물질적 창조력 자체는 물론 물질이 아니다. 물질을 창출하고 출현시키는 힘이지만 결코 그 자체가 물질은 아니다.

이런 점에서 나는 물질까지도 신(一者, Brahman)으로부터 흘러나온 것으로 보는 신플라톤주의의 유출론과 우파니샤드 이래 힌두교의 일반적 신관을 따른다. 아리스토텔레스의 철학적 용어로 말하면, 신은 세계의 질료인(material cause)이기도 하다는 말이다. 신학자 워드는 신을 세계의 질료인으로 간주하는 인도적 신관과 서구 사상과의 차이에 대해 다음과 같이 말하고 있다:

유럽 철학자들은 결과란 어떤 식으로든 원인과 유사할 것이며 (아리스토텔레스에 의하면, 사물은 자신과 전혀 다른 것의 원인이 될 수 없다.) 원인은 적어도 그 결과만큼 큰 실재일 것이라고 생각해 왔다. 따라서 아퀴나스는 세계의 원인인 신이 자신의 존재 안에 피조물 모두의 본성들을 비록 더 고차적이고 완전한 방식이지만 포함하고 있을 것이라고 생각했다. 그럼에도 그들은 신이 세계의 능동인(efficient cause)이기는 하나 질료인이라고 생각하지는 않았다. 세계를 구성하고 있는 질료, 즉 물질은 비물질적인 신과 전적으로 다르다는 것이다. 따라서 유럽 철학자들은 비록 신과 세계가 어떤 의미에서는 유사하다고 생각했지만, 신과 세계가 다른 질료, 즉 신은 정신, 세계는 물질로 되어 있다고 주장한 것이다. 반면에, 인도 철학자들은 종종 생각하기를 물질도 다른 모든 것과 마찬가지로 신으로부터 나와야 한다고, 따라서 물질이 신 안에 포함되어 있음에 틀림없다고 생각했다.[17]

나는 이러한 인도철학 일반의 통찰을 과감하게 수용해서 신의 물질적 창조력을 신의 본성의 일면으로 간주한다. 인도철학의 전문용어로는 물질까지 포함해서 세계(결과)가 본래부터 원인(신) 안에 이미 원인적 상태(causal state) 혹은 잠재적으로 존재하다가 출현한다는 형이상학적 입장으로서, 인중유과론(因中有果論, sakaryavada)이라고 부른다. 나는 이러한 신관에 의거해서, 신의 원초적인 물질적 창조력이 로고스의 인도 아래 형상과 본질을 갖춘 무수한 구체적 실존(existence)들로 현실화된다(나타난다)고 보며, 이 점에서 세계만물은 신의 보편적 육화(肉化, embodiment, incarnation)라고 보는 것이다. 하지만 나는 물질을 영혼이 벗어나야 할 속박으로 간주하는 인도 사상 일반이나 플라톤 사상은 수용하지 않는다. 오히려 그 반대로 오늘의 관점에서 우리는 신을 세계의 질료인으로 보는 형이상학을 통해 물질계와 자연계의 신성성을 재발견하는 계기로 삼아야 한다고 생각한다.

인중유과론적 시각에서 신과 세계와의 관계를 이해하면, 물질까지 포함하여 존재하는 모든 유한한 것들은 신 안에 원인적 양태 혹은 가능태로서 잠재하며, 존재의 무한한 원천인 신은 만물 안에 존재의 토대 내지 힘으로서 지속적으로 내재한다. 그러나 신과 세계 사이에는 이러한 존재론적 연속성에도 불구하고 무한과 유한, 원인과 결과, 토대와 의존의 〈질적 차이〉가 있다. 세계는 시간의 지배 아래 있고 신에 의존한다는 점에서, 그리고 신은 세

---

17 K. Ward, *Concepts of God*, 63.

계를 잠재적으로 품고 있지만 세계를 초월하는 영원한 실재다. 이미 밝힌 바대로, 유한한 사물이나 현상들은 모두 신에 의존하지만 동시에 상대적 독자성을 지니고 있다. 세계는 결코 신과 동일하지 않고 환상도 아니다. 다만, 사물들 간의 차이가 평등성의 원리인 신에 의존한다는 점에서 상대화되기 때문에 '상대적 독자성'이라고 하는 것이다. 신과의 관계 속에서 본 세계는 통일성 안에 다양성(unity in diversity) 혹은 다양성 속의 통일성을 지닌다.

여섯째, 내가 '영'(Spirit)이라는 전통적 용어를 피하고 물질적 창조력으로 대체하는 데는 몇 가지 중요한 이유가 있다. 우선 영이라는 개념이 데카르트적 이원론의 영향 아래 아직도 몸이나 물질과 대비되는 정신을 의미하는 것으로 이해되는 경향이 강하기 때문이다. 영이라는 단어는 또 그리스도교에서 성령(Holy Spirit)이라는 단어가 지닌 제약성, 즉 오직 인간에게만 국한된, 그것도 그리스도인들이나 하느님의 특별한 은총을 입은 사람들에게만 주어지는 하느님의 초자연적 은총으로 간주되는 편협성을 가지고 있기 때문이다. 나는 영(Spirit)과 성령(Holy Spirit) 사이의 본질적 차별을 인정하지 않는다. 모든 영이 하느님의 영이며, 하느님의 영은 모든 인간, 모든 생명의 영이기 때문이다. 나는 하느님의 영이 결코 배타적이거나 차별적이라고 생각하지 않는다. 이런 이유로 나는 영 혹은 성령이라는 말 대신에 하느님의 원초적인 물질적 창조력이라는 개념을 사용한다. 존재하는 모든 것을 산출하는 하느님의 창조적 본성 내지 역동적 힘을 가리키는 개념이다. 이 물질적 창조력은 신의 로고스의 추동과 제약 아래 물질계에서 생명계를, 생명계에서 의식계(정신계)를 출현시킨다. 이런 의미에서 신의 물질적 창조력이 단순히 '물질적'인 것만이 아님은 물론이다.

이러한 신관의 구도를 굳이 그리스도교의 삼위일체 신론에 배대(配對)한다면, 신 자체는 창조주 하느님 즉 성부 하느님에 해당하지만, 여기서 창조주는 엄밀히 말해서 피조 세계에 대비되는 개념이기보다는 창조 '이전' 혹은 우주만물의 출현 이전의 신을 가리키는 말로 이해해야 한다. 세계와의 관계 속에서 파악되는 하느님, 즉 '창조주 하느님'의[18] 본성은 어디까지나 위의 두 개념으로 표현되기 때문이다. 신의 로고스는 물론 성자 하느님, 그리고 신의 원초적인 물질적 창조력은 성령 하느님에 해당된다. 하지만 이러한 신관이 그리스도교의 전통적인 삼위일체 신관과 많은 차이를 가지고 있는 것은 분명하며, 억지로 삼위에 배대할 필요는 없다.

나는 신의 창조력을 나타내는 개념으로 '영' 또는 '성령'보다 신의 원초적인 물질적 창조력이라는 개념을 선호하듯이, 신플라톤주의에서 말하는 세계영혼(World Soul)의 개념 또한 사용하지 않는다. 이 개념은 세계를 살아 있는 유기체로 간주하는 장점이 있지만, 신의 로고스와 물질적 창조력이라는 두 개념 속에 충분히 포함될 수 있기 때문이다.

인간의 몸은 신의 물질적 창조력이 지배적인 반면, 영혼(soul, anima)은 신의 로고스가 지배적이다. 그러나 영혼은 그것을 담고 있는 몸, 즉 물질적 조건에 따라 계층적으로 존재한다. 따라서 영혼에는 자기복제가 가능한 모든 생명체가 공유하는 생혼(生魂), 동물과 인간에게만 존재하는 지각능력을 뜻하는 각혼(覺魂), 그리고 인간에게만 고유한 좁은 의미의 영혼(靈魂)[19]이 있다. 이 차이는 세 부류의 존재들이 신의 로고스에 얼마나 참여하는지, 다시 말해 로고스가 그들 속에 내재하는 차이에서 온다.

나는 영혼에 대한 스콜라 철학의 계층적 이해가 개념적 혼란을 방지하는 장점이 많다고 생각한다. 나는 또 범영혼주의(panpsychism)의 신봉자는 아니지만, 영혼이 생혼 이전에도 물질 자체에 잠재적으로 존재한다고 생각한다.

18 즉 'God the Creator', 'God the Father'.
19 서구어로는 nous, intellectus, ratio, reason, Vernunft 등 다양한 이름으로 불린다.

물질은 아직 실현되지 않은 영혼이라는 말이다. 현재 서양철학에서는 영혼 (soul)을 대체로 인간의 마음(mind)이나 의식(consciousness)과 거의 동의어로 사용하고 있다. 나는 인간의 영혼이 현실적으로 몸과 물질계와 생명계에 의존하고 있다는 사실은 인정하지만, 그렇다고 영혼을 물질로 완전히 환원해 버리는 어떤 종류의 물리주의(physicalism)도 거부한다.

우리는 용어상의 혼란을 피하기 위해서 영혼의 협의(狹義)와 광의(廣義)를 구별할 필요가 있다. 광의의 영혼(anima)은 위에서 언급한 세 계층으로 구별되지만, 오직 인간에게만 고유한 정신·이성은 마음이나 의식보다 협소한 의미의 영혼이다. 영혼은 한편으로는 신체와 감각기관을 통해서 눈에 보이는 사물의 세계에 관여하지만, 다른 한편으로는 세계의 근원이며 토대인 신과 관계하는 초월적 실재다. 마이스터 에크하르트는 전자를 낮은 이성(ratio inferior), 후자를 높은 이성(ratio superior)으로 차별화한다.[20] 높은 이성으로서의 영혼은 신의 지성(Logos)을 닮은 신의 모상(imago dei)이며, 자신의 원형인 신을 갈망하고 신과 하나가 되고자 하는 성향과 능력을 본성으로 지니고 있다.[21] 이런 면에서 인간은 영적 본성(spiritual nature)을 지닌 영적 존재다.

일곱째, 나는 유출설에 따라 우주만물의 출현과 진화의 전 과정이 신이 자신을 드러내는 현현·현시(theophany, manifestation)의 과정이라고 생각하지만, 세계를 화이트헤드가 말하는 신의 '결과적 본성' 개념으로 이해하지는 않는다. 신의 자기 현시로서의 우주만물은 신의 보편적인 자기 계시이고 성육신이라는 점에서 모두 성스럽고 신적이다. 하지만 우주만물은 신의 영원한 '본성'의 두 측면, 즉 로고스와 물질적 창조력에 의해 전개되어 나오는 시

---

20 길희성, 「마이스터 엑카르트의 영성사상」, 135–38 참조.
21 사실, 에크하르트에서 높은 이성은 때때로 지성(intellectus)으로서의 신성(Gottheit)과 구별하기 어렵다. 그런 경우, 높은 이성은 신을 갈망하고 신과 하나가 되는 능력 이상이다. 이에 대해서 위의 책, 제5장, "신과 영혼: 지성"을 참고할 것.

간적 산물이지 신의 영원한 본성은 아니다. 이미 밝힌 바 있지만, 이런 면에서 나는 화이트헤드와 달리 동서양의 일원론적 형이상학의 전통을 따른다. 신은 창조성(creativity)을 본성으로 가지고 있지만, 창조성의 결과인 세계가 그대로 신의 본성은 아니다. 신의 결과적 본성(consequent nature)을 말하는 과정신학은 신을 만물의 제일원인(prima causa)으로 이해하는 전통적인 신관과 너무나 동떨어져 있다.

3. 물질적 창조력과 로고스

그리스도교 신학은 전통적으로 신이 세계를 창조하고 세계와 관계하는 가장 근본적 원리로서 신의 로고스(Logos) 또는 영(Spirit)을 거론해 왔다. 로고스는 그 가장 근본적인 의미에서 신이 자기 자신 안에 머물지 않고 스스로를 인식하는 지성이며, 자기 자신을 비추는 신의 반조적(返照的, reflexive) 의식으로서, 빛의 은유로 표현되곤 한다. 로고스는 일차적으로 신과 창조세계를 매개하는 신의 창조적 본성이며, 하느님의 아들(Son of God), 하느님의 말씀(Word of God)으로 불리기도 한다. 로고스는 신이 침묵 가운데 홀로 머물지 않고 자신을 표출하도록 하는 자기 분화의 원리다. 로고스는 나아가서 요한복음에서 말하듯이 우주만물을 출원시키는 창조적 힘과 원리로서, 세계의 빛이며 생명이며 진리다. 하지만 나는 이미 밝힌 대로 로고스 개념을 이보다는 제한된 의미로 사용한다. 나는 또 신의 영이라는 개념을 신의 원초적인 물질적 창조력이라는 개념으로 대체한다.

신학자 폴 틸리히는 생명의 하느님에 내재하는 삼위적 원리[22] 가운데 신

---

22 틸리히는 이 삼위적(triune) 원리와 교회의 공식화된 삼위일체(Trinity) 교리를 구별한다. 전자는 말하자면 후자의 전 단계로서, 그 직관적, 종교적 경험의 배경이 되는 더 원초적인 토대이다. Paul Tillich, *Systematic*

의 심연(abyss, 힘의 요소)과 그 내용의 충만성(fulness, 의미의 요소)에 대해 말하고 있는데, 지금 우리가 논하고 있는 신의 두 측면과 일치하지는 않지만 밀접히 관계된다. 우선 틸리히의 말을 들어 보자:

신에 대한 인간의 직관은 언제나 신의 심연(힘이라는 요소)과 그것이 안고 있는 충만함(의미의 요소)을 구별해 왔다. 즉 신의 깊이와 로고스다. 첫째 원리는 신을 신이게끔 하는 신성(Godhead)의 기초로서, 신의 위엄성의 뿌리이며 접근할 수 없는 그의 존재의 강렬함과 모든 것의 원천이 되는 그의 무궁무진한 존재의 토대다. 그것은 존재하는 모든 것에 존재의 힘을 주며 비존재에 저항하는 무한한 존재의 힘이다. 지난 몇 세기 동안 신학적 합리주의와 철학적 합리주의는 신 관념에서 이 첫째 원리를 박탈해버림으로써 신의 신성을 빼앗아버렸다. 신이 실체화된 도덕적 이상이나 실재의 구조적 통일성을 지칭하는 다른 이름이 되어 버림으로써 신성의 힘이 사라져 버린 것이다.

고전적 술어 로고스는 의미와 구조라는 신의 두 번째 원리를 나타내기에 더 충분하다. 로고스는 [실재]의 의미 있는 구조와 창조성을 통합한다. 로고스는 신의 근저, 즉 그 무한함과 어두움을 개시(開示)해주며 그 충만함으로 하여금 구별과 규정을 할 수 있는 한계를 지니도록 만든다. 로고스는 신의 근저를 비추는 거울로 불리어 온 것이며, 신이 자신을 객관화하는(인식하는) 원리다. "로고스 속에서 하느님은 그의 '말씀'을 자기 자신과 자기 밖을 향해 발한다. 이 두 번째 원리 없이는 첫 번째 원리는 혼돈과 타오르는 불은 되지만 창조의 근원이 되지는 못할 것이다. 두 번째 원리 없이는 신은 악마가 될 것이며, 절대적으로 고립된 [세계가 없는] 성격을 지닌다. '벌거벗은 절대자'(루

Theology, vol. One, 250–51.

터)가 된다.[23]

여기서 틸리히가 말하는 신의 두 원리는 우리가 말하는 신의 원초적인 물질적 창조력과 로고스에 해당한다고 볼 수 있지만 정확히 일치하지는 않는다. 우선 신의 깊이와 어두움을 나는 신의 원초적인 물질적 창조력으로 보며, 로고스는 이 어두움을 조명해주는 빛과 같다는 점에서 내가 생각하는 로고스와 대체로 일치한다. 로고스는 아무런 형상이나 구별이 없는 어두운 물질적 창조력에 형상과 질서를 부여하는 밝음의 원리이다. 그러나 나는 틸리히가 로고스에 부여하고 있는 창조력을 물질적 창조력도 공유한다고 보는 점에서 로고스의 역할을 틸리히보다 제한적으로 본다. 틸리히는 또 위에 언급한 신의 두 요소 ― 나는 신의 본성의 양면이라고 부르지만 ― 외에 신의 영(Spirit)을 제3의 원리로 말하고 있지만, 앞에서 이미 밝힌 대로 나는 영의 역할은 신의 로고스와 원초적인 물질적 창조력에 충분히 포함된다고 보기 때문에 별도의 원리로 간주하지 않는다.

로고스는 신으로부터 출현하는 우주만물에 형상과 구조와 질서를 부여하면서 만물이 전개되고 진화하는 과정을 의미 있는 방향으로 추동하는 원리다. 불변하는 플라톤적 이데아의 세계이며 ― 감각적 세계(sensible world)를 초월하는 영원한 가지적 세계(intelligible world) ― 신의 자기 인식이고 아리스토텔레스가 말하는 인식의 인식(noesis noeseos), 플로티누스나 마이스터 에크하르트가 말하는 지성(nous, intellectus)이다. 신의 심연과 어두움과 힘을 비추는 빛과 같다. 로고스는 또 신과 세계와 인간에 공통된 보편적 이성(Reason) 혹은 정신(Geist)이며, 과정신학에서 말하는 신의 원초적 본성(primordial nature)이나 성

23 같은 곳.

리학에서 말하는 이(理) 또는 태극(太極) 개념에 해당한다. 아리스토텔레스 철학의 용어로 말하면 로고스는 세계의 형상인(形相因, causa formalis)이다.

신의 지성인 로고스는 현존하는 세계를 구성하는 모든 사물의 본질들을 품고 있으며, 아직은 현실화되지 않았지만 앞으로 현실화될지 모를 사물의 형상과 본질도 가능태로 지니고 있다. 로고스 없이는 신의 원초적인 물질적 창조력은 영원한 혼돈 속에 머물 것이다. 신의 물질적 창조력으로 하여금 다양한 형상과 본질을 형성하도록 하고 물질적 창조력을 규제하면서 세계에 질서와 구조, 목적과 의미를 부여하는 힘은 신의 로고스다.

신에게는 로고스와 구별되는 또 다른 본성적 힘이 존재한다. 곧 우주만물을 산출하는 원초적이고 물질적인 무한한 창조력이다. 이 창조력을 '물질적'이라 함은 우선 플라톤의 데미우르고스(Demiurgos)의 세계 창조와 달리, 사물이 형상을 갖추고 질서 있는 코스모스(cosmos)를 형성하기 전의 혼돈(chaos)과도 같은 원초적 물질이 신 자체로부터 온다는 것을 뜻한다. 그리고 신에서 출현한 물질계가 결코 허망한 환상이나 악이 아님을 뜻한다. 물질은 또한 생명과 의식이 출현하기 위한 기층이며 필수조건이기 때문에 우리는 신의 창조력은 우선 물질적 창조력이라고 불러야 한다. 신의 물질적 창조력은 단지 물질계만 산출하는 것이 아니라 로고스의 인도 아래 생명계와 의식계도 출현시키는 힘이며, 존재하는 모든 것을 존재하게(exist) 하는 존재의 힘이다. 로고스로서의 신이 사물의 형상과 본질(essentia, essence)을 품고 있는 세계의 형상인이고 목적인이라면, 원초적인 물질적 창조력으로서의 신은 본질들을 개별적이고 구체적인 실존(existentia, existence)들로 방출하고 유출시키는 만물의 질료인(質料因, causa materialis)이다. 그러나 물론 신의 물질적 창조력 자체는 물질이 아니다. 로고스가 사물의 범주화와 질서의 원리라면 물질적 창조력은 사물을 개체화(individuation)하고 차별화하는 번성과 풍요의 힘이다.

신의 원초적인 물질적 창조력은 우주만물이 일정한 꼴이나 형상(form)을 갖추기 전의 원초적 혼돈 혹은 원초적 물질과 유사하게 그 자체는 어떤 한계성이나 형상을 갖춘 유(有)가 아님은 물론이고, 그렇다고 아무것도 존재하지 않는다는 의미의 순전한 무(ouk on, nonexistence)도 아니다. 그 자체가 물질은 아니지만 만물이 그것으로부터, 그리고 그것에 의해서 출현하는 물질의 영원무궁한 모태와도 같다. 이런 의미에서 신의 물질적 창조력은 무 아닌 무(無, mē on)이며, 노자가 말하는 모든 유의 원천으로서의 무 또는 도(道)와 흡사하다.

만물이 신으로부터 전개되어 나오는 과정에는 반드시 신의 영원한 로고스뿐 아니라 무한한 물질적 창조력이 함께 작용한다. 로고스로서의 하느님은 사물의 영원한 본질(essence)들의 원천이며, 물질적 창조력으로서의 하느님은 이 본질들로 하여금 질료를 지닌 구체적 개물로 존재하게 하는 힘이며 존재 그 자체(esse ipsum)다. 본질이 존재와 일치하는 신을 제외하고는 피조물들의 본질들은 현실화되려면 한계성을 지닌 개체로 존재해야 하며, 이것은 결국 신의 원초적인 물질적 창조력에서 온다.[24]

신의 물질적 창조력이 측량하기 어려운 신의 감추어진 어둠 혹은 심연이라면, 신의 로고스는 신이 스스로를 의식하고 드러내는 밝음의 원리이고 자기 현현·현시의 원리다. 로고스가 사물의 본질적 형상들과 질서의 원천이라면, 물질적 창조력은 이 형상들과 본질들로 하여금 무수한 개체로 실존하도록 현실화하는 힘이다. 물질적 창조력은 또 생명의 창발적 진화에 필수적 요소인 우연성(chance)의 원천으로서, 로고스에 의해 인도되는 일정한 법칙성의 질서에도 불구하고 더 복잡한 구조와 형태를 갖춘 생명체나 종(species)

---

24 토마스에 있어서 사물의 본질(essentia)과 존재(esse)의 구별에 대해서는 Copleston, *A History of Philosophy*, vol. 2, part II, 51–54 참고.

들의 출현을 가능하게 하는 창조력이다.[25]

　한 사물이 실제로 존재한다는 사실은 단순히 형상이나 본질 개념만으로
는 설명이 안 된다. 형상을 갖춘 개물들이 실제로 존재하도록 존재를 부여
하는(dare esse) 힘이 있어야 하며, 이는 곧 신의 원초적인 물질적 창조력에
서 온다. 실존하는 구체적 존재자(ens, being)들은 모두 시간적 존재들이며 무
와 유 사이에 위치한 중간적 존재들로서, 존재의 근원이며 토대인 자존적
이고 필연적인 존재 자체(신)에 의존하여 일시적으로 존재하다가 사라지는
유한한 것들이다. 존재하지 않을 수 있음에도 존재하는 우연유들(contingent
beings)이다. 이런 점에서 우연유들은 모두 존재의 신비를 간직하고 있다.

　신학자 워드(K. Ward)는 플로티누스의 신플라톤주의 철학의 강한 영향 아
래 신학사상을 전개한 동방교회의 신학자이자 토마스 아퀴나스 등 서방
교회 신학자들과 신비주의 흐름에 심대한 영향을 끼친 위 디오니시우스
(Pseudo Dionysius)의 신관에 대해 다음과 같이 말하고 있다:

　그럼에도, "일자의 본성은 만물을 낳는 것이다."(Ennead, 6, 9, 3). 그리고 "일자
　는 가장 뛰어난 것들의 원천이며 존재를 낳는 힘으로서, 감소되지 않고 그 자
　체로 머물며 그 속성들로 된 것이 아닌 [실체]다."(6, 9, 5). 신의 무한한 본성
　은 모든 유한한 사물을 산출하지만 그 자체는 변함이 없으며, 어떤 식이든 더
　해지거나 덜해지는 법이 없다. 디오니시우스는 말하기를, "다른 무수한 실존
　하는 힘들을 한없이 산출한다."(On the Divine Names, 8, 2). "그는 모든 것 안에
　모든 것이 되지만 … 그의 생명인 저 그침 없는 하나의 행위에만 머문다."(9,
　5) … "창조는 유출 또는 신의 선함에서 넘쳐 흘러나오는 것과 같다. 그러나

25　아리스토텔레스도 물질을 개체들 간의 차이를 설명하는 원리로 보았으며, 성리학에서도 사람의 본연적 성
　　품(本然之性)은 동일하지만 기질(氣質之性)의 차이에서 개인들 사이의 차이가 생긴다고 본다.

신의 본질은 여전히 변함없이 그 자체로 남아 있다."[26]

신의 원초적인 물질적 창조력은 이렇게 그 자체는 줄지도 않고 늘지도 않고 변함이 없지만 끊임없이 만물을 낳는 일자(一者, the One)의 창조력이다. 노자의 『도덕경』에서 말하는 도(道)와 같이, 끊임없이 만물을 생성하되 그 자체는 결코 가득 차거나 고갈되는 법이 없다.

나는 구약성서의 창세기 신화에 나오는 태초의 '혼돈,' '공허,' '어둠,' '깊음,' '물' 같은 말은 모두 신의 원초적인 물질적 창조력을 가리키는 상징적 표현들이라고 본다. 사실 성서 자체에는 '무로부터의 창조'라는 개념은 존재하지 않는다. 창세기 신화를 자세히 살펴보면, 태초에 하느님은 그야말로 아무것도 없는 순전한 무(無)에서 세계라는 유(有)를 창조한 것이 아니라, 사물이 일정한 꼴·형상을 갖추기 이전의 원초적 혼돈과 흑암에 질서를 부여했다. 이 점에서 창세기 창조설화도 고대 근동지역의 우주발생(cosmogony) 신화들이나 플라톤의 티마이오스 편과 유사하게, 창조를 원초적 혼돈에 질서를 부여해서 코스모스로 만드는 행위로 보고 있다.

다만 이러한 창조신화 일반이 가지고 있는 문제점은 첫째, 물질이 다양한 형태·형상과 질서를 갖추기 이전의 원초적 혼돈 상태, 즉 원초적 질료로서의 물질을 우리가 상정할 수는 있지만 실제로 존재할 수가 없다는 사실이다. 존재하는 것은 모두 이미 어떤 꼴을 갖추고 있어야 하기 때문이다. 일정한 꼴을 갖추기 전의 물질은 실제로 존재하기는 어렵고, 우리가 다만 머리로 상정할 뿐이다. 성리학에서도 이(理) 없는 기(氣)가 존재할 수 없다고 말한다. 둘째, 고대의 우주발생 신화들은 일반적으로 이 원초적 물질이 어디서

26 Keith Ward, *Concepts of God*, 156–157.

온 것인지는 말하지 않는다. 이런 점에서 원초적 물질의 영원성을 인정할 수 없는 그리스도교 신학이 무로부터의 창조를 말하는 것은 설득력은 약하나 대담한 발상이다. 여하튼 원초적 물질도 하느님이 창조한 것이라는 생각은 창세기 창조신화와 어긋날 뿐만 아니라 '만든다'는 창조 개념과도 잘 어울리지 않는다. 따라서 나는 유출론에 따라 원초적 물질을 신의 넘쳐흐르는 창조력 자체로 간주한다.

고대 세계의 우주발생 신화들에 나오는 원초적 혼돈은 플라톤이 말하는 원초적 무(mē on), 노자가 말하는 무(無)로서의 도(道) 또는 도가의 원기(元氣), 그리고 인도철학·신학에서 말하는 원초적 물질인 프라크르티(prakṛti)가 가리키고 있는 것이며,[27] 나는 이 모든 개념이 궁극적으로 만물의 궁극적 원천으로서 만물에 존재를 부여하는 신의 무궁무진한 물질적 창조력이라고 본다. 위의 개념들은 모두 가상적 개념이며, 아무것도 존재하지 않는 순전한 비존재(nonexistence)를 뜻하는 무가 아니라 만물을 산출할 수 있는 무궁무진한 창조력을 가리키는 무 아닌 무다. 노자가 무에서 유가 나왔다고 말할 때의 무와 같으며, 엄밀히 말해 무도 아니고 유도 아닌 어떤 것 ― '어떤 것'이라고 불러도 곤란하지만 ― 이다. '무 아닌 무' 혹은 '유 아닌 유'라고 할 수 있다. 사물들이 구체적 형상들을 갖추기 전의 무한한 가능성을 지닌 원초적 물질 내지 혼돈이다.

앞서 인용한 글에도 나오지만, 그리스도교 신학자 가운데 신이 지닌 이러한 역동성에 주의를 기울인 대표적인 사람은 틸리히다. 그는 다음과 같이 말하고 있다:

---

27 11세기 힌두교 베단타 신학자 라마누자는 이 원초적 물질 프라크르티가 만물로 전개되기 이전의 원인적 양태(causal state)로 신 안에 존재하다가 창조와 더불어 현상계로 전개되어 나오는 것으로 보았지만, 나는 그것이 신의 로고스와 마찬가지로 신의 영원한 본성이라고 본다.

그러므로 [신의] 역동성은 존재하는 것이라고 생각할 수 없고, 그렇다고 존재하지 않는 것이라고도 생각할 수 없는 어떤 것이다. 그것은 형상을 지닌 사물들에 비해서는 존재의 가능성으로서 비존재(mē on)이며, 순수 비존재에 비해서는 존재의 힘이다. 이 고도로 변증법적인 개념은 철학자들이 만들어낸 개념이 아니다, 그것은 대다수 신화들의 바닥에 깔려 있는 것이고, 창조 이전의 [원초적] 혼돈, tohu-va-bohu, 밤, 어둠, 공허가 가리키는 것이다. 형이상학적 사변에서는 야콥 뵈메의 '원초적 근저'(Urgrund), 쇼펜하우어의 '의지,' 하르트만과 프로이트의 '무의식,' 베르그송의 '생명력'(elan vital), 쉘러와 융의 '투쟁' [개념]으로 나타난다. 이 말들 가운데 어떤 것도 개념적으로 이해되어서는 안 된다. 모두가 이름 붙일 수 없는 것을 상징적으로 가리키는 말이다. 만약 그것에 합당한 이름을 붙이면, 그것은 순수형상의 요소와 대극을 이루는 존재론적 요소가 아니라 여타 사물과 마찬가지로 형상을 지닌 한 존재자가 되어 버리고 말 것이다.[28]

우파니샤드의 철인 웃달라카는 어떻게 무로부터 유가 나올 수 있냐는 유명한 질문을 던졌는데, 유의 우선성을 주장하기 위한 수사학적 질문이다. 그러나 물론 모든 구체적 사물의 원천인 유(우파니샤드에서는 브라만)가 또 하나의 구체적 유일 수는 없다. 그것은 모든 존재자의 원천·토대인 존재 자체로서의 신일 수밖에 없다. 우리는 다음과 같은 틸리히의 말에 공감할 수밖에 없다:

신의 존재는 존재 자체다. 신의 존재는 다른 존재자들과 함께 혹은 그것들 위

---

28 Paul Tillich, *Systematic Theology*, vol. One, 179.

에 존재하는 것으로 이해될 수 없다. 만약 신이 하나의 존재라면, 그는 유한성의 범주들, 특히 시간과 실체의 범주에 종속될 수밖에 없다. 그를 가장 완벽하고 '가장 강력한' 존재라는 의미에서 '최고 존재'라 불러도 상황은 달라지지 않는다. 신에게 적용될 때는 최상급들이 최하급들이 되고 만다. 신을 만물 위로 올리고자 하면서 다른 존재들과 같은 급에 놓게 되는 것이다. … 무한한 또는 무조건적인 힘과 의미를 최고의 존재자에 부여할 때마다 그것은 존재자이기를 그치고 존재 자체가 된다.[29]

이런 점에서 다석 유영모가 하느님을 '없이 계시는 분'이라고 표현한 것은 탁월한 발상이라고 하지 않을 수 없다. 물질적 창조력으로서의 신은 유 아닌 유, 무 아닌 무다. 그래서 에리우게나는 신을 '존재 이상의 존재' 혹은 '초존재'라고 표현한 것이다.[30]

신의 물질적 창조력이 스피노자가 말하는 자연을 산출하는 능산적 자연(natura naturans)에 해당한다면, 그리고 힌두교에서 여신으로 숭배하는 자연의 무한한 창조력인 샥티(Shakti) 같은 것이라면, 그러한 힘만으로는 세계를 충분히 설명할 수 없고 세계를 산출하는 신에 대해서도 충분한 이해가 될 수 없다. 신의 본성에는 만물을 산출하는 물질적 창조력과 더불어 세계의 합리적 구조와 법칙적 질서의 원천·원리인 로고스가 있다.

로고스가 신의 합리적 측면이라면 물질적 창조력은 신의 비합리적 측면이며 로고스가 사물의 질서와 진화의 방향을 규제하는 원리라면, 물질적 창조력은 무질서와 예측하기 어려운 우연성의 원천이자 신과 인간의 자유의 원천이기도 하다. 신의 물질적 창조력이 신의 감추어진 어두움과 심연이라

---

29 Paul Tillich, *Systematic Theology*, vol. One, 235
30 'Qui plus quam esse est,' 'superesse.' John Macquarrie, *In Search of Deity*, 90.

면, 로고스는 신의 밝음과 드러남의 측면이고 신에서 출현하는 사물들의 이상(ideal)과 규범의 원리·원천이며, 아울러 사물의 변화와 진화를 일정한 방향과 목적으로 이끄는 힘이다. 물질적 창조력이 세계의 질료인이라면, 로고스는 우주만물의 목적인이다. 로고스는 또 아직 실현되지 않은 무수한 가능성들을 품고 있을지도 모르는 신의 영역이다. 그러나 이러한 로고스가 현실화되어 구체적 개물·개체들로 출현하기 위해서는 여전히 신의 물질적 창조력이 함께 작용해야 한다. 로고스는 사물들 간의 관계를 규정하는 규칙성과 법칙성, 그리고 본질들의 원천으로서 어느 정도 필연성을 띤다.[31] 반면에 물질적 창조력은 무수한 개물이 지닌 차이와 우연성의 원천이다. 신의 로고스가 사물의 본질과 범주별 차이와 질서의 원리라면, 신의 물질적 창조력은 개물들을 천차만별로 차별화하는 무한한 힘이고 원리다.

실존하는 사물은 무엇이든 로고스와 물질적 창조력 가운데 하나가 완전히 결여된 것은 현실적으로 존재할 수 없다. 사물들 사이의 차이는 개물들에 내재하는 두 원리 혹은 힘이 배합되는 상이한 비율에 의해 결정된다. 이미 언급한 대로 인간의 경우, 인간이면 누구나 공유하는 공통의 본질과 본성뿐 아니라 개인들 사이의 성품, 생김새, 능력과 소질의 차이 등도 모두 이 배합의 차이에서 온다.

로고스와 물질적 창조력은 상호 제약적이기 때문에 각기 발휘하는 힘이 제한적일 수밖에 없다. 둘의 관계는 성리학에서 말하는 이(理)와 기(氣)의 관계처럼 분리할 수 없고(不相離) 혼동해서도 안 되는(不相雜) 관계다. 하지만 성리학에서 우주의 궁극적 실재인 태극(太極)이 주로 이(理)로 간주되는 것과 달리, 신은 로고스와 더불어 노자의 도(道)처럼 태초의 무 혹은 만물의 원기

---

31 '필연성'은 논리적 필연성과 자연의 움직임을 규제하는 법칙적 필연성을 아울러 가리킨다.

(元氣)의 면도 가지고 있다.

로고스와 물질적 창조력은 신의 영원한 본성의 두 측면이다. 로고스가 신의 지성(intellectus)이라면, 물질적 창조력은 신의 의지(voluntas)라고 할 수 있다. 하지만 신의 의지는 결코 무제약적일 수 없고 어디까지나 로고스의 규제 아래 표출된다. 요즘 유행하는 말로 하면, 로고스는 컴퓨터의 소프트웨어 또는 생명체들에 심어져 있는 유전자 정보(DNA)와 같다. 또 로고스가 남성적 원리라면, 물질적 창조력은 여성적 힘이라고도 할 수 있다. 세계를 신의 유출로 보는 신관에서는 신은 만물의 어미처럼[32] 다분히 '여성적' 창조력으로서, 도가의 도나 힌두교의 샥티에 가깝다. 나는 신의 로고스를 창조의 모델이나 청사진처럼, 따라서 신을 세계의 디자이너처럼 생각하기보다는, 세계를 낳는 우주의 자궁(cosmic matrix, womb) 또는 어미에 비견하는 생물학적 유비를 선호한다. 그렇다면 로고스는 어머니 신과 세계라는 유기체에 내장된 유전자 정보와 흡사하다고 해야 할 것이다.

4. 신 자체는 영원한 신비

이상과 같은 신의 본성이 지닌 두 측면, 로고스와 물질적 창조력에 대한 논의는 어디까지나 신과 세계의 〈관계〉를 중심으로 하여 논하는 신관이며, 신 그 자체에 대한 논의는 아니다. 신의 본성이라 해도 어디까지나 세계와 인간의 존재와 근본 성격으로부터 미루어서 본 신의 본성이다. 세계라는 '결과'로부터 만물의 원인으로서의 신이 지닌 성격을 추론하는 방식이라 해도 좋다. 다시 말해 세계를 산출한 창조주 하느님(Creator God)을 세계의 존재와

---

32 노자의 표현으로는, 天下之母 또는 만물을 출산하고 먹여 기르는 食母다.

성격으로부터 미루어서 논한 것이다. 클레이튼의 표현대로 로고스와 물질적 창조력은 '형이상학적 가설'의 성격을 띤 개념들이다.[33]

신 자체와 창조주 하느님이 다른 신은 아니지만, 우리 인간의 인식에 관한 한 양자 사이에는 엄연히 차이가 있다. 하나는 우리의 생각과 인식에 잡히고 우리의 논의에 들어오는 하느님인 반면, 다른 하나는 우리의 논의 밖의 하느님, 우리의 사고와 인식을 넘어서는 영원한 신비의 하느님이다. 이미 '극한적 질문들'에서 밝혔듯이, 창조주 하느님은 세계와 인간의 존재와 성격과 구조가 유물론으로는 설명이 안 되고 어떤 우주적 정신 내지 마음(Cosmic Spirit, Mind)을 가설로 도입하지 않고서는 설명하기 어렵다는 통찰에 따른 신 개념이다.

창조주 하느님이라 해도 우리는 줄곧 창조를 만물이 신 자신으로부터 흘러나온다는 유출론의 입장에서 논했다. 창조는 신의 자유로운 의지에 따른 행위라기보다는 그의 본성에 따른 당연하고 '자연스러운' 필연이다. 이러한 창조론에서는 신과 세계 사이에는 존재론적으로 위상의 차이는 있지만 결코 분리될 수 없을 정도로 연결되어 있다. 나는 이 연결성을 우주만물이 신의 보편적 육화라고까지 했다. 그리고 만물을 출산하는 창조성이 신의 본성적 필연인 한, 우리는 세계 없는 신은 생각하기조차 어렵다.

그러나 우리가 유출로서의 창조가 신의 본성적 필연이라 해도 창조가 영원한 하느님과 시간의 세계에 존재하는 피조 세계와의 〈관계〉를 표현하는 개념이라는 점은 변하지 않는다. 우리가 만약 창조라는 개념을 떠나 신 자체를 논하고자 한다면, 우리는 신은 영원한 어둠과 침묵 속에 거하는 신비라고밖에 할 수 없을 것이다. 우리는 물론 신의 창조적 본성을 로고스와 물질적

---

33 *The Problem of God in Modern Thought*, 358.

창조력이라는 두 개념 대신 넓은 의미의 로고스 또는 영(Spirit)이라는 단 하나의 포괄적 개념으로 논할 수도 있을 것이다. 하지만 나는 이미 설명한 이유 때문에 이를 피하고 대신 두 개념으로써 신의 창조성을 논하는 길을 택했다.

창조라는 개념이 신과 세계 사이의 모종의 인과성을 함축하는 개념이고, 인과성이 우리가 사는 시간의 세계에서나 통용되는 개념인 한,[34] 신과 세계의 관계를 인과적 관계로 이해하는 데는 분명히 한계가 있음을 우리는 인정할 수밖에 없다. 마이스터 엑카르트는 그래서 창조주와 피조물의 관계 속에 있는 신(Gott)과, 그러한 관계를 초월한 신성(Gottheit)을 때때로 엄격히 구별한다. 따라서 우리는 시간 자체를 초월하는 신과 시간의 지배를 받는 세계와의 관계를 마치 물리적 인과관계처럼 이해해서는 안 된다. 틸리히의 말대로 신에 대해서는 "인과성의 범주는 사용되면서부터 부정된다."[35] 따라서 우리가 창조 개념을 신과 세계의 관계를 이해하는 데 적용하려면, 우리는 적어도 그것을 유비적 의미나 메타포로 이해해야 하며, 영원과 시간이 만나는 창조의 순간은 모순적이지만 '비시간적 인과성'(nontemporal causality)이 작동하는 '순간'이라고 해야 할지 모른다. 이 말은 신의 지속적인 창조(creatio continua)에도 타당하다. 신이 물리적 인과관계를 형성하는 하나의 고리가 아닌 한, 신은 이런 점에서 '초자연적'이라고 할 수밖에 없고, 초자연과 자연 사이의 상호 작용은 자연적 인과성과는 다른 방식으로 이루어질 수밖에 없다. 우리는 1장에서 이미 '역사의 하느님'이 어떠한 방식으로 역사의 세계에 영

34 신학자들 가운데는 창조(creation)와 만물의 기원(origin)을 혼동하지 말아야 한다는 입장을 취하는 사람이 있다. Russell Stannard, "God in and beyond Space and Time," *In Whom We Live and Move and Have our Being* 참고. 창조는 세계의 존재와 유한한 사물들과 존재 자체(esse ipsum)인 신 사이의 존재론적 〈의존〉을 뜻하는 개념인 반면, 기원은 사물들의 인과관계에서 최초의 고리, 즉 최초의 원인을 가리키는 개념이라는 것이다. 따라서 신을 세계의 기원으로 보면, 신은 결국 하나의 존재자(a being)로 간주될 수밖에 없고, 또 다시 신이 존재하는 원인은 무엇인가라는 문제를 제기하게 된다는 것이다. 그러나 나는 존재론적 의존도 여전히 일종의 인과성의 개념을 피할 수 없다고 본다.
35 *Systematic Theology*, vol. One, 239.

향을 미치는가 하는 문제로 고찰한 바 있으며, 앞으로도 이 문제를 신이 세계에 관여하는 섭리(providence) 문제를 다룰 때 다시 논하게 될 것이다.

여하튼 문제는 이 창조라는 비시간적 인과성을 시간의 세계에 살면서 시간적 인과성에만 친숙해진 우리로서 어떻게 이해할 것인가 하는 점이다. 철학적으로는 신의 영원성과 세계의 시간성, 근원적 일자(一者, One)로서의 하느님과 세계를 산출하는 하느님을 이어주는 매개의 원리를 어디서 찾아야 할 것인가 하는 문제다. 단지 창조성이 신의 본성이라고 말하는 것만으로는 충분하지 않다. 더군다나 신과 세계의 엄격한 구별과 차이를 원칙으로 하는 인격적 유일신 신관에 따라 창조를 신의 본성에 따른 유출이 아니라 그의 자유로운 행위(free act)로 이해한다면, 이 매개의 원리를 찾는 일은 더 어려워질 수밖에 없다. 우리가 이미 언급한 바 있지만, 아무 부족함 없이 완벽하게 자족적인 신이 도대체 무슨 이유로 시간의 세계를 창조했는지 설명하기가 어렵기 때문이다.

그리스도교 신학에서는 전통적으로 신이 세계를 창조하게 되는 원리를 신의 자기인식인 로고스 개념과 이에 따른 신의 자기 분화(分化, self-differentiation)에서 찾았고, 결과적으로 삼위일체(Trinity) 신관으로까지 발전하게 되었다. 마이스터 에크하르트는 유출론적 창조론에 따라 신성에서 세계에 이르는 길을 두 단계로 구별한다. 첫 단계는 신성의 내적 끓어오름(bullitio)을 통해 성부(창조주), 성자, 성령의 삼위 하느님이 출현하는 단계이고, 다음은 삼위일체 하느님의 외적 끓어오름(ebullitio)을 통해 세계가 유출(exitus, emanatio)하는 과정이다. 하지만 신의 내적 끓어오름이든 외적 끓어오름이든 어디까지나 비유적 표현이며, 필경 신의 넘쳐흐르는 창조적 본성과 힘을 가리키는 말에 지나지 않는다.

클레이튼은 쉘링의 중후기 사상에 입각해서 무한한 존재 자체인 신과 인격적 창조주의 관계를 잠재태(potentiality)와 현실태(actuality), 드러나지 않은 신과 드러난(manifest) 신의 관계로 해석하기도 하지만,[36] 이 역시 실질적 내용이 없는 말에 지나지 않는다. 아마도 현대 신학에서 신과 세계의 관계를 가장 밀접하게 연계한 사람은 신의 양면성, 즉 영원한 원초적 본성(primordial nature)과 시간적 과정인 결과적 본성(consequent nature)을 말하는 화이트헤드의 과정철학·과정신학일 것이다. 나는 신과 세계를 완전히 일치시키는 신의 결과적 본성 개념을 수용하지 않는다는 점을 이미 밝혔지만, 여하튼 우리가 과정신학이 말하는 대로 신의 양면성을 인정한다 해도, 신의 영원성이 시간의 세계로 전개되는 이유는 과정신학이 강조하고 있는 창조성(Creativity)이라는 모호한 개념에 의존할 수밖에 없을 것이다.[37] 한편 개신교 신학자 몰트만은 유대교 신비주의자 루리아(I. Luria)의 사상을 빌려 신이 자발적 자기 제한(Selbstbeschränkung)을 통해 자기를 비움으로써 피조물들을 위한 '공간'을 창출한다는 식으로 창조의 근거를 말하고 있다.[38] 하지만 이 역시 별로 설득력 없는 궁색한 이론이라는 생각을 지울 수 없다.

위에 언급한 이론 아닌 이론들은 결국 모두 창조가 신이 지닌 본성의 일면임을 지적하는 것에 지나지 않는다. 그런 이론들보다는 차라리 우리는 틸리히처럼 아리스토텔레스 이래 서구 형이상학 전통에서 하나의 중요한 개념을 형성하고 있는 신의 자기 인식 내지 비춤으로서의 로고스(Logos, Nous) 개념을 신의 분화와 창조성의 원리로 간주하는 것이 그나마 더 설득력이 있어 보인다.[39] 신이 스스로를 인식하는 궁극적 실재라면, 신 혹은 일자는 자

---

36 Philip Clayton, *The Problem of God in Modern Thought*, 487–89.
37 앞에서 언급한 바 있는 '창조성'에 대한 맥쿼리의 비판을 참고할 것(이 책, 110–111).
38 Jürgen Moltmann, *Trinität und Reich Gottes* (München: Chr. Kaiser Verlag, 1980), *123–27; Gott in Schöpfung: Ökologische Schöpfungslehre* (München: Chr. Kaiser Verlag, 1985), 98–105.
39 이미 인용한 바 있는 틸리히의 말을 참고할 것.

252

기 인식이 가능한 무한한 정신적 실재 ― 빛의 원천인 태양에 비유되는 ― 자체일 것이다. 그리고 로고스, 즉 하느님의 말씀 또는 성자 하느님은 창조를 매개해주는 원리가 된다.

여하튼 한 가지 분명한 사실은 우파니샤드의 브라만(Brahman), 도가의 도(道), 플로티누스의 일자, 그리고 마이스터 에크하르트의 신성 등은 공통적으로 시간성과 인과성을 초월하는 무한하고 영원한 실재이지만, 동시에 끊임없이 만물을 산출하는 역동적 실재로 간주하고 있다는 점이다. 그 자체는 늘지도 줄지도 않고 무궁무진하며 변화를 모르지만, 끝없이 시간과 변화의 세계를 산출하는 무한한 창조적 힘(creative power)으로 이해되고 있는 것이다. 영원과 시간, 무한과 유한, 절대와 상대, 일(一)과 다(多)가 모순이 아니라는 것이 모든 일원론적 형이상학의 공통된 증언이다. 인도철학의 용어로 말하면, 세계(결과)가 신(원인) 안에 이미 원인적 상태(causal state)로 존재하다가 전개되어 나왔다는 인중유과론적인 입장이다.

우리는 또 신과 세계와의 관계를 대승불교에서 불성(佛性)의 세계를 논하면서 사용하는 불변(不變)하는 체(體)와 조건에 따라 변하는 수연(隨緣)의 용(用) 개념을 빌려서 표현할 수도 있을 것이다.[40] 오로빈도(Aurobindo)는 이러한 신의 양면성을 표현하기를, "침묵의 브라만과 활동적 브라만은 둘이 아니다. … 한 브라만의 두 측면이며 … 서로에게 필요하다. 이 침묵으로부터 세계를 창조하는 말씀이 영원토록 출현하며 … 영원한 수동성이 영원한 신의 행위가 지닌 완벽한 자유와 전능성, 즉 그 자체의 역동적 본성이 지닌 무한한 풍요로움을 가능하게 만든다."고 말한다.[41]

---

40 이에 대해서는 길희성, 『知訥의 禪思想』(소나무, 2001) 제Ⅲ장(心性論) 참고. 여기서는 물론 대승불교의 존재론이 크게 보아 일원론적 형이상학의 범주에 속하는지가 문제가 될 수 있다. 나는 이에 대해 긍정적이지만, 그렇지 않다 해도 우리는 불교로부터 개념만을 형식적으로 차용할 수 있을 것이다.

41 Keith Ward, *God and Creation* (Oxford: Clarendon Press, 1996), 91~92로부터 재인용.

맥퀘리는 존재 자체인 신의 세 가지 양태(modes)를 말한다. 첫째는 신의 원초적 양태(primordial mode)로서, 신의 불가언적이고 파악 불가능한 가장 깊고 신비한 양태이며 신의 타자성과 초월성을 가리킨다. 그 자체는 존재하는 것이 아니지만 모든 존재하는 것의 창조적 원천인 초존재(superexistence)다. 둘째는 신의 표현적 양태(expressive)로서, 우리가 이해할 수 없지만 가리킬 수는 있는 '근원적 내어줌'의 사건이다. 우리가 이 근원적 사건을 상정하는 것은 주어져 있는 세계가 존재하기 때문이다. 신이 감추어진 궁극적 신비에서 나와 질서 있는 법칙들 아래 전개되는 코스모스를 존재하게 하고 그 가지성(可知性, intelligibility)으로 들어간다. 이해할 수 없는 신비 속에 갇혀 있지 않고, 영원히 자신을 내어줌으로써 자신의 존재를 자기가 아닌 존재들과 나누는 신의 양태다.[42] 셋째는 신과 피조물, 특히 신과 인간이 하나가 되는 합일적 양태(unitive mode)다. 신의 로고스의 창조적 활동 — 우리의 신관에서는 신의 로고스와 물질적 본성 — 에서 출현한 우주 혹은 자연이 그 원천으로 복귀하여 하나가 되는 양태로서, 신에 완전히 흡수되기보다는 신과 더 풍요로운 일치를 이루는 양태라고 맥퀘리는 말한다. 만물이 신에 복귀하지만 특히 인간은 종교를 통해 이것을 의식하는 존재다. 맥퀘리는 종교의 기원에는 신으로부터 출현한 인간의 희미한 집단적 기억, 일종의 플라톤적 상기(想起, anamnesis) 같은 것이 있을지도 모른다고 상상하기도 한다.[43]

우리는 신의 세 가지 양태에 대한 맥퀘리의 견해에 공감하지만, 세부적인 면까지 동의할 필요는 없다. 맥퀘리는 유출론과 전통적 창조론 사이에서 다

---

42 John Macquarrie, *In Search of Deity*, 174. 맥퀘리는 여기서 하이데거의 존재(존재자 Seiende와 구별되는 Sein) 개념에 의거한 그의 신관을 약간의 의인적 표현을 사용해서 해석하고 있으며, '근원적 내어줌'이란 세계가 존재한다는 신비를 독일어 '존재한다'는 말(Es gibt)을 문자 그대로 취해서 '그것이 준다'는 뜻으로 독특하게 해석한 하이데거의 통찰을 맥퀘리가 신학적으로 번안한 것이다(같은 책, 179 참조).
43 같은 책, 175.

소 모호한 입장을 취하고 있다. 그는 또 신의 세 가지 양태가 그리스도교의 전통적 삼위일체론의 성부, 성자, 성령에 해당한다는 점을 암시하고 있지만, 우리는 이를 수용할 필요도 없다. 맥퀘리의 신관은 우리의 형이상학적 신관에 비해 더 인격적 신관의 성격이 강하다. 여하튼 여기서 우리의 관심은 신의 원초적 양태와 표현적 양태의 관계에 있다. 맥퀘리 역시 신이 타자성과 초월성에 머물지 않고 세계만물을 통해 자신을 드러내는 표현적 양태로 넘어가는 것은 우리가 이해할 수 없는 신비지만 세계가 존재한다는 사실로 볼 때 피할 수 없는 생각이라고 본다.

신이 세계만물의 궁극적인 '원인'이라 해도, 신은 결코 물리적 인과관계를 구성하는 하나의 고리가 아니며 유한한 사물(a being)이나 존재자(das Seiende)가 아니다. 우리가 로고스와 원초적인 물질적 창조력이라는 두 개념을 통해 세계를 산출하는 신의 역동적 창조성을 논하는 것은 세계의 존재와 근본 성격이 스스로를 설명할 수 있는 필연성을 지니지 않고 어떤 궁극적 원인이 있을 것이라는 추론에 따른 것이다.[44] 로고스와 물질적 창조력이 '신의 본성'이라고 하지만, 이것은 어디까지나 우리에게 드러난 신의 본성, 즉 세계를 통해 '알려진' 본성이지 영원한 신비와 침묵 속에 감추어진 신의 본성은 아니다. 동방교회 신학자 바실(Basil the Great)의 표현대로, "우리는 신의 활동들(energeia)로부터 신을 알게 되지만, 신의 실제 본질(실체, ousia)에는 그 근처도 간다고 할 수 없다."[45]

우리는 여기서 하나의 더 궁극적인 질문을 제기할 수 있다. 세계는 왜 이

44　세계의 우연성에 대한 신학적 논의로, Thomas Torrance, *Divine and Contingent Order* (Oxford: Oxford University Press, 1981) 참고. 세계의 우연성은 또 세계의 모든 현상을 완벽하게 설명할 수 있는, 특히 세계가 존재한다는 사실을 과학적으로 설명할 수 있는 이른바 '모든 것을 설명하는 이론'(theory of everything)이 근본적으로 불가능하다는 것을 의미하기도 한다. 이에 대한 심도 있는 논의로, Paul Davies, *The Mind of God*, 제7장, "Why is the World the Way it is?"를 참고할 것.

45　Ward, 같은 책, 130으로부터 재인용.

해 가능해야만 하는가? 세계의 우연성을 넘어 그 근본원인을 묻는 합리성을 고집하는 이유는 무엇인가? 이에 대한 답은 아이러니다. 세계의 존재와 근본 성격에 대한 궁극적 설명이 과학으로는 불가능하지만, 그럼에도 우리가 세계의 우연성 뒤 혹은 너머로 그 '이유' 혹은 근거로서 신을 거론한다는 것은 그야말로 궁극적이고 극단적인 합리주의(rationalism)라고 할 수 있다. 우리가 극한적 질문들을 통해 최종적 합리성을 구하면서 우주를 초월하는 적어도 우주의 일부분이 아닌 신을 거론할 수밖에 없다면, 이는 실로 하나의 커다란 아이러니라고 할 수밖에 다.[46]

만약 우리가 세계와의 관계를 떠나서 굳이 신 자체에 대해 말하고자 한다면, 신은 우리의 모든 이해와 개념을 초월하는 신비라고밖에는 말할 수 없다.[47] 도덕경의 유명한 첫 구절처럼 "도는 말로 할 수 있다면 참 도가 아니기 때문이며,"[48] '무지(無知)의 지(知)'(docta ignorantia)라는 니콜라스 쿠자누스의 역설적 표현대로 신에 대해서는 침묵 아니면 모른다고 하는 것이 최고의 앎이다. 위대한 신학자들이나 신비주의자들이 동서고금을 막론하고 신 자체에 대해 말하고자 할 때는 부정신학(theologia negativa) 또는 부정의 길(via negativa)에 따라 차전적(遮詮的) 언사에 많이 의존한 것도 이 때문이다. 토마스 아퀴나스의 예를 보자:

신에 대한 어떤 진술도 신이 정말로 무엇인지를 우리에게 말해 줄 수 없다.
신을 그의 모든 진리에서 지각하기 위해서는 우리는 그에 관해 안다고 생각

---

46 이러한 궁극적 합리성의 추구에 대한 논의는 이 책 제3장 3절 "극한적 질문들: 세속화된 근대 이성을 넘어"에서 제2항의 논의를 다시 한 번 참고할 것.

47 마이스터 에크하르트는 이 감추어진 신을 신성(Gottheit)이라고 부르며, 때로는 삼위일체의 신과 확연히 구별하기도 하며, 때로는 성부 하느님, 즉 창조주 하느님과 혼용하기도 한다. 에크하르트 사상의 핵심적 요소가 되는 이에 대한 전반적 논의는 길희성, 『마이스터 엑카르트의 영성사상』 참고.

48 道可道 非常道.

하는 모든 것을 거부해야만 한다: '신이 존재한다'는 말은 신이 무엇인지를 나타내지 않고 그가 끝이 없고 한정이 없는 실체의 바다라는 것만을 드러낸다. 따라서 우리가 만약 부정의 길을 통해 하느님께 나아간다면, 우리는 먼저 그가 물질적임을 부정하고, 다음에는 그가 어떤 지성적이고 정신적이라는 것 ― 적어도 이런 요소들이 생명체들에 있는 것과 같다는 점에서. 예컨대 친절, 지혜 등 ― 을 부정하고, 그리고 나면 우리의 이해에 남는 것은 단지 신이 존재한다는 관념뿐이고 더 이상 아무것도 없다. 마지막으로 우리는 이 '존재'라는 관념마저도 없앤다. 적어도 생명체들에 있는 존재라는 관념과 같은 의미라면 말이다. 그러면 신은 무지의 어두운 밤에 머물며, 디오니시우스 (Dionysius)의 말처럼 이 무지에서야 말로 우리가 현세에서 신에게 가장 가깝게 가는 것이다.[49]

우리가 논하고 있는 신의 두 가지 본성, 즉 로고스와 물질적 창조력이라는 개념 역시 신 자체에 관한 한, 유비적이고 상징적인 표현에 불과하다. 이 둘의 구별은 우리가 세계를 이해하기 위해 불가피하지만, 아마도 신 자체에는 구별할 필요 없이 하나일지도 모른다. 신 자체에 관한 한 우리의 모든 개념과 표현은 절대화되는 순간 '우상'(idol)으로 전락할 수밖에 없다. 모든 신관은 이런 점에서 부단한 자기성찰과 자기부정의 겸손을 요구한다.

그렇다고 부정적 언사만이 능사는 아니다. 신에 대한 부정적 언사도 따지고 보면 신에 대한 모종의 긍정적 생각 ― 비록 직관적이라 해도 ― 을 전제로 하고 있기 때문이다. 그렇지 않다면 우리는 신이 어떠어떠하지 않다는 말조차도 할 수 없다. 결국 우리는 세계와 인간의 성격이나 구조로부터 일련

---

49 Erich Frank, *Philosophical Understanding and Religious Truth* (New York: Oxford University Press, 1966), 54로부터 재인용.

의 가장 추상적이고 포괄적인 개념들을 취해서 신에 대해 말하는 표전적(表詮的) 언사를 피할 수 없다.[50] 가령 신은 존재 자체라든지 일자(一者, the One, to hen, unum)라든지, 선 자체, 순수 지성, 또는 그 본성이 존재하는 행위(actus essendi)인 필연유(necessary being), 스스로가 원인(causa sui)인 실재 같은 개념들이다.[51] 또 인도 고전 우파니샤드에서는 브라만(Brahman) 또는 아트만(Atman)을 가리키는 말로서 순수 존재(Sat), 순수 의식·정신(Cit), 순수 기쁨(Ananda) 같은 긍정적 표현들을 사용한다. 도가에서는 모든 유(有)의 근원인 무(無), 성리학에서는 무극(無極)으로서의 태극(太極)으로 표현하기도 한다. 나는 이러한 개념들도 인간의 언어인 한, 결국은 유비적이고 상징적인 표현일 수밖에 없다고 생각하지만, 신에 대한 언어의 상징성을 누구보다도 강조하는 틸리히는 "신은 존재 자체 혹은 절대자다. 그러나 이 말 이후로는 상징이 아닌 다른 어떤 말도 신 자체에 대해 말해질 수 없다."고 말한다. 존재 자체(Being-itself) 라는 말만은 상징어 이상이라는 것이다.[52]

모든 표전적 언사가 유비적이고 메타포지만, 그렇다고 우리는 메타포나 유비가 신의 실재(Reality)와 무관하다고 생각해서는 안 된다. 유비나 상징이나 메타포가 문자적 진리는 아니지만, 실재에 대해 무언가를 드러내주는 인식적 기능이 있기 때문이다.[53] 우리는 특히 신에 대해 사용하고 있는

---

50 차전(遮詮), 표전(表詮)은 당 나라 종밀(宗密) 선사(禪師)가 사용하는 개념이며, 그는 전자에 따른 불성(佛性)에 대한 담론 방식을 모든 언사를 부정하고 차단하는 전간문(全揀門), 후자에 따른 담론 방식을 모든 언사를 긍정하고 수용하는 전수문(全收門)이라고 부른다. 이에 대해서 길희성, 『지눌의 선사상』(소나무, 2001), 109–137(심성론), 특히 135–37 참고. 영어로는 긍정적 언사를 'kataphatic discourse,' 부정적 언사를 'apophatic discourse'라고 부른다.

51 존재의 토대(Ground of Being) 또는 존재 자체(esse ipsum)라는 개념 역시 '존재', '토대'라는 개념에 의거한 것이기 때문에, 우리는 유비적으로 또는 메타포로 취할 수밖에 없다. 그 밖에 선(bonum), 진리(verum), 지성(intellectus) 같은 개념들이 신에 대한 초월범주들(transcendentalia)로 자주 사용되지만, 모두 세계나 인간에 준해 사용하는 유비적 개념들일 수밖에 없다.

52 Paul Tillich, Systematic Theology, vol. One, 238–39. 위에서 밝힌 대로, 나는 물론 이 견해에 동의하지 않는다.

53 나는 이 점에서 신에 대한 언어가 그 자체의 특성을 지닌 일종의 언어 게임(language game)이며, 언어의

유비, 상징, 메타포들의 배후에는 신의 실재를 누구보다도 더 직접적으로 접한 예언자들, 신비가들, 성인들, 종교적 천재들의 수행과 경험 — 직관 또는 통찰, 절대적이고 무한한 것에 대한 느낌과 감각, 혹은 어떤 독특한 의식(consciousness) 같은 — 이 있고, 권위 있는 경전들이 있으며, 장구한 세월에 걸쳐 수많은 사람들에게 영감을 고취하고 감동을 주어 온 풍부한 종교적 전통이 있음을 간과해서는 안 된다. 유비나 상징들은 결코 철학적 사변이나 추상적인 이론적 사고의 산물이 아니다.

5. 보편적 성육신

신은 영원한 침묵 속에 거하지 않고 끊임없이 세계를 산출하면서 스스로를 드러낸다. 이런 점에서 신은 역동적 창조력의 '살아 있는 신'이다. 그렇지 않다면 신과 피조물 사이에는 영원한 단절과 침묵만 있을 뿐, 신학적 언사의 기초가 되는 유비적 표현초자 불가능할 것이다. 하지만 신은 모든 존재자로 하여금 존재하게 하는 존재의 힘이며 존재 자체다.

나는 신이 자신의 존재와 생명을 나누어주는 진화적 창조의 과정 자체가 신의 보편적 현현이자 자기 계시이며 보편적 육화 즉 성육신(universal incarnation)임을 누차 강조했다. 창조가 신의 성육신이라는 말은, 인간의 영혼을 위시하여 신에서 출현한 유한한 것들이 범주별 차이에 따라 각기 신의 존재에 참여하는 성스러운 존재들임을 뜻한다. 우주만물이 모두 다양한 신현(神顯, theophany)의 형태들이고 신의 자식 또는 분신과도 같은 존재들이다. 신과 세계는 원인과 결과, 무한과 유한, 절대와 상대, 영원과 시간, 전체와 부분이라

의미는 세계나 실재를 가리키는(refer) 것이 아니라는 식의 언어관을 수용하지 않는다. 나는 이 문제에 관한 비판적 실재론(critical realism)을 따른다.

는 차이가 있지만 동시에 존재론적 연속성이 있다. 세계를 산출하는 창조성은 신의 본성이기에 신과 세계, 무한과 유한, 영원과 시간을 매개하고 연결해주는 원리는 신의 본성 자체에 있다. 우리는 이 원리를 신의 로고스와 원초적인 물질적 창조력이라고 부른 것이다.

신에서 출원하여 시간의 세계에 모습을 드러내는 만물은 신 안에 가능태로 존재하다가 현실화된다. 신의 무한성은 무궁무진한 풍요로움을 내장하고 있는 무한성이며, 신의 영원성은 시간성을 포함하고 있는 풍부한 영원성이다:

신의 생명은 시간성을 포함하지만 시간성에 종속되지는 않는다. 신의 영원성은 시간을 포함하며 초월한다. 신적 생명의 시간은 피조물의 시간이 지닌 부정적 요소의 규정을 받지 않고 오직 현재로만 규정된다. 우리들의 시간처럼 '더 이상 아니다'[과거]와 '아직 아니다'[미래]의 규정을 받지 않는다. 비존재의 규정을 받는 우리들의 시간은 실존(existence)의 시간이다. 이 시간은 본질(essence)로부터 유리된 실존을 전제로 하며, 신의 생명 속에서 하나로 통일되어 있는 시간의 순간들이 실존적으로 분열되는 것을 전제로 한다.[54]

그렇다고 신이 경험하는 시간이 우리들의 경험과 완전히 달라서 우리들의 시간적 경험이 신과 무관하거나 신에게 무의미하다는 말이 아니다. 신의 영원성은 시간의 세계를 완전히 초월하는 무시간성(timelessness)이 아니고 끝없는 시간(endless time)도 아니다:

---

54 Paul Tillich, *Systematic Theology*, vol. One, 257.

히브리어 올림(olim)과 그리스어 아이오네스(aiones)는 초시간성을 의미하기보다는 시간의 모든 기간들을 포용하는 것을 뜻한다. 시간은 신적 생명의 근저에서 창조되기 때문에, 신은 시간과 본질적 관계를 가진다. 시간의 특정한 순간들이 서로 분리되지는 않지만 영원은 그 안에 시간적인 것을 가지고 있다. 영원은 실존적 시간의 분절된 순간들의 초월적 통일성이다.[55]

우리는 따라서 신이 경험하는 시간을 영원 속의 시간, 혹은 시간 속의 영원으로 표현할 수 있을 것이다. 사실, 신만 그런 경험을 하는 것이 아니다. 우리도 때로는 시간 속에서 영원에 비견될 만한 특이한 경험을 할 때가 있다. 틸리히에 의하면, 우리가 시간의 세계에서 찾을 수 있는 신의 영원성에 대한 유일한 유비는 순간적이나마 현존하는(present) 현재(now)에 준해서 경험하는 정지된 현재(nunc stans), 이른바 '영원한 현재'(nunc eternum, eternal now)다.[56] 이 영원한 현재는 과거, 현재, 미래의 동시성을 뜻하는 것이 아니라, 과거로부터 미래로 움직이되 현재를 떠나지 않는 시간적 경험이다.[57] 신 자체는 시간을 초월하지만, 세계와의 관계 속에서는 신도 과거, 현재, 미래라는 시간의 계기들에 항시 현존하면서 경험한다. 그러나 신은 이 시간적 계기들을 경험하기는 하지만 어디까지나 〈관조적〉(contemplative) 경험이며, 어떤 특정한 목적이나 의도를 가지고 개별적 사안에 관여하거나 관장하는 일은 없다.

신은 자신에서 출현한 만물에 항시 내재하며 만물과 내적 관계를 가진다. 지성 자체인 신은 당연히 존재하는 모든 사물과 발생하는 모든 사건에 현존하여 내적으로 경험하며─악과 고통까지 포함하여─만물과 교감한다. 고

55 같은 책, 274.
56 같은 책, 275.
57 같은 곳.

전적 그리스도교 신관은 신의 무감성(無感性, apathy)을 주장하기도 했지만, 현대 신관은 대체로 이를 배격한다. 맥퀘리의 말대로 "신은 자기 자신을 투입한 세계의 운명에 깊은 관심을 가질 것이며, 어떤 식으로든 세계의 고통도 경험할 것이다. 자기 피조물의 고통에 무감한 신에게 우리가 탄복하거나 숭배할 만한 것은 별로 없을 것이다."[58]

그러나 신이 경험하는 고통은 인간이 경험하는 고통과는 차이가 있을 것이다. 맥퀘리의 지적대로 세계에 내재하는 신은 인간과 함께 세계의 고통을 느끼고 만물의 고통을 무한히 흡수하지만, 우리와 달리 고통에 압도당하거나 무너지는 일은 없다. 신은 더 나아가서 그리스도의 십자가와 부활이 보여주듯이, 궁극적으로 고통을 기쁨으로 변화시키는 구원의 힘이다.[59] 모든 일에 현존하는 신은 모든 것을 '아는' 전지성(omniscience)이 있다. 그러나 신의 앎은 우리의 앎과 달리 부분에서 전체로 나아가는 시간적 과정을 요하지 않고 모든 것을 동시적으로 안다. 그러나 나는 신도 아직 발생하지 않은 미래의 사건은 알 수 없다고 생각한다. 세계가 결정론적인 폐쇄적 체계가 아니라 예측할 수 없는 사건들이 발생하는 열린 시스템인 한, 신에게도 아직 일어나지 않은 일들을 아는 지식은 없다. 특히 자유로운 존재인 인간의 미래는 누구도 예측할 수 없다. 만약 신이 한 사람의 미래를 미리 안다면, 신의 앎은 오류가 없기 때문에 그 미래는 반드시 일어날 수밖에 없을 것이며, 따라서 인간의 자유는 허구가 될 것이다.

진화적 창조가 신의 보편적 육화라면, 우리는 종래 그리스도교 신학의 양대 주제인 창조(creation)와 구원(redemption)을 별개로 볼 것이 아니라 하나의 연속적 과정으로 보아야 한다. 신이 만물을 산출하고 자신의 존재와 생명을

---

58 *In Search of Deity*, 180.
59 같은 책, 181.

나누어 주는 지속적인 창조 자체가 구원의 행위이며, 구원은 신에서 출현한 만물이 신으로 복귀함으로써 신과 완전한 일치를 이루는 진화적 창조의 완성이다.

그리스도교 신학은 전통적으로 구약성서의 창세기에 나오는 창조 이야기를 주로 아담의 타락에 초점을 맞추면서 인류 구원의 역사, 이른바 구원사(Heilsgeschichte)의 배경 정도로 이해하는 경향이 강했다. 그러나 진화적 창조론에서는 창조가 모든 것이다. 성서에 기록된 구원의 드라마를 장식하는 이야기들이 모두 진화적 창조라는 하나의 일관된 과정에 수렴되고 그 일환으로 이루어지기 때문이다. 하늘과 땅을 창조하고 인간을 지은 행위, 이스라엘 족장들의 삶을 이끈 이야기, 모세의 영도 아래 이집트를 탈출한 이스라엘 민족의 이야기, 사무엘을 왕으로 세운 후로 전개되는 이스라엘의 역사와 솔로몬과 다윗 왕의 이야기, 이스라엘 민족의 바빌론 포로기와 해방의 이야기, 그리고 예수의 탄생과 십자가의 죽음과 부활 이야기 등이 모두 하느님의 진화적 창조라는 하나의 일관된 신의 일반섭리에 따라 전개되는 과정에서 발생하는 특수하고 특별한 사건들이다.

신의 지속적 자기 비움과 자기 나눔의 과정인 진화적 창조에서는 신의 계시(revelation)가 성서 이야기들이 전하는 특정 인물이나 민족의 역사적 사건들에만 국한되지 않는다. 모든 사건이 신의 계시와 구원의 과정이다. 성육신 사건(Incarnation)도 유독 2,000년 전에 탄생한 아기 예수에게서 처음이자 마지막으로 일어난 유일회적 사건이 아니라, 진화적 창조라는 신의 보편적 성육신의 과정에서 발생하는 특수한 사건이며, 어디까지나 그러한 보편적 맥락 속에서 이해되어야만 한다. 이 과정에서 하느님의 모상(imago dei)으로 출현한 호모 사피엔스는 신의 육화 중 육화이며, 그리스도교 신앙의 관점에서는 하느님의 모상을 흠 없이 구현한 예수 그리스도야말로 인간성을 가장

제4부 내가 믿는 하느님 263

완벽하게 구현한 육화의 정점이고 목적이며 의미다.

시야를 더 확장해서 보면, 이스라엘의 역사뿐 아니라 전 인류의 역사, 예수의 이야기뿐 아니라 힌두교, 불교, 유교 등 인류의 종교사를 이끈 모든 창시자들이나 성인들의 이야기, 더 나아가서 호모 사피엔스의 출현에 이르는 우주 138억 년의 과정 전체가 하느님의 계시이며 육화의 역사다. 신의 로고스와 물질적 창조력은 모든 피조물에 내재하는 존재와 생명의 원리이고 힘이며, 만물이 신이 드러나는 다양한 얼굴이고 그의 계시이며 육화이기 때문이다.

이러한 보편적 성육신(육화) 개념이 터무니없다고 생각하면, 요한복음의 로고스 사상에 다시 한 번 주목할 필요가 있다: "모든 것이 그로 말미암아 창조되었으니, 그가 없이 창조된 것은 하나도 없다. 창조된 것은 그에게서 생명을 얻었으니, 그 생명은 사람의 빛이었다." 여기서는 로고스가 '그'라고 불리는 예수라는 역사적 인물과 동일시되고 있지만, 로고스는 분명히 피조물 전체를 산출하는 우주적 힘—생명, 빛—이다. 잉게는 그리스 정교회의 최고 신학자 가운데 하나로 추앙받는 닛사의 그레고리(Gregory of Nyssa, 4세기 후반)의 사상을 논하면서 다음과 같이 말하고 있다:

그는 또 다른 곳에서 논하기를, 다른 모든 영적 존재들에게도 그들의 종에 따른 그리스도의 육화가 있었음에 틀림없을 것이라고 주장한다. 이 교리는 후에 정죄되었지만, 로고스 사상으로부터 필연적으로 따라 나오는 결론처럼 보인다. 이런 논증들은 그리스 신학자들에게는 그리스도가 세계에 내재하는, 그러나 거기에 제한되지 않는 우주적 원리임을 보여주고 있다. 그리고 [하느님의] 구원의 계획이, 성육신 사건에 드러난 것과 똑같은 힘[로고스]에 의해서 생명을 얻고 유지되는 우주가 지닌 성격의 일부로 간주된다는 점을

아주 명백하게 보여주고 있다.[60]

닛사의 통찰은 실로 심오하다. 로고스(Logos)의 성육신을 한 인간에서만 이루어진 일회적이고 예외적인 사건이 아니라 수많은 로고스들(logoi)이 모든 인간에게 다양한 형태로, 그리고 신의 창조세계 전체를 통해서 육화되는 보편적 사건으로 보는 것이다. 이러한 신관·세계관은 동방 정교회 신학의 특징이기도 하다. 예를 들어:

> 특히 고백자 막시무스(Maximos Confessor, 약 580-662)의 저술에는 이러한 우주론이 상세하게 천명되고 있다. 막시무스는 하느님의 로고스를 단지 예수라는 한 인격에서뿐 아니라 모든 예언자들의 말에서도, 태초부터 피조물들 모두의 로고스들 — 그 기저에 있는 원리들이라는 의미의 — 에서도 본다. 신의 로고스 경륜에 대한 이러한 이해에 따라, 막시무스는 성육신을 단순히 한 역사적 사건으로만 보지 않는다. … 오히려 그의 사고는 거의 '점차적 성육신'을 전제로 하고 있다. 이러한 이해에서는 예수의 인격이 지닌 신적 측면은 본질적으로 자연 세계와 이질적인 것이 아니라, 오히려 처음부터 그 안에 현존하는 것이 풍만하게 되는 것을 뜻한다.[61]

우리는 이러한 우주적 그리스도(Cosmic Christ) 개념을 현대의 진화적 창조 개념과 접맥시켜서 우주만물이 신의 로고스와 물질적 창조력의 산물이며

60 W. R. Inge, *Christian Mysticism* (New York: Meridian Books, 1956), 100-101.
61 Christopher C. Knight, "Theistic Naturalism and the Word Made Flesh," in *In Whom We Live and Move and Have Our Being: Panentheistic Reflection on God's Presence in a Scientific World*, eds. Philip Clayton and Arthur Peacocke (Grand Rapids, Michigan: William B. Eerdmans, 2004), 57-58.

신의 보편적 자기 계시이고 육화임을 말하고 있는 것이다.[62]

이와 같은 보편적 성육신 사상은 전통적인 그리스도교의 성육신 사상과 두 가지 면에서 결정적인 차이가 있다. 첫째는, 전통적 성육신은 오직 로고스만의 육화지만, 보편적 성육신은 누차 강조한 대로 신의 로고스와 원초적인 물질적 창조력(생명의 영 대신 도입된)의 육화다. 둘째 차이는, 우리가 위에서 본 대로 성서를 비롯해서 그리스도교 신학이 우주적 그리스도론을 무시해 온 것은 아니지만, 로고스가 예수 그리스도라는 한 역사적 존재, 한 유대인의 몸에서만 이루어졌다고 보는 배타적 성육신 이해가 그리스도교의 주류인 반면, 보편적 성육신은 이런 배타성을 과감히 돌파한다.

그렇다고 우리는 진화적 창조라는 보편적 성육신의 과정에서 발생하는 모든 사건, 모든 사물이 균질적이고 등가적인 신의 계시나 육화라고 생각할 필요가 없고, 또 모든 사람이 동일하게 신의 육화라고 여길 필요도 없다. 만물 가운데서 인간이야말로 신의 최고 육화다. 인간은 진화적 창조의 정점이며 그 이전의 진화 단계들을 모두 수렴한다는 의미에서 진화의 전 과정을 대표한다. 인간은 이런 점에서 소우주(microcosmos)다. 인간은 특히 자신이 신의 육화임을 의식하고 자각할 수 있는 존재다. 맥쿼리는 에리우게나의 신현(theophany) 개념을 논하면서, 다음과 같이 말하고 있다:

신현은 신이 그의 작품 속에 남긴 어떤 수동적 흔적, 그것으로부터 우리가 신의 존재를 추론할 수 있는 흔적이 아니다. 신은 오히려 그의 말씀(로고스)을 통해 창조의 세계로 하강했고, 거기서 신을 만나기 위해 상승할 수 있는 ― 때

---

62 Rosemary Ruether는 *Gaia and God*에서 우주적 그리스도 개념에 의거해서 세계 전체의 성화(聖化)와 구원(redemption)을 말하는 대표적 그리스도교 신학자들의 사상을 간략히 소개하고 있다. 제9장 "Healing the World: The Sacramental Tradition"을 볼 것.

로는 신화(神化, deification)라고 부르는 — 존재들에게 자신을 전달한다. … 그렇다면, 자연 전체가 적어도 신현의 수단이 될 수 있다. 그리고 이 수단들은 실제로 신의 자기 전달을 통해 발생하기 때문에, 자연신학과 계시신학의 경계는 얄팍하다. 가장 높은 것에서부터 가장 낮은 것에 이르기까지 창조된 세계의 질서 속에 있는 모든 존재가 신현의 계기가 될 수 있다. 그러나 분명히, 지성이 있고 영적인 존재들, 천사들과 인간들이 특별한 지위를 점한다. … 인간은 신현을 수용할 수 있는 존재로서, 인간 안에서 신현들이 발생하며 인간 자신이 신현이다. 다시 말해, 인간은 신이 유한의 차원에서 현현한 것이다.[63]

나는 인간이 하느님의 모상이라는 말을 이런 뜻으로 이해한다. 진화적 창조의 정점에서 이성을 가진 신현으로 출현해서 신을 찾고 신과 소통하고 교제하고 끝내 신과 하나가 될 수 있는 도덕적·영적 능력을 지닌 존재가 인간이다. 모든 인간이 신의 신현이고 육화이지만, 그 가운데서도 신과 세계와 인간에 대해 새로운 영적 통찰을 제공한 종교의 창시자들이나 성인들은 신의 육화 중 육화다. 그들이 하느님의 '초자연적' 은총을 받아 하느님의 모상을 완전히 구현했든, 아니면 깨달음과 수행을 통해서 했든 상관없다. 중요한 것은 그들이 인간으로서 타고난 본성과 본래적 가능성을 가장 완전하게 구현하고 보여 주었다는 사실이며, 이를 통해 모든 인간이 추구하고 실현해야 할 목적과 의미를 제시했다는 사실이다. 이런 의미에서 그들은 모두 신의 특별한 육화들이며 계시들이다.

나는 신의 일반계시와 특별계시의 구별 자체는 인정하지만, 둘이 차원이 전혀 다르다거나 '자연'과 '초자연'의 차이가 있다고 생각하지 않는다. 특별

---

63 John Macquarrie, *In Search of Deity*, 94.

계시는 어디까지나 일반계시를 전제로 하고 그 일환이기 때문이다.[64] 이런 점에서 나는 하느님의 특별한 계시에 입각한 '계시신학'과 인간의 보편적 이성에 근거한 '자연신학' 사이의 차이나 간격이 그리 크다고 생각하지 않는다. 이런 입장은 초자연적 은총만을 강조하는 경향이 큰 개신교 전통보다는 은총이 자연(이성)을 전제로 한다고 믿는 카톨릭 신학의 입장에 더 가깝다고 할 수 있다. 그러나 가톨릭 전통도 초자연적 은총과 자연적 이성을 차등적으로 구별하기는 마찬가지고, 이성이 은총에 의해 완성된다고 보는 점에서 그리스도교 진리의 우월성을 고수하는 것도 마찬가지다. 보편적 성육신 사상은 신의 은총이나 특별계시가 그리스도교만의 전유물이라는 배타적 입장 자체를 거부한다. 인류의 종교사는 물론이고 진화적 창조의 역사 전체가 신의 보편적인 은총과 계시, 신의 일반적 섭리가 펼쳐지는 과정이라고 보기 때문이다.

나는 신의 보편적 육화 가운데서 자연과 인간을 구별한다. 인간은 물론 신의 보편적 육화의 정점에 서 있지만, 자유로운 존재 인간이 연출하는 역사의 세계는 자연의 세계와 달리 인간의 죄악으로 왜곡되고 얼룩진 세계라는 점에서 무조건 신의 육화로 간주해서는 곤란하다. 만물이 신이 낳은 자식과도 같으며 그 가운데서도 인간이 특별한 위치를 점하지만, 자유로운 존재 인간은 스스로 만든 세계에 대해 책임을 져야 하는 존재다. 자연(nature)은 성스럽지만 인간이 만들어 내는 역사(history)는 반드시 그렇지는 않다. 역사는 성과 속, 선과 악이 혼재하는 혼탁한 세계다. 역사의 세계에는 신과 세계 사이에 항상 거리와 긴장이 있기 때문에, 역사적 현상을 무차별적으로 신의 육화로 성화(聖化)하는 것은 금물이다.

---

64 이러한 입장은 은총(신앙)은 자연(이성)을 전제로 하며 그 완성이라는 가톨릭의 입장과 유사하지만, 은총과 자연을 확실하게 구별한 다음 계층적으로 이해하는 것보다는 양자를 훨씬 더 밀접하게 통합적으로 이해한다.

6. 무로부터의 창조?

우리는 이미 무로부터의 창조(creatio ex nihilo)를 말하는 그리스도교의 전통적 창조론과 달리 유출론에서는 세계가 신 자신으로부터의 창조(creatio ex deo)임을 보았다. 우리는 또 신의 자기 전개 과정인 세계의 창발적 진화 과정에 발생하는 혼돈과 무질서는 하느님 자신의 물질적 창조력에 기인한다는 것도 보았다. 이러한 관점에서 우리는 무로부터의 창조 개념과 신으로부터의 창조 개념을 조화시키면서 악의 문제, 특히 자연악(natural evil)의 문제를 새롭게 조명할 수 있다. 선하신 하느님이 창조한 세계에 악은 도대체 어디서 오는가?

물질도 하느님의 피조물로서 하느님으로부터 왔다는 견해는 그리스도교의 정통 사상이다. 이는 또 존재하는 모든 것이 일자로부터 유출한 것이기에 그 자체는 선하다(good, bonum)고 보는 신플라톤주의의 존재론, 그리고 힌두교, 도교, 유교의 형이상학적 사상과도 근본적으로 일치한다. 물질은 결코 신과 따로 존재하는 어떤 독립적 실재가 아니며 악은 더욱 아니다.

나는 우선 "아무것도 없는 데서는 아무것도 나올 수 없다"는 존재론적 원리를 움직일 수 없는 진리로 받아들인다.[65] 우파니샤드의 철인 웃달라카가 남긴 유명한 질문, "어떻게 무로부터 유가 나올 수 있겠는가?"는[66] 무로부터의 창조 개념이 일단 상식에 위배된다는 점을 암시하고 있다. 무로부터의 창조라는 말은, 하느님은 우리 인간의 창조 행위와 달리 기존의 어떤 질료 같은 것을 사용하거나 그 제약 아래 창조하지 않고, 문자 그대로 아무것도

---

65 "Nothing comes from nothing."(ex nihilo nihil fit).
66 *Chandogya Upaniṣad*, VI. 1–2. "How could being be produced from nonbeing?"(katham asataḥ saj jāyeta).

존재하지 않는 비존재(nonbeing)의 상태에서 존재를 불러냈다는 말이다. 무에 유를 수여하는 행위다.

이러한 사상의 배후에는 하느님의 절대적 자유와 주권과 초월성을 보호하려는 동기, 그리고 물질을 악한 것으로 간주하여 하느님과 무관한 것으로 보려는 일련의 사상들 — 영지주의(Gnosticism), 마니(Mani)교, 그리고 세계를 창조한 구약의 창조주 하느님을 악한 존재로 간주함으로써 이단으로 배척받은 마르시온(Marcion) 같은 사람 — 에 대한 거부가 있었다. 무로부터의 창조 개념은 하느님이 정신뿐 아니라 물질도, 영혼뿐만 아니라 육체도 창조하신 분이며, 하느님이 창조한 것은 무엇이든 근본적으로 선하다는 사상을 반영하고 있다. 나는 일단 이것이 그리스도교 신앙의 값진 사상적 유산 가운데 하나라고 생각한다.

무로부터의 창조는 또 세계가 스스로를 설명할 수 없다는 사실, 세계는 존재하지 않을 수도 있었다는 세계의 우연성(contingency)[67]을 부각해 준다. 존재하는 것은 모두 존재 자체이며 선 자체인 하느님으로부터 왔다는 것이다. 나는 무로부터의 창조 개념에 대한 이러한 전통적 이해를 기본적으로 수용하는 동시에 창세기의 창조 신화를 전통적 해석과는 다른 각도에서 이해한다. 나는 '무로부터'에서 '무'(nihil)를 단순한 비존재가 아니라 일체의 규정성과 특성과 형상(모습, 꼴, form)이 결여된 원초적 질료(hyle) 혹은 혼돈(chaos)으로 간주한다. 고대 세계에 널리 퍼져 있던 사고방식대로 창조는 이 원초적 물질의 혼돈에서 질서 있는 코스모스(cosmos)를 형성하는 것이다. 하지만 나는 동시에 이 무로서의 원초적 물질이 고대 그리스 철학이나 우주발

---

67 이러한 개념을 배경으로 해서 "왜 도대체 아무것도 없지 않고 무언가가 존재하는가?"(Why is there something rather than nothing?), 혹은 "왜 세계는 존재하는가?"와 같은 궁극적 질문이 그리스도교 문화 풍토에서 발생할 수 있었던 것이다.

생론적 신화들에서 보듯이 창조 이전부터, 혹은 창조와 별도로 존재하는 어떤 독자적 실재 혹은 원리가 아니라, 하느님 자신이 지닌 본성의 일면이고 따라서 하느님 자신으로부터 오는 것이라고 본다. 그렇다면 '무로부터의 창조'는 곧 '하느님 자신으로부터의 창조'가 된다.

사실, 창세기의 창조 신화에는 엄밀한 의미에서 '무로부터의 창조' 개념은 없다. 아니, 성서 전체를 보아도 없다. 창세기 신화는 하느님이 세계를 창조할 때 어떤 구체성을 띤 사물, 즉 특정한 형태나 형상을 지닌 사물이 존재하지 않았다는 것이지 단적인 비존재 상태였음을 말하는 것은 아니다. 질서가 형성되기 전의 원초적 혼돈 상태로서의 무는 결코 단순한 비존재가 아니다. 존재하는 사물은 예외 없이 모두 어떤 형태를 지닌다는 점에서, 형태를 갖추기 이전의 존재란 사실상 순전한 비존재와 다름없다. 하지만 이 비존재는 무한한 존재의 가능성을 지니고 있다는 점에서 단순한 비존재가 아니다. 이런 이유로 고대 그리스 사상은 단순한 비존재(ouk on)로서의 무와 존재 가능성으로서의 무(mē on)를 구별한 것이다. 나는 창세기 신화도 이러한 사고의 예외가 아니라고 생각한다.

신화는 "태초에 하나님이 천지를 창조하셨다. 땅이 혼돈하고 공허하며, 어둠이 깊음 위에 있고, 하느님의 영은 물 위에 움직이고 계셨다."(창 1:1)라고 말하고 있다. 여기서 '혼돈', '공허', '어둠', '깊음', '물'은 도대체 무엇을 가리키는 말일까? 그것이 무엇이든, 한 가지 분명한 점은 하느님의 창조 행위에 앞서 비록 구체적 형태는 없지만 '무언가'가 이미 존재하고 있었다는 것이다. 나는 그것이 고대 세계의 우주발생 신화들에서처럼 물질이 구체적 형태를 갖추기 전의 원초적 혼돈을 가리킨다고 본다. 고대 세계의 우주 발생(cosmogony) 신화들은 하나같이 창조를 원초적 혼돈에서 질서를 형성하는 신들의 행위로 보고 있으며, 플라톤 이래 그리스 철학자들도 일반적으로 그렇

게 생각했다. 창세기 신화 역시 이 점에서 예외가 아니다.[68]

그러나 고대 그리스도교 신학은 영과 육(물질)의 이원론에 입각한 영지주의와 그 영향 아래 물질 자체를 악으로 간주하고 물질을 창조한 하느님을 구약성서와 함께 거부한 마르시온(Marcion) 등을 비판하는 과정에서 '무로부터의 창조'를 주장하게 되었다. 즉 하느님과 물질을 이원론적 대립 관계로 보지 않고 하느님은 물질을 포함하여 존재하는 모든 것을 순전한 무에서 창조했다는 것이다. 또 이렇게 무로부터 창조된 것은 모두 본성이 선하다는 것이다. 그리스도교가 이렇게 무로부터의 창조 개념에 따라서 물질 자체를 악으로 간주하는 사상을 거부한 것은 인류의 문명사적 관점에서 매우 중대한 의미가 있지만, 치러야 했던 대가 또한 만만치 않았다. 존재하는 모든 것이 하느님의 창조라면 악은 도대체 어디서 오는 것일까, 혹시 악도 하느님이 만든 것은 아닌가 하는 근본적 문제가 피할 수 없이 제기되는 것이다.

이 문제는 오늘날까지도 그리스도교 신앙을 괴롭히는 난제로 남게 되었다. 성 아우구스티누스는 이 문제에 대해, 한편으로는 악은 독자적 실체성이 없고 단지 선의 결핍(privatio boni)에 지나지 않는다는 것, 그리고 다른 한편으로 악은 인간의 잘못된 자유의지의 행사에서 온다는 이론으로 답했다. 둘 다 매우 중요한 통찰이지만, 악의 엄청난 힘과 실재성, 특히 수많은 생명에 고통을 안겨 주는 자연악을 설명하기에는 미흡한 점이 있는 것은 부인하기 어려운 사실이다. 나는 따라서 한편으로는 물질과 하느님을 이원적 대립 관계로 보는 견해를 거부하고 존재하는 모든 것이 하느님으로부터 왔다는 근본 원칙에 따라, 그리고 다른 한편으로는 창조가 무로부터의 창조가 아니

---

68 이러한 신학적 해석에 대해서는 David Ray Griffin, "Creation out of Nothing, Creation out of Chaos, and the Problem of Evil", in *Encountering Evil: Live Options in Theodicy*, ed. Stephen T. David (Louisville: Westminster John Knox Press, 2001); 또 그의 "Panentheism: a Post-modern Revelation," in *In Whom We Live and Move and Have Our Being*, 36–39 참고.

라 하느님 자신으로부터의 창조라는 입장에서 자연악의 기원이 하느님 자신의 원초적인 물질적 창조력에 있다고 보며, 인간이 저지르는 도덕악은 인간의 자유의 오용에 기인하는 것으로 본다. 전통적 그리스도교 신학의 관점에서는 매우 파격적으로 들리겠지만, 나는 이것이 자연악의 문제를 하느님에 대한 신앙과 조화시키는 솔직한 견해라고 생각한다.

우주만물의 근원인 하느님의 창조력을 로고스로만 보는 것은 일방적이다. 로고스는 창조 세계의 질서와 조화의 원리며 진화적 창조의 방향을 인도하는 힘이지만, 신의 로고스도 언제나 신의 물질적 창조력의 제약 아래 있다. 만약 로고스가 진화적 창조 과정을 완벽하게 지배한다면, 세계는 그야말로 동일한 것들만 무수히 반복되는 숨 막히는 기계론적 체계가 될 것이며, 자연 재해와 같은 무질서는 발생하지 않을 것이고 자연악도 없을 것이다.

나는 과정신학이 무로부터의 창조 개념에서 무를 비존재의 절대적 무가 아니라 상대적 무로 보는 견해에는 찬동하지만, 무·혼돈·물질을 창조에 선행하는 어떤 영원하고 독자적인 원리로 보는 견해는 수용하지 않는다. 우주만물의 궁극적 실재가 '하나'임을 믿는 유일신신앙이나 동서양의 일원론적 형이상학의 전통에 반하기 때문이다.

태초의 혼돈이나 원초적 질료와 같은 상대적 무가 하느님 자신으로부터 온다는 견해는 일부 동방교회 신학자들 가운데서도 발견된다. 그들은 무를 하느님 안에 있는 깊이를 모를 에너지의 근저 내지 심연으로 본다. 도가의 무 개념처럼, 형태가 없지만 만물이 거기서 출현하는 유 이전의 무다.[69] 원초적 물질을 하느님 자체에 두는 견해는 또 힌두교의 비쉬누파 베단타

---

69 Philip Sherrard, *Christianity: Lineaments of a Sacred Tradition* (Edinburgh: T & T Clarke, 1998), 238–9. 또 Christopher C. Knight, "Theistic Naturalism and the Word Made Flesh," in *In Whom We Live and Move and Have our Being*, 59–60의 간단한 논의를 참고할 것.

(Vedanta) 신학자인 라마누자(Ramanuja)의 입장이기도 하다. 그에 따르면 세계가 대해체기를 맞으면 물질(prakrti)은 시간과 영혼들과 함께 하느님 안으로 흡수되어 잠재적 상태(causal state)로 있다가 다시 창조가 시작되면 하느님으로부터 전개되어 나와 만물을 형성한다.[70] 이런 잠재성 내지 가능성(potentiality)으로서의 유(有)는 사실 유라고 할 수 없고 무라고도 할 수 없는 '어떤 것'이다. 단순한 없음으로서의 무가 아니라 존재들의 가능성으로 충만한 무로서, 『도덕경』에서 말하는 태초의 혼돈 또는 무와 유사하다.

물질적 창조력으로서의 하느님의 본성은 모든 피조물의 유한성과 허무성의 원천이며 세계 내에 발생하는 일시적 혼돈과 무질서와 우연성의 근원이다. 원초적 무와 혼돈이 하느님의 물질적 창조력이라면, '무로부터의 창조'는 하느님 자신으로부터의 창조이기 때문에 자연계의 일시적 무질서 역시 하느님이 지닌 본성의 한 측면에서 오는 불가피한 현상이다. 하느님은 우주의 질서와 무질서, 아름다움과 혼란스러움 모두의 궁극적 원천이다. 로고스 하느님은 혼돈 속 물질에 일정한 형태(form)와 본질(essence)들을 부여하는 사물들의 범주별 구별과 조화의 원리이며, 진화적 창조를 일정한 방향으로 인도하는 힘이다. 반면에 신의 물질적 창조력은 자연에 발생하는 일시적 무질서와 혼돈의 원천이다. 하느님은 유(有)와 무(無), 이(理)와 기(氣), 질료와 형상, 본질과 실존, 질서와 혼돈, 정신과 물질, 합리적 필연성과 비합리적 우연성, 객체와 주체, 사물과 인격 모두의 원천이며 귀착지다. 신은 우주만물의 알파와 오메가다.

위에 언급한 일련의 이항(二項, pair)적 개념의 쌍들은 모두 일자(一者) 하느님의 본성이 지닌 양면성(dipolarity)을 반영하며 동양사상의 음과 양처럼 상

---

70 라마누자의 신학에 대해서는 길희성, 『인도철학사』(민음사, 1984), 제18장(限定不二論的 베단타 철학)을 참고할 것.

호 보완적이다. 신은 이 양면을 포괄하는 실재로서, '아버지' 하느님이자 '어머니' 하느님이며 정신과 물질의 원천이다. 스피노자식으로 말하면, 이 둘은 유일 실체인 신의 두 속성 내지 양태다. 우리는 하느님(God)이라는 단어 외에 이 두 측면을 아우르는 실재를 가리키는 적합한 단어를 찾기 어렵다. 하느님을 태극(太極)이나 도(道)로 지칭할 수도 있겠지만, 태극의 경우는 기(氣)보다는 이(理)의 성격이 강하고, 도가의 도는 이보다 기(元氣)의 성격이 더 강하다. 힌두교의 브라만은 정신(Spirit)의 성격이 강하고 물질의 원천이기도 하지만, 만물의 질서와 인간 이성의 존재론적 원천인 로고스의 성격이 약하다는 문제점을 가지고 있다. 반면에 우리는 헤겔(Hegel)처럼 신을 정신(Geist, Spirit)이라고 부를 수도 있지만, 인간의 이성과 논리를 절대화하고 물질의 세계를 정신의 자기 소외로 보는 설득력 없는 사변적 이론 등이 문제다.

여하튼 모든 존재의 근원이며 귀착지인 하느님은 위에서 언급한 일련의 이항적 구별이나 대립 이전 혹은 이후의 궁극적 실재로서, 무어라 규정하기 어려운 '존재 아닌 존재', 굳이 말하자면 일자(一者) 혹은 '하나'(unum)라고 부를 수밖에 없는 실재다. 숫자로서의 하나가 아니라 모든 숫자의 근원이 되는 하나이며[71] 모든 것이 사라져 버린 심연(abyss)이지만 동시에 모든 것을 가능성으로 담고 있는 원천이다.

위와 같은 신관과 창조론은 악의 문제와 관련하여 중대한 의미를 지닌다. 피조물의 유한성과 무상성이라는 이른바 형이상학적 악, 창조 세계의 질서 속에 발생하는 일시적 혼돈과 무질서가 신의 원초적인 물질적 본성에서 온다고 보기 때문이다. 그러나 우리는 동시에 신의 물질적 창조력이 자연계에 끊임없이 새로운 것을 출현시킴으로써 창발적 진화를 가능하게 하는 우연

---

71 Paul Tillich, *A History of Christian Thought*, 51. 신플라톤주의의 강한 영향을 받은 에크하르트 신비주의의 하나(unum) 개념에 대해서 길희성, 『마이스터 엑카르트의 영성사상』(왜관: 분도출판사, 2003), 75–92 참고.

성과 불확정성과 돌연변이를 가능하게 한다는 사실, 그리고 도덕적 선과 악을 가능하게 하는 전제조건인 인간의 자유가 움직일 수 있는 '공간'의 존재론적 근거이기도 하다는 사실을 인식할 필요가 있다. 이 모든 것이 하느님의 역동적인 물질적 창조력에서 온다. 특히 자연의 일시적 혼돈, 무질서가 하느님의 원초적인 물질적 창조력에서 오며 자연이 균형을 잡아가는 과정의 일환이라는 점을 감안할 때, 자연악은 우리가 무조건 긍정하고 품어야 할 선일 수밖에 없다.

플라톤주의의 영향 아래 정신을 우위에 두고 물질을 폄하해 온 신학, 부정할 수 없는 끔찍한 자연악의 비극이 그치지 않는 세계를 목격하면서도 신의 선과 사랑만을 외쳐온 신학은 이제 극복되어야만 한다. 그러기 위해서 우리는 우주만물의 궁극적 실재인 하느님을 물질과 정신, 선과 악을 아우르는 포괄적이고 전일적인 실재로 이해해야만 한다. 하느님 안에는 질서와 혼돈, 선과 악(자연악)의 힘이 공존하며, 진화적 창조는 이 두 힘의 상호 견제 아래 전개되는 과정이다.

원초적 무와 물질에 대한 논의를 계속해 보자. 플로티누스에 의하면 무는 모든 존재와 선의 근원인 일자(to hen, 一者)로부터 흘러나왔지만 일자와 가장 먼 대극점에 있다. 플라톤에서처럼 무는 아무런 형상도 취하기 전의 순수질료다. 일자로부터 흘러나오는 것은 일자에서 멀면 멀수록 존재와 선이 결핍되기 때문에, 무 혹은 순수 질료는 존재와 선의 극단적 결핍이다. 아무런 형태가 없기 때문에 구체적 모습을 지닌 적극적 실재는 아니지만, 그렇다고 아무것도 아닌 순전한 비존재도 아니다. 무는 말하자면 존재 아닌 존재다. 존재 자체이고 선 자체인 일자로부터 흘러나온 만물은 정도의 차이는 있지만 모두 일자의 존재와 선에 참여하며, 동시에 존재와 선의 극단적 결핍이자 그 대극인 무의 영향 아래 있기 때문에 유한한 존재들이다.

플로티누스 사상에서 선의 대극에 있는 무와 원초적 질료가 순전히 부정적 실재인지 아니면 어떤 적극성을 띤 원리인지는 논란이 있다.[72] 그가 물질 자체를 악으로 간주하지는 않았지만 물질을 부정적으로 보는 경향이 있음은 부인하기 어렵다. 하지만 그가 무·물질을 선의 극단적 결핍으로 간주하는 한, 무는 결코 독자적 실재일 수 없다. 무와 순수질료가 존재 자체이자 선 자체인 일자에 의존하고 있는 한, 결코 독자적인 악의 원리일 수 없기 때문이다. 이런 점에서 플로티누스는 결코 무·물질과 악을 동일시하지 않았다고 보아야 한다.[73] 사실 그는 말하기를 "무엇이든 그것이 할 수 있는 만큼 선에 참여하는 것을 어떤 것도 막을 수 없다. 이 진술은 물질에도 타당하다."고 한다.[74] 물질까지 포함해서 존재하는 것은 무엇이든 정도의 차이는 있지만 선 자체이며 존재 자체인 일자에 참여하고 있다는 말이다.

여하튼 나는 창조론에 관한 한 플로티누스의 일자와 하느님을 동일시하며,[75] 무로부터의 창조를 하느님 자신의 물질적 창조력으로부터의 유출로 이해한다. 하느님이 형상과 질료, 이와 기, 질서의 원리인 로고스와 물질적 창조력의 원천인 한, 이 둘은 모두 근본적으로 선하고 상보적이다. 무는 피조물이 지닌 유한성의 근거이고 자연계에 발생하는 무질서의 원천이라는 면에서 자연악의 형이상학적 원천이다. 하느님은 존재와 무, 선과 악, 필연성과 우연성, 질서와 무질서, 밝은 면과 어두운 면 모두를 아우르는 궁극적 실재다. 신의 물질적 창조력이 신의 본성의 일면인 무로서 피조물들의 형이

---

72 Hick, 40-43의 논의를 볼 것.

73 잉게는 플로티누스가 지키려 한 핵심적 진리 가운데 하나가 영지주의(Gnosticism)에 대항하여 세계의 통일성(unity)과 선(goodness)과 성스러움(sacredness)이라고 보면서 플로티누스 사상에 대한 이원론적 해석을 경계한다. R. Inge, *Mysticism in Religion* (London: Rider and Company, 1969), 138-58을 볼 것.

74 *The Essential Plotinus*, tr. Elmer O'Brien, S. J. (Indianapolis: Hackett Publishing Co., 1964), 68.

75 플로티누스 자신은 일자가 하느님이 아니라고 말한다. 이에 대한 논의로 John Macquarrie, *Two Worlds are Ours: An Introduction to Christian Mysticism* (Minneapolis: Fortress Press, 2005), 75-81를 참고할 것.

상학적 악(유한성)과 자연악의 원천인 한, 신은 선악의 대립을 초월하는 절대 선이라고 할 수 있다.

이런 점에서 우리는 융(Carl Jung)이 구약성서의 욥기를 해석하면서 도덕악 까지도 하느님의 일면으로 포함시키는 과감한 시도는 이해는 가지만 찬성 할 수는 없다.[76] 도덕악의 문제에 관한 한, 나는 악을 자유로운 존재인 인간 에 돌리는 성 아우구스티누스 이래의 전통적 입장을 따른다. 하지만 피조물 일반이 지니는 유한성이라는 형이상학적 악과 자연계에 발생하는 각종 재 해가 주는 고통이 아무리 크고 끔찍하다 해도, 신의 본성의 일면인 물질적 창조력에서 오는 것이지 신이 어떤 의도로 '허용'한 것이 아니기 때문에, 우 리는 담담하게 수용해야만 한다. 형이상학적 악과 자연악에도 불구하고 세 계와 인생은 존재하는 한 선이다. 더군다나 바로 이 무로 인해 물질계에 우 연성의 '공간'이 열려서 새로운 것들이 출현하는 창발적 진화가 가능하다는 사실, 그리고 그 결과 자유를 지닌 우리 같은 인간의 출현도 가능했다는 사 실을 감안할 때, 우리는 자연악까지 포함해서 존재하는 모든 것에 감사하는 절대긍정의 마음을 지니는 것이 마땅하다. 물질이든 자연악이든 선이 완전 히 결핍된 것은 아무것도 존재할 수 없기 때문이다.

창발적 진화를 가능하게 하는 우연성은 신의 로고스적 질서의 원리에 완 전히 종속되지 않는 신의 원초적인 물질적 창조력, 즉 무에 기인한다. 이 우 연성이 하느님의 로고스적 합리성에 의해 인도되면서 세계는 안정성을 지 니면서도 끊임없이 새로움을 창출하는 창발적 진화를 가능하게 만드는 것 이다.

---

76 Carl Jung, *Answer to Job* (Princeton: Princeton University Press, 1973. Bollingen Paperback Edition). 융은 악을 하느님의 '어두운 측면'(dark side)라고 부른다. 이에 대한 논의로, Wallace B. Clift, *Jung and Christianity: the Challenge of Reconciliation* (New York: The Crossroad Publishing Company, 1994), 129– 139(Evil as the "Dark Side" of God) 참고.

아우구스티누스는 사물의 무상성과 가변성은 하느님이 만물을 무에서 창조했기 때문이라고 한다. 모든 피조물은 무의 가능성 내지 그림자를 안고 있기 때문에 불안정하고 불완전하다는 것이다. 피조물은 하느님과 무 사이에서 일시적으로 존재를 유지하고 있다. 아우구스티누스는 특히 인간 존재의 불안정성을 강조한다. 인간도 무로부터 왔기 때문에 존재 자체인 하느님으로부터 떨어져 나갈 가능성을 안고 산다. 인간의 본성은 하느님으로부터 왔지만, 하느님으로부터 떨어져 나가는 것은 무로부터 창조되었기 때문이라고 아우구스티누스는 말한다.[77] 그는 여기서 인간의 악을 자유의지로 돌리는 견해에서 한 걸음 더 나아가, 도덕악의 존재론적 근거까지 암시하는 듯하다. 즉 무가 자유와 악의 존재론적 근거임을 암시하는 듯하다.

이런 맥락에서 우리는 러시아 철학자 베르쟈에프가 주장하는 '무적 자유'(meontic freedom)라는 개념에 주목할 필요가 있다. 그가 말하는 무는 아우구스티누스가 상정하는 단순한 무(nonbeing, ouk on)가 아니라 원초적 혼돈으로서의 무(mē on)다. 그에 따르면 인간의 자유는 하느님의 피조물이 아니다. 하느님은 인간을 자유로운 존재로 창조한 다음 인간이 이 자유를 오용했다는 이유로 ─ 모든 것을 아시는 하느님이 이를 예견했음에도 불구하고! ─ 가혹한 벌을 주는 무자비한 폭군 같은 존재가 아니다. 자유는 창조되지 않은(uncreated) 어떤 것이며 창조 이전, 즉 창조주 하느님과 인간의 구별 이전의 더 깊고 신비한 신성(Gottheit), 하느님의 '근저 아닌 근저'(Ungrund) 혹은 신적 무(Divine Nothing)에 근거한다.[78] 베르쟈에프는 이러한 자유를 '무적 자유'라고 부른다. 세계는 이 무적 자유로부터 창조되었기 때문에 하느님도 자신의

77 Hick, 46. 힉은 여기서 무가 플로티누스에서처럼 원초적 물질을 가리키는 것 같다고 지적한다.
78 Nicolai Berdyaev, *The Destiny of Man* (New York: Harper and Row, 1960), 25. 'Gottheit'는 Meister Eckhart, 'Ungrund'는 Jacob Böhme의 개념이다.

자유를 어찌 할 수 없고 인간의 자유도 어찌 할 수 없다.[79] 무가 자유의 존재론적 원천인 셈이다. 하느님은 인간의 본성은 창조했지만 이 근원적 자유를 창조한 것은 아니라고 베르쟈에프는 말한다.[80]

베르쟈에프의 무적 자유 개념에서 무와 자유가 구체적으로 어떻게 연결되는지는 명확하지 않지만, 나는 그가 말하는 신적 무가 하느님의 신성이나 '근저 아닌 근저'라기보다는 위에서 논한 하느님의 원초적인 물질적 창조력으로서의 무, 즉 원초적 혼돈이라고 본다. 따라서 나는 무적 자유도 하느님의 물질적 창조력 내지 원초적 혼돈에 근거한 자유, 즉 물질세계의 우연성과 불확정성이라는 존재론적 의미의 자유로 간주한다.

이 존재론적 자유(ontological freedom)는 인간의 인격적 자유(personal freedom)와 구별된다. 존재론적 자유로서의 무적 자유는 의식과 이성을 지닌 인간, 하느님의 모상으로 출현한 인간이 본래적 성품으로 가지고 있는 자유가 아니라, 이러한 자유가 행사될 수 있는 열린 '공간'을 제공해주는 물질계의 개방성, 우연성, 비결정성을 가리킨다. 이와 달리, 인격적 자유는 하느님의 모상으로 출현한 인간의 본성적 자유이며, 신의 물질적 창조력보다는 신의 로고스적 측면이 더 강하다. 그러나 물론 이 인격적 자유도 신의 진화적 창조의 산물인 한, 그의 물질적 창조력을 기반으로 해서 생긴 존재론적 자유의 공간을 배경으로 해서 출현한다.

나는 한 걸음 더 나아가서, 신의 물질적 창조력으로서의 무가 인간의 자유로운 행위뿐 아니라 인격적 실재인 신 자신의 자유의 '공간'이라고 본다. 자유로운 인간을 창조하신 하느님도 비록 유비적 의미지만 당연히 자유로운 인격성을 지닌다. 따라서 하느님의 자유도 인간의 자유와 유사하게 물질

79 같은 곳.
80 같은 곳. 27.

적 창조력이라는 그의 본성에서 오는 자유의 공간에서 행사된다. 원초적인 물질적 창조력의 무와 혼돈은 인간의 자유뿐 아니라 하느님 자신의 자유의 기반이다. 원초적 혼돈에서 출현하여 지속적으로 그 영향 아래 있는 세계는 결코 한 치의 오차도 없이 작동하는 물리적 인과관계나 로고스적 질서가 철저히 지배하는 결정론적 체계가 아니라, 하느님과 인간의 상호작용이 가능한 '여백'을 지닌 열린 세계다. 물질적 창조력이 하느님 자신의 속성인 한, 하느님은 본래부터 자신의 성품 안에 자기 자신과 인간의 자유로운 활동의 공간을 가지고 있다.

하지만 나는 하느님의 자유도 인간의 자유와 마찬가지로 무제약적이지 않고 자신의 로고스적 본성의 제약 아래 행사된다고 본다. 나는 이런 점에서 흔히 사람들이 말하는 '무소불위'의 하느님, 절대적이고 무제약적인 권능(potentia absoluta)을 행사하는 자의적 신을 인정하지 않는다. 하느님의 본성과 자유의 관계를 인간의 본성과 자유의 관계에 비추어 말한다면, 인간의 자유가 그의 본성을 어기지 않듯이 하느님의 자유도 그의 로고스적 본성을 어기지 않으며, 인간의 본성이 그의 자유를 구속하지 않듯이 신의 로고스적 본성도 그의 자유를 구속하지 않는다. 신이든 인간이든 자유는 본성의 일면이며 항시 본성과 같이 간다.

여하튼 신적 무와 원초적 물질에서 유래하는 유한한 존재들은 허무의 위협을 안고 존재한다. 신은 자신의 물질적 창조력을 자신의 로고스로 제어하고 인도하면서 만물의 창발적 진화 과정을 주도한다. 만물의 무상성이 신적 무에서 왔으며 세계에 존재하는 우연성과 불확정성과 일시적 무질서, 그리고 인간과 하느님의 자유가 움직일 수 있는 '공간'도 이 세계가 신적 무에서 왔기 때문에 가능하다.

신학자 칼 바르트는 혼돈으로부터 아름답고 선한 질서의 세계를 창조하는 하느님의 행위는 필연적으로 그것이 상대하는 대칭적 실재로서 혼돈을 존재하게 한다고 말한다. 바르트에 의하면, 이 상대적 실재는 따라서 적극적(positive) 실재가 아니라 부정적(negative) 실재다. 혼돈은 하느님이 선택한 선과 존재가 아니라 선을 선택함으로써 배제된 악이며 존재 아닌 존재라는 것이다. 혼돈은 하느님이 원해서 존재하는 것이 아니라 원치 않음으로 인해 배제된 부정적 실재이며, 창조가 하느님의 바른 손이 하는 일이라면 이 배제된 악은 하느님의 '왼손이 하는 일'(opus alienum)이라고 바르트는 말한다. 바르트는 그것을 '허무적인 것'(das Nichtige)이라고 부르며, 창세기 1장에 나오는 흑암의 혼돈이 이를 가리킨다고 말한다.[81] 그러나 이 허무의 힘은 결코 하느님의 맞수가 될 수 없으며, 예수 그리스도의 십자가와 부활을 통해 이미 결정적으로 무력화되었지만 세계의 종말이 올 때까지 여전히 하느님에 대해 적대적 힘을 발휘한다고 바르트는 말한다. 이 허무적인 것의 힘은 구체적으로 인간의 죄의 형태로 나타나고 죄를 수반하는 고통과 악을 만들어 낸다. 그리고 자연에서 발생하는 고통이나 죽음을 피조물의 자연스러운 현상 이상의 '악'으로 경험하게 만든다.

바르트는 이 부정적 실재인 '허무적인 것'의 정체를 명확히 밝히고 있지는 않다. 그것이 하느님과 이원론적 대립을 구성할 정도의 근원적 실재는 아니지만, 그렇다고 하느님이 어떤 선을 이루기 위해 의도적으로 허락한 것도 아니다. 나는 그것이 하느님 자신의 물질적 창조력이라고 생각하며, 따라서 근본적으로 선하다고 생각한다. 신적 무는 피조물의 유한성이라는 형이상학적 악과 자연의 일시적 무질서에서 오는 자연악의 근원으로서 창조의 불가피한 측면이지만, 동시에 피조물의 우연성과 자유의 원천이기도 하다. 무

---

81 바르트의 이 개념에 대해서는 Hick, *Evil and the God of Love*, 126–44에 의거했다.

가 창조의 필연적 측면이라는 점에서는 바르트와 견해를 같이하지만, 신적 무가 하느님의 창조 행위가 배제한 어떤 부정적 힘이 아니라 오히려 하느님 자신의 물질적 창조력이라는 점에서는 근본적으로 다르다. 무는 자연계의 창발적 진화와 인간과 하느님 자신의 자유로운 행위를 가능하게 하는 원천이기 때문이다.

틸리히는 무(無, Nichts)를 존재 자체인 하느님 자신에 두는 '변증법적 무' 또는 '변증법적 부정성'에 주목하고 있다:

> 만약 하느님이 살아 계신 하느님으로 불린다면, 만약 그가 생명의 창조적 과정들의 근거이고 역사가 그에게 의미 있는 것이라면, 그리고 악과 죄를 설명할 수 있는 어떤 부정적 원리가 하느님과 별도로 존재하는 것이 아니라면, 우리가 어떻게 하느님 자신의 변증법적 부정성을 상정하지 않을 수 있겠는가? 이러한 의문들이 신학자들로 하여금 무를 변증법적으로 존재 자체, 따라서 하느님과 관계시키도록 만든 것이다. 야콥 뵈메의 근저 아닌 근저(Ungrund), 셸링의 '최초의 힘'(first potency), 헤겔의 '반명제'(antithesis), 최근의 유신론에서 말하는 '우연적인 것'과 '주어진 것', 베르쟈에프의 '무적 자유'(meontic freedom) ─ 이 모든 것이 그리스도교 신론에서 변증법적 무가 행사하는 문제에 대한 예들이다.[82]

무를 하느님이 배제한 어떤 것이 아니라 하느님 안에 내재하며 하느님을 역동적 실재로 만드는 어떤 것이라는 점에서 우리의 견해에 가깝다. 그러나 나는 무를 '악과 죄'를 설명하는 부정적 원리로만 간주하지는 않는다.[83] 틸리

---

82 Systematic Theology, vol. One, 188-89.
83 무로부터의 창조 개념과 무에 대한 틸리히의 논의는 위의 책, 179-80, 186-89를 볼 것.

히 자신이 인정하는 대로, 이 부정적 원리가 하느님 자신에 내재하는 한, 그리고 그것이 하느님의 물질적 창조력으로서 창발적 진화를 가능하게 하는 한, 우리는 무를 틸리히가 생각하는 것보다 훨씬 더 긍정적으로 보아야 한다. 무는 결코 하느님과 이원적 대립을 형성하는 별도의 존재론적 원리가 아니라 하느님의 진화적 창조에 필수적인 힘이다. 하느님은 부단히 자신에 본성으로 내재하는 이 힘과 상대하면서 피조물을 창조하고 보존하고 섭리한다.[84]

틸리히는 신정론의 문제에 대한 '최종적인 답'을 창조의 근거·근원인 하느님에서 찾으면서 피조물의 무와 부정성을 '존재 자체로서의 하느님'(God as being-itself)이 아니라 '창조적 생명으로서의 하느님'(God as creative life)께 돌린다. 존재 자체로서의 하느님은 무를 완전히 초월하지만, 창조적 생명으로서의 하느님은 자신 안에 유한한 것들과 무를 포괄하며, 무가 신적 생명의 무한성 속에서 영원히 극복되고 유한한 것들이 재결합된다고 한다.[85] 그러나 나는 존재 자체로서의 하느님과 창조적 생명으로서의 하느님을 구별하지 않는다.[86] 하느님은 존재 자체, 생명 자체이며 존재와 생명의 무한한 힘이다. 존재와 힘이 동일하다. 신적 무와 원초적 물질과 태초의 혼돈은 이 역동적 하느님이 지닌 본성적 측면이며, 그의 또 다른 측면인 로고스와 함께 세계를 창조하고 유지하고 변화시켜 나가는 근원적 힘이다.

그렇다면 자연계의 일시적 무질서와 같은 자연악은 하느님이 어떤 목적을 위해 의도적으로 '허용'하는 것이 아니라 그의 본성인 물질적 창조력에

---

84 Schilling, 235-48 참고. 쉴링은 여기서 쉘링(F. Schelling), 베르쟈에프(N. Berdyaev), 차노프(R. A. Tsanoff), 브라이트만(S. Brightman), 베르토치(P. A. Bertocci) 등의 신관을 다루고 있다.
85 *Systematic Theology*, vol. One, 270.
86 나에게는 '존재 그 자체'라는 말도 '창조적 생명'과 마찬가지로 우리 인간의 인식을 초월하는 신 자체를 표현하는 말이 아니라—틸리히는 '존재 그 자체'(Being-itself)는 신에 대한 유일한 비상징적 표현이라고 한다—우리가 세계에 대해 사용하고 있는 언어에 준한 하나의 고차적인 유비(an analogy)일 뿐이다.

기인하는 불가피한 현상이다. 우리는 단지 이러한 사실을 하느님과 세계의 근본적이고 본래적인 모습으로 인식하고 수용해야만 한다. 이 물질적 창조력은 피조물에 영향을 줄 뿐 아니라 하느님 자신도 끊임없이 변하는 역동적 실재로 만든다. 만약 하느님이 변화와 운동을 모르는 부동의 실체, 끝없이 동일성만 유지하는 정적 실재라면, 그는 끊임없이 변하면서 새로운 것을 출현시키는 진화적 창조의 하느님이 아닐 것이다. 하느님의 창조적 역동성은 자신이 지닌 본성의 일면인 물질적 창조력, 즉 무 또는 원초적 혼돈의 힘에서 온다.

신적 무로 인해 출현한 피조물들은 항시 죽음의 그림자와 함께 존재하며, 세계는 신뢰할만한 질서에도 불구하고 종종 뭇 생명에 엄청난 고통을 안겨주는 무질서가 발생하며 하느님은 때때로 무섭고 끔찍한 얼굴로 우리에게 나타난다. 하지만 바로 이 원초적 혼돈의 힘이 다른 한편으로는 피조물들의 창발적 진화를 가능하게 하며 세계를 그토록 창조적이고 생산적이고 아름답게 만들기도 한다. 이러한 생산성이 결국 인간의 출현으로 귀결된 것이다. 피조물 가운데 로고스적 의식을 지닌 인간만이 자신의 피조성과 유한성을 자각하고 허무의 위협을 느끼며 불안한 삶을 산다. 그러나 바로 이러한 인간 존재의 특성이 인간으로 하여금 자기 존재의 뿌리인 '무한한 존재의 힘'을 갈망하게 만들고, 하느님을 향한 신앙에서 오는 '존재의 용기'로 삶을 긍정하며 살게 하는 것이다.[87]

현대신학에서 무로부터의 창조에 대해 가장 독특한 해석을 시도한 사람은 몰트만이다.[88] 그는 16세기 유대교 사상가 루리아(Isaak Luria)의 '침

---

87 'The infinite power of being,' 'the infinite ground of courage.' 같은 책, 64.
88 Jürgen Moltmann, *Trinität und Reich Gottes*, 123–27; *Gott in Schöpfung: Ökologische Schöpfungslehre*, 98–105.

줌'(zimzum) 개념을 차용하여 창조를 하느님의 자기 밖을 향한 행위(opera ad extra)이기 전에 먼저 자기 자신에 가하는 자기 제한(Selbstbeschränkung) 또는 자기 비움(kenosis)이라고 본다. 창조는 무한하고 무소부재한 하느님이 자신을 비워 피조물들을 위한 '자리' 내지 '공간'을 내어줌으로써 가능하게 되었다는 것이다. 무(nihil)는 무한한 하느님이 시간과 공간을 비롯하여 유한한 사물들을 창조하기 위해 자신의 현존을 스스로 거둠으로 인해 열리게 된 원초적 공간과도 같다:

> 무한하신 하느님은 세계를 자기 '밖에서' 창조하기 위해서 먼저 자신 안에 유한을 위한 공간을 비워 놓아야만 한다. 하느님이 자기 자신 속으로 퇴거함으로써 비로소 그 안으로 창조의 행위를 할 수 있는 공간을 열 수 있는 것이다.[89]

무는 하느님의 부재(Nichtsein)를 뜻하지만, 이 부재는 창조를 위해 하느님 자신이 만든 빈 공간이며, 하느님의 창조가 스스로 비워 놓은 이 공간 '안에서' 이루어진다는 것이다. 창조는 무의 공간을 피조물로 채우지만, 모든 피조물은 불가피하게 무의 영향 아래 놓인다. 하느님의 창조 행위도 스스로 자리를 비워준 무를 상대하고 제어하는 가운데 이루어지기 때문에 무의 제약을 받는다. 무의 완전한 제어는 창조의 미래, 즉 종말(eschaton)에 속한다고 몰트만은 말한다. 종말은 하느님이 무로부터 피조물을 몰아내고 다시 그 자리를 차지하는 것이 아니라, 하느님이 그의 영(Geist)으로 피조물 가운데 내주하는(Einwohnung) 세계의 영광스러운 변화(Verklärung)다. 종말은 하느님이 '모든 것 안에 모든 것'(alles in allem)이 되는 만물의 구원이고 우주의 구원이

---

89 Moltmann, *Gott in der Schöpfung*, 99.

며, 하느님이 그의 '집'에 편안히 거하는 안식이다.[90]

　나는 창조가 무의 제약 아래 이루어진다는 몰트만의 견해와 창조의 완성을 향한 그의 종말론적 희망은 공유하지만, 무는 하느님 자신의 물질적 창조력이기 때문에 하느님의 자기 부정으로 생긴 피조물을 위한 공간이라는 몰트만의 의인적(擬人的)이고 사변적인 해석에는 동의할 수 없다. 무를 단지 부정적으로만 보지 않고 하느님 자신의 창조행위와 연결시키는 몰트만의 통찰은 탁월하지만, 나는 창조가 하느님의 본성적 필연이라는 점에서 '자기 비움'과 '자기 제한'이라는 '인격적' 표현을 거부한다. 창조는 하느님의 자발적 의지의 행위가 아니라 물질적 창조력이라는 그의 자연스러운 본성의 발로기 때문이다. 어머니 하느님은 인간 어머니들이 자궁이라는 자식을 위한 내적 공간을 본래적으로 품고 있듯이, 자기 자신 안에 이미 창조세계를 위한 무한한 무의 공간인 물질적 창조력을 가지고 있으며, 이를 통해서 끊임없이 피조물들을 산출한다. 이렇게 하느님으로부터 출현한 유한한 피조물들은 지속적으로 하느님께 의존하며, 하느님도 자기 자식과도 같은 피조물들을 지속적으로 품고 키우고 인도한다.

　창조는 따라서 신의 무적 본성 '안'에서 이루어지는 것이며, 세계 역시 신을 떠나 신 '밖에' 존재하지 않고 지속적으로 신과의 관계 속에 존재한다. 신은 무한하기 때문에 어떤 유한도 무한 '밖'에 있을 수 없다. 유출로 이해되는 창조에서는 무한과 유한이 결코 배타적일 수 없다. 무한은 유한을 품고 감싸며, 유한은 무한 안에서 존재와 생명을 유지한다. 피조물은 하느님과 존재론적인 의미에서 차원이 다르다는 점에서는 여전히 하느님 '밖에' 있다고 할 수 있지만, 하느님 '밖의' 피조물도 여전히 존재의 원천인 하느님을 떠나

90　같은 책, 98-101.

서는 존재할 수 없고 언제나 그 안에 머문다.

사실 무소부재의 무한한 하느님에 '안'이니 '밖'이니 하는 것이 존재할 수도 없다. 그런 표현들은 어디까지나 하느님과 세계와의 관계를 이해하기 위한 하나의 공간적 메타포에 지나지 않는다. 이 메타포가 나타내고자 하는 진리는 무한과 유한, 하느님과 세계가 구별은 되지만 불가분적 관계를 지닌다는 것이며, 하느님은 언제나 세계 안에 있으면서도 동시에 세계를 감싸고 초월하며, 세계 또한 언제나 하느님께 의존하고 하느님 안에 있다. 최근 신학계에서 많이 거론되는 범재신론(panentheism)에 가까운 신관이고 세계관이다. 마이스터 에크하르트는 이러한 신과 인간의 관계를 피조물들은 항상 하느님을 '먹고' 살면서도 항상 하느님을 '배고파'한다고 멋지게 표현한다:

> 신은 존재 [자체]이기 때문에 만물의 가장 안에 있으며, 모든 존재는 따라서 신을 먹고산다. 신은 또 가장 밖에 있다. 왜냐하면 모든 것을 초월하며 따라서 모든 것 밖에 있기 때문이다. 만물은 신을 먹고산다. 신은 가장 안에 있기 때문이다. 만물은 신에 굶주려 있다. 신은 가장 밖에 있기 때문이다. 모든 것 안에 있기 때문에 모든 것은 신을 먹고산다. 모든 것 밖에 있기 때문에 모든 것은 신에 굶주려 있다.[91]

몰트만은 이러한 범재신론의 진리가 세계의 종말에 가서야 실현된다고 본다. 하느님이 만물 안에 완전히 내주함으로써 만물이 하느님의 빛과 영광으로 가득 차고 하느님이 '모든 것 안에 모든 것'이 되는 것이다. 나도 물론 하느님과 세계와의 관계가 종말의 변화된 세계에서 막힘과 소외 없어 완전

---

91 길희성, 『마이스터 엑카르트의 영성사상』, 69–70.

히 이루어질 날을 희망으로 간직하지만, 볼 수 있는 눈을 가진 자들에게는 악으로 왜곡되고 더럽혀진 현재 세계에도 하느님은 숨어계시고 세계 역시 존재 자체인 하느님 안에서 "살고 움직이고 존재한다."

몰트만 자신은 언급하지 않지만, 참고로 우리는 유대교 신비주의(Kabbalah) 사상에서 발견되는 또 하나의 관념을 차용하여 창조 개념을 현대 우주물리학의 빅뱅(Big Bang) 이론과 연계시켜 이해할 수도 있다. 유대교 신비주의의 창조론에 의하면, 무한한 실재(Ein Sof)가 스스로를 제한하고 압축시킴으로써 하나의 미세한 점과 같이 되어 폭발한 후—그 이유는 알 수 없지만—만물이 여러 단계를 거쳐 전개되어 나오면서 세계를 형성하게 되었다고 한다. 빅뱅 이론과 매우 흡사하다. 무한자가 스스로를 한 점으로 압축하고 비워서 생긴 무의 공간에서 대폭발을 통해 창조가 이루어진 셈이다.[92]

나는 이미 이 '무의 공간'이 신의 자기 비움의 결과가 아니라 신적 무, 즉 신의 원초적인 물질적 창조력이라는 것을 말했다. 우리가 이러한 견해를 빅뱅 이론과 연계하여 유출식 창조에 적용한다면, 우리는 극히 사변적이지만 다음과 같이 생각해 볼 수도 있을 것 같다. 빅뱅은 곧 신 자신이 지닌 본성의 한 축인 '원초적인 물질적 창조력'이 고도로 압축된 상태에서 대폭발을 통해 세계를 산출하기 시작한 최초의 순간이 아닐까 하는 것이다. 다시 말해, 빅뱅은 신이 만물을 출산하는 방식일지도 모른다는 이야기다. 물론 신의 영원한 로고스도 우주가 시작하는 이 특이점에 이미 개입되어 있었을 것이다. 그렇지 않다면 빅뱅과 더불어 작용하기 시작한 우주의 법칙들이 도대체 어디서 왔는지 이해하기 어렵기 때문이다. 빅뱅이 제아무리 특이한(singular) 사건이라 해도, 어디까지나 로고스의 제약과 인도 아래 발생한다. 이런 점에

---

92 이에 관해서는 구약성서 학자 Richard Elliott Friedmann, "Big Bang and Kabbalah," in *The Hidden Face of God* (New York: HarperSanFrancisco, 1995)을 볼 것.

서 우리는 우주물리학자 스티븐 와인버그가 그의 책을 끝맺으면서 하는 말에 동의하지 않아도 될 것이다: "우주가 이해할 수 있을 것 같이 보이면 보일수록, 우주는 또 맹목적인 것처럼 보인다."[93]

우리가 사는 세계는 철저히 과학적 인과성이 지배하는 결정론적 체계가 아니고 전지전능한 하느님이 빈틈 없이 짜놓은 프로그램에 따라 움직이거나 또는 그의 본성의 필연적 전개에 따라 한 치의 오차도 없이 진행되는 또 다른 결정론적 세계도 아니다. 하느님은 모든 것을 미리 다 알고 계획하여 모든 것을 완벽하게 지배하는 우주의 전제군주가 아니며, 나는 그런 신이 존재한다고 생각할 수 없으며, 존재한다 해도 믿고 싶은 마음이 없다. 창조는 하느님의 본성에 따른 자연스러운 현상이지 계획과 의도에 의한 것이 아니며, 피조물의 세계도 하느님이 모든 것을 철저하게 장악하고 통제하는 곳이 아니라 피조물들의 능동성이 가능하고 자유를 지닌 인간이 신과 힘을 공유하는 곳이다. 인간뿐 아니라 모든 피조물이 새로운 미래를 창출하는 자발적 능동성이 가능한 곳이다.[94] 완벽하게 닫힌 세계는 존재하지 않는다. 로고스적 본성과 물질적 창조력을 본성으로 지닌 하느님으로부터 흘러나온 세계는 결코 그런 세계가 아니다.

---

93 Steven Weinberg, *The First Three Minutes* (New York: Basic Books, 1997): "The more the universe seem comprehensible, the more it also seems pointless."

94 폴킹혼은 인간의 자유를 비롯한 피조물들의 능동성을 하느님의 창조 행위와 마찬가지로 그의 자발적인 '전능성의 자기 제한' 혹은 '전능성의 자기 비움'(kenosis of omnipotence)의 결과로 간주한다. John Polkinghorne, *Science and Creation*, 74–77; *Faith, Science & Understanding* (New Haven: Yale University Press, 2000), 126–27. John Haught, *God after Darwin: A Theology of Evolution* (Boulder, Colorado: Westview Press, 2000)의 진화론적 신관도 같은 관점에 서 있다. 이러한 견해는 앞에서 논한 몰트만의 창조론에 영향을 받고 있다. 둘 다 전통적인 인격적 하느님의 전능성 개념을 전제로 하여 세계를 창조하고 섭리하는 하느님의 자발적인 자기 비움과 자기 제한의 겸비와 사랑을 말하고 있다. 나는 물론 하느님의 진화적 창조가 하느님의 선택적 의지의 산물이 아니라 본성에 따른 '자연적' 결과라고 생각하기 때문에, 이러한 견해들과는 근본적으로 시각을 달리한다.

7. 악과 신의 섭리의 문제

악은 자연에서 때때로 발생하는 재앙이 가져다주는 고통인 자연악(natural evil)과, 인간이 행하는 악행인 도덕악(moral evil)으로 구별된다. 우리는 앞에서 자연악이 어디서 오는지에 대해 중점적으로 고찰했지만, 이번에는 악의 문제를 좀 더 본격적으로 하느님의 선과 섭리의 문제와 연계시키면서 생각해 보고자 한다.

악이 하느님 자신이 창조한 것이 아닌 한, 우리는 악이 선의 결핍(privatio boni)이라는 아우구스티누스 이래의 견해에 동의할 수밖에 없다. 적어도 악이 그 자체의 독자적 실체성을 가진 것이 아니라는 뜻에서 그렇다. 어둠이 빛에 의존하고 — 빛의 입자(광자, photon)는 있지만 암흑의 입자는 없다! — 거짓이 참에 의존하듯, 악은 창조의 질서에 본래적인 것이 아니라 선에 의존하는 부차적이고 비본래적인 것이라는 말이다. 비록 자연악이 신적 무, 즉 그의 로고스에 의해 완벽하게 통제되지 않는 신의 원초적인 물질적 창조력에 기인한다 해도, 우리는 신의 물질적 창조력은 물론이고 물질 자체를 결코 악으로 간주해서는 안 된다. 우리들 자신을 비롯해서 우주만물이 그것으로부터 왔기 때문이다. 신의 본성은 물론이고 이 본성에서 출현하는 것 가운데 그 자체로 악한 것은 하나도 없다. 물질은 결코 악이 아니고 환상은 더욱 아니다.

우리가 성 아우구스티누스의 사상적 여정에서 주목할 점 가운데 하나는, 그가 그리스도교로 개종하기 전에 9년 동안이나 물질과 정신을 이원적으로 보고 물질을 악의 근원으로 간주하는 마니(Mani)교의 추종자였다는 사실이다. 그러나 회심과 함께 그는 그리스도교의 창조론에 따라 물질 자체를 악의 기원으로 보는 마니교의 가르침을 버렸다. 무로부터의 창조를 말하는 그리스도교의 전통적 창조론이든 일원론적 형이상학의 유출설이든, 존재하는 모든 것은 물질을 포함하여 존재와 선의 원천인 신으로부터 온다는 점에서 근본적으로 선하다. "만물의 본성은 선하다."는 아우구스티누스의 말은 이런 진리를 말하고 있다. 현대의 환경생태 운동에서 즐겨 사용하는 개념으로 말한다면, 만물은 각기 고유의 선, 즉 본유적 가치(intrinsic value)를 가지고 있다는 말이다. 신은 만물이 범주별로 추구하고 실현하고자 하는 고유의 선과 행복의 원천이고 토대다. 악의 문제를 고찰할 때 우리는 일단 위와 같은 근본적 사실에 대한 인식으로부터 출발해야 할 것이다.

우리는 이러한 만물의 근본적 선에 대한 통찰을 넘어, 자연악이든 도덕악이든 악의 존재는 창조세계의 구조와 성격상 본질적인 문제가 되지 않는다는 사실에 우선 유의할 필요가 있다. 자연악의 경우, 우리는 고통과 즐거움이 동전의 양면처럼 항시 같이 간다는 사실에 주목해야 한다. 고통이 없으면 즐거움도 없다. 항시 날씨가 좋은 곳에서는 날씨가 좋다는 것을 실감하지도 못하고 별 의미도 없다. 그렇다고 우리는 고통과 즐거움을 느낄 수 있는 생명체가 아예 존재하지 않는 세계가 우리가 사는 세계보다 더 좋다고 말할 수 있을까? 그런 세계는 이 방대한 우주에 얼마든지 있다!

문제는 우리가 감당하기 어려운 아주 극심한 자연악의 경우다. 수만 명의 목숨을 대번에 앗아가는 끔찍한 천재지변이나 전염병 같은 것이다. 이런 현상을 목격하면서, 우리는 세계가 선하신 하느님의 창조라는 것—혹은 선하신 하느님으로부터 온 것이라는 사실—을 납득하기 어려울 때가 많다. 하지만 지진이나 홍수 같은 것도 결국은 자연이 균형을 찾아가는 과정의 일환이기에 일시적으로 고통스럽기는 하지만 불가피한 것으로 받아들일 수밖에 없다. 이 점에서 우리는 자연악은 더 이상 '악'으로 간주하지 말아야 할지도 모른다.

자유로운 존재인 인간이 저지르는 도덕악은 물론 자연악과 문제가 다르다. 그러나 우리는 여기서도 인간에게 악을 행할 수 있는 자유가 없다면 선도 행할 수 없다는 근본적인 사실을 먼저 인식할 필요가 있다. 자유가 없으면 악도 선도 성립되지 않는다. 우리가 동물이나 갓난아이를 두고 선악을 논하지 않는 이유가 여기에 있다. 선행은 악행을 할 수 있는 자유가 있는 경우에만 선행이 되며, 악행 역시 선을 행할 수 있는 자유가 있는 경우에만 책임을 물을 수 있는 악행이 된다. 도덕은 자유를 전제로 한다. 강요된 선은 선이 아니며, 강요된 악도 악이 아니다. 이렇게 보면, 악행은 인간의 자유가 치러야 할 대가와도 같다.

그럼에도 인간의 자유가 치러야 할 대가가 때로는 너무나 크고 가혹하기에, 우리는 자유가 정말 그럴 만한 가치가 있는지 묻게 된다. 자유와 함께 가는 도덕악의 문제가 그만큼 심각하기 때문이다. 하지만 그렇다고 우리는 하느님이 왜 인간을 자유로운 존재로 창조했냐고 묻고 항의라도 해야 할 것인가? 이것은 하느님이 왜 인간을 인간으로 창조했냐는 물음과 마찬가지다. 자유가 없으면 선이든 악이든 도덕 자체가 성립되지 않는다. 또 같은 맥락에서, 우리는 하느님이 인간으로 하여금 선만 행하고 악은 행하지 못하도록 인간을 창조하실 수는 없었는지 묻고 싶은 유혹을 느낄 때도 있다. 하지만 이것 역시 '전능하신' 하느님으로서도 불가능한 일이다. 악을 행할 수 없게 하면, 혹은 악을 행할 수 있는 자유가 없다면, 선도 불가능하기 때문이다. 그렇다고 우리는 자유로운 존재인 인간이 아예 없는 세계가 우리가 사는 세계보다 더 좋은 세계라고 말할 수 있을까?

자유가 없다면 인간은 하느님을 자발적으로 사랑할 수도 없다. 오직 강요된 사랑만 있을 것이며, 그런 것은 진정한 사랑이 아니다. 우리도 자식으로부터 자발적 효도를 바라지 않는가? 강요된 효도는 마음에서부터 나오는 진정한 효도가 아니기 때문이다. 한 걸음 더 나아가서, 우리는 선이 항상 보상을 받고 악이 항상 징벌을 받는 세상을 가상해 볼 수도 있지만, 그런 세계에서도 순수한 도덕은 불가능하게 된다. 보상을 바라는 선, 징벌이 두려워서 피하는 악만 존재할 것이기 때문이다. 우리는 또 자연재해가 자연이 스스로 균형을 잡아가는 과정에 필연적 현상임을 알아도, 그 고통이 너무나 크고 끔찍하기 때문에 전지전능하신 신이 그러한 불행을 없애주기를 바란다. 아니면, 적어도 신이 선인과 악인을 구별해서, 또는 선과 악에 비례해서 고통을 경험하게 할 수는 없는지, 이런저런 생각을 하게 된다. 하지만 다 상상일 뿐이다. 만약 그렇게 된다면, 그런 세계에서는 도덕적 행위가 오직 벌에 대한 두려움 때문에 행해질 뿐이고 자발적인 순수한 덕행은 불가능하게 될 것이다.

악의 문제의 상당 부분은 하느님이 모든 것을 미리 알고 섭리하며 무엇이든 마음만 먹으면 할 수 있는 '전지전능한' 존재라는 전통적 신관에서 온다. 특히 신의 섭리가 세계 전체를 위할 뿐 아니라 개인들이나 집단들의 운명을 일일이 관장하는 하느님이라는 신관에서 온다. 이러한 신을 믿는 신앙인들은 감당하기 어려운 악을 경험하게 되면 자연히 신을 원망하거나 항의하기도 하며 절망도 한다. 전지전능한 하느님은 우리가 무슨 궤변을 동원해서 변호한다 해도 악에 대해 궁극적으로 책임을 면할 수 없다.

이런 점에서 나는 악의 문제에 대해 첫째, 신의 전지전능성의 개념을 대폭 수정하는 길을 따른다. 둘째, 우리가 이미 본 대로, 자연악은 신이 무슨 이유로 '허용'하는 것이 아니라 신의 본성인 신적 무에서 오는 필연적 현상이라는 점에서 신의 책임 같은 것을 물을 수 없다. 셋째, 나는 세계 전체를 위한 신의 일반섭리(general providence)를 믿으며, 진화적 창조 자체가 신의 일반섭리임을 믿는다. 넷째, 나는 이와 관련하여 신의 섭리를 신의 '행위'와 연결시켜 보는 것에 대해 부정적이다. 악이 만약 신의 자유로운 행위에 의해 허용되는 것이라면, 무슨 궤변을 동원해도 신의 책임은 궁극적으로 피할 길이 없다고 생각하기 때문이다. 나는 그런 '잔인한' 신을 믿을 수 없다. 나는 신의 인격성을 제한된 범위 내에서 수용하지만, 신이 우리 인간들처럼 어떤 사건을 의도나 목적을 가지고 행한다는 통상적인 생각은 부정한다. 다섯째, 우리가 굳이 신의 행위를 논한다면, 나는 그것을 신의 일반섭리와 동일시하며, 특정 개인이나 집단을 위한 특별섭리는 모두 그의 일반섭리의 일환으로 일어나는 부분적 현상으로 간주한다. 여섯째, 특별섭리에 관한 한, 나는 어떤 사건이 신의 특별한 행위나 개입에 의해서 일어난다는 사실을 입증할 길이 없을 뿐 아니라, 그럴 필요도 없고 그래서도 안 된다는 〈신앙주의〉의 입장을 따른다. 이상과 같은 기본 입장을 천명하면서 악과 신의 섭리 문제에 대한 우리의 논의를 계속해 보자.

우선, 신의 무한한 물질적 창조력에서 온 모든 사물은 그 자체에 유한성이라는 '형이상학적 악'을 지니고 있다. 시간의 세계에 생겨난 것들은 모두 사라질 수밖에 없다는 것은 정한 이치다. 이 점에서 우리는 만물의 무상성(anitya)과 회자정리(會者定離)를 말하는 불교의 가르침에서 배워야 할 점이 많다. 우리는 한 걸음 더 나아가서, 천차만별의 개물들이 지니고 있는 상대적 불완전성이나 개인들이 경험하는 상이한 불행에 대해서도 함부로 신을 원망하거나 항의해서도 안 된다. 이미 밝힌 대로, 무수한 개체나 개인들의 차이는 신이 의도한 것이 아니라 그의 로고스의 완벽한 지배를 받지 않는 그의 원초적인 물질적 창조력에서 오는 우연들이기 때문이다. 자연의 세계는 스피노자가 생각했듯이 완벽한 물리적 인과율의 지배를 받는 결정론적 체계도 아니고, 라이프니츠가 생각했듯이 전지전능한 완벽한 신이 세계를 구성하고 있는 부분들의 운명까지 미리 전부 계산해서 선택한 '가능한 최상의 세계'도 아니다.[95]

95 'Best possible world.'

나는 신이 세계에 발생하는 사건을 일일이 다 알고 주관하면서 자신의 뜻을 이루는 분이라고 생각하지 않는다. 그러한 신관에서는 신은 더 큰 선을 위해 이런저런 악을 의도적으로 허용하거나 사용한다는 식의 신정론(神正論, 辯神論, theodicy)을 피할 수 없기 때문이다. 결과가 아무리 좋다 한들, 끔찍한 악을 의도적으로 허용하는 잔인한 신을 우리가 어떻게 믿을 수 있겠는가? 도스토옙스키는 이반 카라마조프가 경건한 동생 알로샤에게 던지는 질문을 통해 이 문제를 다음과 같이 제기하고 있다:

"상상해 보라, 만약 그대가 사람들을 최종적으로 평화와 안식을 누리고 행복하게 만들 목적으로 인간 운명의 직조물을 짜되, 아주 하잘것없는 피조물 하나가─가령 주먹으로 가슴을 치고 있는 이 어린아이 하나처럼─고문으로 죽어도 보복이 없고 그가 흘린 눈물을 토대로 해서 [인생의] 건축물을 짓는 일이 피할 수 없다면, 그대는 그런 조건하에서도 건물을 짓겠다고 동의하겠는가? 말해 보아라, 너의 진심을." "아니, 그러지 않겠지." 알로샤가 나지막하게 말했다.

이런 식의 잔인한 변신론은 현대인들에게 더 이상 통할 수 없다. 나는 신이 모든 사건을 일일이 계획하고 관장한다는 식의 신관 자체를 거부한다. 나는 신이 악에도 〈불구하고〉 선을 이루지, 악을 〈통해서〉 선을 이룬다거나 더 큰 선을 위해서 악을 의도적으로 허용하거나 사용한다는 식의 변신론을 거부한다. 그런 논리는 악으로 고통받는 사람으로서는 용납하기 어려운 논리며, 신에게도 모독이 되기 때문이다.

자연악은 로고스의 완벽한 지배를 벗어나는 그의 물질적 창조력으로 인해 발생하는 반면, 인간이 행하는 도덕악은 인간의 자유에 근거한다. 자연악은 기본적으로 신적 무 또는 신의 물질적 창조력에 뿌리를 두고 있으며, 도덕악은 신의 로고스를 닮은 인간의 이성, 그리고 신적 무, 곧 신의 물질적 창조력에 기인하는 물질계의 불확정성과 인간의 자유에 근거한다. 하지만 자연계에 발생하는 부분적 무질서가 신의 로고스가 주도하는 전체의 조화와 질서를 파괴할 수 없듯이, 인간이 저지르는 도덕악도 결코 세계와 인생의 도덕적 질서 자체를 완전히 파괴할 수 없다. 만약 신의 로고스가 신의 원초적인 물질적 창조력을 완전히 규제한다면, 자연악은 발생하지 않을 것이고 인간의 자유도 불가능하기 때문에 도덕악도 존재하지 못할 것이다. 그렇다고 우리가 그런 세계를 원해야 할까?

다시 한 번 강조하지만, 악이 신의 원초적인 물질적 창조력에 존재론적 기반이 있다고 해도, 우리가 사는 가시적 세계를 구성하고 있는 물질 자체는 결코 악이 아니다. 물질도 신 또는 일자로부터 흘러나온 것인 한, 선이 완전히 결핍될 수 없으며, 신의 로고스 없이 실존하는 물질도 없다. 이런 점에서 나는 플로티누스의 물질 개념에 대한 맥퀴리의 해석에 공감한다:

우리는 그가 존재론적 원리들의 이원론을 말하는 영지주의나 물질이 본래적으로 악하다는 사상을 거부했다는 것을 보았다. 물질은 무(無) 다음으로서, 악이 아니다. 사실 물질은 필요한 것이다. 악은 물질 그 자체에 속하는 것이 아니라 낮은 것을 높은 것보다 선호하는 데서 온다. 플로티누스는 때때로 이 세계가 가능한 세계들 가운데서 최선의 것이라는 것, 악조차도 신의 섭리 가운데 궁극적으로 선에 도움이 된다는 것을 암시하는 것 같기도 하다. 그래서 플로티누스는 말하기를, "아마도 못한 것들도 전체 속에서 기여하는 가치가 있다. … 아마도 모든 것이 선할 필요가 없을지도 모른다. … 물질은 계속해서 더 좋은 것을 향해 극복되고 있다."라고 한다. 그는 심지어, "모두가 우주에서 자신에게 아주 적합한 위치를 점하고 있다는 점에서 옳고 선하다. 사물들이 있는 그대로 좋듯이, 모두가 다 좋다."고 선언한다.[96]

우리는 그러나 인간이 저지르는 악이 현실적으로 동료 인간과 뭇 생명들에게 너무나도 끔찍한 고통을 안겨주기 때문에, 악에 대한 지나친 낙관주의는 경계해야만 한다. 위에서 본 플로티누스의 생각이나, 사사무애(事事無碍)를 말하는 불교의 화엄철학의 비전을 우리가 현실 세계에 그대로 적용하는 데 주저할 수밖에 없는 이유도 여기에 있다. 이 아름다운 비전은 극소수의 깨달은 인간들에게는 이미 알려진 진리지만, 대다수 사람들에게는 앞으로 모습을 드러낼 미래의 꿈, 종말의 희망일 수밖에 없다.

신은 자신으로부터 출현한 모든 사물·사건에 언제나 현존하며 만물과 내적 관계를 가지고 있다. 부분이 없는 신은 전체로 세계의 모든 부분에 내재한다. 신은 또 우리 인간과 달리 만물을 내적으로 경험하며 — 악과 고통까지 포함하여 — 만물과 교감하고 영향을 주고받는다. 신은 그러나 개별자들의 고통을 동시적으로 경험하지 인간처럼 순차적으로 혹은 개별자 하나만의 고통으로 경험하는 법은 없다. 또 어떤 부분만을 위한 특별한 배려나 행위 같은 것도 없다. 이런 뜻에서 신에게는 일반섭리는 있지만 특별섭리는 존재하지 않는다.

나는 신이 자신의 무한한 창조력에 의해 출현한 무수한 개별자들의 운명 하나하나에 어떤 의도나 섭리 같은 것을 가지고 있다는 것을 부정한다. 우리가 신의 특별한 섭리로 간주하는 사건도 실은 세계 전체의 목적을 실현해 가는 과정의 일환으로 일어나는 국지적이고 불가피한 현상일 뿐이다. 신은

---

96 John Macquarrie, *In Search of Deity*, 70–71.

자신에서 출현한 자식과도 같은 존재자들의 운명에 무관심하지는 않지만, 그렇다고 한 개인을 위해 전체를 움직이거나 스스로 '만든'(자신의 로고스의 산물인) 자연의 질서에 반하는 행위를 한다고 생각할 수는 없다. 신에게는 어디까지나 일반섭리가 특별섭리에 우선한다.

우리가 굳이 신의 '행위'라는 것을 말해야 한다면, 그의 행위는 일반섭리뿐이다. 특히 우리는 〈진화적 창조〉라는 일관된 과정으로 신의 일반섭리와 행위를 이해해야 한다. 부분들을 위한 신의 특별섭리의 행위는 모두 세계 전체를 인도하는 그의 일반적 섭리가 실현되는 과정에서 발생하는 특수한 현상들이다. 신학자 카오프만은 창조에서 종말에 이르는 과정이 신의 수많은 부행위들(subacts)뿐 아니라 단 하나의 통일된 목적을 지닌 주행위(master act)의 지배를 받는다고 본다.[97] 우리는 "신의 행위라는 관념이, 세계 안에서 일어나는 특수한 사건들보다는 세계 전체와의 관련 속에서 일차적으로 사용되어야 한다."는 신학자 와일스의 견해에 동의할 수밖에 없다.[98] 와일스는 또, "우리는 세계의 점차적 출현을 신의 단 하나의 행위로 보아야 한다. 다른 말로 하면, 그것은 목적이 있는 현상으로서, 그것을 구성하는 개별적 모습들은 통일된 의도로 묶여 있다."고 말한다.[99]

나는 신의 특별섭리에 '행위'라는 개념을 적용할 때, 카오프만이나 와일스처럼 인간의 행위에 준한 어떤 통일된 목적과 의도를 지닌 행위로 이해하지 않는다. 누누이 밝혔지만, 나는 유출론에 입각해서 창조를 우리가 물건을 제작하는 공학적 모델이 아니라 어미가 자식을 출산하는 생물학적 모델로 이해한다. 따라서 창조는 어떤 목적과 의도를 가진 신의 '행위'가 아니라 그

---

97 Gordon Kaufman, *God the Problem*, 제6장, "On the Meaning of Act of God"을 볼 것.
98 Maurice Wiles, *God's Action in the World* (London: SCM, 1986), 28.
99 같은 책, 54쪽.

의 본성에 따른 자연스럽고 필연적인 '행위', 말하자면 행위 아닌 행위라고 할 수 있다. 신의 창조 행위는 도가(道家) 사상에서 말하듯이, 아무런 행함이 없이 모든 것을 이루는 무위자연(無爲自然)의 고차적 행위와도 같다.

그렇다고 신의 진화적 창조가 결코 맹목적이라는 말은 아니다. 누차 강조한 바와 같이, 진화적 창조에는 신의 본성인 로고스에 따른 확실한 질서와 방향이 존재하기 때문이다. 이런 점에서 진화적 창조 전체에 관한 한 나는 목적론적(teleological) 사고를 지지한다. 다만 나는 이 목적이 생명체에 담겨 있는 유전자 정보처럼 창조 세계에 심어진 내재적 목적이라고 생각한다. 이런 뜻에서 진화적 창조를 인도하는 목적과 의미는 내재적이고 '자연적'이다. 내재적 목적론, 자연적 목적론, 자연적 초자연주의의 신관이고 세계관이다.

우리는 세계의 진화적 창조 과정에 발생하는 무수한 개별현상이 모두 균등하고 균질적이라고 생각할 필요는 없다. 그 가운데 어떤 현상은 매우 특출한 의미를 지닐 수 있다. 그리스도교 신앙의 관점에서는, 예수 그리스도 사건이 그런 특별한 것에 속한다. 이런 점에서 우리는 "신의 활동 가운데서 특정 부분들이 특별한 의미가 있는 것들이라는 점은 정당하게 말할 수 있지만, 그것들이 구체적으로 확인할 수 있는 신의 행위들인지는 말할 수 없다." 는 와일스의 신중한 견해에 찬동할 수밖에 없다.[100] 진화적 창조라는 신의 일관된 '행위' 가운데 발생하는 무수한 사건 속에서 어떤 것은 한 개인의 체험이나 신앙 공동체의 축적된 경험에 따라 전체적 맥락 속에서, 즉 신의 일반섭리의 관점에서, 여타 사건들보다 더 특별한 의미와 중요성을 지닌다고 우리는 말할 수 있을 것이다. 그러나 이를 확인하거나 입증할 방법은 우리에게 없다.

100 같은 책, 93쪽.

나는 따라서 그리스도교 신자들이 신의 특별섭리에 대해 공개된 장소에서 '신앙 간증'의 이름으로 증언하는 행위에 대해 부정적이다. 자칫하면 하느님의 이름을 망령되게 부르는 행위가 될 수 있기 때문이며, 여러 면에서 신앙 공동체에 득보다는 실이 더 크기 때문이다. 나는 신의 특별섭리에 관한 한, 신앙주의(fideism)의 입장을 지지한다. 어떤 사건이 신의 특별섭리에 의한 것이라고 입증할 방법이 없으며, 입증할 필요가 없고, 입증하려 해서도 안 된다는 입장이다. 무엇보다도 신앙은 기적에 의존해서는 안 된다. 순수한 신앙은 오히려 '증거'가 없음에도 불구하고 세계 전체를 선으로 인도하고 섭리하는 신의 일반섭리를 믿고 자신을 맡기는 실존적 결단의 비약을 요하기 때문이다. 신의 특별섭리는 신앙적 차원의 신비로 남겨 두고 침묵하는 편이 낫다.

신에게는 자신의 존재를 나누어주는 지속적인 진화적 창조의 행위 하나만 있을 뿐이다. 창조 자체가 구원의 과정이고 구원은 창조의 완성이다. 진화적 창조의 전 과정이 신의 내재적 뜻과 목적이 실현되는 과정이라는 점에서 우리는 그것을 하나의 일관되고 지속적인 신의 '행위'라고 부를 수 있을 것이다. 이 행위는 어미가 자식을 출산하는 행위와 유사하게 의식적이기보다는 무의식적이며, 의도적이기보다는 자연스럽고 필연적인 행위다. 만물을 출산하는 창조는 신에게 선택의 문제가 아니라 그의 본성에 따른 필연이다. 존재가 신의 본성이듯이, 자신의 존재와 생명을 나누어주는 것 역시 신의 본성이다.

성서에 나오는 신의 특별섭리의 행위로 간주되는 사건들은 모두 신의 보편적 자기 나눔, 자기 계시, 자기 육화 과정을 관통하는 신의 일반섭리의 일환으로 이해되어야 한다. 여기서도 역시 전체가 부분에 우선하며 특별섭리가 전체를 위한 일반섭리에 종속된다. 한 사건이 발생하는 데는 부분들이 전체에 영향을 미치는 상향적 인과성뿐 아니라 전체가 부분들에 영향을 미치는 하향적 인과성도 작용한다. 부분이 바뀌면 전체가 바뀌며 전체가 바뀌면 부분도 바뀐다.

이러한 쌍방향적 인과성의 가장 좋은 예는 신체라는 유기체에서 볼 수 있는 전체와 부분의 관계이다. 신체라는 하나의 체계(system)를 볼 때, 개별 장기들이 신체라는 전체 체계에, 세포들이 개별 장기에, 분자들이 하나의 세포에, 그리고 원자들이 분자에 영향을 미친다는 사실은 확실하다. 그러나 이 영향은 단지 기계적이고 양적인 영향 이상이다. 왜냐하면 전체는 부분들의 총합 이상이기 때문이다. 전체가 부분들에서 볼 수 없는 새로운(novel) 속성들을 보이기 때문이다. 또 다른 한편으로는 전체가 지닌 새로운 속성과 기능은 부분들에게도 영향을 미친다. 부분들은 전체를 위해 존재한다 해도 과언이 아니고, 부분들은 전체를 떠나서는 존재조차 못할 정도로 전체의 지배를 받는다. 유기체들은 이런 의미에서 철저히 하향적 인과성이 작용하는 목적론적 질서와 구조를 가지고 있다.

유기체의 이러한 하향적 인과성이 신의 일반섭리와 특별섭리에 대해서도 타당하다면, 우리는 특별섭리란 것도 피조물 전체의 선을 실현하기 위한 것이기에 어디까지나 신의 일반섭리의 전체적 맥락에서 이해되어야 한다. 문제는 전체를 위한 일반섭리가 특별섭리로 간주되는 부분들이나 개체들 하나하나에 구체적으로 어떤 영향을 미치는지 우리가 알 길이 없다는 것이다. 따라서 우리는 어떤 일이 신의 특별한 개입에 의해서 일어난 사건이며 어떤 일이 아닌지를 알 수 없고 침묵을 지키는 수밖에 없다.

여하튼 우리는 성서의 이야기든 일반적인 역사적 사건이든, 혹은 개인들이 삶에서 경험하는 일이든, 그것이 곧바로 신의 뜻이라거나 신이 의도했다고 단순하게 생각하는 것은 곤란하다. 특별섭리에 대한 모든 이야기와 증언은 어디까지나 신앙의 눈으로 본 사후적 해석이다. 사실 우리는 흔히 한 사건의 의미는 그 결과를 보거나 혹은 그것을 둘러싼 전후좌우의 넓은 맥락에서 이해하곤 한다. 마찬가지로 우리가 특별섭리로 간주되는 사건을 이해하려면 우리는 그 사건을 둘러싼 더 넓은 맥락을 고려하지 않을 수 없다. 결국 부분을 위한 신의 특별섭리에 대한 믿음은 더 넓고 큰 전체를 위한 일반섭리의 차원에서 이루어지는 회고적(retrospective) 이해에 근거할 수밖에 없는 것이다.

한 개인의 삶에 대한 사회적 평가도 그의 삶이 완결된 후 삶 전체의 모습이 드러나는 시점이 되어서야 제대로 이루어질 수 있다. 개인의 자기 삶에 대한 신앙적 이해 역시 그의 삶이 거의 끝나갈 무렵에 "이제껏 내가 산 것도 주님의 은혜"라고 고백하는 것이 자연스럽다. 어떤 구체적 사안이나 사건을 두고 신의 뜻이나 섭리를 거론하기보다는 "모든 것이 주님의 은혜다."라고 하면서 자기 삶 전체를 통해서 보이지 않는 하느님의 손길이 있었음을 고백하는 것이 참된 신앙의 자세일 것 같다. 민족의 역사든 한 개인의 삶이든 신앙의 증언은 결과론적 해석일 수밖에 없다. "믿는 자에게는 모든 것이 협력해서 선을 이룬다."(로 8:28)는 바울 사도의 말도 역시 우리는 이런 시각에서 이해해야 할 것이다.

재차 강조하지만, 나는 하느님이 더 큰 선을 실현하기 위해 악을 '사용'하거나 '허용'한다는 식의 논리나 인격적 언어를 거부한다. 그 어떤 위대한 선도 끊임없이 발생하는 세상의 끔찍한 악들을 정당화할 수 없다. 나는 하느님이 부분적 악에도 불구하고(in spite of) 궁극적으로 선을 이루지 악을 통해서(through) 또는 사용해서 선을 이룬다고 생각하지 않는다. 또 그 역으로 개체나 개인에게 주어지는 행복 역시 함부로 하느님의 뜻이나 축복으로 간주해서도 곤란하다. 좋은 일이든 궂은 일이든 부분을 위한 신의 뜻을 함부로 들먹이는 것은 자칫 아전인수식 논리가 되기 쉽고, 신을 다분히 편파적이고 잔인한 존재로 만들 위험성이 크기 때문이다. 틸리히의 지적대로, 역사이든 개인의 삶이든 신의 섭리에 대한 믿음은 역설적 측면이 있다:

역사적 섭리의 역설적 성격이 망각될 때마다, 역사적 섭리가 종교적 술어든 세속적 술어든 어떤 특정한 사건들이나 특별한 기대들과 연계될 때마다, 개인의 삶에서와 마찬가지로 실망이 따르는 것은 피할 수 없다. 역사의 완성을 역사 자체에서 찾는 역사적 섭리에 대한 그릇된 이해는 유토피아적이다. 한 개인의 삶의 완성이 그를 초월하듯이, 역사를 완성하는 것은 역사를 초월한다. 섭리에 대한 믿음은 역설적이다. 그것은 하나의 '불구하고'의 믿음이다. 이것을 이해하지 못하면, 섭리에 대한 믿음은 붕괴되고, 이와 더불어 하느님에 대한 믿음과 삶과 역사에 대한 믿음도 붕괴된다.[101]

사실 나는 신이 자연과 역사의 전 과정을 선으로 이끄는 가운데 발생하는 무수한 부분들의 악은 신도 어찌할 수 없다고 생각한다. 나는 개별적 사건 하나하나를 두고 하느님의 뜻을 운운하면서 신을 원망하고 탓하는 행위나, 혹은 그 반대로 어떤 특정 사건을 신의 특별한 은총이라고 여겨 감사하는 행위나 성숙한 신앙적 자세가 아니라고 생각한다. 진정한 신앙은 오히려 세계 전체와 모든 인간을 향한 신의 일반적 섭리와 궁극적인 선과 사랑을 믿으면서 좋은 일이든 궂은 일이든 개인과 집단에 일어나는 모든 일을 겸허하게 수용하는 자세일 것이다. 물론 우리가 부분적 악의 원인이 무엇인지를 확실히 알고 우리의 노력으로 악을 제거할 수 있다면 문제가 다르다. 그런

---

101 Tillich, *Systematic Theology*, vol. One, 268–69.

경우가 아니라면, 우리는 하느님이 마치 어떤 악을 의도라도 했듯이 신을 원망하거나 신에게 호소하기보다는 차라리 천명(天命)으로 여기는 동양의 숙명론적 지혜나 관조적 자세가 오히려 더 성숙한 신앙적 자세가 아닐까 생각한다.

자연의 전 과정이 신의 자기 현시·현현인 한, 신과 자연악은 분리될 수 없으며, 신 자신도 이 모든 과정에 내재하여 경험하고 있는 한 뭇 생명체의 고통을 함께 느낀다. 하지만 나는 신이 모든 개별 현상 하나하나에 책임을 져야 할 정도로 만사를 주관하거나 만사에 관여한다고 생각하지 않는다. 신은 만물의 움직임 하나하나를 철저하게 지배하는 세계의 절대군주 같은 통치자가 아니다. 이 세계는 개별적 사건의 우연성을 허락하지 않을 정도로 신의 섭리의 그물망이 촘촘하게 짜여 있는 체계가 아니기 때문이다. 나는 그런 신, 그런 세계는 존재하지 않는다고 생각한다.

전지전능한 신이 세상사를 일일이 완벽하게 주관한다고 생각하는 견해나, 세계가 엄격한 물리적 인과관계의 지배 아래 있다고 생각하는 근대 과학적 사고나 결정론(determinism)적이기는 매한가지다. 나는 후자도 안 믿지만 전자도 믿지 않는다. 모든 일에 책임을 져야 할 정도로 만사를 주관하는 신은 존재하지도 않지만, 존재한다 해도 우리의 믿음과 사랑의 대상이 될 수 있을지 의심스럽다. 인간은 허수아비가 아니다. 악에 대해 책임질 일이 있으면 마땅히 책임을 져야 하며, 어떤 악이든 합리적으로 분석하고 따지고 대처해야만 한다. 누구의 기도는 들어주고 누구의 기도는 외면하는 자의적인 신은 결코 악의 문제에 대한 해답이 아니며, 그런 신은 존재하지 않는다고 나는 생각한다.

신의 특별섭리의 문제는 역사의 하느님, 자유로운 행위를 하는 인격신을 믿는 성서·그리스도교 신앙이 제기하는 가장 현실적이지만 가장 어려운 문제임에 틀림없다. 자신의 삶과 함께하는 하느님에 대한 신앙은 성서적 그리스도교 신앙의 매력이자 동시에 걸림돌이다. 신의 자유로운 행위가 어떻게 가능하고 어떻게 작용하는가 하는 이론적 문제는 차치하고 악의 문제, 기복 신앙의 문제, 인간의 자유와 책임 등 그리스도인들이 삶에서 경험하는 수많은 문제들이 거기에 걸려 있기 때문이다.

신의 특별섭리를 믿는 신앙이 가지고 있는 가장 본질적이고 심각한 문제는, 신의 보편적 사랑과 섭리 대신 자칫하면 아전인수식 논리를 동원하여 지극히 자기중심적이고 이기적인 신앙을 정당화할 위험성이 매우 크다는 사실이다. 이것은 이스라엘 민족 중심의 이야기가 주종을 이루고 있는 구약성서의 하느님이 세계인들의 눈에 어떻게 비치는지를 생각해보면 곧 알 수 있다. 특정한 이야기 중심의 성서적 신앙이 지닌 대중적 힘과 약점, 매력과 취약성 모두 역사의 하느님 신앙에서 온다 해도 과언이 아니다. 그리스도교 신앙이 풀어야 할 영원한 숙제다.

8. 진화적 창조의 의미

신은 우주만물의 알파와 오메가다. 신으로부터 세계가 출원하는 하강(descent)의 과정은 신플라톤주의의 통찰에 따라 정신계, 생명계, 물질계의 순으로 이루어지지만, 만물이 신으로 복귀하는 상승(ascent)의 과정은 그 역으로 진행된다. 물질을 바탕으로 생명이 출현하고, 생명을 바탕으로 의식·마음·영혼을 지닌 존재들이 출현한다. 인간의 출현은 진화의 이전 단계들을 모두 수렴하면서 새로운 통일을 이루는 진화의 정점이다.[102]

---

102 신으로부터 만물의 출현(exitus)과 신으로의 복귀(reditus)를 하강과 상승 개념으로 이해하는 것은 인도의 저명한 철학자 스리 오로빈도(Sri Aurobindo, 1872-1950)의 통찰에 따른 것이다.

신의 자기 현시, 자기 계시, 그리고 자기 비움과 나눔으로서의 진화적 창조 과정은 어미가 자식을 낳은 출산과도 같다. 우주의 어미와도 같은 신의 물질적 창조력에 의해 만물이 출현하는 전 과정은 맹목적인 과정이 아니라 신의 로고스에 의해 인도되는 의미 있는 목적론적 과정(teleological process)이다. 진화에는 물질로부터 생명이 출현하고 생명으로부터 의식이 출현하는 확실한 방향성과 목적성이 있다. 이 목적론적 질서는 초자연적 신의 디자인에 의해 진행되는 과정이기보다는 신의 로고스에 의해 만물에 심어진 유전인자 같은 것이 발현되어가는 내재적인 목적론적 과정이다.[103] 출원에서부터 복귀에 이르기까지 전 과정이 만물에 내재하는 신의 로고스에 의해 추동되고 실현되어 가는 목적론적 과정이다.

목적론적 세계관은 결코 철 지난 인간중심주의적 사고의 반영이 아니다. 인간의 욕망과 희망사항이 세계로 투사된 망상이 아니다. 138억 년의 세월에 걸친 우주와 생명의 진화 과정이 단순히 무수한 우연의 연속이 아니라 어떤 일정한 방향이 있고 목적과 의미가 있다는 목적론적 사고는, 사물의 기계적인 물리적 인과관계에만 치중하는 과학적 사고에는 이질적이고 사변적인 것으로 보이는 것이 사실이다. 하지만 '왜'(why)냐는 물음에는 관심이 없고 단지 '어떻게'(how)만 묻는 과학이 보는 세계는 본래부터 인간적 관심의 대상이 되는 목적이나 의미 같은 것과는 무관한 세계일 수밖에 없다.

의미나 목적 같은 문제에 관심을 가진 존재는 이 방대한 우주에 오직 인간뿐이다. 그러나 우주 역사의 장구한 과정이 이 과정을 지적으로 파악하고 그 의미와 목적을 묻고 이해하려는 인간이라는 존재를 낳았다면, 우주의 역

---

103 최근에 출간된 박찬국의 『내재적 목적론』은 흥미롭다. 지금까지 니체, 하이데거, 그리고 불교 연구에 관심을 기울여 온 학자가 이런 저서를 낸 것이 특이하다. 한국 철학계에 목적론에 대한 관심을 불러일으킬 수 있는 주목할 만한 저서다.

사와 진화의 의미나 목적을 묻는 행위가 우주 자체의 성격과 무관하게 단지 우리들의 욕망의 투사(投射, projection)일 뿐이라고 쉽게 치부해버리기는 어려울 것이다. 철학자 질송(E. Gilson)의 반문은 여전히 의미가 있다:

> 자연의 일부인 인간을 통해서 목적성은 아주 확실하게 자연의 일부가 되었다. 그렇다면 조직화(organization)가 있는 곳에는 언제나 목적이라는 것이 존재한다는 사실을 [우리가] 내적 [경험을 통해] 아는 터에, 조직이 있는 곳에 언제나 목적이라는 것이 있다고 결론짓는 것이 어째서 자의적인가? … 생명의 진화를 근거로 해서 우주에 목적이 있다고 추론하는 것이 어째서 오류인가?[104]

만물은 정도의 차이는 있지만 모두 신의 존재와 선에 참여하는 신의 육화들이다. 물질은 신의 물질적 창조력의 일차적 산물이지만, 신의 물질적 창조력은 로고스에 의해 인도되면서 물질에서 생명을 출현시키고 생명에서 의식을 출현시킨다. 이러한 창발적(emergent) 진화 과정의 종착지는 개인적 자의식(individual self-consciousness)을 초월하는 순수 의식, 인도 철학자 오로빈도가 초정신(Supermind)이라고 부르는 것, 가톨릭 사상가 떼이아르 드 샤르댕(Teilhard de Chardin) 신부가 오메가 포인트(Omega Point)라 부르는 신적 의식의 출현이다. 여기서 인간과 신은 완전한 일치를 이룬다. 진화적 창조의 전 과정은 결국 신에서 출원한 물질이 생명과 의식을 거쳐 마침내 초정신으로 진화함으로써 신으로 복귀하여 신과 하나가 되는 과정이다. 붓다나 예수 그리스도, 그리고 세계 종교가 배출한 영성의 대가들은 좁은 개아(個我, individual

---

104 Etienne Gilson, *God and Philosophy*, 134.

self)와 사회적 자아를 벗어나 인간의 도덕적, 영적 가능성을 최고도로 실현한 참사람(眞人)들이다.[105] 이들은 모두 초정신, 초의식, 초인격적 인간성을 완전하게 구현한 사람들로서 진화적 창조 과정의 목적과 의미를 완전히 구현한 사람들이다.

이렇게 물질로부터 초정신으로 진화가 가능한 것은 물질이 본래부터 신에서 출원(exitus)했기 때문이며, 신의 로고스가 지속적으로 물질계에 내재하여 작용하기 때문이다. 신으로부터 출원(existus)과 하강이 선행했기에 신을 향한 만물의 복귀(reditus)와 상승이 가능한 것이다. 이 복귀의 정점에 서 있는 존재가 인간이다. 이러한 이해는 유물론적·무신론적 진화론과 유신론적 진화론을 가르는 결정적 차이다. 첫째, 진화의 전 과정이 목적이 있는 의미 있는 과정이라는 것, 둘째 이 과정의 시작과 끝이 모두가 신 자신이라는 것이다.

신의 자기 전개이자 육화 과정인 진화적 창조는 처음부터 신의 로고스의 인도 아래 일정한 방향과 목적을 향해 진행된다. 이 방향은 불가역적이어서 나중 출현한 것은 결코 먼저 출현한 것으로 완전히 환원될 수 없다. 유물론적 세계관과 달리 물질은 그저 물질이 아니다. 철학자 요나스(H. Jonas)의 주장대로, 물질에는 이미 생명이 출현할 가능성 내지 성향이 내재하며, 생명도 이미 정신이 출현할 가능성을 품고 있다. 물질은 아직 생명이 되지 못한 잠재적 생명이며, 생명 또한 아직 깨어나지 않은 잠자는 정신이다.[106] 오로빈도(Sri Aurobindo)는 "물질은 베일에 가린 생명이며, 생명은 베일에 가린 의식

---

105 진인(眞人)이라는 말은 장자(莊子)에 처음 등장하며, 임제(臨濟) 선사(禪師)는 무위진인(無位眞人)이라는 말로써 벌거벗은 순수한 인간, '맨사람' 인간을 지칭한다. 마이스터 에크하르트도 참사람(ein wahrer Mensch)이라는 표현을 사용하며, 바울이 말하는 '새로운 존재'나 '속사람'도 나는 같은 뜻으로 이해한다.

106 요나스의 형이상학에 대한 간단한 논의는, 김종국, "창조된 자유: 한스 요나스의 철학적 신학," 『철학』(2009, 여름), 149–73 참고.

이다."라고 표현하기도 한다.[107]

진화 과정에 발생하는 무수한 돌연변이 같은 우연은 처음부터 물질에 내재하는 이러한 로고스적 성향이 고등 형태의 생명들과 자의식을 지닌 인간의 출현으로 현실화되는 창발적 진화에 필수적이다.[108] 만약 자연의 법칙이 엄격하게 모든 현상을 관장한다면, 자연계는 동일한 것만 기계적으로 반복될 것이며 새로운 것(novelty, novum)이 출현하는 창발적 진화는 불가능할 것이다. 물리학자 폴 데이비스의 말대로, "[자연계에] 복잡성(complexity)이 발달하는 것은 단지 자연법칙들이 자체적으로 해내는 것이 아니라, 바로 이러한 법칙들에 의해 허용되지만 결정되지는 않는 급격한 우연 같은 것에 의존한다."[109]

자의식, 특히 의식을 의식할 수 있는 인간 존재의 출현은 신의 육화 과정인 진화적 창조가 일단락되는 지점이다. 선과 악을 행할 수 있는 자유와 도덕적 자기 성찰이 가능하고 신을 갈망하고 찾는 영적 삶이 가능한 존재 호모 사피엔스가 출현하는 지점이다. 하지만 대다수 인간은 현실적으로 선과 악이 뒤섞인 삶을 살며, 신을 향해 살기도 하고 신을 등지고 살기도 하는 불완전한 삶을 산다. 진화적 창조의 최종 목적은 따라서 악을 행할 수 있는 자유로운 존재지만 악을 거부하고 선만을 행하는 흠 없는 인간, 즉 하느님의 모상인 인간의 본래성을 완전하게 구현한 예수 그리스도와 성인들의 출현에 있다. 호모사피엔스의 출현이 진화적 창조의 일차 정점이라면, 하느님의 모상으로 출현한 인간의 본성을 완전하게 구현해서 신과 일치를 이룬 참사람 또는 '새로운 존재'가 된 예수와 성인들이야말로 인간 출현의 목적과 의

---

107 Keith Ward, *Religion and Creation*, 90으로부터 재인용.
108 Peacocke, *Theology for a Scientific Age*, 115–21.
109 Paul Davies, "Teleology without Teleology: Purpose through Emergent Complexity," in *In Whom We Live and Move and Have Our Being*, 95.

미이며 진화적 창조의 두 번째 정점이다.

나는 한 걸음 더 나아가, 모든 인간이 그리스도와 같이 하느님의 모상으로 출현한 자신의 인간성을 완전하게 실현하게 되는 날, 진화적 창조가 그 최종 목적에 이른다고 본다. 그리스도교는 이것을 하느님의 나라(Kingdom of God)라고 부른다. 현재 우리가 경험하는 세계가 질적으로 변화되는 종말(eschaton)을 희망으로 기다리는 세계다. 진화적 창조의 목적이 실현되고 인간의 자기실현이 완성되는 세계로서, 가톨릭 신학자이며 고생물학자였던 떼이아르 드 샤르댕은 이러한 경지를 세계가 영화되고(spiritualize) 그리스도화·로고스화되는 오메가 포인트(Omega Point)라고 불렀다.

나는 '몸의 부활'을 말하는 그리스도교 신앙에 따라 하느님나라가 순전히 영적 실재이기보다는 우주적 사랑의 공동체이며, 물질과 더불어 시간과 공간까지 변화되는 새로운 세계일 것이라고 추측한다. 하느님나라는 하느님과 인간, 하느님과 자연, 인간과 자연, 인간과 인간, 그리고 물질과 정신 사이에 막힘없는 소통이 이루어지는 우주적 사랑과 화해의 공동체다. 바울 사도는 이러한 세계 아닌 세계를 "하느님이 모든 것에서 모든 것"이 되는 세계라고 했다.[110] 여기서 첫 번째 '모든 것'이 개체·개인들을 지칭하는 것이라면, 바울은 하느님과 일치를 이루는 하느님의 나라를 개체들의 완전한 소멸이나 흡수보다는 만물이 신의 빛으로 충만한 변화된 세계를 말하는 것으로 보인다.[111]

나는 그리스도교가 말하는 '새 하늘과 새 땅'이 열리는 종말이 '새로운 창조'(new creation)라기보다는 진화적 창조의 최종적 완성이라고 보며, '세계로부터의 구원'이나 '세계 안에서의 구원'이기보다는 '세계 자체의 구원'이라고

---

110 "All in all"; "in omnibus omnia Deus"(라틴어); "En pasi panta Theos"(그리스어 원문, 고전 15:28).
111 RSV 영문 성서는 "everything to everyone"이라고 확실하게 개인의 영생을 뜻하는 쪽으로 번역하고 있다.

본다.[112] 구원은 창조의 완성이다. 신이 자신으로부터 출현한 만물과 만인에 현존하여 찬란한 빛을 발하는 세계다. 샤르댕 신부는 생을 마칠 무렵에 품었던 "하느님이 모든 것에서 모든 것이 되는" 종말의 희망에 대해 다음과 같이 말하고 있다:

그러면 이 유기적 복합체는 신으로 이루어질 것이며, 이 세계는 신으로 충만한 신비한 세계(Pleroma)가 될 것이다. 단순히 신이 된다고 말하는 것보다 더 나은 방법이 없겠지만, 비록 신이 세계를 없이 할 수 있다 해도, 그러면 우리는 이 세계를 완전히 [없어도 될] 부속물 정도로 여기게 될 것이며, 창조는 이해 못할 일이 되고 그리스도의 수난도 무의미한 것이 되며, 우리의 노력도 아무런 관심사가 되지 못하게 될 수밖에 없기에, 그렇게 말하는 것이다. 그때가 종말이 될 것이다. 존재(Being)가 떨고 있는 모든 존재자(all beings)를 거대한 조류처럼 삼켜버릴 것이고, 세계라는 특별한 모험이 고요한 대양의 한 복판에서 끝나 버리겠지만, 대양의 모든 물방울은 여전히 자기 자신을 의식할 것이다. 신비주의자들 모두가 꿈꾸던 그 고유한 꿈이 완전한 실현을 볼 것이다. 신이 모든 것에서 모든 것이 될 것이다.[113]

나는 샤르댕 신부의 사상을 전적으로 수용하지는 않고 그의 지나친 낙관주의도 경계하는 편이지만, 인간에 대한 그의 불굴의 믿음에는 공감한다.

---

112 신학자 몰트만은 세계 종교들이 말하는 구원(redemption)을 '세계로부터의 구원'(redemption from the world), '세계 안에서의 구원'(redemption in the world), 그리고 '세계의 구원'(redemption of the world)이라는 세 유형으로 정리한다. 그는 물론 그리스도교 신학자로서 세 번째 유형을 따른다. 몰트만의 종말론적 희망의 비전에 대해서는 그의 *In the End—the Beginning* (Minneapolis: Fortress Press, 2004), 제3부, "오, 끝이 없는 시작이여" 참고.

113 Pierre Teilhard de Chardin, *The Future of Man* (New York and Evanston: Harper & Row, Publishers, 1964), tr. Norman Denny, 308.

우주의 전 진화적 창조과정을 수렴한 현대 인류가 정신적·영적·종교적으로 진화의 마지막 단계에서 새로운 도약을 할지, 아니면 자멸해 버릴 것인지 중대한 선택의 기로에 서 있다는 점에서도 그와 견해를 같이 한다.[114]

나는 우주만물이 그 출발점이자 고향인 신에 복귀함으로써 신이 '모든 것 안에 모든 것이 되는' 상태가 우주만물이 신 안으로 흡수되어 소멸해 버리기보다는 오히려 신에 의해 수렴된 상태일 것이라고 추측한다. 몰트만은 이 세계를 우리가 최고선인 신을 관조하면서 몰입과 경이 속에서 자신을 망각하고 신화(神化)되어, 신의 영원성에 참여하고 상대적 영원(relative eternity)을 누리는 세계로 본다.[115] 틸리히는 신의 영원성은 시간의 양태인 과거와 미래를 흡수하지 않고 포함한다고 말한다.[116] 신과 함께 누리는 상대적 영원에서는 우리가 지상에서 경험하는 시간처럼 과거, 현재, 미래가 서로를 밀어내는 것이 아니라 '영원한 현재' 속에서 통합되고 승화될 것이기 때문이다.[117]

9. 신인동형론의 문제: 철학적 신관과 성서적 인격신관

신의 자유, 목적, 경험 등에 관한 우리의 논의는 비록 그리스도교의 성서적 인격신관을 제한적으로 반영하는 것이지만 여전히 우리의 인간중심적 사고의 발로가 아닌가 하는 의문이 들 수 있다.

나는 유출론에 입각해서 우주만물이 하느님으로부터 출현한 하느님의 현현·계시·육화임을 줄곧 강조해 왔다. 또 이것은 우주만물이 모두 등가적이

---

114 위의 책, 제11장, "Faith in Man"을 볼 것.
115 피조물이 신의 영원 속에서 경험하게 되는 영원한 시간(eternal time)의 영원성을 몰트만은 '상대적 영원성'이라고 부른다. 하느님과의 친교 속에서 경험하는 영원한 시간은 현재 우리가 경험하는 연대기적 시간(chronological time)과 질적으로 다른 영구적 시간(aeonic time)이다. 앞의 책, 159.
116 Tillich, *Systematic Theology*, vol. One, 276.
117 같은 곳.

고 균일하게 신의 육화라는 말이 아니라는 것도 지적했다. 사물들 사이에는 범주별 차이와 차등이 비록 절대적이지는 않지만 엄연히 존재하며, 이 차이는 만물이 신의 존재와 본성에 참여하는 정도의 차이에서 온다는 것도 언급했다. 그리고 범주들 사이에는 엄연히 계층적 위계질서가 존재한다는 것도 언급했다. 장구한 세월에 걸쳐 형성된 이 위계질서에서 계층과 계층 사이에는 연속성과 불연속성이 공존하며, 세계는 통일성 속에 다양성을 지닌 하나의 거대한 유기체를 형성하고 있다.

생물의 모든 종이 신성하고 선하고 아름답지만, 나는 일부 생태주의자들이 주장하는 종 평등주의에는 찬성하지 않는다. 계층적 위계질서에서 이성과 자유, 도덕성과 영성을 지닌 인간이야말로 최고의 위치를 점한다고 생각할 수밖에 없기 때문이다. 종 평등성을 주장하는 것도 바로 우리가 인간이기 때문에 할 수 있는 것이다. 자연을 파괴하는 것도 인간이고 자연을 배려하고 살릴 수 있는 것도 인간뿐이다. 특히 신의 자기 전개, 자기 현시, 자기 계시와 육화 과정에서 신을 인식하고 신과 하나가 되는 신비적 합일(unio mystica)을 이룰 수 있는 도덕성과 영성을 지닌 인간의 출현이야말로 자연과 역사, 뭇 생명과 인간을 아우르는 진화적 창조가 도달한 일차 정점이다.

나는 우주가 처음부터 인간이 출현하도록 기본조건들을 갖추고 있었다는 인간출현의 원리(anthropic principle)가 설득력이 있다고 본다. 나는 또 진화적 창조를 통해 인간을 출현시킨 신이 당연히 인간보다 못한 실재일 수는 없기에 신에게도 당연히 인간에 준하는 인격적 속성들이 있다고 추론한다. 따라서 신에 대한 모든 언어가 유비적이지만, 그 가운데서도 하느님의 모상으로 출현한 인간에 준한 유비적 언어는 특별한 가치와 의미를 지닌다. 이런 점에서 우리는 성서를 비롯해서 각종 신화에 등장하는 신에 대한 인격적 언어가 조잡한 신인동형론적 사고를 조장할 위험성에도 불구하고 어느 정도 타당하고 자연스러운 일이라고 할 수 있다.

유물론적 무신론과 달리 나는 신이 창조 때부터 물질에 잠재적 생명을, 그리고 생명에 잠재적 정신을 부여했다는 철학자 요나스의 견해에 찬동한다.[118] 로고스 정신으로서의 신이 물질과 생명으로 하여금 정신을 지향하게 하는 에로스를 심어주지 않았다면, 물질로부터 생명과 정신으로의 진화가 불가능하기 때문이다. 요나스는 이것을 '우주발생론적 에로스'(kosmogonischer Eros)라고 부른다.[119] 물질에서 의식에 이르는 진화적 창조 과정은 새로운 것이 계속해서 출현하는 창발적 진화 과정으로서, 물질의 구조가 점점 더 복잡화되면서 물질에 내면성과 능동성과 자유가 증대되어 가는 과정이다. 신은 이러한 진화적 창조의 원동력으로서, 진화의 전 과정을 내재적으로 이끄는 힘이다.

자연계로부터 생명과 정신을 추방한 데카르트-뉴턴 이후의 기계론적 세계관의 극복은 현대 사상계에 주어진 가장 중대한 과제다. 현대 신론 역시 이 문제를 피할 수 없다. 특히 근대 세계에서 무신론적 자연주의와 기계론적 세계관이 지배하도록 터를 닦아 준 것이나 다름없는 그리스도교의 초자연주의 신관의 극복은 현대 신론의 핵심적 과제다. 서구 사상에서 초자연주의와 자연주의는 동전의 양면처럼 분리할 수 없고 닮은꼴이기도 하다. 창조주와 피조 세계의 엄격한 구별과 분리에 바탕을 둔 초자연주의 신관은 세계로부터 작은 신들과 영들을 몰아냄으로써 근대 과학의 기계론적 사고와 세계관이 거침없이 활보하고 세계에 대한 인식을 독점할 수 있도록 정지작업을 해 준 셈이나 다름없다. 그리고는 마침내 자신도 설 자리를 잃어버리게

---

118 한스 요나스, 『물질, 정신, 창조』, 김종국, 소병철 역(철학과 현실사, 2007). 김종국의 '역자서문'은 요나스 사상에 대한 간략한 소개다.
119 같은 책, 49.

된 것이다. 그런가 하면 세계에 대한 독자적 이해를 포기하고 형이상학을 지식의 영역에서 추방해 버리다시피 한 서구의 근대 철학 역시 책임을 면하기 어렵다. 원하든 원하지 않든, 그리고 알든 모르든, 근현대 서구 신학과 철학은 유물론적 무신론의 공범자가 되어 영적 불모지와 같은 오늘의 세계를 초래하는 데 큰 역할을 한 셈이다.

물질계로부터 정신과 생명의 잠재성을 읽어내는 사고방식은 원시 애니미즘(animism)의 세계관이나 신인동형적 사고의 존재론적 복권이라고 할 수 있다.[120] 인간의 정신보다 질적으로 못한 것이 인간 정신의 원인일 수 없다면,[121] 신은 당연히 정신적 실재일 것이며, 정신으로서의 신이 정신으로서의 인간을 낳았고 어떤 우주적인 인격적 실재가 인격체들을 낳았다고밖에 생각할 수 없다.

신은 의식(consciousness)과 앎(knowing)을 지닌 우주적 정신(Geist, Spirit)이다.[122] 신은 존재 자체일 뿐 아니라 의식이고 지성(intellectus)이다. 신은 또 의식일뿐 아니라 자유로운 의지를 지닌 실재로서, 우주가 전개되는 전 과정이 동일한 것이 기계적으로 반복되는 결정론적 체계가 아니라 자유로운 행위의 주체가 되는 인간을 출현시킨 우주적 힘이다. 신에게 자유로운 행위가 있다면 진화적 창조 과정 전체가 그의 행위이며, 신에게 목적 같은 것이 있다면 신의 로고스에 의해 진화적 창조에 심어진 목적이다. 그리고 이 목적은 생명체들에 프로그램된 유전자 정보들처럼 점차적으로 실현되는 목적이다.

철학적 신관과 성서의 인격신관이 아주 이질적인 것은 아니다. 우리는 세

---

120 같은 책, 77–79, 141.
121 같은 책, 16.
122 지금까지 나는 정신과 물질을 대립적 관계로 보는 근대 서구 사상의 문제점을 의식해서 신을 '정신'으로 부르는 것을 의도적으로 피하고 대신에 물질적 창조력과 로고스라는 두 개념을 주로 사용해왔다. 하지만 신의 인격성을 논하는 현 시점에서는 피하기 어렵고 굳이 피할 필요도 없다.

계의 구조와 성격으로부터 신의 존재뿐 아니라 신의 속성 내지 성격에 대해서도 어느 정도 추론할 수 있다. 가령 세계의 합리적 구조와 질서로부터 진리의 원천인 신의 지성과 지혜, 사물들 간의 조화와 세계의 아름다움으로부터 미(美)의 원천인 신의 아름다움, 생명으로 충만한 세계로부터 살아 계신 생명의 하느님, 그리고 사물들 사이의 소통과 조화와 일치로부터 신은 궁극적으로 하나(一者, unum)이며 사랑임을 추론할 수 있다. 무엇보다도, 인간을 출현시킨 진화적 창조의 하느님 역시 인격성을 지닐 것이라는 추론도 가능하다. 다만 우리는 신에 대한 인격적 언어가 조잡한 신인동형적 사고를 조장하기 쉬운 위험성 때문에, 그것을 제한적으로, 그것도 유비적으로 사용해야 한다.

나에게 신은 존재와 생명과 가치들의 원천이다. 인간을 비롯해서 만물을 신의 현현(神顯, theophany)으로 간주하는 9세기 아일랜드 신학자 에리우게나는 신의 존재론적 사랑에 대해 다음과 같이 말하고 있다:

> 사랑은 만물 전체를 말로 할 수 없는 우정과 해체될 수 없는 일치로 묶고 있는 유대 또는 사슬이다. … 따라서 하느님을 사랑이라고 부르는 것은 옳다. 그는 모든 사랑의 원인으로서 만물 속에 확산되어 있고 만물을 하나로 모으며, 만물을 말로 할 수 없는 복귀를 통해 자신 속에 말아 넣고 피조물 전체의 사랑의 움직임을 그치게 하기 때문이다.[123]

하느님과 인간은 인격적 주체로서 서로 사랑하고 대화할 수 있다. 부버

---

[123] 같은 책, 96에서 재인용. '회귀'는 신에서 출현한(exitus) 피조물이 신에게 되돌아감을 뜻한다. 신으로의 복귀(reditus)를 갈망하는 피조물들의 사랑의 움직임은 만물이 신 안으로 '말려들어가는' 복귀를 통해서 종결된다. 만물이 도(道)에서 나와 도로 복귀한다는 사상은 도덕경(道德經)에도 누차 등장하는 중요한 사상이다.

(M. Buber, 1878-1965)의 표현대로 신과 인간은 '나와 당신'(I and Thou)으로서 서로 말을 건네고 귀를 기울인다. 실은 로고스 하느님 편에서 먼저 인간에게 말을 건네 왔기 때문에 – 진화적 창조의 전 과정이 하느님의 말씀 즉 로고스가 주도한 것이고 인간에 이르러 이 말씀의 활동은 극치에 이른다 – 인간도 하느님의 말씀에 귀를 기울일 수 있고, 영원한 당신(eternal Thou)께 말을 건넬 수도 있는 것이다. 기도를 통해 하느님과 대화할 수 있는 인간은 행위를 통해서도 하느님의 말씀에 응답하기도 한다.

기도는 그러나 말하는 기도이기에 앞서 침묵 가운데 경청하는 기도이어야 하며, 자신의 뜻과 바람을 아뢰는 청원기도이기에 앞서 하느님의 뜻과 섭리 앞에 자신의 뜻을 내려놓고 맡기는 행위이어야 한다. 자기와 자기 집단의 이익을 앞세우는 기도가 아니라 이웃과 세계의 복리를 위해 하느님의 보편적 섭리에 주목하고 순종하는 기도이어야 한다. 나는 기도가 나의 뜻을 위해 하느님의 뜻을 바꾸기보다는 나 자신을 변화시키는 힘이라고 믿는다. 기도의 힘은 우리를 존재와 가치의 원천인 하느님과 일치하는 데서 온다. 기도를 통해 자신을 비우면 비울수록 하느님으로 가득 차게 된다고 영성의 대가들은 증언한다.

하느님의 말씀은 우리 안에 내재하는 도덕성과 양심의 소리를 통해서도 우리에게 들려온다. 이를 뒤집어 말하면, 자연의 법칙 못지않게 부정할 수 없는 보편성을 지닌 도덕 법칙(moral law)의 존재와 이 법칙에 따라 선악시비를 가릴 수 있는 인간 이성의 도덕적 능력, 그리고 무시할 수 없을 정도로 또렷이 들려오는 양심의 소리는 신의 존재와 인격성을 가리키는 징표가 된다는 말이다. "내가 더 자주, 그리고 더 지속적으로 숙고하면 할수록 언제나 새롭고 더 큰 경탄과 경외감으로 나를 채우는 것 두 가지가 있으니, 별이 총총한 내 위의 하늘, 그리고 내 안의 도덕률이다."는 칸트의 유명한 말은 이를 암시하는 듯하다.[124] 하지만 칸트에게 도덕률은 물론 신의 어떤 구체적 계시나 지시가 아니라 인간의 실천이성이 명하는 자율적인 의무다. 양심의 소리는 우리 마음에 들리는 하느님의 도덕적 명령이다. 성리학(性理學)에서 말하는 대로 인륜(人倫)이 천륜(天倫)이고 인심(人心, 仁)이 천심(天心)이며, 이 모든 것의 궁극적 근거는 중용(中庸)에서 말하듯, 인성(人性)이 곧 하늘이 명한 천성(天性)이기 때문이다.[125] 왕양명(王陽明)은 이를 일컬어 양지(良知)라고 했다.

여하튼 우리는 하느님에 대한 모든 인격적 언어와 행위를 결코 문자적으로 이해해서는 안 되고 어디까지나 유비적으로, 또는 메타포로 이해해야만 한다. 하느님은 결코 우리와 같은 인격체(a person)가 아니며, 어마어마한 권능을 가진 초인(superperson)이나 최고 인격체도 아니다. 우주만물의 근원·근거인 신은 인격 아닌 인격, 인격을 초월하는(transpersonal) 인격이다. 인격신에 대한 틸리히의 다음과 같은 지적은 경청할 만하다:

'인격적 신'은 신이 한 인격체라는 뜻이 아니라, 신이 모든 인격적인 것의 토대라는 것과 신이 자신 안에 인격성의 존재론적인 힘을 가지고 있다는 것을 뜻한다. 신은 인격체가 아니지만 그렇다고 인격 이하도 아니다. 우리는 고전적 신학이 '페르소나'(인격)라는 말을 삼위에는 적용했지만 신 자신에게는 적용하지 않았다는 사실을 기억할 필요가 있다. 신이 '인격'이 된 것은 19세기에 이르러서부터인데, 칸트가 물질적 법칙에 의해 지배되는 자연을 도덕적 법칙에 의해 지배되는 인격으로부터 분리한 것과 관련이 있다. 대중적 유신론은 신을 세계와 인간 위 하늘에 거하는 완전한 인격체로 만들어 버렸다. 그

---

124 그의 『실천이성비판』 결어에 나오는 유명한 구절이다. Immanuel Kant, *Kritik der praktischen Vernunft*, Kant Werke (Wiesbaden: Insel-Verlag, 1956) IV, 290.
125 天命之謂性(하늘이 명하는 것이니, 성품이라 일컫는다).

러한 최고 인격체에 대한 무신론의 항의는 옳다. 그런 신은 존재한다는 증거가 없으며, 그런 신은 궁극적 관심이 될 수도 없다. 우주만물이 참여하지 않는 신은 신이 아니다.[126]

우주 탄생부터 인간 출현에 이르기까지 신의 자기 전개, 자기 현시, 자기 계시, 자기 육화의 과정 가운데서도 특히 인류의 종교사는 온갖 우여곡절과 모호성(도덕적, 영적)에도 불구하고 하느님의 보편적 계시의 역사다. 그리고 하느님에 대한 근원적 체험과 비전을 제시하고 구현한 종교의 창시자들과 성인들은 인류 역사의 꽃이고 진화적 창조의 목적이며 열매다. 이들은 모두 신의 로고스에 있는 인간성(humanitas)의 영원한 원형과 본질(essence)을 역사적 실존(existence)으로 완벽하게 구현한 존재들이며, 하느님의 모상으로 출현한 종교적 인간(homo religiosus)의 가능성을 완전하게 실현한 '하느님의 아들딸들'이다. 이런 시각으로 보면, 하느님의 진화적 창조의 전 과정은 결국 하느님이 자신의 아들(딸)을 낳는 진통의 과정이며, 이것이 창조의 완성이며 궁극적 목적일 것이다. 세계 종교들의 근원적 비전을 제시하고 체현한 창시자들과 성인들은 하느님의 보편적 성육신 과정이 맺은 꽃과 열매이며, 하느님이 진화적 창조를 통해 낳은 그의 아들딸들이다. 그들에게서 그리고 그들을 통해 인간과 인간, 인간과 자연, 그리고 인간과 하느님의 완벽한 일치가 이루어진 것이다.

나는 인간이 '하느님의 모상'으로 창조되었다는 그리스도교의 전통적 인간관을 신의 보편적 성육신 과정의 일환으로 이해한다. 인간은 두 가지 의미에서 하느님의 모상이다. 첫째는, 호모사피엔스로서 타고난 인간의 성품

126 *Systematic Theology*, vol. One, 245.

과 본성을 뜻한다. 인간은 의식과 자의식, 이성과 자유를 지닌 특별한 존재다. 인간은 장구한 세월에 걸쳐 이루어진 생명의 진화과정을 통해 하느님의 물질적 창조력과 로고스의 정수를 품수받아 태어난 존재다. 인간이 신의 모상이라 함은 인간이 신을 갈망하고 찾는 마음의 성향, 신을 닮고 신과 하나가 될 수 있는 가능성 내지 능력을 가지고 태어난 존재라는 뜻이다.[127] 잉게의 말과 같이 "우리는 비록 하느님의 모상으로 창조되었지만 하느님과 같이 되는 것은 단지 가능성으로만 존재한다."[128]

하느님의 모상이라는 말의 둘째 의미는 이러한 성향과 가능성으로서의 능력을 최고도로 현실화시킴으로써 인간의 본질·본성과 실존을 완벽하게 일치시킨 구체적 인간의 모습을 가리키는 말이다. 곧 새로운 존재, 참사람이 된 인간들이다. 가능성으로서의 모상을 넘어 실존으로 현실화된 모상이다. '사람의 아들'로서 '하느님의 아들'이라 불리게 된 예수 그리스도와 인류 종교사가 낳은 성인들이 그런 존재들이다. 참사람은 신의 자기 비움(kenosis)과 나눔의 과정인 진화적 창조의 정점에 출현한 인간이 다시금 자기 비움을 통해 신과 완전한 일치를 이루고, 동료 인간들과 모든 피조물과 일치를 이룬 존재다.

신의 진화적 창조 과정이 신의 보편적 성육신의 과정이라면, 인간은 누구나 이러한 신인합일(神人合一)을 이룰 가능성을 가지고 태어난다는 것은 그리

---

127 하느님의 모상 개념을 이러한 가능성의 차원으로 이해하는 견해로 John Macquarrie, *Principles of Christian Theology*, 213-14를 볼 것. 교부들 가운데서 이레네우스(Irenaeus)나 오리게네스(Origen)는 하느님의 모상(imago)과 하느님 닮음(similitudo, likeness)을 구별하면서 전자를 신과 같이 될 수 있는 모든 사람의 자연적(natural) 가능성(potentiality)으로 이해했다. 2세기 교부 이레네우스는 창세기에 나오는 모상과 닮음의 개념을 구별하면서 전자는 모든 인간이 타고난 자연적 성품과 능력, 후자는 이러한 가능성에 신의 초자연적 은총이 더해짐으로써 현실화된 새로운 존재의 모습을 가리키는 것으로 해석했다. 틸리히의 간단한 논의를 볼 것(*Sytematic Theology*, I, 258-59). 하지만 나는 이런 어휘상의 구별이나 자연과 초자연적 은총의 구별을 떠나, 종교철학자 존 힉(John Hick)의 통찰에 따라 '모상' 개념을 위에서 논한 대로 두 가지 의미로 이해한다.

128 W. R. Inge, *Christian Mysticism* (New York: Meridian Books, 1956), 7.

스도교에서도 타당한 진리일 수밖에 없다. 모든 사람을 하느님의 자녀로 본 예수는 바로 이 진리를 깊이 자각하고 체현한 존재였고, 이 진리를 자신의 삶과 가르침으로 증언하고 실천하다가 십자가의 처형을 당한 사람이었다. 하느님의 모상으로 출현한 인간이 모두 소문자 성육신(incarnation)이라면, 자기 비움을 통해 인간성을 완전하게 구현한 예수 그리스도와 성인들은 모두 대문자 성육신(Incarnation)이라고 할 수 있다.[129]

나는 한 걸음 더 나아가서, 하느님으로부터 출현한 모든 인간과 만물이 하느님으로 복귀하여 신과 하나가 되는 세계를 종말의 희망으로 남겨 둔다. "하느님이 인간이 되신 것은 인간이 하느님이 되기 위함"이라는 전통적 성육신의 진리가 보편적으로 실현되는 날에 대한 비전이다. 인간뿐 아니라 하느님으로부터 출현한 모든 존재가 하느님의 찬란한 빛을 발하고 신과 인간, 인간과 인간, 인간과 자연이 보편적 화해와 사랑의 우주적 공동체를 이루는 세계에 대한 비전이다.

결론적으로, 신은 우리에게 우주만물의 〈존재〉와 〈생명〉, 그리고 우리가 추구하는 진리와 선과 아름다움 같은 〈가치〉들의 근원·토대(Ground)이며 완성이다. 우리가 존재하고 생명을 누린다는 사실 자체로써 우리는 이미 신의 무한한 존재와 영원한 생명에 참여하고 있으며, 이성을 통해 진리와 선과 아름다움을 인식하고 정의, 사랑, 평화 같은 가치들을 추구하는 삶을 통해 가치의 원천인 신에 참여하고 있다. 신은 가치를 추구하는 삶의 선험적이고 (a priori) 무조건적인(unconditional) 차원이며 그 전제이고 완성이다. 우리는 늘 현실의 벽에 부딪혀 좌절하고 가치와 이상의 완전한 실현을 보지 못하고 삶을 마감하지만, 신은 그럼에도 우리들이 추구하는 모든 가치의 무너지지 않

---

129 이와 같은 성육신 이해에 대한 좀 더 상세한 논의는, 길희성, "하느님은 왜 인간이 되셨나," 『아직도 교회 다니십니까』(기독교서회, 2005)를 참고할 것.

는 토대이고 〈의미〉의 보루다.

10. 신론 후기

우리는 지금까지 동서양의 일원론적 형이상학의 유출설과 현대 진화론
의 시각을 결합한 〈진화적 창조론〉을 주축으로 하는 새로운 신관의 윤곽을
보았다. 나는 세계를 신의 〈보편적 성육신〉으로 간주하면서 그리스도교 신
학의 양대 주제인 〈창조〉와 〈구원〉을 통합적으로 이해하고자 했다. 나는 또
신의 초자연적 계시로 간주되는 성서의 특별섭리의 이야기들을 중심으로
전개되는 구원사적 신관을 지양하고, 하느님의 특별섭리를 진화적 창조라
는 세계 전체를 향한 일반섭리의 일환으로 이해했다. 이러한 신관, 세계관,
인간관을 전개하는 과정에서 나는 서방교회와 동방교회의 고전 신학적 전
통은 물론이고 이신론이나 범신론 또는 현대 신학계의 범재신론, 과정신학,
에코페미니즘, 그리고 떼이아르 드 샤르댕, 폴 틸리히, 존 맥쿼리 등 많은 현
대 신학자들의 견해도 폭넓게 참고했다. 그뿐 아니라 폴킹혼, 피콕, 데이비
스 등 오늘날 과학과 신학을 매개하면서 자연신학의 새로운 가능성을 열어
주고 있는 학자들의 통찰도 반영하는 신관을 제시하고자 했다.

창조와 구원, 일반섭리와 특별섭리, 계시와 이성, 초자연과 자연, 성서적
인격신관의 장점과 동서양의 오랜 일원론적 형이상학의 전통들을 하나의
일관된 관점에서 융합하는 나의 신관은 크게 말해 철학적, 형이상학적 신관
에 속하며 '최소적 인격신관'이기도 하다.[130] 사상적으로는 '자연적 초자연주
의'라고 불러도 좋다. 또 성서의 역사의 하느님 신앙과 그의 특별섭리를 일

---

130 'minimal personalist theism'. Clayton의 표현. *The Problem of God in Modern Thought*, 424.

반섭리에 종속시킨다는 점에서는 변형된 형태의 새로운 이신론으로 간주하는 사람도 있을 것이다.

신관과 세계관, 신관과 인간관, 그리고 신관과 현대 문명이 해결해야 할 문제들은 떼려야 뗄 수 없는 관계에 있다. 전통적이고 대중적인 신관, 간단히 말해 전지전능한 초자연적 존재로서 세계를 창조하고 일련의 특별한 구원사적 행위들을 통해서 자신을 계시하고 타락한 인류를 구원하는 하느님에 대한 신앙이 제아무리 오랜 전통과 권위를 가지고 있다 해도, 그리고 우리에게 아무리 친숙하다 해도, 사고방식과 문제의식이 크게 달라진 현대인들로서 전통적 신관을 맹목적으로 고수할 수는 없다. 달라진 세계는 달라진 신관을 요구한다. 신 자체는 불변하겠지만, 신에 대한 우리의 이해는 시대마다 달라질 수밖에 없고 실제로 그래 왔다. 그뿐 아니라 신관이 문화마다 종교마다 다르다는 것은 비교종교학을 전공한 필자로서는 상식이다. 이러한 사실이 제기하는 문제는 평생을 신의 문제를 가지고 고심해 온 나의 관심을 한 번도 떠난 적이 없다. 하느님은 결코 그리스도교가 독점할 수 없고, 해서도 안 된다.

신관에 대한 논의를 마치는 시점에서 나의 신관을 관통하고 있는 몇 가지 지배적 관심사 내지 문제의식을 다시 한 번 간략히 정리하여 밝혀두는 것은 의미 있는 일이다. 우선 성서적 신관이 제기하는 세 가지 문제가 있다. 첫째, 신의 '행위'를 어떻게 이해해야 하며 신이 어떻게 인간 역사에 개입하는가 하는 문제의식이다. 둘째는 예로부터 무수한 신앙인들을 괴롭혀 온 악과 고통, 그리고 도덕적 부조리의 문제다. 셋째는 신을 마치 우리 인간처럼 하나의 유한한 '존재'로 생각하게 만드는 조잡한 신인동형론적 사고를 어떻게 극복할까 하는 문제다. 이 역시 예로부터 수많은 지성인들을 괴롭혀 온 문제이며, 특히 동양의 철학적 종교들이 성서적 인격신관을 저급한 것으로 간주하는 주된 원인들 가운데 하나다.

　나의 신관은 이러한 성서적 신관이 제기하는 문제들을 극복하기 위해서 한편으로는 동서양의 일원론적 형이상학의 전통을 기본 입장으로 하고, 다른 한편으로는 진화론이나 우주물리학 등 현대 과학이 제기하는 문제들을 나의 신관에 반영하면서 성서적 인격신관에서 포기해서는 안 될 긍정적 요소들과 조화를 꾀했다. 나는 위에 언급한 전통적 신관이 지닌 세 가지 근본적인 문제점을 해결하는 길은 성서적 신관을 대폭 수정하지 않고서는 불가능하다는 결론에 이르게 되었다. 여기에 제시된 나의 철학적 신관은 이러한 판단의 결과다.

　하지만 오해는 없어야겠다. 나는 결코 성서적 인격신관이 지닌 장점과 힘을 무시할 생각은 없다. 오히려 나는 성서적 신관을 최대한 나의 철학적 신관에 반영하고자 노력했다. 신은 무한한 〈실체〉(substance)이지만 동시에 자유로운 인격적 실재이기도 하다. 다만 나는 신의 실체성과 무한성이 그의 인격성에 우선한다고 보며, 따라서 신에 대한 성서의 인격적 언어를 제한된 범위 내에서, 그것도 그 유비적 성격을 감안하면서 수용하고자 했다. 나의 편견일지 모르지만, 오늘날 한국 그리스도교가 지닌 거의 모든 문제의 근본은 성서의 인격적 언어를 문자적으로 이해하는 성서 문자주의와 이에 따른 조잡한 신인동형론적 사고에 기인한다 해도 과언이 아니다.

　나의 신관을 지배하는 둘째 관심사는 환경생태계의 위기라는 현대 문명이 봉착한 가장 심각한 문제다. 이 문제를 근본적으로 극복하기 위해서는 무엇보다도 자연의 신성성을 회복하지 않으면 안 된다는 것이 많은 현대 사상가들과 신학자들의 판단이며, 나도 이에 동의한다. 보편적 성육신 개념을 비롯한 나의 신관이 과감히 '범신론'에 근접하고 있는 것도 바로 이러한 문제의식을 반영했기 때문이다.

셋째 관심은, 현대 우주물리학과 진화론 등이 제시하고 있는 과학적 세계관과 사고방식이 전통적 신관, 특히 그리스도교 신관에 제기하고 있는 문제들로서, 어떤 식으로든 이 둘의 조화와 화해를 꾀하는 것은 현대 신론의 피할 수 없는 과제다. 〈진화적 창조론〉과 〈보편적 성육신론〉을 중심으로 하는 나의 신론은 위와 같은 지배적 관심사와 문제의식을 반영하고 있다.

넷째, 근대적 이성 자체가 안고 있는 문제와 그 극복이다. 철저히 세속화되고 도구화된 근현대의 기술적 이성은 과학기술과 글로벌 자본주의의 막강한 힘의 공범자 내지 하수인이 되어 버렸다. 이성의 본래적인 존재론적, 우주적, 신적 차원을 망각하고 인간과 인간, 인간과 자연, 인간과 신의 대립과 소외의 힘으로 작용하고 있다. 나는 이 책을 통해 그 뿌리가 그리스도교의 성서적 초자연주의 신관에 있음을 누누이 강조했다. 서구에서 무신론적 자연주의는 초자연주의 신관이 낳은 원치 않는 사생아와 같다. 지나친 단순화를 무릅쓰고, 나는 이 양자의 대립이 오늘날 우리가 목격하고 있는 전 세계적 문명의 위기를 몰고 온 직간접적 원인이라고 생각한다. 지금까지 제시한 나의 신관은 한 마디로 말해 이러한 대립 구도를 청산하고 신앙과 이성이 다시 화해함으로써 초월을 향해 개방된 이성, 삶의 깊은 차원의 문제들에 관심을 갖고 대응할 수 있는 이성으로 심화되도록 하기 위한 대안적 신관이다. 따라서 나는 근대 서구 사상의 특징으로 등장한 그리스도교의 초자연주의 신앙과 무신론적 자연주의 내지 유물론적 자연주의 사이의 갈등과 불행한 선택을 피하기 위해서 한 편으로는 그리스도교의 초자연주의 신앙을 대폭 수정하는 길을 선택했으며, 다른 한편으로는 현대 세계에 만연한 유물론적 사고의 한계점들을 지적하면서 '자연적 초자연주의'라고 부를 수 있는 하나의 새로운 형이상학적 신관을 제시하고자 했다. 결론만 요약하면 아래와 같다.

1) 만약 전지전능하신 신이 세상에서 일어나는 사건들 하나하나를 모두

주관한다면, 신은 크고 작은 모든 악―자연악이든 도덕악이든―에 대해 궁극적으로 책임을 면하기 어렵다. 그렇지 않다면, 우리는 더 큰 선을 이루기 위해서 악을 허용하거나 이용하는 잔인한 신을 믿든지, 아니면 끔찍한 악들을 방지하거나 제거할 수 있음에도 불구하고 우리가 알 수 없는 어떤 이유로 수수방관하는 무책임한 신을 믿어야 할 것이다. 나는 이런 선택들보다는 현대 과학적 세계관에 따라 신의 전능성에 대한 믿음을 과감하게 수정하고 신과 세계의 관계를―지배, 다스림, 개입, 섭리, 인도 등으로 표현되는―진화적 창조의 시각에서 새롭게 이해하는 신관을 택했다. 이런저런 사건과 사태에 산발적으로 개입하는 역사의 하느님이 아니라 진화적 창조라는 지속적이고 일관된 '행위' 하나로 그의 일반섭리를 이해하고, 나아가서 그의 특별섭리를 일반섭리에 종속시키는 신관이다.

2) 그렇다고 내가 성서적 인격신관이 가지고 있는 여러 장점을 부정하거나 도외시하는 것은 아니다. 나의 신관은 한편으로는 이신론자들과 범신론자들과 동양종교들, 그리고 현대인 일반이 그리스도교의 전통적 신관에 대해 가지고 있는 문제의식을 심각하게 받아들이면서, 다른 한편으로 성서적 인격신관과 역사의 하느님 신앙이 지닌 긍정적인 면들을 살릴 수 있는 만큼 살리고자 했다. 나는 고전적 이신론자들처럼 역사의 하느님과 그의 특별섭리에 대한 믿음을 전적으로 외면하는 안이한 '해결 아닌 해결'에는 찬성하지 않는다. 하지만 이신론이나 무신론적 자연주의를 낳은 그리스도교의 전통적인 초자연주의 신관과 조잡한 형태의 성서적 인격신관은 반드시 극복되어야만 한다.

3) 성서적 인격신관은 환경·생태계 위기가 전 지구적 차원의 문제로 부상한 오늘의 세계에서 근본적 한계를 노출하고 있다. 오늘날 환경생태계 위기는 사상과 이념, 문화와 종교의 차이를 넘어 전 인류가 합심해서 극복해야

할 절체절명의 문제라는 데 이의를 제기할 사람은 거의 없다. 이 위기를 극복하기 위해서는 단순히 자원을 효율적으로 관리하는 기술적 차원을 넘어, 세계를 보고 대하는 우리의 근본 시각과 삶의 태도 자체에 변화가 있어야 한다는 심층생태학(depth ecology)의 관점에 나는 공감한다. 그리고 이를 위해서는 새로운 형태의 신관과 거기에 바탕을 둔 새로운 영성이 절실하게 요구된다는 에코페미니즘 등 현대신학의 일반적 생각에도 공감한다.

그러나 나는 무비판적 범신론이나 기(氣) 개념 하나로 존재하는 모든 것을 설명하려는 현대판 주기론(主氣論) 또는 자연숭배나 여신숭배, 그리고 종 평등주의 같은 극단적 입장이 환경생태계의 위기를 해결하는 길이라고 생각하지는 않는다. 이들은 모두 창조세계의 합리적 질서를 확고하게 믿는 이신론적 신관이 지닌 장점을 도외시하며, 자연계에서 인간이 차지하는 독특한 위상과 인간의 자유와 존엄성, 그리고 도덕적 책임의 문제를 간과하거나 안이하게 대할 위험성을 안고 있다. 그런가 하면, 역사의 부조리와 악의 문제를 정면에서 다루는 대신 물질계나 인간의 육체와 개인적 자아를 순전히 환상으로 보는 인도의 불이론적 베단타(Advaita Vedanta) 철학이나, 물질 자체를 악으로 간주하는 고대 영지주의(Gnosticism)나 현대판 영지주의도 문제의 해결책은 아니다. 좁은 자아에 대한 집착이 대립과 갈등을 낳는 근본원인이라고 해서 아예 존재하지도 않는 환상으로 간주하고 오로지 '참나'에만 가치를 부여하고 집착하는 라마나 마하르쉬(Ramana Maharsi) 유의 영성에도 나는 찬동할 수 없다. 현실과 역사의 세계를 지나치게 중시하는 사상도 문제지만, 현실 세계를 아예 부정해버리거나 도외시하는 무책임한 도피주의는 문제를 해결하기는커녕 오히려 더 키운다.

4) 위와 관련된 사항이지만, 오늘의 세계가 요구하는 새로운 신관은 신과 세계를 엄격하게 구별하고 분리함으로써 기계론적 세계관과 무신론적 자연

주의를 낳는 데 직간접적으로 기여해 온 그리스도교의 초자연주의 신관을 극복하고 탈신성화된 세계의 신성성을 회복하는 신관이어야만 한다.[131] 이를 위해서 나는 동서양의 오랜 일원론적 형이상학의 전통과 현대의 진화론적 시각을 종합한 〈진화적 창조론〉에 입각하여 세계와 인간을 신의 〈보편적 성육신〉으로 보는 파격적 신관을 제시했다. 또 이를 바탕으로 역사적 계시에 치중해 온 그리스도교의 편협성과 배타성을 과감히 돌파하고자 했다.

초자연주의적 신관과 무신론적 자연주의는 동전의 양면처럼 같이 간다. 상반되는 것 같지만 실은 하나가 다른 하나를 낳았고 지금도 그러하다는 사실을 서구 사상사는 증언하고 있다. 나는 현대 세계가 안고 있는 거의 모든 정신적 문제의 뿌리가 여기에 있다고 본다. 현대 신관은 따라서 이 둘을 동시에 극복하는 제3의 길을 요구한다. 초자연주의적 신관과 기계론적 세계관을 넘어 신과 인간과 만물이 유기체적 공동체를 형성하고 막힘없이 소통하는 신관·인간관·세계관을 요청한다. 현대 영성은 이런 유기체적 공동체의 비전 위에서 만물에 내재하는 신을 만나고 인간 존재의 깊이에 현존하는 신을 자각함으로써 만인과 만물을 품는 영성이어야 한다.

5) 성서적 인격신관은 성서 이야기들을 접하는 순간부터 생각 있는 사람들을 곤혹스럽게 만든다. 우선, 인간에 준해서 신을 그리고 있는 신관은 다분히 무한한 창조주 하느님을 유한한 존재자로, 특히 우리 인간들처럼―아니, 때로는 우리들보다도 더 비도덕적이고 편협하고 잔인하기까지 한―말하고 행동하는 존재처럼 생각하게 만들 위험성을 지니고 있기 때문이다. 이는 그리스도교 2,000년 역사를 통해 모든 위대한 신학자들이 고심했던 문제이며, 현대로 와서는 슐라이어마허 이래 틸리히 등 많은 신학자들을 곤혹스

---

131 과정신학자 그리핀(David. R. Griffin)은 이를 '세계의 재주술화'(reenchantment of the world)라고 부른다.

럽게 만든 문제다. 적어도 성서적 신앙과 신학만 고집하지 않고 형이상학적·철학적 신학과 신비주의 영성에 관심을 가지고 있는 신학자라면 누구나 공유하고 있는 문제의식이다. 성서의 인격신관은 또 철학적 성격이 강한 불교나 유교 등 동양종교들이 그리스도교를 이해하는 데 가장 큰 걸림돌 가운데 하나다. 따라서 우리는 성서적 인격신관에서 포기할 수 없는 긍정적인 면은 수용하되 철학적, 형이상학적 신관으로 과감히 전향할 필요가 있다.

오랜 동안 친숙했던 전통적 신관을 극복하는 대안을 제시하는 일은 결코 쉬운 일이 아니라는 것을 나 자신도 잘 알고 있다. 특히 인간의 좁다란 두뇌로 신에 대해 논한다는 것 자체가 부질없는 짓이라는 사실도 늘 의식하고 있다. 하지만 무모한 도전인 줄 알면서도 이렇게 새로운 신관을 탐색하려 드는 것은 21세기의 문명이 새로운 신관을 절실히 요구하고 있다는 판단 때문이다. 또 오늘의 한국 개신교가 처한 위기의 가장 근본적인 원인도 그리스도교 신학을 떠받쳐 온 위대한 형이상학적·철학적 전통을 깡그리 무시하고 조잡한 성서숭배의 종교로 전락했기 때문이라는 판단 때문이다. 한국 개신교 신자의 90% 이상이 매우 조잡하고 저급한 형태의 성서적 인격신관을 벗어나지 못하고 있다. 인격신관은 인간의 이기심을 부추기고 악용하기에 매우 편리한 신관이다. 자연인의 욕망을 충족시키기 위한 수단으로 사용하기 편리한 신관이다. 이런 무비판적인 기복신앙과 기적신앙이 판을 치고 있는 한, 우리나라 사람 모두가 그리스도교 신자가 된다 한들 우리 사회는 별로 나아지지 않을 것이다.

다시 한 번 강조하지만, 나는 성서적 유일신신앙이 지닌 위대한 점을 부정하지 않는다. 나는 성서적 유일신신앙의 포기할 수 없는 유산은 역시 윤리적 유일신신앙과 예언자적인 정신에 있다고 본다. 예수 자신도 이러한 정신을 계승하고 심화한 사람이다. 유일신신앙에서는 하느님을 믿는다는 것은 정의, 평화, 사랑이 하느님의 뜻임을 믿고 실천하는 삶과 분리될 수 없다. 또 하느님의 모상으로 창조된 인간의 존엄성에 대한 믿음, 그리고 물질계를 포함해서 하느님이 창조한 이 세계가 근본적으로 좋은 것이라는 긍정적 세계관도 결코 포기할 수 없는 성서적 신관의 긍정적 유산이다. 더 나아가서 역사의 세계를 허망하게 보지 않고 의미 있는 과정으로 본다는 점에서도 역사의 하느님 신앙 역시 양도할 수 없는 중요한 면을 가지고 있다. 하지만 특정 민족의 역사적 사건이나 특정 개인들의 삶의 이야기를 중심으로 전개되는 성서적 하느님 이야기와 신앙이 지닌 편협성은 이제 과감히 극복되어야 할 때가 되었다. 유일신신앙이 지닌 위대한 보편주의 정신에 배치되기 때문이다. 나는 따라서 진화적 창조론과 보편적 성육신 사상에 입각하여 역사의 하느님 신앙이 지닌 역사적 '특수성(particularity)의 스캔들'과 배타성을 과감하게 돌파하고 보편성을 확보하는 신관과 형이상학적 영성의 길을 제시하고자 했다.

한 개인의 삶과 특정 집단의 역사에 지대한 관심을 가지고 개입하는 하느님에 대한 신앙이 그 개인이나 집단에 지닌 힘은 무시하기 어렵다는 사실을 나 자신도 익히 알고 있다. 하지만 이제 그리스도교가 그러한 자기중심적인 편협한 신관과 신앙을 과감하게 벗어날 때가 되었다는 사실 또한 명백하다. 이런 점에서, 나는 성서적 인격신관과 역사의 하느님 신앙이 동서양의 오랜 형이상학적 신관에서 배울 점이 많다고 생각한다. 현대 그리스도교 신앙은 이 형이상학적 전통을 현대적 안목에서 새롭게 살려나가야 한다. 특히 조잡한 인격신관을 벗어나지 못하고 있는 한국개신교 신앙은 형이상학적 신관과 영성에 기초하여 인간의 이기심에 호소하는 기복신앙을 벗어나 성숙한 자기 성찰과 자기 비움의 영성으로 나아가야만 한다. 한국 개신교는 이제 먹고사는 생활에 별 도움을 주지 못하기에 아무 '소용'이 없는 무익한 신을 모시고 살아야 할 때가 되었다. 편리하고 유익한 신에 길들여졌던 마음이 얼마 동안은 허전하고 불안하겠지만, 더 깊은 위로와 평안을 발견하기 위해서다.

결론적으로, 우리 사회는 전통적인 유신론의 시대가 서구 세계에서 종말을 고한 지 이미 오래되었다는 사실을 직시해야만 한다. 서양 근대사는 이러한 신이 떠난 빈자리를 인간 이성으로 메우려는 기획의 연속이었지만, 그 혁혁한 성과 못지않게 새로운 문제들, 새로운 지옥을 만들어냈다. 전통적 초자연주의 신관이나, 초월성을 아예 거부하는 근대 세속적 이성도 시대적 소명과 역할을 다 했다. 이제는 새로운 신을 모셔들일 때가 되었다. 나는 이 새로운 신, 신 아닌 신, 신 너머의 신을 동서양의 존재론적·형이상학적 전통에서 새롭게 찾아야 한다고 본다. 역사의 하느님 신앙과 초자연주의적인 하느님 신앙, 그리고 근대 세속주의 문명을 주도해 온 무신론적 자연주의를 창조적으로 극복하는 제3의 길, 자연적 초자연주의의 길이다. 여기 제시된 신관은 그 근본 방향을 모색하고 윤곽을 그려보는 소략한 논의에 지나지 않는다.

제 5 부

—

새로운 영성

새로운 신관은 새로운 영성을 요구하며 가능하게 한다. 영성이란 곧 신을 향한 갈망이며 신과의 일치를 위한 노력이기 때문이다. 위에서 윤곽이 그려진 나의 신관은 동서양의 전통적인 일원론적 형이상학과 그리스도교의 성서적 유일신신앙에서 포기할 수 없는 면을 결합한 형태의 신관이다. 이 장에서는 이런 신관이 요구하는 영성에 대해 두 가지 관점에서 논하고자 한다. 하나는 형이상학적 영성의 길에 대한 것이고, 다른 하나는 영성과 이성의 관계에 대한 논의다.

1. 형이상학적 영성의 길

존재와 생명의 뿌리이며 가치의 원천으로 만물에 내재하는 신성은 만물을 거룩하게 만든다. 인간을 비롯하여 천지만물이 모두 신성하다. 하지만 인간과 천지만물의 차이는 인간은 자기 자신의 존재와 생명의 뿌리로 내재하는 신성을 의식하고 자각할 수 있다는 데 있다. 바로 이 깊고 순수한 의식 자체가 곧 신성(神性)이라는 것, 좀 더 정확하게 말해서 인간에 내재하는 신성 내지 신의 현존이라는 것이 동서고금의 영성의 대가들이 공통적으로 증언하는 것 가운데 하나다. 따라서 인간에게서, 혹은 인간을 통해서, 세계는 신을 알게 되고 신은 자기 '아들'(딸)을 낳는다. 이 같은 사실을 깨닫고 의식하는 것이야말로 인간이 도달할 수 있는 최고의 영적 경지며 행복이라는 것이 영성의 대가들이 말하는 또 하나의 공통된 증언이다.

신성에서는 인식 주체와 인식 대상의 구별이 사라진다. 신성의 의식 자체가 이미 신과 하나 되는 경지이기 때문이다. 우파니샤드에서는 인간 존재의 내면에 깊이 내재하는 존재와 생명의 뿌리를 아트만(Atman)이라 부르며, 인간의 이 깊은 자아가 바로 우주만물의 정수인 브라만(Brahman) 자체라고 말한다. 이것이 인도 베단타 철학의 핵심 진리이다. 나는 이 신비적 합일이야말로 인간이 도달할 수 있는 최고의 경지라고 본다. 이 경지는 우리의 개인 인격들 사이에 끝없이 갈등과 대립을 야기하는 개인의식을 초월하는 바다같이 넓고 깊은 초인격적(transpersonal) 의식, 순수 의식의 세계다. 그리스도교에서는 이러한 인간의 보편적 이성·정신을 신의 우주적 이성·정신인 로고스라 부르며, 불교에서는 불성(佛性) 혹은 진심(眞心)이라고 부른다. 플로티누스와 마이스터 에크하르트는 지성(nous, intellectus), 퀘이커교에서는 '내면의 빛', '인간 안에 있는 신의 그것'[1]이다. 또 성리학에서는 하늘로부터 품수받은 인간의 본연지성(本然之性)이고 양명학에서는 양지(良知)다.

신학자 틸리히의 말과 같이, 로고스는 지식·학문, 도덕, 예술을 낳는 마음의 원리다. 로고스는 그리스도교의 삼위일체 신 가운데 성자 하느님의 자기 인식으로서 세계 창조의 원리이자 하느님의 모상인 인간에 내재하는 도덕성과 영성(spirituality)의 원리다. 나는 위에 열거한 용어들과 하느님의 모상이라는 개념이 인간의 영성과 도덕성의 선험적(a priori) 측면을 가리킨다고 본다. 즉 인간이면 누구나 선험적으로 가지고 있는 영성·도덕성이다. 앞 장에서 논한 대로 이 성품에는 두 가지 면이 있다. 하나는 신과의 합일을 지향하고 실현할 수 있는 가능성 내지 잠재성(potentiality)으로서의 본성이며, 다른 하나는 영성의 자각과 수행 또는 신의 은총으로 성자들의 인격과 삶에서 현실화된(actualized) 본성이다.

---

1   "That of God in man."

나는 우선 신학자 맥쿼리와 같이, 인간의 영적 본성을 지칭하는 위의 개념들이 인간의 고정적 본성이기보다는 영적 성향(inclination) 내지 능력, 혹은 잠재적 가능성으로서의 본성을 가리킨다고 본다. 그의 말을 들어보자:

우리는 하느님의 모상을 어떤 고정된 천부적 재능이나 본성보다는 인간에게 그의 존재와 더불어 주어진 인간이 될 수 있는 잠재적 가능성으로 생각해야만 한다. 인간은 피조물이지만 '실존하는'(자기 초월적) 피조물로서, 밖으로 그리고 위로 움직일 수 있는 개방성을 지니고 있다. 사실, 존재들의 위계 질서 전체는 각 단계마다 하느님을 닮으려는 경향이 점점 더 강하게 출현하는 개방적 시리즈다. 인간 실존의 단계에서, 우리는 고정된 본질을 지닌 존재들의 단계를 넘어 실존적 존재의 단계로 넘어간다. 우리는 인간이 피조물이면서도 하느님의 '자손'이 될 수 있는, 또는 하느님의 아들로 '입양'될 수 있는, 그래서 어떤 식으로든 하느님의 생명에 참여할 수 있는 잠재적 가능성이 있음을 이미 보았다. 거룩한 존재 속으로 받아들여질지도 모르는 인간의 이러한 피조물성이 지닌 개방성을 고려할 때, 우리는 모든 상상을 초월하는 가능성을 지닌 창조(세계)에 대해 숨 막히는 광경을 목격할 수 있다. … 인간은 피조물이지만, 피조물의 선(善)에서 완성이나 행복을 발견하지 못한다. 인간은 하느님의 '자손'이 될 수 있는 잠재적 가능성을 지닌 체질로 태어난 존재이기 때문에, 무한자에 대한 감각과 미각을 가지고 있으며(슐라이어마허), 인간의 마음은 하느님 안에서 안식을 얻기까지 쉼을 모르는 것이다(성 아우구스티누스).[2]

2 John Macquarrie, *Principles of Christian Theology*, 213–14.

이렇게 자신을 초월하여 신과의 일치를 추구하는 영성의 원리는 인간 존재에 본성으로 내재하는 종교적 선험성(religious a priori)이며, 칸트가 말하는 인식이나 실천 이성 또는 미적 판단의 선험성과 구별된다. 그것은 우리로 하여금 우리 자신의 존재와 생명의 근원·근거인 신을 찾고 알게 하는 인간 영혼의 선험적 능력이다. 가톨릭 신학자 칼 라너는 인간의 실존 자체에 뿌리박고 있는 이러한 하느님을 향한 선험적 능력과 성향을 '초자연적 실존범주'(supernatural existential)라고 부른다. 곧 하느님을 찾고 하느님의 초자연적 은총을 수용할 수 있도록 하느님에 의해 부여된 인간 본성이다.[3]

하지만 나는 '초자연'과 '자연'의 낡은 구별을 피하고 '종교적 선험성'이라는 말을 선호한다. 인간에 내재하는 신성이지만 어디까지나 인간성이며 '자연적'이기 때문이다. 굳이 '초자연'이라는 말을 사용한다면, '자연적 초자연'이라고 해야 할 것이다.[4] 앞장에서 이미 밝혔듯이, 나는 자연이든 인간이든 신을 떠나서 이해하는 세속적 자연주의를 거부하고 자연과 인간에 내재하는 신성을 바탕으로 하는 영적 자연주의(spiritual naturalism)를 선호한다. 이것이 파멸로 치닫고 있는 현대 문명을 구하고 현대 종교들도 구할 것이라고 믿기 때문이다. 영적·종교적 인간관에 기초한 영적 휴머니즘이며, 영적·종교적 자연관에 근거한 영적 세계관이다.

서구 신학자로서 칸트 철학의 영향 아래 이러한 인간의 종교적 선험을 가장 명시적으로 밝힌 사람 가운데 하나는 개신교 신학자이며 종교학자인 옷토(Rudolf Otto)다.[5] 그는 종교 특유의 범주인 성스러움(das Heilige)의 경험이 지닌 특성을 누멘적(numinous) 경험이라고 부른다. 그에 따르면 이러한 경험은

---

3 Gerald A. McCool, ed. *A Rahner Reader*(New York: Seabury Press, 1975), 185–90.
4 M. H. Abrams의 *Natural Supernaturalism: Tradition and Revolution in Romantic Literature*에서 빌려온 표현이다.
5 루돌프 옷토 저, 길희성 역, 『성스러움의 의미』(왜관: 분도출판사, 1987).

세속의 다른 어떤 경험에도 비할 수 없는 독특한 감정으로서, '두렵고 매혹적인 신비'[6]의 감정이다. 인간이면 누구나 다 이러한 경험을 할 수 있는 능력을 선험적으로 갖고 있지만, 이 능력이 현실화되는 것은 삶의 어느 특정한 순간에 주어지는 계기를 통해서 촉발된다.

이와 유사하게 인간의 종교적 선험성을 강조한 또 하나의 서구 신학자는 트뢸치(Ernst Troeltsch)였다. 그는 저명한 서구 신학자들 가운데서 가장 먼저 그리스도교 신앙의 진리가 보편적인 것이 아니고 유럽과 서방세계의 문화에 국한된 것임을 공개적으로 천명한 사람이다. 틸리히는 그의 종교철학에 대해 다음과 같이 말하고 있다:

> 그의 주요 관심은 인간의 정신 혹은 마음의 구조라는 맥락에서 종교의 의미를 밝히는 것이었다. 트뢸치는 칸트의 세 가지 비판을 받아들여 그를 따랐다. 그러나 그는 인간 안에는 칸트가 그의 『순수이성비판』에서 밝혔듯이 단지 이론적 선험, 즉 인간의 인식의 범주적 구조만 있는 것이 아니고, 또 칸트가 『실천이성비판』에서 밝혔듯이 도덕적 선험만 있는 것도 아니며, 『판단력비판』에서 밝혔듯이 미적 선험만 존재하는 것이 아니라 종교적 선험도 존재한다는 것을 말했다. 이것은 인간 마음의 구조에 속하는 어떤 것이 있어서 거기로부터 종교가 생긴다는 것을 뜻한다. 그것은 본질적으로 현존하지만, 다른 세 가지 구조들과 마찬가지로 언제나 잠재적으로만 현존한다. 그것이 시간과 공간 속에서 현실화될지의 여부는 또 다른 문제지만, 만약 현실화된다면 그것은 다른 선험성과 마찬가지로 그 자체만의 독특한 확실성을 지닌다. '선험적'이라는 말은 시간적 의미로 이해되어서는 안 된다. 마치 칸트가 말하

---

6   'Mysterium tremendum et fascinans.'

는 모든 범주들이 갓난아이의 의식 속에 이미 분명하게 드러나기라도 하듯 말이다. … 나는 이 점에서 트뢸치가 중세의 위대한 프란시스코-아우구스티누스 학파의 전통에 서 있다고 말하고자 한다. 인간으로서의 구조 내에 무한한 것과 유한한 것이 만나거나 상호 내재하지 않는다면, 우리가 도대체 어떻게 종교에 대해 철학적 이해에 이를 수 있을지 나로서는 알 수가 없다.[7]

나는 이 종교적 선험이 종교 간의 차이를 넘어 인간 모두에 내재하는 영적 본성, 즉 영성이라고 본다. 영성은 인간에 내재하는 신의 본성이자 인간의 본성이며 우리의 참자아이다. 영성은 또 인간뿐 아니라 우주만물에 내재하는 존재론적 근거·근원·토대로서 우주적 실재다. 영성은 현상적 세계(phenomenal world)와 현상적 자아(phenomenal self), 그리고 심지어 겉으로 드러난 현상적 신―다양한 모습(相, 像)과 이야기(神話)를 지닌 신, 피조물과 상대되는 창조주, 인간에 의해 대상화된 하느님―마저 초월하여 그 너머 혹은 그 근저에 있는 신성(Gottheit)이며 '하느님 너머의 하느님'(God beyond God)이다. 우주만물이 거기서 출현하여 거기로 복귀하는 만물의 알파와 오메가다.

신은 결코 인간 밖에서 인간에 군림하는 초월적 타자가 아니며, 만물 밖에서 만물을 무소불위의 권력으로 통치하는 우주의 제왕이 아니다. 신은 나 자신보다도 나에게 더 가까운 실재로서, 신의 인식은 곧 나 자신의 인식이며, 나 자신의 참된 인식이 곧 신에 대한 참된 인식이다. 이것이 유한자와 무한자, 인성과 신성이 완전히 하나가 되는 신인합일(神人合一), 범아일여(梵我一如), 또는 동아시아 전통에서 말하는 천인합일(天人合一)의 경지다.

인간에 내재하는 종교적 선험으로서의 영적 본성은 우리에게 어떤 특정

---

7   Tillich, *A History of Christian Thought*, 527.

한 계기를 통해 현실화되기 전부터 세속·세간에 묻혀 사는 우리로 하여금 끊임없이 우리 존재와 생명의 원천을 찾아가도록 영혼을 부추기고 추동하는 형이상학적 영감과 에로스의 원천이다. 우리는 이러한 영성에 대한 증언을 현대 개신교 신학의 아버지라 불리는 슐라이어마허의 낭만주의적 종교철학에서도 만난다. 다시 틸리히의 말을 들어 본다:

> 우주 안에서 신적인 것의 현존을 경험하기 위해서는 … 우리는 먼저 우리 안에서 그 현존을 발견해야만 한다. 각자의 특별하고 독특한 [신의] 거울인 우리의 인간성이 우주를 [아는] 열쇠다. 우리 안에 우주를 가지고 있지 않고는 우리는 결코 우주를 이해하지 못할 것이다. 우주와 우리의 중심은 신이다. 우리는 우리 안에 있는 무한한 것의 현존을 통해서 우리 안에 있는 무한한 것을 우주 속에서 다시 인식한다. 그렇다면 우리 안에서 이를 발견하는 열쇠는 무엇일까? 슐라이어마허는 사랑이라고 말한다. 그러나 아가페적 의미의 사랑, 즉 그리스도교적 사랑의 개념이 아니라, 플라톤적 의미의 에로스적 사랑이다. 에로스는 우리를 선한 것과 참된 것과 아름다운 것과 하나가 되게 하는 사랑이며, 우리로 하여금 유한한 것을 넘어 무한한 것으로 들어가게끔 모는 사랑이다.[8]

나는 이 아름다운 구절에 형이상학적 영성의 모든 것이 들어 있다고 말하고 싶다. 잡다한 유한한 것들을 욕망하는 기복신앙과 달리, 형이상학적 영성은 무한한 것, 즉 신만을 갈망하는 순수한 사랑이다. 절대적이고 무한하고 무조건적인 것에 대한 궁극적 관심과 헌신과 자기 포기와 자기 초월로서

---

8   Tillich, 앞의 책, 397.

의 형이상학적 갈망이며 사랑이다.

사실 인간만 이런 형이상학적 에로스를 가지고 있는 것이 아니다. 인간을 비롯해서 모든 유한한 존재자들은 신에서 출원하는 순간 이미 어미의 품을 갈망하듯이 신을 향한 에로스적 움직임을 보인다. 마이스터 에크하르트는 이러한 형이상학적 갈증을 끝없는 배고픔으로 표현했다. 인간은 한 순간도 자기 존재의 근원인 하느님을 떠나 존재할 수 없기에 항시 하느님을 먹고 살지만, 먹을수록 배고픔을 느낀다고 한다.[9] 이러한 무한한 실재에 대한 끝없는 갈망인 형이상학적 에로스가 결여된 종교는 더 이상 진정한 종교는 아니다. 신을 통해 신 아닌 다른 것을 얻으려는 욕망은 구하는 것도 얻지 못하고 신도 잃어버리게 되지만, 오로지 신만을 원하는 사람은 신도 얻고 온 세상도 얻는다고 에크하르트는 말한다.

인간은 자신의 유한성을 자각하는 순간부터 존재론적 불안을 느끼게 되고 형이상학적 갈증에 사로잡힌다. 유한성의 자각 자체가 이미 무한자의 부름이며 손짓이다. 우리는 일상성에 매몰되어 이 부름과 손짓을 외면하거나 망각하지만, 죽음에 직면하는 순간 누구나 인생의 유한성을 뼈저리게 자각하면서 신을 찾게 된다. 존재론적 불안을 안고 살 수밖에 없는 인간은 자신의 존재의 근원을 찾아 헤매기 마련이며, 거기서 쉼을 얻기 전에는 끝없이 방황한다. "나의 영혼이 당신 안에서 안식을 얻기까지는 평안을 몰랐다."는 성 아우구스티누스의 『고백록』 첫머리에 나오는 유명한 고백 그대로다. 인간은 선 자체이며 모든 잡다한 선의 근원인 하느님을 만나기까지 이런저런 선에서 행복을 찾아 헤매지만, 인생의 참 행복은 선과 행복의 원천인 하느님을 만나고 하느님 안에서 하느님과 하나가 되는 안식에서 비로소 주어진다는 것이다.

---

9   길희성, 『마이스터 엑카르트의 영성사상』, 68-71 참조.

하느님은 존재와 선과 참(진리)의 원천이고 토대이다. 우리는 숨을 쉬고 존재한다는 사실 하나만으로도 이미 존재 자체인 하느님에 참여하고 있다. 우리는 또 선을 사랑하고 정의를 구하고 진리와 아름다움을 추구하는 마음과 행위 속에서 그 선험적 원천이고 토대이며 전제이고 완성인 신의 영원성과 절대적 생명에 참여하고 있다.

만물의 형이상학적 에로스의 원천은 만물의 창조적 근원인 신이 자신의 존재와 생명을 나누어주는 진화적 창조 자체다. 무엇을 만드는 행위가 아니라 만물을 낳는 출산 혹은 방출로 이해되는 신의 창조는, 신의 편에서는 만물에 자신의 존재와 선을 나누고 자신을 내어주는 사랑이며, 유한한 존재들의 편에서는 신의 존재와 선에 참여하는 것이다. 신에 대한 만물의 사랑에는 그것을 가능하게 하는 신의 사랑이 선행한다. 성 토마스 아퀴나스는 신을 갈망하는 피조물들의 사랑을 신을 닮고자 하는 모방으로 표현했다. 만물은 본성적으로 신을 닮고자 한다는 것이다. 만물이 다른 존재들에게 영향을 미치는 원인이 되려는 것 자체가 신의 모방이며, 피조물 가운데서 가장 영향력 있고 신의 창조적 행위를 모방할 뿐 아니라 신과 협동까지 할 수 있는 인간이야말로 가장 신을 닮은 존재라는 것이다.[10] 성리학적으로 말하자면, 인간은 천지의 화육(化育)을 도울 수 있는 존재다.

서구 사상에서 이러한 존재론적 사랑 이해의 원조는 다름 아닌 플라톤이다. 다음은 대표적인 말이다:

창조주가 어째서 이 출산의 세계를 만들었는지를 그대에게 말해 주겠노라. 그는 선했으며, 선한 것은 어떤 것도 질투하지 않았다. 그리고 질투가 없으므

---

10 John Macquarrie, *Principles of Christian Theology*, 208.

로 그는 만물이 가능한 한 자기 자신을 닮기 원했다. 이것이 진정한 의미에서 세계 창조의 기원이다. 즉 신은 가능한 한 만물이 좋고 어떤 것도 나쁘지 않기를 원했다는 것이다.[11]

플라톤 사상을 이어받은 플로티누스 역시 만물의 근원인 일자(一者, to hen)의 존재론적 사랑을 다음과 같이 말한다:

아무것도 구하지 않고, 아무것도 소유하지 않고, 아무 부족함 없는 일자는 완전하지만 은유적으로 말해 넘쳐흘렀으며, 그 충일함이 새로운 것들을 산출했다. 이 산물이 다시 자기를 낳은 자로 향했고 가득 차게 되어 그것을 관조하는 자가 되었다.[12]

자신의 존재와 선을 유한한 존재들에게 나누어 주는 신의 사랑, 존재와 선의 무한한 원천인 신을 닮고 사랑하고 관조 속에서 하나가 되려는 인간, 이 두 가지 존재론적 사랑은 인간의 영성과 영적 삶의 기초이고 핵심이다.

18세기 계몽주의가 품었던 인간 해방의 이상은 아직도 세계 곳곳에서 완성을 기다리고 있다. 그러나 계몽주의가 남긴 불행한 유산인 인간과 신, 인간과 자연, 주체와 객체, 개인과 공동체, 그리고 개인과 개인 사이의 연대성의 붕괴로 인한 소외와 대립은 반드시 치유되고 극복되어야 할 현대 문명의 근본문제다. 이런 점에서 계몽주의의 편협한 합리주의를 극복하고자 했던 19세기 낭만주의 사상가들이 품었던 꿈은 여전히 유효하다. 신과 자연과 인

---

11 Platon, *Timaeus* 편에 나오는 말로서, 신(Demiurgos)의 창조 행위를 인간의 행위에 빗대는 의인적 표현이 많지만 신의 존재론적 '사랑'을 표현하고 있다. Macquarrie, 209로부터 재인용.
12 John Macquarrie, *In Search of Deity*, 66으로부터 재인용.

간이 화해하는 보편적 화해의 공동체를 꿈꾸는 비전이며, 나는 이것이 파국을 향해 치닫고 있는 현대 문명이 살 길이라고 생각하기 때문이다. 이를 위해 가장 필수적인 것은 인류의 고전적인 형이상학적 영성의 전통에서 다시 생명수를 길어 올리는 일이다. 주체와 객체, 개인과 공동체, 인간과 자연, 신과 자연, 그리고 인간과 신의 대립과 소외를 극복하고 새롭게 통합하기 위해서는 동서양의 일원론적 형이상학의 전통에 기초한 영적 휴머니즘과 영적 자연주의가 필수적이다.

2. 영성과 이성

인간에게 이성과 자유가 없다면 영성도 도덕성도 불가능하다. 자유와 자발성이 없을 것이며 강요에 의한 타율적 도덕과 영성만 존재할 것이다. 그러나 다른 한편, 이성과 도덕이 영성에 뿌리를 박지 않으면 편협하고 배타적이고 독선적이 되기 쉽다. 현대 문명의 위기는 이성이 그 본래의 종교적·영적·우주적 차원을 상실하고 순전히 개인의 주체적 이성, 인간중심주의적 이성, 도구적이고 기술적인 이성, 형식적이고 절차적인 이성으로 전락했다는 데 있다. 영성은 본래 신과 인간, 우주와 인간을 묶어주는 힘이다. 근대적 이성이 인간을 신체와 감정 또는 무의식과 대립하며 자연과 신을 대상화하는 합리적 주체(rational self, subject)로 파악하는 반면, 영성은 신과 인간, 주체와 객체, 의식과 무의식, 인간과 자연, 정신과 물질의 대립을 초월하는 우주 만물의 근원적 실재에 근거하고 있다.

우리는 이미 근대적 이성의 세속화에 대해 고찰했으며, 세속화된 이성이 그 본래적 신성을 되찾기 전에는 근본적 한계와 문제를 극복하기 어렵다는 점도 지적했다. 사실 이성이 세속화되기 전까지는 이성과 영성은 결코 상반되거나 대척점에 있지 않았다. 틸리히는 근대 합리주의가 신비주의의 딸이라고까지 말한다.[13] '이성의 빛'이라는 개념은 사실 로고스라는 존재론적·형이상학적 기반과 배경을 지니고 있을 뿐 아니라, 중세 아우구스티누스·프란시스코회의 신학 전통이나 퀘이커교와 같은 개신교 교파에서 강조하는 인간 내면의 빛(inner light)의 변형 내지 세속화라는 것이다.[14] 사실, 중세 영성의 대가 마이스터 에크하르트는 그의 저술이나 설교 전반을 통해 그가 신성(Gottheit)의 핵으로 간주하는 지성(intellectus)을 이성(Vernunft)이나 정신(Geist)이라는 단어와 자주 혼용하고 있을 정도다.

영성의 넓고 넉넉한 뒷받침이 없는 이성은 편협해지기 쉽다. 이기적이고 독선적이고, 배타적이고 분열적인, 그리고 억압적이고 지배적이고 폐쇄적인 이성이 되기 쉽다. 영성은 개체화되고 고립된 근대적 이성, 삶의 더 큰 맥락과 관계망에서 소외된 주체성, 개인이든 집단이든 자연이든 모든 것을 타자화하면서 지배하고 이용하고 착취하기 위한 도구로 사용하는 근대 이성과 달리, 모든 존재에 내재하는 보편적 신성이며 모든 인간의 참된 인간성이다. 영성은 인간의 본성 내지 본래성으로서 개인과 개인, 개인과 공동체, 물질과 정신, 인간과 자연, 인간과 신을 하나로 묶어 주는 존재론적 토대이며 인성론적 기반이다. 세속화된 이성이 아니라 영성을 기반으로 하는 이성만이 만인과 만물을 품는 넉넉한 이성, 쪼개고 대립하는 이성이 아니라 모든 것을 모으고 연결시키고 화해시키는 이성이 된다.

우리말 영성(靈性)은 영어 단어 'spirituality'의 번역이지만, 한 가지 중요한 점은 'spirit'이라는 단어의 의미를 올바로 이해하는 일이다. 우선 우리는

---

13 Tillich, 315.
14 Tillich, 318–19. 틸리히는 내면의 빛을 "모든 인간이 하느님께 속한 존재이기 때문에 각기 자기 안에 가지고 있는 빛이며, 그것으로 인해 인간은 [하느님의] 말씀이 말해질 때 말씀을 자기 것으로 할 수 있는 빛"이라고 말한다.

'spirit'(Geist, pneuma, spiritus, esprit)이라는 단어가 마땅한 우리말 번역어를 찾기 어렵다는 사실을 알아야 한다. 그 가장 중요한 이유는 '정신,' '영', '마음' 같은 번역어들이 데카르트식 몸과 마음의 이원론적 틀을 벗어나기 어렵기 때문이다. 적어도 그리스어 'pneuma'나 라틴어 'spiritus'가 가지고 있는 몸과 마음, 물질과 정신, 자연과 인간 모두를 아우르는 포괄적이고 역동적인 의미를 표현하지 못한다. 프뉴마나 스피리투스는 우파니샤드의 아트만(Atman)처럼 본래 '바람'을 뜻하는 말이며, 어떤 생동적이고 역동적인 힘 내지 실재를 가리키는 말이다. 요한복음의 로고스도 만물을 비추는 빛과 진리일 뿐 아니라 만물의 근원적 생명이고 창조적 힘이기도 하다. '스피릿'을 하는 수 없이 우리말 '영'으로 번역한다 해도, 적어도 사고 행위를 하는 마음(mind), 논리적으로 따지고 분석하는 이성(reason, ratio), 또는 물질과 구별되는 의미의 '정신'이라는 말과는 구별되어야 한다. 차라리 동양의 기(氣) 개념에 더 가까울 정도로 프뉴마나 스피리투스는 만물의 창조적 힘 내지 근원 같은 풍부한 의미를 지닌 말이다.

이런 포괄적 의미의 영, 하느님과 거의 동의어로 사용되는 영은 영어로 말하면 소문자 'spirit'이 아니라 대문자 'Spirit'으로 표기해야 한다. 여하튼 영성은 데카르트 이래로 편협해지고 개인화되고 세속화된 이성과 확실하게 구별되어야 한다. 영성이야말로 오히려 이성으로 하여금 그 본래의 존재론적인 포괄적이고 신적인 차원을 회복할 수 있게끔 하는 힘이다. 세속화되고 편협해진 근대적 이성, 알게 모르게 유물론적 사고와 세계관의 도구로 전락해 버리고 개인을 더 크고 넓은 관계로부터 소외시키고 고립시키는 현대적 이성의 병폐를 치유해주고 반생명적 현대 문명에 생명력을 불어넣을 수 있는 힘이다.

물질과 정신, 주체와 객체, 인간과 자연을 화해시키려는 19세기 낭만주의 사상가들이 품었던 비전은 아직도 유효하다. 아니, 오히려 파국으로 치닫고 있는 현대 문명에서 더욱더 절실한 사상적, 실천적 과제가 되었다. 젊은 셸링의 자연철학이 품었던 이런 비전을 틸리히는 다음과 같이 서술하고 있다:

> 스피노자의 영향 아래 그는 주체와 객체, 정신과 물질을 넘는 하나의 실체에 사로잡혔다. 그의 자연철학 전체는 자연의 모든 사물에 잠재적으로 내재하는 영을 보여 주고, 그것이 어떻게 인간에서 완성에 이르게 되는지를 보여 주려는 시도였다. 낭만주의의 자연철학은 니콜라스의 쿠자누스가 가졌던 유한 안에 현존하는 무한의 문제, 스피노자가 품었던 하나의 실체와 그 다양한 양태들의 문제, 그리고 셸링 자신의 프로그램, 즉 물질적인 것에 현존하는 정신적인 것의 문제를 풀려는 노력에 지나지 않는다. 그리하여 셸링에게 자연철학은 자연에 내재하는 존재의 힘, 즉 물질과 정신의 분리를 넘어서는 존재의 힘을 직관하는 체계가 되는 것이다.[15]

이는 여전히 현대 문명과 사상이 해결해야 하는 근본 과제이며 도전이다. 우리가 추구하고 있는 자연적 초자연주의 신관도 젊은 셸링의 자연철학이나 낭만주의 사상사들이 품었던 비전을 공유하고 있다. 이 비전에 대해 몇 가지 점을 추가적으로 지적하고 싶다.

첫째, 이러한 종교적·철학적·사상적 비전이 동양과 서양을 막론하고 매우 오래된 전통이라는 사실이다. 이 전통이 비록 근대적 주체성의 확립 이전에 형성된 것이기는 하지만, 우리가 오늘의 관점에서 재발견하여 현대적 사상과 실천 운동과 영성 운동으로 살려나가야만 하는 전통이다. 둘째, 19세기

15 Tillich, 441.

낭만주의 사상가들이 직면했던 난제 가운데 하나도 여전히 해결을 요하는 중요한 문제로 남아 있다. 즉 인류가 어렵게 쟁취한 개인의 인권과 자유, 합리적 주체로서 지닌 인격의 존엄성을 지키면서, 아니 더 높은 차원으로 변증법적으로 승화시키면서, 위에서 논한 일련의 이원적 대립과 갈등의 문제를 풀어나가야 하는 문제다. 동양 사상이 아무리 매력적이라 해도, 또 고대와 중세의 형이상학적 영성이 아무리 심오하다 해도, 근대적 개인의 발견과 주체성의 확립은 결코 포기할 수 없는 인류 보편의 가치가 되었다. 이런 관점과 문제의식에서 나는 세속적 휴머니즘을 변증법적으로 넘어서는 영적 휴머니즘을 대안으로서 제시하는 것이다. 셋째, 우리는 이러한 영적 휴머니즘의 대안적 비전을 이미 생활 속에서 몸으로 실천하고 있는 사람들과 소그룹들이 세계 도처에 많이 존재한다는 사실에 주목할 필요가 있다. 누구도 벗어나기 힘든 자본주의의 힘과 유혹에도 불구하고 경제적 논리를 무시하고 자연친화적으로 살려는 사람들, 각종 크고 작은 환경생태계 운동과 평화운동에 참여하는 사람들, 그리고 종교의 울타리를 넘어 각종 영성 운동에 참여하는 사람들에서 우리는 그래도 희망의 씨앗을 볼 수 있다.

"처하는 곳마다 주인 노릇 하면 서 있는 곳이 모두 참되다."[16]는 임제 선사의 영적 주체성의 자각에 기초한 휴머니즘은 개체화되고 편협해진 근대의 자율적 이성과 달리 개인과 개인, 개인과 공동체, 주체와 객체, 인간과 자연, 신과 인간의 대립적 구도를 넘어 양자를 화해시키는 힘이 있다. 무위진인(無位眞人)의 영성은 편협해진 현대적 이성으로 하여금 만물과 만인을 차별 없이 포용하는 진정한 인간적 이성이 되게 한다. 영성은 인간뿐 아니라 만물의 근저에 있는 통일적 원리이며 근원적 실재이기 때문이다.

---

16 隨處作主 立處皆眞.

우리는 물론 근대적 이성을 무시하는 영성도 경계해야만 한다. 이성의 비판적 성찰이 결여된 영성 역시 타락하기 쉽고 독단적이 되기 쉽다. 흔히 영성의 대가 또는 마스터로 불리는 인물들에서 볼 수 있듯이, 일반인들과 정상적 대화조차 나누지 못하면서 권위만 내세우는 사이비 영성가들의 행태는 주로 이성과 상식의 결핍에서 온다. 이성 없는 영성은 자신을 절대화하고 우상화하는 과대망상증이나 억압적 권위주의로 둔갑하기 쉽다.

나는 이성의 깊고 우주적이고 신적인 차원을 회복할 수 있는 영성의 회복이야말로 이성의 세속화를 극복하고 현대 세계에서 종교뿐 아니라 현대 문명 전반에 생명력을 불어넣을 수 있는 힘을 제공할 수 있으리라 믿는다. 종교적 삶뿐 아니라 도덕적 삶도 영성에 바탕을 둘 때 영성의 자연스러운 발로가 된다. 영성의 뒷받침 없는 도덕성은 경직된 율법주의나 메마른 도덕주의로 변질되기 쉽고 편협한 이데올로기로 둔갑하기 쉽다. 영성에 바탕을 둔 도덕성은 도덕적 삶을 넉넉하고 자유롭게 함으로써 우리를 도덕주의의 경직성과 편협성에서 해방시킨다.

영적 인간관에 기초한 휴머니즘은 한편으로는 인간을 '이성적 동물'로 규정한 서구의 전통적 인간관이 지닌 인간중심적 편협성을 극복하되, 다른 한편으로는 더 깊고 넓은 차원에서 인간의 존엄성과 자유를 살리는 〈영적 휴머니즘〉이다.[17] 나는 이러한 영적 휴머니즘이야말로 현대 세속적 휴머니즘의 공허성을 극복하고 보다 성숙하고 진정성 있는 인간 해방의 원동력이 될 수 있다고 본다. 세속적 휴머니즘이 초기에는 수많은 사람을 전통과 종교의 억압으로부터 해방시키는 엄청난 공헌을 한 것은 부정할 수 없는 사실이

---

17 이 문제에 대한 필자의 좀 더 자세한 논의는 길희성, "선과 민중해방: 임제 의현의 사상을 중심으로 하여," 『포스트모던 사회와 열린 종교』(민음사, 1994) 참고. 심도학사 카페(cafe.daum.net/simdohaksa)의 〈원장 글 모음 방〉에도 실려 있다.

다. 아직도 세속적 휴머니즘이 세계 도처에서 해야 할 일이 많은 것 또한 엄연한 사실이다. 그러나 다른 한편으로, 세속적 휴머니즘이 경제만능주의가 판을 치고 있는 오늘의 세계에서 다분히 공허한 구호가 되어 버리고 때로는 국제정치판의 힘겨루기와 정치 선전의 수단으로 이용되기도 한다는 사실을 우리는 간과할 수 없다. 그 본래적 기반을 상실하고 공허한 구호로 전락해 버린 세속적 휴머니즘은 영적 휴머니즘에 의해 보완되거나 대체되어야 한다. 그러나 영적 휴머니즘이든 세속적 휴머니즘이든 한 가지 분명한 점은 인간의 존엄성과 보편적 인권을 법과 제도로 보장해 주는 민주주의라는 정치 체제는 언제 어느 사회에서든지 필수적이라는 사실이다.

영성은 몸과 마음, 의식과 무의식, 물질과 정신, 개인과 개인, 인간과 자연, 신과 자연, 그리고 신과 인간의 관계를 새로운 시각으로 보게 하며 새로운 기초 위에 정립한다. 자연 현상과 인간사를 새로운 눈으로 보도록 하며, 모든 사물을 인간의 이기적 욕망의 충족을 위해 수단화하는 그릇된 시각과 삶의 태도에서 우리를 해방시킨다. 사물을 분석하고 조작하고 닦달하는 인간중심적이고 폭력적인 이성을 관조적이고 성찰적이고 여유롭고 성숙한 이성으로 승화시키며, 뭇 생명의 탄식에 귀 기울일 수 있는 여리고 부드러운 이성으로 순화한다. 육체와 영혼, 의식과 무의식, 이성과 감성, 주체와 객체, 인간과 자연, 신과 인간의 이분법적 대립과 소외를 넘어 만물이 한 뿌리에서 나온 것임을 깊이 깨닫고 모든 생명을 품고 보듬는 평화의 영성이기 때문이다. 이 평화의 영성은 우주적 화해와 사랑의 공동체를 형성하는 힘이다. 잉게의 지적대로, "만물이 하나 됨은 신비주의의 근본 가르침이다. 하느님이 모든 것 안에 있고 모든 것이 하느님 안에 있다."[18] 영적인 사람에게는 "중심

---

18 Inge, *Christian Mysticism*, 28.

들만큼이나 원주가 많으며 중심은 어디든지 있되 원주는 어디에도 없다. 하느님은 가장 작은 부분에도 전체로 존재한다."[19] 이를 바탕으로 우리는 한 걸음 더 나아가, 하느님과 만물뿐 아니라 만물이 서로 막힘없이 상즉상입(相即相入)하는 화엄의 사사무애(事事無碍)의 비전까지 품을 수 있다.

나는 현대 종교가 이러한 오래되었지만 언제나 참신한 영성의 전통을 오늘의 사회와 세계에서 새롭게 살리고 회복함으로써 종교도 살고 도덕도 살며, 사회도 살고 자연도 사는, 그리고 이미 '죽어버린 신'마저 되살리는 새로운 계기를 마련해야 한다고 생각한다. 종교의 생명은 이러한 영성의 힘을 자각하고 실천한 소수에 의해 유지되어 왔다. 역설적이지만, 현대와 같이 물질이 풍요롭게 되고 세속화된 세계가 과거에는 소수 엘리트층의 전유물이었던 영성을 대중화하고 보편화시킬 수 있는 공전의 기회를 대중에게 제공하고 있다는 사실에 우리는 주목할 필요가 있다.

19 길희성, 『마이스터 엑카르트의 영성사상』, 89–90.

• 참고문헌

Abrams, M. H. *Natural Supernaturalism: Tradition and Revolution in Romantic Literature*. New York: W. W. Norton and Company, 1971.

Allston, William. "Divine Action: Shadow or Substance." In *The God Who Acts: Philosophical and Theological Explorations*. Ed. Thomas F. Tracy. University Park, Pennsylvania: The Pennsylvania University Press, 1994.

Barrow J. D & Tipler F. J. *The Anthropic Cosmological Principle*. New York: Oxford University Press, 1986.

Berdyaev, Nicolai. *The Destiny of Man*. New York: Harper and Row, 1960.

Bhagavad-gita. 길희성 역주. 서울대학교출판부, 2010.

Calvin, John. *Institute of the Christian Religion*. Ed. John T. McNeill. Philadelphia: Westminster Press, 1960.

Caputo, John D. *Heidegger and Aquinas: An Essay on Overcoming Metaphysics*. New York: Fordham University Press, 1982.

Clayton, Philip. *The Problem of God in Modern Thought*. Grand Rapids, Michigan: William B. Eerdmans Publishing Company, 2000.

Clayton, Philip and Arthur Peacocke, eds. *In Whom We Live and Move and Have our Being: Penentheistic Reflections on God's Presence in a Scientific World*. Grand Rapids, Michigan: William B. Eerdmans, 2004.

Collins, Francis S. *The Language of God*. New York: Free Press, 2006.

Cooper, John W. *Panentheism: The Other God of the Philosophers*. Grand Rapids, Michigan: Baker Academic, 2006.

Copleston, Frederick C. *A History of Philosophy*. vol 2, part I: Mediaeval Philosophy. *Augustine to Bonaventure*. Garden City, New York: Image Books Edition, 1962.

_____. *A History of Philosophy*. vol. 2, part II: Mediaeval Philosophy. *Albert the Great to Duns Scotus*. Image Books Edition, 1962.

_____. *A History of Philosophy*. vol. 3, part I: Late Mediaeval and Renaissance Philosophy. *Ockham to the Speculative Mystics*. Image Books Edition, 1963.

_____. *A History of Philosophy*. vol. 4: Modern Philosophy. *Descartes to Leibniz*. Image Books Edition, 1963.

_____. *Thomas Aquinas*. London: Penguin Books, 1955.

Craig, William Lane. "Hawking on God and Creation." In *Theism, Atheism and Big Bang Cosmology*. Eds. William Lane Craig and Quentin Smith. Oxford: Clarendon Press, 1995.

Davies, Paul. *The Mind of God: the Scientific Basis for a Rational World*. New York: Simon & Schuster, 1992.

_____. *The Fifth Miracle: The Search for the Origin and Meaning of Life*. New York: Simon & Schuster, 2000 (A Touchstone Book).

_____. "Teleology without Teleology: Purpose through Emergent Complexity." In *In Whom We Live and Move and Have Our Being: Penentheistic Reflections on God's Presence in a Scientific World*. Eds. Philip Clayton and Arthur Peacocke. Grand Rapids, Michigan: William B. Eerdmans, 2004.

Fox, Matthew. *The Coming of the Cosmic Christ*. San Francisco: Harper & Row, 1988.

Frank, Erich. *Philosophical Understanding and Religious Truth*. New York: Oxford University Press, 1966.

Frei, Hans W. *The Eclipse of Biblical Narrative: A Study of Eighteenth and Nineteenth Century Hermeneutics*. New Haven and London: Yale University Press, 1974.

Friedmann, Richard Elliott. "Big Bang and Kabbalah." In *The Hidden Face of God*. New York: HarperSanfrancisco, 1995.

Fromm, Erich. *Psychoanalysis and Religion*. New Haven: Yale University Press, 1951.

Gilson, Etienne. *God and Philosophy*. New Haven and London: Yale University Press, 1941.

_____. *Reason and Revelation in Middle Ages*. New York: Charles Scribner's Sons, 1954.

Griffin, David Ray. "Creation out of Nothing, Creation out of Chaos, and the Problem of Evil." In *Encountering Evil: Live Options in Theodicy*. Ed. Stephen T. David. Louisville: Westminster John Knox Press, 2001.

_____. "Panentheism: a Postmodern Revelation." In *In Whom We Live and Move and Have Our Being*. Grand Rapids, Michigan: William B. Eerdmans Publishing Co., 2004.

Hartshorn, Charles. *Beyond Humanism: Essays in the New Philosophy of Nature*. Lincoln, Nebraska: University of Nebraska Press, 1968.

Haught, John. *God after Darwin: A Theology of Evolution*. Boulder Colorado: Westview Press, 2000.

_____. *Is Nature Enough?: Meaning and Truth in the Age of Science*. Cambridge: Cambridge University Press, 2006.

Hawking, Stephen. *A Brief History of Time*. New York: Bantam Press, 1998.

Hick, John. *An Interpretation of Religion*. London: Macmillan, 1989.

_____. *Death and Eternal Life*. New York: Harper and Row, Publishers: 1976.

Inge, William R. *The Philosophy of Plotinus*. vol. I. London: Longmans, 1948.

_____. *Christian Mysticism*. New York: Meridian Books, 1956.

_____. *Mysticism in Religion*. London: Rider and Company, 1969.

Janzen, Grace. *God's World, God's Body*. London: Darton, Longman and Todd, 1984.

Jonas, Hans. 『물질, 정신, 창조』. 김종국, 소병철 역. 철학과 현실사, 2007.

Jung, Carl G. *Answer to Job*. Princeton: Princeton University Press, 1973(Bollingen Paperback Edition).

Kant, Immanuel. *Kritik der praktischen Vernunft*. Kant Werke IV. Wiesbaden: Insel-Verlag, 1956.

Kaufman, Gordon. *God the Problem*. Cambridge: Harvard University Press, 1972.

Küng, Hans. *Global Responsibility: In Search of a New World Ethic*. London: SCM Press, 1991.

Lao Tzu. *The Way of Lao Tzu*. Trans. Wing-Tsit Chan. Indianapolis, New York: The Liberal Arts Press, Inc., 1963.

Lovejoy, Arthur O. *The Great Chain of Being: A Study of the History of an Idea*. Cambridge: Harvard University Press, 1957.

Macquarrie John. *Principles of Christian Theology*. New York: Charles Scribner's Sons, 1966.

_____. *In Search of Deity: An Essay in Dialectical Theism*. London: SCM Ltd., 1984.

_____. *Two Worlds are Ours: An Introduction to Christian Mysticism*. Minneapolis: Fortress Press, 2005.

McFague, Sallie. *Models of God: Theology for an Ecological, Nuclear Age*. Philadelphia:

Fortress Press, 1987.

Moltmann, Jürgen. *In the End – the Beginning*. Minneapolis: Fortress Press, 2004.

Morowitz, Harold J. *The Emergence of Everything: How the world became complex*. Oxford: Oxford University Press, 2002.

Otto, Rudolf. 『성스러움의 의미』. 길희성 역. 분도출판사, 1987.

Pascal, Blaise. 『팡세』. 최현, 이정림 역(W. F. Trotter tr.). 범우사, 1972.

Peacocke, Arthur. *Theology for a Scientific Age: Being and Becoming – Natural, Divine, and Human*. Minneapolis: Fortress Press, 1993.

_____. *Paths From Science Towards God: the End of All Our Exploring*. Oxford: Oneworld Publications, 2001.

Plotinus. *The Essential Plotinus*. Trans. Elmer O'Brien, S. J. Indianapolis: Hackett Publishing Co., 1964.

Polkinghorne, John. *Science and Creation: The Search of Understanding*. Philadelphia and London: Templeton Foundation Press, 1988.

_____. *Science and Providence: God's interaction with the world*. Philadelphia and London: Templeton Foundation Press, 1989.

Prigogine Ilya and Isabelle Stengers. *Order Out of Chaos*. London: Heinemann, 1984.

Rahner, Karl. *A Rahner Reader*. Ed. Gerald A. McCool. New York: Seabury Press, 1975.

Ruether, Rosemary R. *Gaia and God: An Ecofeminist Theology of Earth Healing*. New York: Harper SanFrancisco, 1994.

Russell, Bertrand. *Mysticism and Logic*. London: Longmans, 1918.

Schilling, S. Paul. *God and Human Anguish*. Nashville: Abingdon, 1977.

Sherrad, Philip. *Christianity: Lineaments of a Sacred Tradition*. Edinburgh: T & T Clarke, 1998.

Smith, Wilfred Cantwell. "The Christian in a religiously plural world." In *Religious Diversity: Essays by Wilfred Cantwell Smith*. Ed. Wilfred G. Oxtoby. New York: Harper and Row Publishers, 1976.

Taylor, Charles. *Sources of the Self: The Making of the Modern Identity*. Cambridge, Mass.: Harvard University Press, 1989.

Teilhard de Chardin, Pierre. *The Future of Man*. Trans. Norman Denny. New York and Evanston: Harper and Row Publishers, 1964.

Thomas Aquinas. *Theological Texts*. Trans. Thomas Gilby. London: Oxford University Press, 1955.

Tillich, Paul. *Systematic Theology*. vol. One: *Reason and Revelation, Being and God*. Chicago: The University of Chicago Press, 1951.

_____. *The Courage To Be*. New Haven & London: Yale University Press, 1952.

_____. "The Two Types of Philosophy of Religion." In *Theology of Culture*. New York: Oxford University Press, 1964.

_____. *A History of Christian Thought: From its Judaic and Hellenistic Origin to Existentialism*. Ed. Carl E. Braaten. New York: Simon and Schuster, 1967.

Torrance, Thomas. *Divine and Contingent Order*. Oxford: Oxford University Press, 1981.

Wallace B. Clift. *Jung and Christianity: the Challenge of Reconciliation*. New York: The Crossroad Publishing Company, 1994.

Ward, Keith. *In Defense of the Soul*. Oxford: Oneworld Publications, 1982.

_____. *Concepts of God: Images of the Divine in Five Religions*. Oxford: Oneworld Publications, 1987.

_____. *Religion and Creation*. Oxford: Clarendon Press, 1996.

Whitehead, Alfred North. *Science and the Modern World*. New York: Macmillan, 1950.

Wiles, Maurice. *God's Action in the World*. London: SCM Press, 1986.

길희성. "Asian Naturalism: an old vision for a new world," 『학술원논문집』 인문 · 사회과학편 제49집(2010).

_____. "반야에서 절대지로," 『마음과 철학: 불교편』. 서울대학교 출판문화원, 2013.

_____. 『마이스터 엑카르트의 영성사상』. 분도출판사, 2003.

_____. 『印度哲學史』. 민음사, 1984.

_____. 『知訥의 禪思想』. 소나무, 2001.

_____. 『포스트모던 사회와 열린 종교』. 민음사, 1994.

김상용. "민법사상사: 로마법 발전에 영향을 미친 사람들," 『학술원논문집』 인문 · 사회과학편 제53집(2014).

박찬국. 『내재적 목적론』. 세창출판사, 2012.

불교 22, 27, 90, 118, 121, 127, 148, 153, 154, 224, 225, 264, 295, 298, 330, 336
불변 107, 118, 144-146, 150, 168, 228, 229, 239, 253, 324
불성(佛性) 28, 118, 253, 336
불확정성 62, 65, 276, 280, 281, 297
브라만 25, 26, 227, 253, 258, 275, 336
비쉬누 273
비존재 26, 238, 244, 245, 260, 270, 271, 273, 276
빅뱅(Big Bang) 175, 289

ㅅ
사두가이 78
사물화 159
사사무애(事事無碍) 225, 298, 352
사실주의 59, 127-129, 135
사울(Saul) 30
사해동포주의 199
사회과학 157, 159
사회생물학 193
삼위 229, 230, 237, 251
삼위일체 19, 43, 46, 96, 142, 221, 229, 234, 235, 237, 251, 255, 256, 336
상대성이론 174
상대적 영원 313
상좌불교 28
상징 128, 129, 243, 257-259
상향적 그리스도론 143, 152
상향적 인과성 302
새로운 창조 42, 311
생명 17, 24, 26, 44, 46, 70, 92, 95, 166, 172, 187, 189, 202, 314, 321, 322, 335, 336, 347
생명력(elan vital) 70, 92, 245, 347, 350
생명의 영 226, 231, 234

생물학적 인간관 123, 197
생존가치 193
생철학 205
생혼(生魂) 235
샤하다(shahada) 29
샥티(Shakti) 246, 248
서구 문명 29, 47, 151, 215
서양철학 90, 236
선(善, bonum) 96, 206, 258, 337
섭리(일반, 특별) 251, 294, 295, 297
성령 234, 235, 251, 255
성서 17, 243, 263, 266, 271, 301, 302, 314, 316
성서숭배 330
성서적 신앙 35, 45, 50, 52, 54, 55, 58, 61, 77, 81, 85, 89, 90, 106, 108, 115, 125-127, 133, 137, 139, 143, 157, 213, 306, 330
성스러움 140, 216, 277, 338
성육신(육화) 46, 72, 225, 226, 236, 259, 263, 264, 266
성인(聖人) 169, 259, 264, 267, 310, 320
성향(영적) 337
세계영혼(세계의 영혼, World Soul) 70, 72, 73, 230, 235
세계(우주)의 존재(성격) 23, 76, 174, 176, 186, 219, 248, 255
세속화 100, 103, 111, 157, 326, 345-347, 352
세속화된 이성 166, 206, 207, 215, 345
소산적 자연(natura naturara) 138
소수자 148
소우주 189, 266
수연(隨緣) 253
수용하는 지식 205
수행 22, 51, 143, 147, 216, 259, 267, 336
순수 의식(cit) 26, 258, 308, 336
순수이성비판 139, 339

인명색인

ㄱ

가다머(Gadamer, H.) 160

공자 4, 27, 124

그레고리(Gregory of Nyssa) 264

그리핀(Griffin, D.) 329

길희성 28, 69, 140, 212, 225, 229, 236, 253, 256,
258, 274, 275, 288, 322, 338, 342, 350, 352

김종국 144, 309, 315

ㄴ

노자 27, 228, 241, 243, 244, 247, 248

뉴턴(Newton, I.) 133, 139, 170, 315

니체(Nietzsche, F.) 116, 123, 144, 147, 187, 307

ㄷ

다윈(Darwin, C.) 65, 123, 133, 144, 190

데이비스(Davies, P.) 65, 172, 173, 176, 190,
191, 310, 323

도스토옙스키(Dostoyevsky, F. M.) 121, 201,
296

도킨스(Dawkins, R.) 197, 198

딜타이(Dilthey, W.) 160

떼이아르 드 샤르댕(Teilhard de Chardin, P.)
308, 311, 323

ㄹ

라너(Rahner, K.) 338

라마누자(Ramanuja) 69, 70, 244, 274

라이트(Wright, E.) 55

라이프니츠(Leibniz, G. W.) 61, 173, 176, 177,
180, 181, 188, 189, 295

레싱(Lessing, G. E.) 61, 132, 138

로크(Locke, John) 199

루리아(Luria, I.) 252, 285

루서(Ruether, R.) 126, 266

루소(Rousseau, J. J.) 199

루터(Luther, M.) 18, 19, 89, 111-113, 125

ㅁ

마르시온(Marcion) 270, 272

마르크스(Marx, K.) 143, 147, 187, 197

맥쿼리(Macquarrie, J.) 73, 176-178, 180, 183,
186, 188, 210, 229, 230, 252, 254, 255, 262,
266, 297, 323, 337

맥페이그(McFague, S.) 71

맹자 27

모노(Monod, J.) 197

모세 33, 34, 36, 37, 94, 263

몰트만(Moltmann, J.) 145, 221, 252, 285-290,
312, 313

몸(Maugham, S.) 196

무함마드 29, 82

ㅂ

바울 20, 49, 78, 91, 111, 226, 303, 309, 311

박찬국 307

베르그송(Bergson, H.) 245

베르쟈에프(Berdyaev, N.) 279, 280, 283

베버(Weber, M.) 38, 51

뵈메(Boeme, J.) 245, 283

부버(Buber, M.) 19, 20, 317

비트겐슈타인(Wittgenstein, L.) 180, 181

ㅅ

사르트르(Sartre, J. P.) 109

솔로몬 30, 263

쉘러(Scheler, M) 245

쉘링(Schelling, F. W. J.) 284, 348

석학人文강좌 65